Armin Strohmeyr
Einflussreiche Frauen

PIPER

Zu diesem Buch

Sie mussten sich durchsetzen gegen Neider und Widersacher, gegen weltliche und geistliche Herren, oft gegen ihre eigenen Ehemänner. Die in diesem Band beschriebenen mächtigen Frauen zeigten nicht nur eisernen Machtwillen, sondern oft genug auch menschliche Größe und abwägende Klugheit: als Stifterin, Mäzenin, Erzieherin, Gelehrte, sozial engagierte Frau, als Heldin in Kampf um Gerechtigkeit, aber auch im Verzicht auf die Macht, wenn es politisch klüger war. Ein anekdotischer und anschaulicher Streifzug durch die Jahrhunderte, der zeigt, wie Frauen die Formen der Macht, des Machtkampfs und Machtspiels bedienten und beherrschen.

Armin Strohmeyr, geboren 1966, ist promovierter Germanist und Autor viel beachteter Biografien und Porträtsammlungen. Sein Buch »Verkannte Pioniere« wurde von der Zeitschrift *DAMALS* beim Wettbewerb »Historisches Buch des Jahres« mit dem 3. Platz prämiert und stand auf der Shortlist »Wissenschaftsbuch des Jahres« des Österreichischen Bundesministeriums für Wissenschaft und Forschung. Zuletzt erschien bei Piper »Abenteuer reisender Frauen«.

www.armin-strohmeyr.de

Armin Strohmeyr

Einflussreiche
Frauen

12 Porträts

Piper München Zürich

Mehr über unsere Autoren und Bücher:
www.piper.de

Von Armin Strohmeyr liegen bei Piper vor:
Abenteuer reisender Frauen
Einflussreiche Frauen

Originalausgabe
April 2014
© für diese Ausgabe:
2014 Piper Verlag GmbH, München
Umschlaggestaltung: semper smile, München
Umschlagabbildung: Bettmann/CORBIS, ullstein bild
Satz: Kösel, Krugzell
Gesetzt aus der Berling
Papier: Munken Print von Arctic Paper Munkedals AB, Schweden
Druck und Bindung: GGP Media GmbH, Pößneck
Printed in Germany   ISBN 978-3-492- 30374-3

für Esther und Hildegard

Inhalt

1 Adelheid (931–999)
Königin, Kaiserin, Heilige

Im Jahre 951 erregt das Schicksal einer außergewöhnlichen Frau die Gemüter im Abendland. Zwar verfügt die damalige Welt noch nicht über eine schnelle Nachrichtenübermittlung wie heute, aber die Ereignisse dieses Jahres beschäftigen die Chronisten noch lange.

Markgraf Berengar von Ivrea hat die neunzehnjährige Adelheid, die junge und überaus schöne und gebildete, verwitwete Königin der Lombardei, gefangen genommen und sie zusammen mit einer Zofe und einem Kaplan in einer Burg oberhalb des Gardasees in einen verliesartigen Raum gesperrt. Damit will er die widerspenstige Königin brechen und sich selbst und seine Frau Willa zu König und Königin des lombardischen Italien machen. Die Berichte der damaligen Chronisten schmücken diese Geschichte zum Teil parteiisch und phantasievoll aus, doch sind sich alle über die Schändlichkeit des an Adelheid begangenen Unrechts einig. Abt Odilo von Cluny etwa, der Adelheid persönlich gut kennt und nach ihrem Tod eine kurze Lebensbeschreibung über sie verfassen wird, berichtet: »Sie wurde durch vielfache Quälereien geängstigt, an den Haaren ihres Hauptes gerissen, oft mit Faustschlägen und Fußtritten misshandelt und am Ende in einen dunklen Kerker mit einer einzigen Dienerin eingeschlossen.«

Vier Monate lang, vom 20. April bis zum 20. August 951, wird das Martyrium der schönen, jungen Witwe, der rechtmäßigen Königin Italiens, dauern. Die Mauern der Burg sind feucht und kalt. Das Essen, das den drei Gefangenen vorgesetzt wird, ist ausreichend, aber kann allenfalls als Fraß bezeichnet werden. Jeglicher Kontakt zur Außenwelt bleibt unterbunden. Und selbst wenn die tiefgläubige Adelheid zum Beten in die Burgkapelle gehen will, darf sie das nur unter strenger Bewachung tun. Die Wärter sind angewiesen, kein Wort mit der Gefangenen zu wechseln, um zu verhindern, dass irgendwelche Nachrichten von draußen zu ihr dringen.

Doch Berengar hat die Schläue und Zähigkeit der Königin unterschätzt. Sie erhält – so wird erzählt – durch einen Boten, der als Maurer auf der Burg eingeschleust worden ist, einen Hinweis. In der Zeichensprache, wie sie Mönche in Schweigezeiten verwenden, bedeutet dieser der Gefangenen, sie solle den Boden ihrer Zelle aufgraben. Ein absurdes Unterfangen, so mag jeder vernünftige Mensch denken. Doch Adelheid versucht das Unmögliche, das Widersinnige, vielleicht aus purer Verzweiflung, vielleicht aber auch in Gottvertrauen. Sie und ihre beiden Mitgefangenen lösen nachts leise die Bodenplatten ihrer Zelle. Darunter entdecken sie lockeres Schuttgestein, das offensichtlich nur eingefüllt wurde. Sie räumen den Schutt weg und stoßen bald auf Löcher und Kavernen, die sich offensichtlich unter der ganzen Burg, ja, dem ganzen Gelände hinziehen. Nacht für Nacht graben sie und füllen mit dem Schutt, den sie mit bloßen Händen wegräumen, andere Kavernen zu. Langsam stoßen sie immer tiefer in das unterirdische Höhlensystem vor. Schließlich, nach etlichen Nächten schwerer Arbeit, können sie den Ausbruch wagen: Sie verlassen unterirdisch ihre Zelle und das Burggelände und folgen einem langen Gang, auf den sie gestoßen sind. Schließlich gelangen sie ins Freie und erkennen freudig: Sie sind außerhalb der Burgmauern. Im Schutze der Dunkelheit ergreifen sie die Flucht, schlagen sich durch Gestrüpp und hohe Getreidefelder. Als am Morgen des 20. August die Wachen die Flucht bemerken, sind Adelheid und ihre Begleiter noch nicht sehr weit gekommen. Noch immer sind sie in Sichtweite der Burg. Doch das ist ihr Glück. Denn der Burgherr vermutet die Flüchtige schon weiter und lässt die fernere Umgebung nach ihnen durchforsten. Die Ausreißer verbringen den

Tag in einem dichten Gestrüpp. In der folgenden Nacht machen sie sich erneut auf den Weg. Im Schutze der Dunkelheit fliehen sie Richtung Süden.

Doch Berengars Schergen haben einen Hinweis erhalten. Einmal verstecken sich Adelheid und eine ihrer Begleiterinnen in einem Getreidefeld, da tauchen überraschend Reiter auf. Mit Lanzen durchkämmen sie das Gelände. Die Flüchtigen werfen sich auf die Erde, zitternd vor Angst. Doch wie durch ein Wunder gehen die Lanzenstöße knapp an ihnen vorbei, die Reiter verschwinden, ohne sie zu entdecken. Schließlich erreichen die Flüchtigen Reggio, den Sitz Bischof Adalhards. Er steht auf Seiten Adelheids. Als sich die Kunde vom Auftauchen der rechtmäßigen Königin verbreitet, eilt er ihr entgegen. Mit allen Ehren empfängt er die Königin vor der Stadt und geleitet sie in seinen Bischofspalast. Doch auch in Reggio sind sie nicht sicher. Schon rüstet Berengar seine Truppen, um Reggio zu belagern. Adelheid muss weiter. Der Bischof empfiehlt ihr die Burg Canossa. Auf Pferden geht die Flucht weiter. Nach zwei Tagen erreichen sie Canossa und werden vom Burgherrn Atto und seiner Frau Ildegarda empfangen. Die Burg gilt als uneinnehmbar. Endlich kann Adelheid aufatmen. Sie hat ihr nacktes Leben gerettet. Aber ihr politisches Schicksal ist nach wie vor offen. Berengar hält sich mit Gewalt an der Macht. Er scheint in Italien unanfechtbar zu sein …

»Ein strahlendes Bild wahrhaft königlicher Schönheit«

Adelheid wird am 27. Juni 931 als Tochter des burgundischen Königs Rudolf II. und Bertas, die wiederum dem schwäbischen Herzoghaus entstammt, geboren. Ihren Namen, der so viel wie »von vornehmem Geschlecht« bedeutet, trägt sie also ganz zu Recht. Bereits als Kind wird Adelheid Lothar, dem Sohn des Königs Hugo von Italien, als Ehefrau versprochen. Hugo war, bevor er mit List und Tücke die Macht in Oberitalien an sich riss, Graf der Provence. Adelheids Vater Rudolf will mit diesem

11

dynastischen Feldzug eine persönliche Schlappe wettmachen: Denn drei Jahre lang hielt er sich als Herrscher über die Lombardei. In einer Schlacht am 17. Juli 923 besiegte er Kaiser Berengar I. von Italien und ließ sich daraufhin in der Hauptstadt der Lombardei, Pavia, durch Akklamation von den Adligen zum König erheben. Berengar entkam in der Schlacht und verschanzte sich in Verona. Doch sein Schicksal war besiegelt: Am 7. April 924 wurde Berengar I. von Verschwörern in seinem Haus überfallen, nach draußen gezerrt und auf den Stufen einer Kirche mit Messerstichen umgebracht. Doch auch Rudolf konnte sich seiner Herrschaft in Italien nicht lange erfreuen: Am 6. Juli 926 wählten die Adligen Hugo, den Grafen der Provence, zu ihrem Herrscher. Rudolf musste sich nach Burgund zurückziehen und sann auf Vergeltung.

Die Geburt Adelheids fünf Jahre später kommt ihm da gerade recht. Was durch Krieg nicht erobert werden kann, soll im Ehebett eingenommen werden. Adelheid, so Rudolfs Wunsch, soll durch Heirat Burgund und Italien aneinanderbinden. Doch der ehrgeizige Rudolf erlebt die Verwirklichung seiner Planspiele nicht. Er stirbt am 13. Juli 937. Adelheid ist zu diesem Zeitpunkt erst sechs Jahre alt.

Überraschend ergreift nun der nicht minder ehrgeizige Hugo die Initiative. Er stattet der jungen Witwe Berta an ihrem burgundischen Hof einen Besuch ab. Berta trägt noch Trauerkleidung, da wirbt Hugo im Herbst 937 um ihre Hand und zugleich für seinen Sohn Lothar um die Hand Adelheids. Eine Doppelhochzeit soll Frieden bringen und die Dynastien aneinanderbinden und mächtig werden lassen. Rasch sind die Konditionen der Heiratskontrakte ausgehandelt. Hugo zeigt sich spendabel: Einundzwanzig Herrenhöfe, vier Abteien und 6640 Bauernhöfe schenkt er seiner zukünftigen Frau und der Schwiegertochter. Am 12. Dezember desselben Jahres heiraten Berta und Hugo in Colombiers am Genfer See. Zugleich wird die Verlobung der sechsjährigen Adelheid mit Lothar gefeiert.

Doch Berta ist klug genug, den amtierenden König von Burgund, ihren noch minderjährigen Sohn Konrad, nicht in den

Händen des machtgierigen Hugo zu lassen. Sie veranlasst, dass Konrad nach Deutschland geschickt wird, an den Hof König Ottos. Der hat im Jahr zuvor, 936, die Herrschaft über das damals noch Ostfranken genannte deutsche Königreich übernommen. Der großgewachsene, schöne Mann ist ebenfalls von einem hohen Machtanspruch durchdrungen. Er sieht sich in der Tradition Karls des Großen. Die Vorgänge in Italien und Burgund betrachtet er mit Argwohn und ist gewillt, den Intrigen und Ränken um Berengar und Hugo irgendwann ein Ende zu bereiten, notfalls mit Gewalt.

Der ostfränkische Hof besitzt damals und noch lange Zeit keine Hauptstadt, kein Residenzschloss. Überall im Land befinden sich Pfalzburgen, die im Besitz des Königs sind. Zumindest in der schönen Jahreszeit ist der Hofstaat mit Tross, Kind und Kegel auf Reisen, von einer Pfalzburg zur nächsten, um die einzelnen Länder und Regionen zu besuchen. Vor Ort muss der König präsent sein, um Gericht zu halten, nach dem Rechten zu sehen, Streit zu schlichten, kleinere und größere Aufstände niederzuschlagen, den Bau von Befestigungen, Städten und Straßen zu beaufsichtigen, weltliche und geistliche Herrscher einzusetzen, die Verwaltung und den Handel durch Dekrete auf den Weg zu bringen.

Anders als in Italien, wo die hochstehende Kultur seit der Römerzeit zumindest in adligen und geistlichen Kreisen nahezu ungebrochen fortlebt, gibt sich der ostfränkische Königshof recht schlicht, auch hinsichtlich der Bildung: Otto I. kann lange Zeit nicht schreiben und versteht kein Latein. Bei Verhandlungen mit Äbten und Bischöfen benötigt er daher einen Dolmetscher. In Dokumenten zieht er durch die vom Schreiber vorgefertigte Unterschrift nur den »Schlussstrich«, der später sprichwörtlich wird.

Aus dieser Schar feudaler Analphabeten sticht Adelheid heraus: Früh erhält sie eine umfassende schulische Erziehung und gilt bei den Zeitgenossen nicht nur als eine der schönsten und gesittetsten Frauen des Reiches, sondern auch als eine der klügsten. Mehrere Chronisten, die sie zum Teil persönlich kannten, haben dies bezeugt. Liudprand von Cremona etwa schwärmt: »Adelheid hieß sie, welche durch Schönheit ebenso ausgezeichnet wie um der Reinheit ihres Wandels willen überall beliebt war.« Und Hrosvith von Gandersheim rühmt: »Als Tochter des mächtigen Königs Rudolf war sie einem alten Geschlechte großer Könige entsprossen. Mit Recht gaben die Eltern ihr um ihres erlauchten Adels willen den Namen Adelheid. Ein strahlendes Bild wahrhaft königlicher Schönheit, nahm sie die der Würde ihrer Person entsprechenden Pflichten wahr und bewährte in Taten den Adel ihres Königtums. So hervorragend waren die Kräfte ihres Geistes, dass sie das verwaiste Reich wohl zu regieren imstande gewesen wäre, wenn ihr Volk ihr nicht bittere Ränke bereitet hätte.«

Ein Schurke und ein strahlender Held

Das Unglück, auf das die dichtende Klosterfrau hier dunkel verweist, nimmt seinen Anfang im Jahre 937, mit dem Tod Rudolfs und der Doppelverbindung von Hugo und Berta, Lothar und Adelheid. Liudprand verurteilt später diese zweifache Liaison – im Nachhinein kann man freilich immer klüger sein: »Das gilt überall bei den Griechen für unstatthaft: Wenn nämlich der Vater die Mutter ehelicht, so dass beide ein Fleisch werden, dann soll es ein schweres Vergehen sein, dass sein Sohn mit ihrer Tochter sich ehelich verbindet.«

Das Leben am Hof zu Pavia, im noblen Königspalast, in der wohlhabenden Handels- und Residenzstadt, könnte eigentlich ganz angenehm sein – viel angenehmer jedenfalls als im kalten Norden, wo König Otto und sein Hofstaat von einer Pfalz zur nächsten ziehen –, wären da nicht die andauernden Zwistigkeiten mit dem aufsässigen Grafen Berengar von Ivrea, der nach der Macht in der Lombardei greifen will und vor Intrige und Verrat nicht zurückschreckt. König Hugo droht ihm, er werde ihn blenden lassen, wenn er ihn ergreife. Jeder in Pavia weiß, dass das keine leeren Worte sind. Berengar besitzt sogar die

Frechheit, nach Norden zu fliehen, um König Otto um Schutz vor dem jähzornigen Hugo zu ersuchen.

Berengar ruft damit den mächtigen König der Ostfranken auf den Plan, der nur einen Vorwand sucht, um wieder – wie schon vor ihm Karl der Große – jenseits des Brenners Fuß zu fassen und sich als Schutzherr in Italien zu geben. Tatsächlich erweist sich Otto gnädig (und voller Kalkül), indem er Berengar aufnimmt und ihm Unterstützung zusichert. Als ein Bote nach Pavia kommt, bringt dessen Nachricht König Hugo in Rage.

Die Stimmung am lombardischen Hof hat sich verdüstert. Hugo benimmt sich gegen seine Frau Berta kalt und abweisend. Das lässt Adelheid für sich selbst Schlimmes befürchten. Immerhin kommen sie und ihr Verlobter Lothar (er ist fünf Jahre älter als sie) sich persönlich näher – keine Selbstverständlichkeit im dynastischen Planspiel.

Doch die Hoffnungen auf ein trautes Glück als zukünftige Herrscher über Italien zerschlagen sich: Otto hat seinen Schützling Berengar mit Truppen ausgestattet, mit denen der Markgraf im Jahre 945 über den Brenner nach Italien zieht. König Hugo muss im Jahr darauf fliehen. Er stirbt am 10. April 947 im Exil in Arles in der Provence. Zwei Monate später, am 27. Juni 947, heiraten die sechzehnjährige Adelheid und der einundzwanzigjährige Lothar in der Basilika San Michele in Pavia. Zwei Jahre darauf wird die Tochter Emma geboren. Berengar macht unterdessen die Lombardei unsicher und entreißt immer mehr Städte und Landstriche der Herrschaft des legitimen Königspaars.

Dann die Katastrophe: Am 22. November stirbt völlig unerwartet, ohne vorherige Krankheit, König Lothar. Ein Giftanschlag von Berengars Leuten, so wird gemunkelt. Adelheid steht alleine da, schutzlos, ohne Macht, ohne Truppen, ohne Land. Nur noch wenige Adlige bei Hofe stehen zu ihr. Die meisten haben den Palast klammheimlich verlassen, um nicht Berengars Zorn auf sich zu ziehen.

Der hat bald das ganze Königreich unter seiner Gewalt. Er und sein Sohn Adalbert lassen sich von den Adligen in Pavia zu Königen Italiens ausrufen. Adelheid setzt sich zur Wehr – mit

Verachtung und Spott gegenüber dem Usurpator. Der behandelt die Neunzehnjährige zunächst herablassend, sie ist ja nur eine Frau. Doch insgeheim fürchtet er sich vor ihrer aufrechten Haltung, ihrem Mut, ihrer Verachtung. Und er fürchtet Verschwörer, Anhänger Adelheids, die ihm ein ähnliches Ende bereiten könnten, wie er es mit seinem Widersacher Lothar getan hat. Er beschließt daher, Adelheid auszuschalten.

Adelheid flieht aus dem Königspalast und versucht nach Norden zu entkommen. Sie will sich nach Deutschland durchschlagen, zu Otto – ein Hilferuf ihrer Parteigänger ist durch Boten bereits unterwegs. Doch die aufsehenerregende Flucht hat bald ein Ende: Adelheid wird am 20. April 951 in Como von Berengars Schergen gestellt und nach Garda in ein Burgverlies gebracht. Dort soll ihr Wille gebrochen werden. Später, so plant der Graf, wird er sie in einem Kloster wegsperren.

Dann geschieht das Unglaubliche: Nach vier Monaten der Gefangenschaft können Adelheid, ihre Zofe und ihr Kaplan aus der schwer bewachten Burg fliehen und sich nach Süden durchschlagen, zur Burg von Canossa. Berengar schäumt vor Wut.

Auch König Otto ist erzürnt. Das gewalttätige Handeln Berengars, noch dazu gegenüber einer Dame von hoher Geburt, ist nicht entschuldbar. Rasch rüstet er ein Heer und überschreitet im Jahre 951 den Brenner. Freilich spielen auch politische Gründe eine Rolle. Es ist für Otto der willkommene Anlass, seine Macht auf Italien auszuweiten. Der Mönch Widukind von Corvey, mit dem sächsischen Königshaus verwandt, ist kein unparteiischer Chronist, wenn er in seiner *Sachsengeschichte* schreibt:

»Zu dieser Zeit herrschte im Langobardischen mit angemaßter Gewalt ein wilder und habgieriger Mann, der alles Recht für Geld verkaufte: Berengar. Weil er aber die Tugend der ausnehmend klugen Königin, die König Lothar hinterlassen hatte, fürchtete, bedrängte er sie vielfach, um die Zierde eines solchen Glanzes entweder auszulöschen oder wenigstens zu trüben. [...] Da Otto die Vorzüge der oben erwähnten Königin nicht verborgen blieben, beschloss er, sich unter dem Vorwand einer Romreise aufzumachen. Und als man in die Lombardei gelangt war, versuchte er, mit Geschenken aus Gold die Liebe der Königin zu ihm als vorteilhaft erscheinen zu lassen.«

König Otto überschreitet den Brenner, folgt dem Flusslauf von Eisack und Etsch. Die Städte ergeben sich ihm größtenteils kampflos. Man ist froh, der Fron des verhassten Berengar zu entkommen. Der verschanzt sich unterdessen in Pavia, ohne den Versuch zu unternehmen, Ottos Heer in einer Schlacht entgegenzutreten. Als die ostfränkischen Truppen sich der lombardischen Hauptstadt nähern, flieht Berengar am 22. September mit wenigen Getreuen. Noch am selben Tag zieht Otto in die offene Stadt ein.

Sogleich macht er sich daran, für Recht und Ordnung zu sorgen. An Adelheid, die immer noch auf Burg Canossa ausharrt, sendet er Geschenke, mit der Aufforderung, nach Pavia zurückzukehren. Bereits kurze Zeit später zieht die rechtmäßige Königin in ihre Hauptstadt ein und wird von den Bewohnern mit Jubel empfangen.

Reichstag in Augsburg und Schlacht auf dem Lechfeld

Adelheid steht einem großgewachsenen, gutaussehenden neununddreißigjährigen Mann gegenüber. Otto ist Witwer, seine erste Frau Edgitha ist im Jahre 946 gestorben. Rasch ist Adelheid und Otto klar: Eine Heirat ist zum Besten der eigenen Interessen, aber auch der Familie und der Länder. Bereits am 9. Oktober 951 läuten die Hochzeitsglocken, erneut in der Basilika San Michele.

Nach der Hochzeit will Otto eigentlich nach Rom ziehen, um sich von Papst Agapet zum Kaiser krönen zu lassen. Doch die Machtverhältnisse in Rom sind unklar und wechseln oft: Die großen Familien stellen traditionell die Päpste und üben die Macht aus. Oft genug liegen sie miteinander in Fehde, verbünden sich mit- und gegeneinander, haben aber immer Angst, die römische Autonomie zu verlieren. Ottos Bestreben, sein Reich nach Süden auszudehnen, nehmen Roms Granden mit Besorgnis zur Kenntnis. Bereits durch seine Heirat mit Adelheid weitet sich sein Einflussbereich bis in die Toskana aus.

Otto ist ein König, der sich nimmt, was er will, notfalls mit Gewalt und ohne moralische Bedenken. Den Feldzug nach Rom schiebt er einstweilen auf, wegen des einsetzenden Winters, aber auch, weil er aus Deutschland schlechte Nachrichten erhält: Seine Gegner um Herzog Liudolf von Schwaben haben sich in Saalfeld versammelt, so heißt es. Das deutet auf eine Verschwörung hin. Eilends zieht Otto mit seinem Heer über die bereits verschneiten Alpenpässe nach Deutschland. Adelheid zieht mit ihm und wird ihren Mann in den nächsten Jahren meist begleiten – auf den jährlichen Rundreisen von einer Pfalz zur nächsten, aber auch auf den strapaziösen und bisweilen gefährlichen Feldzügen in Italien und zu den Kriegsschauplätzen im Osten.

Unterdessen hat sich der noch immer aufsässige Berengar in der Burg von San Marino verschanzt und wartet auf eine günstige Gelegenheit, zurückzuschlagen. Otto betraut Herzog Konrad von Lothringen damit, Berengar mit einem kleineren Truppenkontingent in Schach zu halten.

Für Adelheid beginnt die schwierige Phase, sich in das Leben als Königin Ostfrankens einzufinden, in das unruhige Wanderleben des Hofes, in das unwirtliche Klima, die fremde Sprache und Kultur, die vergleichsweise rauen Sitten und Gebräuche. Zudem muss sie lernen, eigene Gefühle und Bedürfnisse der Staatsräson zu unterwerfen, wie sie bereits ein halbes Jahr später feststellen wird: Anfang August 952 findet auf dem Lechfeld vor den Toren Augsburgs ein Reichstag statt. Über Unterhändler hat Otto mit Berengar und dessen Sohn Adalbert Kontakt aufgenommen und den Aufsässigen Frieden in Aussicht gestellt. Auf dem Reichstag unter offenem Himmel empfängt Otto am 7. August den einstigen Gegner, der Adelheid erst im Jahr zuvor so schmählich misshandelt und gedemütigt hat. Berengar und Adalbert schwören dem König Treue. Otto revanchiert sich großzügig, indem er Berengar mit Italien belehnt (allerdings um die Marken Verona und Aquileia verkleinert, die bekommt Ottos Bruder, der baierische Herzog Heinrich). Damit folgt Otto ganz seinem Kalkül: Er hofft, den gefährlichen Berengar an sich zu binden und dessen Machthunger zu stillen. Und er will einen starken Mann in Italien, da er selbst nicht überall rasch vor Ort sein kann.

Für Adelheid bedeutet das einen Affront: Sie hat ihrem Peiniger im Innersten nicht verziehen. Und der König, ihr Mann, macht ihr damit deutlich, dass sie ihre Herrschaft in Italien als Frau nicht allein ausüben kann, sondern an seiner Seite bleiben muss. In seiner *Sachsengeschichte* freilich geht der Hofchronist Widukind von Corvey, dem viel an einem geschönten Bild für die Nachwelt liegt, auf die Gefühle der Königin nicht ein. Er hat lediglich die dürren Worte übrig: »Unterdessen sprach der König den König, wurde er von König und Königin in Gnade aufgenommen, gelobte Unterwerfung und bestimmte für das freiwillige Bündnis Tag und Ort in Augsburg.« Doch Ottos vermeintlich genialer Schachzug zeitigt weitere Risse in der Familie: Nicht nur Adelheid ist zutiefst verletzt. Auch Liudolf, Ottos erwachsener Sohn aus erster Ehe, der im Jahr zuvor auf eigene Faust mit einem Heer gegen Berengar gezogen ist, sieht sich in seinen Hoffnungen auf eine Lehensherrschaft betrogen.

Da droht bereits wieder Gefahr, diesmal von außen: Die Ungarn fallen 955 erneut in Deutschland ein und brandschatzen Dörfer und Städte. Schließlich berennen sie Augsburg, die mächtige Bischofs- und Bürgerstadt. Fällt sie, fallen damit auch weite Regionen des Voralpenlands an das ungarische Reitervolk. Verzweifelt wehren sich die Bürger, halten sich hinter ihren Wällen und Mauern verschanzt. Der tatkräftige und mutige Bischof Ulrich, ein enger Freund des Königs, leitet die Verteidigung. Doch lange können sich die Augsburger gegen die zahlenmäßig weit überlegenen Horden der Ungarn – angeblich sind es an die hunderttausend Mann – nicht mehr halten.

Boten überbringen die Hiobsnachricht an Otto. Der hat gerade wieder einmal mit den aufständischen Slawen zu schaffen. Überstürzt sammelt der König Truppen aus Sachsen, Franken, Baiern und Schwaben und wendet sich in Eilmärschen nach

Süden – der Tross, darunter auch Adelheid, hinterher. Die Königin ist in der Pfalz Ulm, als Eilboten die Nachricht bringen, auf dem Lechfeld, dort, wo vor drei Jahren der Reichstag unter freiem Himmel abgehalten wurde, sei eine blutige Schlacht im Gange. Der Ausgang sei ungewiss. Einer der ungarischen Befehlshaber, Horka Bulcsu, habe das deutsche Heer umgangen und greife von hinten an. Der Hof ist entsetzt. Doch Adelheid gibt den Befehl, sofort nach Augsburg aufzubrechen. Statt sich in Sicherheit zu begeben, will sie an der Seite der notleidenden Bevölkerung stehen und Näheres über die Schlacht erfahren, auch, ob ihr Mann noch lebt oder gefallen ist.

So rasch wie möglich reiten Adelheid und ihre bewaffneten Begleiter nach Augsburg. Unterwegs sind vereinzelt in der Ferne fliehende Reiter zu sehen, vermutlich marodierende Ungarn. Schließlich tauchen, es ist der Abend des 10. August, in der Dämmerung die Türme von Augsburg auf. Durch die Abendstille hören sie die Glocken. Adelheid und ihre Begleiter begreifen: Es ist ein Freudengeläut. Die Schlacht ist gewonnen, die Ungarn sind besiegt.

Durch eines der Tore betreten sie Augsburg. Adelheid sieht mit Entsetzen die Toten und Verwundeten. Einzelne Häuser sind abgebrannt, manche Gebäude stehen noch in Flammen. Von Otto fehlt jede Nachricht. Bischof Ulrich, der Verteidiger der Stadt, empfängt die Königin. Dann die erlösende Botschaft: Der König lebt! Endlich kehrt Otto in die Stadt zurück und kann seine überglückliche Frau begrüßen. Der König befiehlt, die nach Osten fliehenden Ungarn zu verfolgen und gnadenlos niederzustrecken. Auf dem Lechfeld sind viele Gefangene gemacht worden. Den ungarischen Anführern werden die Augen ausgestochen und die Zungen herausgerissen, bevor man sie tötet. Aber auch die einfachen Krieger werden nicht verschont: Auf Ottos Befehl hin werden siebenhundert Gefangene geköpft. Die Scharfrichter haben einen Tag lang zu tun, bis endlich Totenstille über dem Lechfeld liegt, dessen Grasnarbe von Blut rot gefärbt ist.

Wie Adelheids Empfindungen angesichts solcher Gewaltexzesse waren, wissen wir nicht. Vermutlich hat sie sich instinktiv und voller Ekel vor solch einem Anblick abgewandt. Ob sie es moralisch verurteilt hat, ist fraglich. In jener Zeit, in der der Existenzkampf tagtäglich auszufechten war, dachte und empfand man in anderen Kategorien. Gewalt war noch nicht durch die Zivilisation kanalisiert und verpönt, sondern ein gängiges und probates Mittel, um selbst zu überleben und die für richtig und gut befundenen Ziele (und von ihren Zielen waren Otto und Adelheid sicherlich überzeugt) zu realisieren. Die Reichsidee, die Verbreitung des Christentums und nicht zuletzt die Festigung der Macht für den eigenen Clan standen im Mittelpunkt von Ottos und Adelheids Bestrebungen.

Kaiserin und »Mutter der Königreiche«

Noch ein weiteres einschneidendes Ereignis beschert das Jahr 955: Im Dezember kommt Adelheids Sohn Otto zur Welt. Noch gilt Liudolf, Ottos Sohn aus der Ehe mit Edgitha, als Thronfolger. Der aber stirbt überraschend im September 957 an einem Fieber, nachdem er zuvor noch Berengar und Adalbert in einer Schlacht besiegt und so Ottos Macht in Italien wieder gefestigt hat. Der noch nicht zweijährige Otto, Adelheids Sohn, ist nun der rechtmäßige Thronfolger. Adelheids Position innerhalb der Herrscherfamilie ist dadurch gestärkt: Sie ist nicht mehr nur »Unsere geliebteste Gattin« – die »dilectissima coniux nostra« –, wie Urkunden sie bezeichnen, sondern auch die Mutter des künftigen Monarchen und damit die »Mutter der Königreiche«.

Otto I. geht bereits auf die fünfzig zu – für damalige Verhältnisse ist er ein Mann auf der Schwelle zum Alter. Er muss sich beeilen, will er für sich und seinen Sohn die Macht festigen und sich – wie sein Vorbild Karl – die Kaiserwürde verschaffen. Dazu muss er nach Rom ziehen, aber nicht als Bittsteller, sondern als allgewaltiger Herrscher, der einfordern kann, was ihm beliebt. Doch wiederum geben sich die Mächtigen und Möchtegern-Mächtigen Italiens abspenstig: Berengar rebelliert nach

Liudolfs Tod erneut. Mit seinen Söhnen zieht er südwärts und bedrängt die Markgrafschaft Spoleto und den Kirchenstaat. Das ist nicht nur eine Bedrohung für Ottos Pläne, sondern auch eine Gefahr für Adelheids Familie, denn in Spoleto herrscht ihr Vetter Theobald. Immer öfter dringen Klagen über Berengar und seine Söhne bis nach Sachsen, nach Magdeburg. Otto muss handeln, auch Adelheid drängt ihn dazu.

Schließlich treffen zwei Boten aus Rom ein, die die dringende Bitte des Papstes um königliches Eingreifen vorbringen. Oberhaupt der römischen Kirche ist damals der römische Bürgersohn Octavian, ein erst dreiundzwanzigjähriger Jüngling. Er nennt sich Johannes XII. und geht als ein Schandfleck in die Kirchengeschichte ein. Man sagt ihm Amtsmissbrauch nach und munkelt über Prasserei und Hurerei. Voller Abscheu schreibt der Chronist Liudprand über die amourösen Abenteuer des jungen Pontifex maximus: »Und wenn alles schweigen würde, der Lateranpalast, einst die Herberge der Heiligen, jetzt ein Tummelplatz für Dirnen, wird laut reden von der Mätresse seines Vaters, die auch ihm gehörte, der Schwester einer seiner Mätressen, einer andern Stephania. Wir berufen uns auf das Ausbleiben aller anderen Frauen – außer den römischen –, welche, um zu beten, die Schwelle der heiligen Apostel zu betreten sich scheuen; denn erst vor wenigen Tagen haben wir hören müssen, dass jener [der Papst] eine Anzahl Ehefrauen, Witwen und Mädchen vergewaltigt hat.«

Tatsächlich herrschen an der Spitze der Kirche schlimme Verhältnisse. In nur hundert Jahren haben sich achtundzwanzig Päpste auf dem Stuhl Petri abgewechselt. Etliche wurden von den streitenden römischen Patrizierfamilien oder von Gegenpäpsten erdolcht oder vergiftet. Ein Papst namens Formosus hatte zwar das Glück, eines natürlichen Todes im Bett zu sterben, aber neun Monate später zerrte man seinen Leichnam aus dem Grab, setzte ihn auf einen Marmorstuhl und machte ihm feierlich den Prozess. Das makabre Ereignis hat den Namen »Leichensynode« erhalten.

Auch Otto hört von den Machenschaften des jugendlichen

Papstes Johannes XII. Aber er benötigt ihn als Steigbügelhalter zur Erreichung der Kaiserwürde. Ottos Bruder Brun, der Erzbischof von Köln, bestärkt den König in seinem Vorhaben. Doch zunächst sorgt Otto, der seit einigen Jahren krank ist, für die rechtmäßige Thronnachfolge: Für den Fall, dass er nicht aus Italien zurückkehren sollte, lässt er in der Aachener Pfalzkapelle seinen und Adelheids Sohn Otto zum Mitkönig krönen.

Mitte August 961 ist es endlich so weit: Otto versammelt auf dem Lechfeld, wo er sechs Jahre zuvor den grandiosen Sieg über die Ungarn errungen hat, sein Heer und gibt das Zeichen zum Aufbruch nach Italien. Mit dabei ist Adelheid. Denn seiner »geliebtesten Gattin« will er ebenfalls die kaiserliche Würde schenken. Über den Brenner ziehen sie nach Oberitalien. Berengar verschanzt sich in der Festung San Leo bei Ravenna, das Heer Adalberts löst sich auf die Nachricht von Ottos Ankunft hin auf. Kampflos zieht das ostfränkische Heer durch die Poebene und erreicht Pavia. Als Adelheid die Stadt ihrer Jugend betritt, ist sie entsetzt: Die Usurpatoren haben aus Wut über das Herannahen der Deutschen den Palast geplündert und verwüstet. Rasch lässt das Herrscherpaar die Räume wiederherstellen. Das Weihnachtsfest verbringen sie in der Residenz. Sobald die Wege wieder passierbar sind, ziehen sie im Januar 962 weiter nach Rom.

Papst Johannes XII. empfängt das Königspaar mit allen Ehren. Der auf seinen Vorteil bedachte Pontifex maximus fürchtet Otto. Am 2. Februar 962, dem Fest Mariae Lichtmess, findet in der alten Kirche von St. Peter in Rom die feierliche Krönung Ottos und Adelheids zu Kaiser und Kaiserin des Heiligen Römischen Reiches statt. Nach der Krönung kniet der Papst vor Otto und Adelheid nieder und leistet einen Treueeid. Adelheid wird künftig in Urkunden auch als »consors imperii« genannt, als »Teilhaberin der Kaiserwürde«. Damit besitzt sie eine in der langen Reihe der deutschen Königinnen einzigartige Machtfülle (wenn man einmal von ihrer späteren Schwiegertochter Theophanu absieht). Vor ihrer Salbung wird ein Weihegebet gesprochen: »So gewähre Du, Gott, gnädig, dass sie zum würdigen und erhabenen Bunde mit unserem Herrscher und zur Teilnahme an seiner Herrschaft schreite.« Der Aufenthalt in Rom verläuft konfliktfrei. Als die Deutschen am 14. Februar wieder nach Norden abziehen, sind in der alten Stadt am Tiber alle erleichtert, denn man fürchtet dort stets um die eigene Autonomie.

Adelheid wird in den kommenden Jahren eine kluge und gütige Beraterin ihres kaiserlichen Gatten. So tragen von Otto unterzeichnete Urkunden den Vermerk: »Auf den Rat und durch die Vermittlung Adelheids, unserer teuersten Gemahlin und der Teilhaberin unserer Kaiserwürde.« Unter Adelheids Einfluss lernt Otto schreiben, ebenso das Lateinische. Adelheid fördert Künste und Wissenschaften und lädt Gelehrte an den Königshof. Die spätere Geschichtsschreibung bezeichnet diese geistige und kulturelle Öffnung als »Ottonische Renaissance«, genauso gut könnte man von einer »Adelheidischen Renaissance« sprechen.

Die Zeitgenossen hingegen wissen, was sie an ihrer Königin und Kaiserin besitzen. Gerbert von Aurillac, der berühmteste Gelehrte seiner Zeit, Bischof von Reims und Ravenna und später Papst mit dem Namen Silvester II., preist Adelheid: »Es ist offenkundig, dass Ihr bisher die ruhmvollste Frau und die Mutter der Königreiche gewesen seid.« Und die Annalen des Klosters Quedlinburg, wo Adelheids Tochter Mathilde als Äbtissin wirkt, vermerken: »Adelheid, welche den Bestand des ihr und ihrem Gemahl, dem erhabenen, großen, friedenstiftenden Otto zu Lande und zur See unterworfenen Reiches durch ihre Verdienste und trefflichen Tugenden nicht weniger gezierт, als dieser es durch seine Kraft und herrlichen Siege befestigt hatte.«

Krieg an allen Fronten

Tatsächlich ist es so, dass Adelheid ihren Mann in vielen Belangen, auch in politischen, berät. Vor allem auf ihren reichen Erfahrungsschatz, was die Verhältnisse in Italien anbelangt, kann der Herrscher, der seine Macht südlich der Alpen festigen will, nicht verzichten. Doch trotz aller Umsicht kommt Italien nicht zur Ruhe. Erneut muss Otto gegen Berengar vorgehen, dessen Festung San Leo er aber nicht erstürmen kann. Berengars Sohn Adalbert schlägt sich unterdessen nach Rom zu Papst Johannes XII. durch, der sich mit ihm verbündet – ein offener Verrat des Pontifex, der erst wenige Monate zuvor Otto zum Kaiser gekrönt hat! Otto bricht die Belagerung San Leos ab und marschiert mit seinem Heer nach Rom. Er will, das hat er sich geschworen, ein grausames Exempel statuieren. Der Papst flieht mit dem Rebellen Adalbert in die Campagna, nicht ohne zuvor etliche Kirchenschätze zusammenzuraffen. Otto nimmt die Stadt kampflos. Die adligen Familien schwören ihm und Adelheid den Treueeid. Auf einer Synode setzt der Kaiser am 4. Dezember 963 Johannes XII. ab und erhebt Leo VIII. zum neuen Papst. Zugleich erfährt er, Berengar habe sich endlich ergeben. Otto befiehlt, ihn und dessen Frau Willa nach Bamberg zu bringen und dort festzusetzen.

Doch so sicher, wie Otto und Adelheid glauben, ist die Lage in Rom nicht. Bereits vier Wochen später bricht ein Aufstand der Römer gegen die Ostfranken los, den Otto jedoch mit seinen erfahrenen Soldaten niederschlagen kann. In Rom herrscht indes immer noch Unruhe: Bereits im Mai stirbt der von Otto eingesetzte Papst Leo. Sein Nachfolger ist Papst Benedikt V. Auch er ist nur kurze Zeit auf dem Papstthron. Schließlich stirbt im Mai 964 auch der abgesetzte Papst Johannes XII. Süffisant weiß der Chronist Liudprand von Cremona zu berichten, den Weiberhelden habe ein gerechtes Schicksal ereilt, das nicht der Komik entbehrt. Ein Schlaganfall – so wäre wohl die Diagnose aus heutiger Sicht – raffte ihn in pikanter Situation hin: »Als er nämlich eines Nachts außerhalb Roms mit einer verheirateten Frau die Freuden des Bettes genoss, traf ihn der Teufel so schwer an den Schläfen, dass er noch vor Ablauf von acht Tagen an der Wunde starb.«

Otto und Adelheid wenden sich wieder nach Norden. In Deutschland muss die Machtstellung der eigenen Familie gefestigt werden. Am 14. Mai 965 findet in Köln ein Hoftag statt. Adelheids Tochter aus erster Ehe, die sechzehnjährige Emma, wird dabei mit dem vierundzwanzigjährigen französischen König Lothar verlobt. Die beiden heiraten im Jahr darauf, und Emma wird damit Königin von Frankreich. Ost- und Westfranken, so das Kalkül des Kaiserpaars, sollen durch diese familiären Bande ausgesöhnt und einander angenähert werden.

Zudem will Otto seinen Sohn zum Kaiser krönen lassen. Aber noch immer sind die Machtstrukturen im Lateran nicht gefestigt. Neuer Papst wird im Oktober 965 ein Parteigänger Ottos, Johannes XIII. Er wird von den Römern jedoch bald vertrieben und sendet einen Hilferuf an den Kaiser. Otto entschließt sich, erneut nach Italien aufzubrechen. Adelheid soll ihn begleiten. Sie trägt Trauer, denn im Januar ist ihre Mutter Berta, Königin von Burgund, gestorben. Dennoch will sie mit nach Rom. Das Wohl des Reichs geht vor persönliche Belange.

Kampflos öffnet Rom dem kaiserlichen Heer die Tore. Die Ostfranken setzen den Anführer und einige Hauptleute der Aufständischen gefangen. Otto und Adelheid feiern Weihnachten 966 in der altehrwürdigen Stadt. Dann spricht Otto seine Urteile: Dreizehn Hauptverantwortliche werden gehängt, die Leichname bereits getöteter Rebellen ausgegraben und vor die Stadtmauer geworfen, Hunden und Ratten zum Fraße. Andere werden mit glühenden Schwertern geblendet oder in die Verbannung nach Sachsen geschickt. Johannes XIII. kehrt zurück auf den Papstthron. Er lässt den Anführer der Rebellen zuerst an den Haaren aufhängen, dann federn, geißeln und nackt auf einem Esel sitzend durch die Stadt führen. Ein Mönch vom Monte Soracte klagt: »Weh dir, Rom, deine Völker wurden erschlagen, deine Stärke vernichtet, dein Gold und Silber ruhen in den Geldsäcken fremder Männer. Einst Mutter, jetzt Tochter, hast du all deinen Besitz verloren. Einst hast du hoch über Völker triumphiert, größtes Ansehen war dir nah, jetzt bist du vom Sachsenkönig ausgeplündert und gar arg verstümmelt.« Erst jetzt scheint der Wille der Aufsässigen gebrochen. Der mittlerweile zwölfjährige Otto II. wird im Dezember 967 nach Rom beordert und dort am Weihnachtstag von Johannes XIII. im Beisein seiner Eltern zum Mitkaiser gekrönt.

Um die ottonische Dynastie endgültig zu sichern, fehlt nur noch eine Frau für den Thronfolger. Emmas Ehe mit dem west-fränkischen König Lothar soll den Frieden nach Westen sichern. Nun sucht Otto eine dynastische Verbindung zum mächtigen Byzantinischen Reich. Diplomaten verhandeln mit dem Kaiser in Konstantinopel: Otto hat die Tochter des verstorbenen Kai-sers Romanos II. als Schwiegertochter ins Auge gefasst. Ihr Name lautet Anna.

Der Handel scheint perfekt, nachdem Otto mit einem Feld-zug nach Süditalien, das in byzantinischer Hand ist, seinem Wunsch kriegerischen Nachdruck verliehen hat (wiederum wurde er von Adelheid begleitet, die das Leben in Feldlagern nur allzu gewohnt ist). Otto scheut auch jetzt vor dem Äußers-ten nicht zurück. Sein Heer verwüstet Apulien und Kalabrien, Dörfer brennen, Ernten werden vernichtet. Schließlich willigt der neue byzantinische Kaiser Nikephoros Phokas in den Han-del ein. Anna soll per Schiff nach Italien geschickt werden. Wie Adelheid über all das dachte, auch über die sprichwörtlichen Verheerungszüge ihres Mannes, bleibt im Dunkeln. Auffällig ist, dass sie in jenen Jahren etliche Klöster gründet und mit Länd-reien und Geld ausstattet, alles aus ihrem privaten Besitz. Sicherlich war der Antrieb zu dieser Stifterrolle eine tiefe Reli-giosität. Doch nicht nur das fromme Leben sollte gefördert werden. Vielmehr wollte Adelheid auch das geistig-kulturelle Leben, das von den Klöstern ausstrahlte, protegieren und deren karitatives Wirken unterstützen. Besonders die Klöster Peter-lingen, Erstein und Selz im Elsass werden von ihr bedacht. Im Elsass besitzt Adelheid aus alter Erbmasse, aber auch durch Schenkungen des Kaisers, Ländereien, Dörfer und Höfe. Bei Parma gründet sie die durch Kriege zerstörte Abtei San Salva-tore nach dem Vorbild des Reformgeistes von Cluny neu.

Unterdessen wird am fernen Bosporus Kaiser Nikephoros Phokas von seinem Vetter Johannes Tzimiskes ermordet, der sich zum neuen Kaiser erklärt. Er willigt – scheinbar – in den Brauthandel ein. Im Jahre 972 – Ottos Hofstaat befindet sich bereits wieder in Rom – landet die byzantinische Prinzessin in Apulien. Doch kaiserliche Boten bringen die Nachricht rasch an den Tiber: Die Byzantiner haben die Ostfranken getäuscht! Nicht Anna ist nach Italien gesandt worden, sondern ein zwölfjähriges Mädchen namens Theophanu. Der ottonische Hof ist wütend. Sie sei außerordentlich schön, so die Boten. Doch das interessiert nur in zweiter Linie. Das größte Manko: Theophanu ist nur die Tochter eines Schwagers von Kaiser Tzimiskes, stammt also nicht aus der engen kaiserlichen Dynastie. Allein deren Kindern ist das Privileg vorbehalten, im roten Porphyrsaal des Palastes am Bosporus zur Welt zu kommen. Solch eine »Purpurgeborene« jedenfalls ist Theophanu nicht.

Man berät sich. Die einen fühlen sich von Byzanz düpiert und gedemütigt, die anderen raten zu einer Annahme der Braut, um endlich die dynastische Verbindung zu Konstantinopel zu knüpfen und dem Reich Frieden zu bringen. Schließlich entscheidet sich Otto I. für die Prinzessin, und auch sein Sohn ist durch die Berichte, Theophanu sei überaus schön, überzeugt. Am 14. April 972 heiraten Otto II. und Theophanu in St. Peter in Rom.

Adelheid kommt von Beginn an mit der Schwiegertochter nicht sonderlich zurecht. Der Altersunterschied ist zu groß, auch Sozialisation und Kultur klaffen zu weit auseinander. Die Frauen begegnen sich höflich und mit gebotenem Respekt – Vertrauen und Herzlichkeit erwachsen jedoch nicht.

Endlich zieht der Hof wieder nach Norden, nach Sachsen. Der Empfang von altem und jungem Kaiserpaar in Magdeburg ist prunkvoll und festlich. In Quedlinburg, wo Adelheids Tochter Mathilde Äbtissin des Servatiusstifts ist, fühlt sich Adelheid heimisch und unangefochten. Der Hof zieht weiter, über Merseburg nach Memleben in Thüringen. In dieser Pfalz ist Ottos Vater Heinrich gestorben. Otto und Adelheid wollen hier einige Tage verbringen. Gemeinsam besuchen sie die Abendmesse. Der Kaiser fühlt sich unwohl, beginnt zu fiebern. Alle ahnen: Es ist das Ende. Er erhält die Sterbesakramente. Am 7. Mai 973 stirbt Otto, den bereits die Zeitgenossen den Großen nennen, in Memleben. Der Körper wird geöffnet, die Eingeweide werden herausgenommen und in Memleben bestattet, der Leichnam findet im Magdeburger Dom seine letzte Ruhestätte.

Adelheid ist zum zweiten Mal Witwe. Otto II. ist erst siebzehn, aber bereits mündig. Die Großen des Reichs huldigen ihm und der jungen, fremdländischen Kaiserin. Doch nach einiger Zeit brechen erneut Streitigkeiten aus. Einzelne Fürsten erheben sich gegen den jungen Kaiser und die ottonische Dynastie. Wie schon sein Vater muss auch Otto II. mit Waffengewalt seine Ansprüche erstreiten. In Rom folgen kurz nacheinander drei Päpste – auch dort sind die Ansprüche des Reichs in steter Gefahr.

Immerhin bestätigt Otto seiner Mutter deren Besitztümer, sodass sie sich weiterhin ihren frommen Stiftungen widmen kann. So oft es geht, hält sie sich in ihrer alten Residenz in Pavia auf, aber auch im Elsass, besonders in Kloster Selz. Dort, so ihr Wunsch, will sie einmal begraben sein. Es kommt indes zu Spannungen zwischen Mutter und Sohn, weil Otto den Karolinger Karl zum Herzog von Niederlothringen macht, obwohl der zuvor seine Schwägerin Emma, Königin von Frankreich und Tochter Adelheids aus deren erster Ehe mit Lothar, zu Unrecht des Ehebruchs bezichtigt hat. Wieder einmal steckt politisches Kalkül dahinter. Zudem kann Adelheid sich nicht mit den Rechtsvorstellungen abfinden, die ihr Sohn Otto nach alter fränkischer Tradition pflegt: Bei Streitangelegenheiten ordnet der König zumeist einen Zweikampf der Kontrahenten an – ein sogenanntes »Gottesurteil«, so die althergebrachte Vorstellung, solle entscheiden. Diese Denkweise ist Adelheid fremd. Die Zivilisation Italiens und das alte römische Rechtssystem sind tief in ihrem Denken verwurzelt. Als einmal in einem von Otto angeordneten Zweikampf einer der Kontrahenten unterliegt, aber am Leben bleibt, ordnet der König an, den Mann zu enthaupten. Das entspricht seinen Rechtsvorstellungen, die tief auf das germanische Stammes- und Sippendenken zurückreichen. Adelheid zieht sich gekränkt nach Pavia zurück. Erst 980 kommt es zur Aussöhnung zwischen Adelheid und Otto II. Das hält den jungen Kaiser jedoch nicht davon ab, weiterhin eine riskante Politik zu betreiben, ohne auf die Bedenken seiner Mutter zu hören. So wagt er im Jahre 982 einen Feldzug in Unteritalien gegen die sarazenischen Städte, der mit einer vernichtenden Niederlage des ostfränkischen Heeres endet. Um ein Haar wird Otto gefangen genommen. Er kann sich jedoch schwimmend auf ein vor der Küste bei Capo Colonna dümpelndes Schiff retten. Auch die vor Ort anwesende Kaiserin Theophanu und der ebenfalls im Tross befindliche Reichsschatz können im allerletzten Moment vor den Feinden in Sicherheit gebracht werden.

Das Reich ist in Bedrängnis. Im Norden und Osten rebellieren die Dänen und Slawen. Auch in Rom gibt es Unfrieden. Benedikt VII. stirbt, ein neuer kaiserfreundlicher Papst, er nennt sich Johannes XIV., wird eingesetzt. Im Jahr darauf ziehen Otto und Theophanu erneut nach Rom, trotz der Warnung des seherisch begabten Abts von Cluny, Majolus. Dieser hatte prophezeit, der Kaiser werde, wenn er die Stadt betrete, seine Heimat nicht wiedersehen. Adelheid befindet sich in Pavia, als sie die Nachricht erreicht, ihr Sohn sei am 7. Dezember 983 in Rom mit nur achtundzwanzig Jahren an der Malaria gestorben und in einem Porphyrsarg in St. Peter beigesetzt worden. Dort ruhen die Gebeine noch heute.

Wieder steht das Reich vor einer Zerreißprobe. Theophanus Sohn Otto ist ein Knabe von gerade drei Jahren. Rasch reagieren Adelheid und Theophanu, die nun, in der Krisenzeit, versuchen, ihre persönlichen Animositäten zu vergessen und im Sinne der Dynastie zusammenzustehen. Die beiden Kaiserinnen übernehmen die Regentschaft, bis Otto mündig ist. Doch zunächst muss der Knabe von den Großen des Reichs als König anerkannt werden. Bereits zu Weihnachten, keine drei Wochen nach dem Tod Ottos II., wird der Knabe in Aachen als Otto III. zum König gekrönt. Adel und Klerus schwören dem Kind die Treue. Doch Heinrich von Baiern, der als der »Zänker« in die Geschichte eingeht, bringt das Kind als Geisel an sich. Dann lässt er sich selbst zum König ausrufen. Schwierige Verhandlungen sind nötig. In Rom wird unterdessen Johannes XIV. vom Gegenpapst Bonifaz ermordet. Als auch der stirbt, kommt Johannes XV. auf den Thron. Das Reich wird gleichermaßen an den Grenzen und im Innern auf die Zerreißprobe gestellt. Es ist nicht zuletzt Adelheids taktischem Geschick, ihrer Beharrlichkeit und ihrer Reputation zu verdanken, dass Heinrich endlich einlenkt und am 29. Juni 984 den kleinen König an Mutter und Großmutter übergibt.

Damit steht Adelheid zum zweiten Mal in ihrem Leben an der Spitze der Macht in einem Reich, das von der Nordsee bis Apulien und von Verdun bis zur Oder reicht. Sie wird von Zeitgenossen als »Mutter der Königreiche« gepriesen. Nach 986 jedoch tritt sie die Regentschaft an ihre Schwiegertochter ab und zieht sich in ihr Königreich Italien zurück. Hier, in der Hauptstadt Pavia, sorgt sie mit Umsicht und Fleiß, vom Volk geachtet und geliebt, für das Wohl ihres Landes. Dasselbe tut Theophanu im Norden. Trotzdem sie als Frau von vielen Adligen und Bischöfen beargwöhnt wird, gelingt es der Griechin, dem ottonischen Herrscherhaus die Macht zu wahren und Frieden im Reich zu halten. Sie reist im Land umher, spricht Recht, gründet eine eigene Kanzlei für Italien und verbessert die Verwaltung nach byzantinischem Vorbild. Die Spannungen zwischen ihr und Adelheid nehmen indes wieder zu. Theophanus Politik zielt darauf, Adelheids Einfluss zu schmälern. Doch Theophanu stirbt unerwartet am 15. Juni 991 in Nimwegen.

»Dann bin ich Elende allein noch übrig«

Otto III. ist zu diesem Zeitpunkt erst elf Jahre alt. Ein drittes Mal muss die bereits sechzigjährige Adelheid – für damalige Verhältnisse ein Greisenalter – der Staatsräson gehorchen und die Regentschaft übernehmen. Doch ist sie dieser Aufgabe nicht mehr recht gewachsen. Hielt Theophanu die Fäden der Politik und Macht geschickt in der Hand, entgleiten sie der alten Adelheid zunehmend. Drei Jahre lang verwaltet sie das Kaiserreich. Dann wird im September 994 der vierzehnjährige Otto für mündig erklärt, sodass sie sich endgültig zurückziehen kann. Zudem kommt es zum Zerwürfnis zwischen Großmutter und Enkel, was der Chronist Thietmar nur dunkel andeutet: »Adelheid blieb so lange mütterlich für ihn sorgend bei ihm, bis er selbst, verleitet durch die Eingebungen zügelloser Jünglinge, sie zu ihrer großen Betrübnis von sich wies.«

Wohl eher kopfschüttelnd mag Adelheid die Politik ihres Enkels verfolgt haben: Er lässt sich 996 von Papst Gregor V., einem Vetter, zum Kaiser krönen. Als der Pontifex maximus im Jahre 998 vom römischen Adel aus der Stadt vertrieben wird, zieht Otto nach Rom und wütet gnadenlos unter der Bevölkerung. 999 erhebt Otto den Gelehrten Gerbert von Aurillac, einen alten Vertrauten Adelheids, zum Papst. Davon erfährt die alte Kaiserin mit Genugtuung. Den frühen Tod des erst zweiundzwanzigjährigen Kaisers und Enkels im Jahre 1002 muss sie, die so viele hat sterben sehen, nicht mehr erleben. Gleichwohl, so Abt Odilo von Cluny, habe Adelheid, die die Kraft der Weissagung besessen habe, das frühe Ende Ottos III. in Italien prophezeit. Sie habe ausgerufen: »O Gott, was soll ich tun? Was soll ich sagen von unserm Herrn, meinem Enkel? Ich glaube, noch viele seines Gefolges werden in Italien umkommen, und nach ihnen, fürchte ich, auch der hochgesinnte Otto; dann bin ich Elende allein noch übrig, allen menschlichen Trostes beraubt; lass doch, o Herr, Du König in Ewigkeit, mich nicht einen so furchtbaren Verlust erleben!« Wenige Monate vor ihrem eigenen Tod verliert Adelheid am 6. Februar 999 noch ihre geliebte Tochter Mathilde, Äbtissin in Quedlinburg. Damit hat sie nicht nur ihren Mann überlebt, sondern auch ihre fünf Kinder.

Odilo von Cluny erinnert sich an seine letzte Begegnung mit der Kaiserin kurz vor ihrem Tod. Zu ihrem engen Vertrauten sagt sie: »O Sohn, gedenke meiner in deinen Betrachtungen und wisse, dass ich mit leiblichen Augen dich nicht mehr schauen werde!« Adelheid stirbt in der Nacht vom 16. auf den 17. Dezember 999 in dem von ihr gegründeten Kloster Selz im Elsass, das drei Jahre zuvor eingeweiht worden ist.

Bereits zu Lebzeiten stand Adelheid im Rufe der Heiligkeit. Das lag nicht nur daran, dass sie Klöster und Kirchen gründete und förderte, reichlich Almosen verteilte und seherisch begabt war. Sie wandte sich in den letzten Lebensjahren auch gegen die gewaltsame Missionierung der Slawen. Das widerstrebte ihrem offenen, toleranten Geist. Vielmehr sollte die christliche Kultur vorbildhaft wirken, sodass heidnische Völker sich freiwillig zur Lehre Jesu Christi bekehrten. Eine geradezu revolutionäre Einstellung in einer Zeit, in der der Kampf mit dem Schwert als Gottesgericht betrachtet wurde.

Adelheid wurde in der Kirche des Klosters Selz bestattet. Ihr Grab entwickelte sich zur Wallfahrtsstätte. Bald war von Wunderheilungen die Rede. Bereits 1097, keine hundert Jahre nach Adelheids Tod, sprach eine Lateransynode die Kaiserin heilig. Im Jahre 1307 trat der Rhein über die Ufer und überschwemmte Selz. Die Mönche bauten das Kloster in der Nähe wieder auf. Es ist anzunehmen, dass sie die Gebeine Adelheids retteten und umbetteten. Die Grabstelle ist allerdings nicht bekannt. Das Elsass wurde im Laufe der Jahrhunderte zum kriegerischen Zankapfel zwischen Frankreich und Deutschland. Dass Adelheid, die »Mutter der Königreiche«, direkt an der Schnittstelle der lange verfeindeten und doch so nah verwandten Nationen begraben liegt, kann geradezu als Symbol gewertet werden. Die Erinnerung an sie und ihr Wirken mag auch heute noch als Mahnung gelten, Toleranz und Humanität zu üben.

2 Adele von Blois (um 1065–1138)
Die Frau hinter dem Ersten Kreuzzug

Clermont in der Auvergne, am 27. November 1095: Die Stadt ist in heller Aufregung. Papst Urban II. hat sich auf den beschwerlichen Weg von Mittelitalien nach Frankreich gemacht, um hier ein Konzil abzuhalten. Urban ist in tiefer Sorge. Ein Hilferuf aus Konstantinopel hat ihn erreicht. Der byzantinische Kaiser Alexios bittet um die Entsendung von Söldnern. Seit Jahrzehnten dringen die türkischen Seldschuken aus dem Inneren Asiens nach Westen vor. Sie stehen nur noch wenige Meilen vom Bosporus entfernt. Fällt aber Byzanz, so geht nicht nur die christliche Bastion im Osten verloren. Den muslimischen Eindringlingen stünde der Weg nach Mitteleuropa offen!

Der Papst hält eine Messe unter freiem Himmel, vor den Toren der Stadt. Zahlreiche Bürger und Adlige aus ganz Frankreich haben sich versammelt, darunter auch Graf Stephan von Blois und seine Frau Adele. Der Papst tritt an den Ambo und hält mit lauter Stimme eine flammende Predigt: »Die Türken haben mehr und mehr vom Land der Christen besetzt, diese besiegt und sie getötet und gefangen genommen. Sie haben Kirchen zerstört und Gottes Königreich verwüstet. Diese Angelegenheit betreffend, ermahne ich mit demütiger Bitte euch, die Herolde Christi, alle, von welcher Klasse auch immer, beide, Ritter und Fußvolk, danach zu streben, diese gottlose Rasse aus den christlichen Ländern zu verjagen, bevor es zu spät ist.«

Ein Raunen geht durch die Menge, das zu einem Geschrei anschwillt. Die Menschenmasse skandiert: »Deus vult! Deus vult!« Gott will es! Das wird die Losung des Ersten Kreuzzugs, der sich in allen christlichen Regionen des Abendlandes in den nächsten Wochen und Monaten formiert. Aus England und Frankreich, Spanien und Italien, Deutschland und Skandinavien finden sich adlige Ritter und einfache Fußsoldaten zusammen, Bürger und Bauern, Männer und Frauen, Alte und Junge, um an einem der größten Heereszüge der Menschheitsgeschichte teilzunehmen. Es gibt kaum eine Planung, kaum eine Logistik. Der religiöse Eifer reißt die Menschen mit sich.

Fünf Ritterheere machen sich noch im Winter auf den Weg nach Osten und Süden, die auch von Trossen aus einfachem Fußvolk, darunter viele unbewaffnete Bauern, ja selbst Frauen, begleitet werden. Eines dieser fünf Ritterheere, das nordfranzösische, wird von Graf Stephan von Blois angeführt. Vor allem seine Frau Adele hat ihn zu dieser Mission gedrängt. Sie gilt nicht nur als eine der schönsten Frauen Europas, sondern auch als machtbewusste Person. Adele hat ihren Ehrgeiz wohl von ihrem Vater geerbt: Der ist kein Geringerer als Wilhelm von der Normandie, »der Eroberer« genannt. Er hat im Jahre 1066 in der Schlacht bei Hastings die Engländer besiegt und sich selbst zum König ausgerufen.

Wilhelms Tochter Adele wird um 1065 geboren. Die Zeitgenossen sind von ihrer Schönheit und ihrer Bildung hingerissen. Hugo von Fleury, Autor einer Kirchengeschichte, widmet sein Werk der Gräfin: »Ich halte es für angemessen, hocherhabene Herrin, das Geschenk des hier vorliegenden Werkes Euer Gnaden in Ergebenheit zu widmen, da Ihr vielen hochgestellten Menschen unseres Zeitalters voranzustellen seid, sowohl was Euer allgemein bekanntes edles Wesen als auch Eure hervorragend untadelige Gesinnung betrifft; sodann weil Ihr literarisch gebildet seid, was einen besonderen Vorzug und hohen Grad an höfischer Bildung bedeutet.«

Deutlicher, aber auch zweideutig ist der Chronist Wilhelm von Malmesbury. Er schreibt über die Tochter Wilhelms des Eroberers: »Sie ist ein mannhaftes Weib von weltweit berühmter Kraft.« Im lateinischen Urtext steht an dieser Stelle das Wort »virago«. Übersetzt bedeutet es so viel wie »Mannweib«. Keine sehr schmeichelhafte Bewertung zu einer Zeit, da von Frauen Fügsamkeit erwartet wurde, genährt von einer Idealvorstellung, wie sie in der Jungfrau Maria verkörpert schien. Aber aus den Worten des Chronisten spricht eher Respekt denn Ablehnung. Adele lehrt mit ihrem eisernen Willen und ihrem Selbstbewusstsein bereits in jungen Jahren die Männerwelt das Fürchten. Sie ist als Tochter des englischen Königs ein begehrtes Objekt auf dem europäischen Heiratsmarkt. Doch sie hat eigene Vorstellungen von Ehe und Politik. Zunächst wirbt Simon Crispin, der Sohn des Grafen von Amiens, um sie. Die Verlobung wird jedoch sehr bald vom Bräutigam gelöst, der sich in ein Kloster zurückzieht. Was der Auslöser war, wissen wir nicht. Immerhin bleibt Simon Crispin ein grausames Schicksal auf dem Kreuzzug erspart.

Der zweite Anwärter ist Stephan, Graf von Blois, einer der reichsten und mächtigsten Männer Frankreichs. Der Heiratskontrakt wird rasch ausgehandelt. Die Ehe wird um das Jahr 1081 geschlossen, da ist Adele etwa sechzehn Jahre alt. Sie gebiert dem Grafen in den kommenden Jahren vier Söhne und eine Tochter.

Halbherziger Ritter und treuer Korrespondent

Dreißig Jahre ist Adele alt, als Papst Urban in Clermont zum Kreuzzug aufruft. Ihr Mann bricht erst recht spät und auf ihr Drängen hin, im Oktober 1096, mit seinen Kriegern auf. Er scheint es nicht eilig zu haben, ins Heilige Land zu kommen. Während andere Heerführer wie Balduin von Bouillon und der Normanne Tankred sogar behaupten, Jesus Christus sei ihnen erschienen und habe ihre Teilnahme befohlen, sind solch vollmundige Aussagen von Stephan nicht bekannt. Er bangt um sein Leben und macht vor seiner Abreise einer Abtei in seiner Heimat eine großzügige Schenkung, verbunden mit dem Wunsch: »Gott führe mich heil und gesund zurück. Und er möge über meine Frau Adele und unsere Kinder wachen.«

Die Kreuzritter ziehen gen Osten. Sie stimmen fromme Kampflieder an, ähnlich dem, das Walther von der Vogelweide später gedichtet hat: »Nun erst lebe ich mir würdig,/seit mein sündiges Auge/das hehre Land und auch die Erde sieht,/die man so vieler Ehren rühmt./Nun ist geschehen, worum ich immer bat:/ich bin an den Ort gekommen,/den Gott als Mensch betrat. [...]«

Stephans Sorge um Adeles Wohl ist unberechtigt. In seiner Abwesenheit ergreift sie selbstbewusst die Zügel der Herrschaft. Ihrem Mann hat sie das Versprechen abgenommen, ihr regelmäßig brieflich über den Fortgang der Militärexpedition zu berichten. Während die Darstellungen der Chronisten recht gefärbt sind, besitzen wir in Stephans Briefen an Adele – zwei haben die Wirren der Jahrhunderte überstanden – ganz persönliche, unverstellte und einzigartige Dokumente.

Der Heereszug steht unter keinem guten Stern. Im italienischen Brindisi überwintern die Kreuzfahrer bis zum April 1097. Angeblich ist das Wetter zu schlecht für eine Überfahrt. Als sie am 5. April endlich die Anker lichten, bricht ein vollbeladenes Schiff unter der Last auseinander. Vierhundert Männer und Frauen ertrinken. Stephans Heer setzt dennoch über die Adria. Sie segeln nach Albanien, marschieren durch Makedonien und Bulgarien. Mitte Mai 1097 langen Stephan und seine Truppen als Letzte in der bedrohten Stadt Konstantinopel an. Die Heerführer leisten dem byzantinischen Kaiser Alexios den Eid, alle Städte und Länder, die sie den Muslimen entreißen, an Byzanz zurückzugeben. Ein Schwur, der später von den Kreuzfahrern nicht sonderlich ernst genommen wird.

Die vereinten Heere ziehen nun auf türkisches Gebiet. Sie belagern die befestigte Stadt Nicaea. Die seldschukische Garnison kapituliert schließlich. Stephan schreibt treu Briefe an die in Chartres wartende Adele. Aus der Anrede klingt tiefe Liebe und höfische Hochachtung: »Graf Stephan sendet an Gräfin Adele, seine allerliebste Freundin, seine Gemahlin, das Beste und Liebste, was sein Geist sich ausdenken kann!«

In der Euphorie des schnellen Sieges behauptet Stephan

leichtfertig: »Ich versichere Dir, meine Liebe, dass wir von dem öfters erwähnten Nicaea nach Jerusalem in fünf Wochen gelangen werden, wenn uns Antiochia nicht aufhalten wird. Bleib gesund!«

Ein Spaziergang ins Heilige Land? Keineswegs. Bis zur Eroberung Jerusalems durch die Kreuzritter werden noch über zwei Jahre vergehen. Aber das wird ohne Stephan von Blois geschehen.

Der nämlich hat bald genug von dem militärischen Abenteuer. Der Heereszug mit Tross und Pilgeranhang schleppt sich quer durch Anatolien. Seldschukische Reiter und Bogenschützen greifen immer wieder aus dem Hinterhalt an und zermürben den Kampfgeist der Ritter. Hunger und Durst sind ständige Begleiter. In ihrer Verzweiflung essen die Kreuzfahrer Blätter, kochen Leder und trinken ihren eigenen Urin. Die Truppen sind demoralisiert. Türkische Zivilisten werden ohne Anlass gefoltert und niedergemetzelt, vereinzelt kommt es sogar zu Kannibalismus. Von solchen Auswüchsen freilich ist in Stephans Briefen an Adele nicht die Rede, auch nicht in den »offiziellen« Berichten der christlichen Chronisten.

Adele liest Stephans Briefe, die von berittenen Boten Tausende von Kilometern zugestellt werden, mit Neugier und Stolz. Sie ist von der Kreuzzugsidee begeistert und erhofft sich für Stephan und sich nicht nur eine himmlische Belohnung, sondern auch irdischen Reichtum, Macht und Ansehen. Darin ist die Gräfin unersättlich.

Irgendwann im Sommer 1098 trifft in Chartres ein weiterer Brief Stephans ein. Der Graf hat ihn seinem Sekretär am 29. März diktiert, im Feldlager vor dem belagerten Antiochia, einer der bedeutendsten Städte des Morgenlandes. Ungeduldig erbricht Adele das Siegel. Doch was sie liest, klingt bei Weitem nicht mehr so siegesbewusst: »Um also diese Feinde Gottes zu bekämpfen, haben wir bis jetzt mit der Gnade Gottes viele Beschwernisse und zahllose Widrigkeiten auf uns genommen. Den ganzen Winter hindurch haben wir vor der oft genannten Stadt Antiochia unter überaus starker Kälte und Unmengen von Regenschauern für den Herrn Christus zu leiden gehabt.« Adele stutzt. Sollte ihr Gemahl den Mut verlieren? Sie liest weiter und ahnt Schlimmes:»Es ist gewiss Weniges, meine Liebste, was ich Dir von vielen Ereignissen schreibe, und weil ich Dir nicht zum Ausdruck bringen kann, wie es mir ums Herz ist, Liebste, gebe ich Dir den Auftrag, dass Du richtig handelst und für Dein Land die bestmögliche Vorsorge triffst; dass Du Deine Kinder und Deine Leute anständig, wie es sich für Dich gehört, behandelst. Denn Du wirst mich in kürzest möglicher Zeit wiedersehen.«

Stephans Auftrag an seine Frau ist überflüssig. Sie hält die Herrschaft fest in der Hand und lässt sich, das berichten Zeitgenossen, von niemandem dreinreden. Dass ihr Mann weit weg im Morgenland kämpft, scheint ihr nicht unrecht zu sein.

Stephan verliert den Kopf, und Adele setzt ihn durch

Adeles Befürchtungen, genährt durch Stephans dunkle Andeutungen, bewahrheiten sich bald: Im Frühherbst 1097 kehrt Stephan nach Chartres zurück. Ohne Trompetenschall, ohne erraffte Schätze, ohne erbeutete feindliche Standarten. Adele ist fassungslos. Hinter ihrem Rücken, unter den Bediensteten, wird getuschelt und gehöhnt. Die Nachricht verbreitet sich rasch in der Stadt und der Grafschaft, bald in ganz Frankreich: Stephan von Blois ist desertiert! Er ist ein Feigling, der vor den Muslimen ausgerissen ist und sein Heer im Stich gelassen hat. Adele schäumt vor Wut. Erst nach und nach erfährt sie die Hintergründe:

Monatelang wurde Antiochia belagert – vergeblich. Unterdessen näherte sich Kerboga, der Sultan von Mosul, mit einem riesigen Heer. In dieser Situation flüchtete sich Stephan in eine vermeintliche Krankheit. Er erklärte, nicht weiterkämpfen zu können, und verließ bei Nacht und Nebel das Heerlager. Er war sicher, die von Hunger und Krankheit geschwächten Kreuzritter würden von der feindlichen Übermacht zerrieben werden.

Auf dem Weg zur Küste begegnete ihm der byzantinische Kaiser Alexios mit einem Entsatzheer. Stephan berichtete ihm von der Uneinnehmbarkeit Antiochias und von Kerbogas Heer. Die Kreuzritter seien bereits vollständig besiegt und aufgerieben. Alle Hilfe komme zu spät, so Stephan. Daraufhin machten Alexios und sein Heer panisch kehrt und eilten nach Konstantinopel zurück.

Der Kreuzzug ist verloren!, so erklärt Stephan. Adele empfindet über Stephans Heimkehr mehr Scham als Erleichterung. Sie beide sind das Gespött der ganzen Christenheit!

Wenige Wochen später verbreitet sich wie ein Lauffeuer die Nachricht, die Kreuzritter hätten Antiochia erobert und in einem gewagten Ausfall vor die Stadt Kerbogas zahlenmäßig überlegenes Heer in die Flucht geschlagen! Die Ritter seien bereits auf dem Weg nach Jerusalem!

Adele ist fassungslos und erbost. Sie schämt sich für ihren feigen Mann und ist unwillig darüber, die Macht in der Grafschaft wieder an ihn abgeben zu müssen. Das Bett wird zum Kriegsschauplatz. In langen nächtlichen Predigten setzt sie ihrem Mann zu. Das bleibt nicht geheim. Das Gesinde trägt es weiter. Der zeitgenössische Chronist Ordericus Vitalis berichtet:

»Graf Stephan von Blois wurde von fast allen beschimpft und unaufhörlich beschämt, weil er von dem belagerten Antiochia schimpflich geflohen war und seine ruhmvollen Gefährten, die für Christus das Martyrium auf sich nahmen, im Stich gelassen hatte. Von vielen Personen wurde er sehr oft getadelt, und er sah sich gezwungen, den Kriegsdienst Christi teils aus Schrecken, teils aus Verlegenheit wiederaufzunehmen. Dazu ermahnte ihn auch seine Frau Adele des Öfteren, und sie sagte zu ihm unter den liebevollen ehelichen Zärtlichkeiten:

›Fern sei es von dir, mein Herr, so lange die Schmähungen so vieler Menschen zu erdulden! Erinnere dich an die berühmte Umtriebigkeit deiner Jugend, und nimm sie wieder auf! Ergreife die Waffen des lobenswerten Kriegsdienstes zum Heil vieler, damit hieraus für die Christen auf der ganzen Welt ein ungeheurer Jubel entspringe, für die Heiden aber Angst und die öffentliche Abtuung ihres verbrecherischen Gesetzes!«

Da erreicht eine zweite Nachricht das Abendland: Die Kreuzritter haben Jerusalem nach langer Belagerung am 15. Juli 1099 erobert und alle etwa zwanzigtausend Muslime der Stadt ausnahmslos niedergemetzelt! Voller Stolz schreibt ein christlicher Chronist: »Und wenn ihr zu wissen begehrt, was mit den Feinden geschehen sei, mögt ihr wissen: In der Vorhalle Salomos und in seinem Tempel ritten die Unsern im Blute der Sarazenen bis an die Knie der Pferde.«

Adele ist entrüstet. Nicht über das Blutbad, sondern über die verpasste Chance, bei der Plünderung teilgenommen zu haben. Weiterhin setzt sie ihrem Mann zu. Der Chronist Ordericus Vitalis weiß: »Dies und vieles Ähnliche trug die scharfsinnige und beherzte Frau ihrem Mann vor. Aber er kannte sehr wohl die Gefahren und Schwierigkeiten und schreckte davor zurück, die harten Beschwernisse ein zweites Mal auf sich zu nehmen.«

Endlich hat Adele ihren Mann mürbe gemacht: Im Jahre 1101 macht sich Stephan erneut auf und zieht im Gefolge Wilhelms von Poitou nach Palästina, um die noch widerständigen muslimischen Städte zu erobern. Doch er hat kein Glück. Im Mai 1102 gerät er bei einem Gefecht vor Ramallah in Gefangenschaft und wird wenig später in der Festung Askalon enthauptet.

Eine unbequeme Landesherrin

Adele von Blois ist Witwe. Ihre Trauer trägt sie mit Würde. Ihre Alleinherrschaft übt sie mit politischem Geschick, Diplomatie und eiserner Strenge aus. Widerspruch duldet sie nicht. Der Zweck heiligt ihr die Mittel. Und die sind nicht immer eben fein.

Besonders mit Ivo, dem gelehrten Bischof von Chartres, liegt Adele im Streit. Die Gräfin protegiert ihre Söhne und verhilft ihnen zu einflussreichen Stellungen. Als sich ihr ältester Sohn

Wilhelm einmal im Ton gegen den Bischof vergreift, beschwert sich Ivo bei der Mutter und droht mit der Exkommunikation. Doch Adele lässt sich nicht gefügig machen. Sie teilt aus und räumt auf. Die fidelen Nonnen eines Klosters in ihrer Grafschaft, die unschicklichen Umgang mit Männern pflegen, schwärzt sie beim Bischof an und droht unmissverständlich: »Im Kloster von Sankt Fara geht es nicht zu wie an einem heiligen Ort. Nein, die Frauen dort benehmen sich wie von Dämonen besessen. Wie die Straßendirnen sind sie und bieten ihre Körper feil zum schändlichen Missbrauch durch allerlei Mannsvolk.«

Ein Stiftsherrenkapitel, das sich in einer Angelegenheit querlegt, lässt Adele kurzerhand aushungern – und zwar wortwörtlich: Sie lässt die Zugänge zum Stift abriegeln, bis die Stiftsherren, von Hunger und Durst geplagt, klein beigeben. Bischof Ivo protestiert gegen derlei Machtanmaßung – vergebens. Seine Briefe an die Gräfin zeugen von untertäniger Hilflosigkeit: »Ivo, der demütige Diener der Kirche von Chartres, wünscht der Pfalzgräfin Adele, sie möge in der Gesinnung des Friedens und der Liebe überfließen!«

Im Jahre 1122, Adele ist etwa siebenundfünfzig Jahre alt, ist sie der weltlichen Machtkämpfe überdrüssig. Sie tritt in das Kloster Marcigny ein. Das gräfliche Haus ist bestellt. Ihre Söhne haben einflussreiche Positionen: Wilhelm, der Älteste, wird von ihr allerdings als Taugenichts eingeschätzt und von der Erbfolge ausgeschlossen. Er wird einzig mit der Stadt Chartres abgefunden. Dagegen protegiert sie den Zweitgeborenen, Thibaud, der nach ihrem Tod die Grafschaft Blois übernehmen soll. Der dritte Sohn, Heinrich, wird auf Adeles Betreiben Abt von Glastonbury und Fécamp und schließlich Bischof von Winchester, und der vierte Sohn, Stephan, wird noch zu Adeles Lebzeiten auf den englischen Königsthron gehievt.

Doch trotz des frommen Lebenswandels regiert Adele weiter – von der Klosterzelle aus. Der Bischof von Le Mans, Hildebert, lästert über die gräfliche Nonne: »Unser Prophet Osee heiratete eine Hure. Moses erfreute sich an der Verbindung mit der Negerin. Christus löschte seinen Durst, wobei ihm die Samariterin ihren Becher reichte. Unzählig sind die Beispiele dafür, dass Christus auch die Sünderinnen der Ehe mit sich für wert hielt.«

Ein anderer Zeitgenosse, Baudri von Bourgueil, Erzbischof von Dol in der Bretagne, übergießt die Gräfin mit Lobesversen, doch zwischen den Zeilen tritt auch Kritik an ihren »männlichen« und egozentrischen Charakterzügen zutage: »Nicht an Tugend geringer folgt auf den Vater die Tochter,/Ausgenommen allein, dass nicht gewappnet sie ist./Dennoch nähme sie gern die Waffen zur Hand, untersagten/Sitt' und Gesetze nicht zarten Frauen das Schwert./Doch gibt es eines, worin übertrifft die Tochter den Vater:/Dichtungen spendet sie Lob, Büchern widmet sie Zeit;/[...]/Fehlt es an Bildung auch dir, sie gleicht es trefflich aus./Aber sie wird dich nicht nach deinen Verdiensten beschenken,/Nein, sie gewährt dir nur, was ihr zur Ehre gereicht.«

Wie Adele auf solches Geschwätz reagierte, ist nicht überliefert. Vielleicht hat sie darüber nur gelacht. Macht und Ansehen machte ihr keiner streitig, und wer sie nicht liebte, der fürchtete sie zumindest.

Adele von Blois, die Frau hinter dem Ersten Kreuzzug, die gelehrte Dame und gewiefte Politikerin, stirbt am 8. März 1138 im Kloster Marcigny.

3 Lucrezia Borgia (1480–1519)
»Päpstin« und kunstliebende Fürstin

Im Sommer 1501 reibt sich das christliche Rom verwundert die Augen. Die einen sehen in den Vorgängen den beginnenden Untergang des Abendlandes, die anderen zeigen sich belustigt – sie haben von einem Papst, der bis zu jenem Zeitpunkt neun Kinder mit mehreren Frauen gezeugt und seine Sprösslinge unverhohlen und schamlos bis in die höchsten Ämter gehievt hat, nichts anderes erwartet. Aber was Alexander VI., mit bürgerlichem Namen Rodrigo Borgia, sich in jenem Sommer erlaubt, sprengt doch die Vorstellungskraft etlicher Kleriker und Laien: Er bestimmt seine Tochter, die schöne und kluge, gerade einmal einundzwanzigjährige Lucrezia Borgia, zu seiner Stellvertreterin im Vatikan!

Eine »Päpstin« auf dem Stuhl Petri? Bereits im 9. Jahrhundert soll es eine »Päpstin Johanna« gegeben haben. Eine Legende, für die es keinerlei historische Quellen gibt, die sich aber bis in die jüngste Zeit hinein behauptete (man denke etwa an den Romanbestseller *Die Päpstin* der Amerikanerin Donna Cross aus dem Jahre 1996), weil sie genügend Spielraum offen lässt für Phantasien jeglicher Art: Sex and Crime am päpstlichen Hof, verstärkt durch wahlweise männliche wie weibliche Projektionen.

Im Gegensatz zu solch kruden Geschichtsklitterungen ist die päpstliche Stellvertreterin im Sommer 1501 äußerst real. Alexander VI., der in schwierigen und langwierigen Verhandlungen mit dem herzoglichen Hof von Ferrara steckt, dem er seine über alles geliebte Tochter Lucrezia als zukünftige Herzogin feilbietet, will den widerspenstigen und geldgierigen Ferraresen ein Exempel statuieren: Er will ihnen zeigen, dass ein Papst auch warten kann und dass seine Tochter nicht nur schön und reich ist, sondern dass sie etwas im Kopf hat. Sie ist sogar fähig, die weltliche und geistliche Macht des Pontifikats auf gewisse Zeit zur Zufriedenheit aller auszuüben. Also erteilt er ihr die nötigen Weisungen und Vollmachten, wobei er im Großen und Ganzen ihrem gesunden Menschenverstand vertraut. Dann lässt er packen und verabschiedet sich für geraume Zeit aus dem sommerlich heißen Rom. Der Papst und sein Gefolge ziehen nach Sermoneta. Fürstin dieses Herzogtums, dessen Herrschergeschlecht der Papst gut ein Jahr zuvor mit Waffengewalt vertrieben hat, ist per Dekret Lucrezia Borgia.

Im päpstlichen Palast bei St. Peter in Rom gehen unterdessen viele Briefe ein. Anfragen aus Rom, aus dem Kirchenstaat, aus der ganzen Welt, von Bürgern und Klerikern, von geistlichen und weltlichen Herrschern. Der päpstliche Zeremonienmeister, der über die »Weiberherrschaft« alles andere als erfreut ist, schreibt in seiner Chronik recht skeptisch: »Vor der Abreise aus Rom übergab er [der Papst] seine Kammer, den ganzen Palast und die laufenden Geschäfte seiner Tochter Lucrezia, die während seiner Abwesenheit die päpstlichen Gemächer bewohnte. Auch gab er ihr den Auftrag, die an ihn gerichteten Briefe zu öffnen, und sie solle, wenn eine Schwierigkeit vorläge, den Rat des Kardinals Costa und der andern Kardinäle einholen, die sie zu diesem Zweck rufen könnte.« Eine Vorsichtsmaßnahme, doch Lucrezia bedarf des Rates der Kardinäle nicht. In den folgenden Wochen regiert sie voller Umsicht und Klugheit, fällt Entscheidungen, berät sich mit dem fünfundachtzigjährigen Kardinal Costa, wobei sie dessen Meinung zwar anhört, aber nicht allzu viel darauf gibt, denn der Greis, so ist ihr Eindruck, ist nicht mehr ganz klar im Kopf und kann schwierige Sachverhalte nicht recht überblicken.

Wer ist diese Lucrezia Borgia, die einen Sommer lang mit Bravour die Geschäft ihres Vaters, des Papstes, führt? Bis heute kursieren allerlei Gerüchte und halbgare Geschichten über sie.

Sie sei ein sex- und machtbesessenes Weib gewesen, eine Hure, die sich wahllos anderen Männern hingab und sogar mit Vater und Bruder eine »teuflische Dreieinigkeit« unterhielt und für ihren Vorteil und Zugewinn an Macht und Reichtum über Leichen ging. All das ist barer Unsinn. Die Gegner Papst Alexanders VI. (der freilich ein Machtmensch war und es mit dem zölibatären Lebenswandel nicht genau nahm) haben bereits zu Lebzeiten Lucrezias solche Gerüchte in die Welt gesetzt, um dem Ansehen der Familie Borgia zu schaden. Dabei spielten Neid, Missgunst, soziale Benachteiligung, Konkurrenzgebaren und sicherlich auch Minderwertigkeitskomplexe eine Rolle. Auch das biederbürgerliche 19. Jahrhundert hat später dazu beigetragen, den Ruf und die Meriten Lucrezia Borgias nachhaltig und grundlos zu beschädigen: So geschehen in einem Roman von Alexandre Dumas d. Ä., einem wüsten Theaterstück von Victor Hugo und einer auf Hugos Text fußenden Oper von Gaetano Donizetti. Auch der große Historiker Ferdinand Gregorovius, der 1874 eine zweibändige Biografie über die Papst-Tochter publizierte, war nicht frei von bürgerlichen Vorurteilen. Trotz aller Quellenarbeit begegnete er seinem biografischen Objekt mit Klischees und Vorverurteilungen – was wiederum die nachfolgenden Historiker und Biografen nolens volens beeinflusste. Erst in jüngerer Zeit hat der Vatikan-Kenner Alois Uhl mehrere unvoreingenommene Bücher über Alexander VI., dessen Kinder und vor allem über Lucrezia Borgia publiziert und so das Bild jener Familie gerade gerückt, ohne zu glorifizieren, aber auch ohne abzuurteilen.

Der Aufstieg der Borgia

Lucrezia Borgia kommt am 18. April 1480 zur Welt. Ihr Geburtsort ist nicht genau überliefert: Rom oder Subiaco, wo die Familie Borgia damals eine Burg besitzt. Sie ist ein »Bastardkind«. Ihr Vater ist der mächtige Kardinal Rodrigo Borgia. Die Mutter heißt Vannozza, sie bringt im Laufe der Jahre dem Kardinal vier Kinder zur Welt: Cesare, Juan, Lucrezia und Jofré. Alle vier Kinder Vannozzas nimmt der Vater, obwohl er hoher geistlicher Würdenträger ist, unter seine persönliche Protektion. Er bekennt sich zu seinen Kindern und verstößt damit gegen die Sitte der katholischen Kirche. Aber Rodrigo Borgia hat ganz eigene Vorstellungen vom Zölibat, der Ehelosigkeit: Solange er keine seiner Mätressen heiratet, ist das für ihn rechtens und moralisch vertretbar. Den Vornamen Lucrezia wählt der Vater nicht von ungefähr. Der humanistisch gebildete Mann will damit an die edle, tugendreiche Lucrezia erinnern, die im antiken Rom lebte und sich nach einer Vergewaltigung selbst erdolchte, weil sie nicht in Schande leben wollte. Dass seine Tochter Lucrezia von Zeitgenossen, aber auch von Nachgeborenen einmal als ruchlose Vettel betrachtet werden würde, hätte Rodrigo Borgia sich nie träumen lassen.

Lucrezia wächst zunächst bei ihrer Mutter auf, einer Witwe, die 1481 erneut heiratet. Ihr Mann, ein Kurienbeamter, besitzt ein Landhaus mit Weingut nahe der Kirche San Pietro in Vincoli in Rom, damals ein recht ländlicher Bezirk der auf gerade einmal fünfzigtausend Einwohner geschrumpften einstigen Weltstadt. Vannozza bringt in dieser Ehe einen Sohn zur Welt, der aber mit vier Jahren stirbt. Auch Vannozzas Mann stirbt früh, im Jahre 1486. Sie heiratet noch im selben Jahr ein weiteres Mal, den damals bekannten Humanisten Carlo Canale. Und sie unterhält weiterhin sexuelle Beziehungen zu Kardinal Rodrigo Borgia, wohl mit Billigung der Ehemänner. Borgia weiß zeitlebens die Menschen seiner Umgebung mit Geschenken, Pfründen und Ämtern gefällig zu stimmen.

Borgia will von Anbeginn den Weg seiner Tochter bestimmen: Sie soll nicht irgendwie erzogen und später an irgendwen verheiratet werden. Er liebt seine unehelichen Kinder aufrichtig, so viel ist aus den überlieferten Briefen und Dokumenten ersichtlich, und er will das in seinen Augen Beste für sie, wobei er als Patriarch bestimmt, was das jeweils Beste ist. Als Lucrezia acht Jahre alt ist, schickt Borgia sie zu Adriana de Mila, die die Witwe eines Mannes der vornehmen Familie Orsini ist. Bei ihr lebt sie die nächsten Jahre und erhält durch Privatlehrer einen fundierten und über das damals Übliche hinausgehenden Unterricht: Lucrezia lernt Latein und Griechisch, Spanisch und Französisch, sie wird in Zeichnen und Malen, Musizieren, Singen und Tanzen unterrichtet, zudem erfährt sie viel über Grammatik, Poesie, Rhetorik und Literatur. Der Unterricht folgt dem klassischen Kanon der »sieben freien Künste«. Damals erwacht in Lucrezia die Liebe zur Kunst und zur Dichtung, die sie als Herzogin von Ferrara mäzenatisch leben wird.

Lucrezia weiß, dass sie eine Borgia ist, irgendwann in ihrer Jugend wird es ihr gesagt. Sie schämt sich ihrer unehelichen Herkunft nicht. Im Gegenteil: Sie ist stolz, eine Borgia zu sein und den mächtigen Kardinal zum Vater zu haben. Der verfolgt seine Familienpolitik mit langem Atem. Die Borgia stammen aus Aragon, haben es dort mit Klugheit, Geschick und Taktik in hohe militärische und geistliche Positionen gebracht. Bereits 1455 wird ein Borgia Papst: Alonso Borgia, er nennt sich Calixtus III. Der wiederum protegiert seinen emporstrebenden Neffen Rodrigo und verleiht dem gerade einmal Fünfundzwanzigjährigen im Jahre 1456 die Kardinalswürde und zahlreiche Pfründen, die ihn zu einem der reichsten Männer der Kirche machen. Fortan spielt Rodrigo Borgia in Rom eine wichtige Rolle. Aber er gilt bei den arroganten römischen Patriziern als ein Emporkömmling, ein »uomo nuovo«. Das verfolgt Rodrigo Borgia bis in seine Träume. Eine Kränkung, die er zu beseitigen trachtet. So will er nicht nur für sich die höchste erreichbare Würde anstreben, nämlich den Papsttitel, sondern auch für seine Nachkommen Ämter und Titel sichern. Und er träumt frühzeitig davon, in der Romagna, der reichen Gegend zwischen Adria, Apenninen und Po, für seine Nachkommen ein erbliches Borgia-Fürstentum zu gründen, zu kaufen, zu erobern – jedes Mittel ist ihm recht. Die Umsetzung dieser Pläne wird einen Großteil seiner Jahre als Papst in Anspruch nehmen – und die schöne Lucrezia und ihr tatendurstiger Bruder Cesare sind ihm hierfür willkommene Mittel zum Zweck.

Im Juli 1492 stirbt Papst Innozenz VIII. Das Kardinalskollegium tritt im Vatikan zusammen. Doch lange können sich die Würdenträger nicht auf einen Nachfolger einigen. Rodrigo Borgia ist bereits einundsechzig Jahre alt. Er weiß, es ist für ihn die letzte Chance, auf den Papstthron zu gelangen. Also greift er zum besten Mittel: Geld. Er schickt den ihm ergebenen Ascanio Sforza los. Der besticht in Einzelgesprächen eine ganze Reihe von Kardinälen mit Bargeld und Versprechungen auf Pfründen und Ämter. Schließlich hat Borgia die nötige Mehrheit der Stimmen. Er ist der neue Papst und wählt sich den Namen Alexander. Am 26. August 1492 findet im Vatikan die feierliche Papstkrönung mit der Tiara, der dreifachen Krone, statt. In einem Festzug reitet der neue Papst vom Vatikan zum Lateran, der alten Bischofskirche Roms. Hölzerne Triumphbögen sind rasch gezimmert worden, durch die Alexander und sein geistliches Gefolge reiten. Am Straßenrand jubelt das Volk. Sicherlich steht auch Lucrezia, inzwischen zwölf Jahre alt, irgendwo als Ehrengast und lässt sich von ihrem Vater, dem Papst, segnen.

»Schwiegersöhne der Christenheit«

Lucrezia ist zu jenem Zeitpunkt bereits eine Figur im Machtspiel Rodrigo Borgias: Im Jahr zuvor hat er für seine Tochter einen Bräutigam erhandelt. Es ist der Spanier Don Cherubino Juan de Centelles, Graf von Oliva. Die Verlobung wird notariell besiegelt. Doch bereits acht Wochen später beurkundet derselbe Notar ein anderes Verlöbnis. Diesmal hat der Brautvater Don Gasparo, den fünfzehnjährigen Sohn des Grafen von Aversa, ausersehen. Lucrezia soll nach Valencia geschickt werden und die Borgia mit dem gräflichen Adel verbinden. Doch mit der Wahl zum Papst ein Jahr später verändert sich die Sachlage schlagartig. Nun ist Lucrezia nicht mehr nur die Tochter eines Emporkömmlings, der es bis zum Kardinal gebracht hat, sie ist die Tochter des Heiligen Vaters, und somit schnellt der Wert auf dem hochzeitlichen Börsenparkett nach oben. Das weiß auch Papst Alexander, und rasch verwirft er den milchgesichtigen Grafensohn aus Spanien. Der ist allerdings so aufmüpfig, nach Rom zu reisen und unter Drohungen auf die Erfüllung des Vertrags zu pochen. Papst Alexander wimmelt ihn wie eine lästige Fliege ab und versüßt den Verzicht auf Lucrezia mit dreitausend Golddukaten, denn er weiß aus Erfahrung: Jeder ist käuflich, es ist nur eine Frage des Preises.

Bald hat Alexanders alter Freund Kardinal Ascanio Sforza einen besseren Kandidaten gefunden: Es ist der achtundzwanzigjährige Giovanni Sforza, Graf von Cotignola und Herr von Pesaro. Die Sforza herrschen im mächtigen Herzogtum Mailand – und auf genau diese hohe Politik schielt Papst Alexander. Lucrezia wird bei alldem nicht gefragt, das entspricht nicht den damaligen Gebräuchen. In den oberen Schichten ist die Ehe eine vertragliche Angelegenheit zur Mehrung des Ansehens und Vermögens, zur Hebung des Standes, zur Zeugung von Nachkommen und zur Absicherung bei Krankheit und Tod. Gefühle haben außen vor zu bleiben. Das weiß auch Lucrezia, und sie fügt sich dem väterlichen Gebot.

Im Februar 1493 wird ein Ehevertrag mit Giovanni Sforza unterzeichnet. Lucrezia zieht in ein eigenes, standesgemäßes Haus, den Palazzo Santa Maria di Portico, der an die Peterskirche grenzt und direkten Zugang zum Vatikan und damit zum Papst bietet. Es ist ein neu erbauter Palast, lichtdurchflutet, großzügig geschnitten. Die Borgia sind ganz in der Gegenwart lebende Menschen der Renaissance, die mit der Dumpfheit und Abgeschlossenheit des Mittelalters nichts zu schaffen haben wollen. Entsprechend aufwendig, weltoffen, auch verschwenderisch gestalten die Borgia ihren Lebensstil. Das Geld kommt aus der Kirchenkasse, und Papst Alexander weiß die Einnahmen sehr bald durch die Ausrufung eines Heiligen Jahres (1500) und die gegen reichliche Spenden gewährten Ablässe bedeutend zu mehren.

Am 9. Juni 1493 zieht der Bräutigam Giovanni Sforza, den man hinter vorgehaltener Hand den »Schwiegersohn der Christenheit« nennt, in einem Festzug in Rom ein. Aber Kritik wird nur leise geäußert, denn man fürchtet den langen Arm Alexanders. Die Hochzeit wird im päpstlichen Palast mit einem großen Fest gefeiert. Auf den Vollzug der Ehe verzichtet man indes noch, Lucrezia ist ja erst zwölf Jahre alt. Braut und Bräutigam sollen zunächst getrennt leben. Giovanni kehrt nach Pesaro zurück, und Lucrezia genießt weiter die Annehmlichkeiten ihres Palazzo in der Nähe des Vaters.

Früher als geplant zieht Lucrezia dann doch nach Pesaro: Im Sommer 1494 wütet in Rom die Pest. Der besorgte Alexander schickt seine geliebte Tochter eilends in die ländliche Residenz des Schwiegersohnes, da die dortigen klimatischen und hygienischen Bedingungen besser sind. Am 8. Juni erreicht Lucrezia mit ihrem Gefolge Pesaro und bezieht den Palazzo Ducale. Die Stadt ist klein, provinziell, beschaulich. Papst Alexander sorgt sich sehr um Lucrezia und hat ihr das Versprechen abgenommen, ihm regelmäßig zu schreiben. Bereits zwei Tage nach ihrer Ankunft berichtet Lucrezia ihm von ihrem Wohlergehen. Einmal verbreitet sich in Rom das Gerücht, Lucrezia sei schwer erkrankt. Alexander ist in heller Aufregung. Erst ein Brief Lucrezias, ihr gehe es gut, beruhigt ihn. Der Vater freilich maßregelt die Tochter in seinem nächsten Schreiben: »Donna Lucrezia, teuerste Tochter, fürwahr, Du hast Uns vier oder fünf sehr schmerzliche und von schweren Sorgen erfüllte Tage bereitet durch die in ganz Rom verbreitete üble und bittere Nachricht, Du seiest gestorben oder liegest so krank, dass es für Dein Leben keine Hoffnung mehr gebe. Du kannst Dir vorstellen, welchen Schmerz Unsere Seele empfand bei der herzlichen und grenzenlosen Liebe, die Wir Dir mehr als irgendeiner anderen Person auf Erden entgegenbringen [...] Du kannst dessen gewiss sein, dass Wir nie wieder Zufriedenheit finden werden, solange Wir Dich nicht persönlich sehen.«

Unter anderen Umständen, als ihm lieb ist, kommt es zu einem Wiedersehen: Zu Silvester 1494 zieht der französische König Karl VIII. mit seinem Heer in Rom ein. Es ist eine Machtdemonstration gegen den Papst und dessen spanienfreundliche Politik. Alexander kann noch rechtzeitig durch einen Wehrgang, den er hat bauen lassen, vom Vatikan in die Engelsburg flüchten und sich dort verschanzen. Nur so entgeht er der Gefangenschaft und der Deportation nach Frankreich. Karl zieht weiter nach Neapel, auf dessen Thron ein Aragonese sitzt. Als das französische Heer sich wieder nordwärts wendet und auf Rom zumarschiert, flieht der Papst mit seinem Gefolge aus der Stadt und findet in Perugia in Umbrien Zuflucht, das zu seinem Herrschaftsgebiet gehört. Dorthin kommt auch Lucrezia und schließt ihren Vater in die Arme. Sie besucht außerdem – ihre Neugier ist einfach zu groß – die ortsansässige Seherin Schwester Colomba da Rieti, die biblische Weisheit mit Aberglaube und Zauberei vereint. Lucrezia befragt die Seherin nach ihrer Zukunft und bekommt dunkel zur Antwort, sie werde zwar noch höher steigen, aber um einen hohen Preis, und in ihrem Herzen werde ein Stachel sein, den sie nicht entfernen könne. Schwester Colomba sollte recht behalten. Doch wie jedes gute Orakel oder Horoskop formulierte auch sie ihre Worte so, dass sie eigentlich immer passten. Ob Lucrezia das mit dem nötigen Abstand sah, ist nicht bekannt.

Es ist eine sinnenfreudige, kunstliebende, aber auch gewalttätige Zeit. Und lange Jahre ist Lucrezia ein Spielball der Machtinteressen. Das bekommt sie bereits drei Jahre später zu spüren. Sie wohnt abwechselnd in Pesaro und Rom. Ihr Mann beweist sich als Condottiere, der mit seinen Landsknechten Mittel- und Unteritalien von den lästigen Franzosen »säubert«. Papst Alexander versagt dem Schwiegersohn Dank und Hochachtung nicht und lädt ihn in den Vatikan ein. Doch als Giovanni Sforza sich in Rom aufhält, begegnen ihm Lucrezias Brüder Cesare und Juan, beide rechte Haudegen, mit Herablassung. Sforza fühlt sich beleidigt und ahnt Schlimmes. Am Karfreitagmorgen 1497 verabschiedet er sich von seiner Frau: Er wolle ins Viertel Trastevere zur Beichte gehen. Er verhehlt ihr die Wahrheit. Sobald er auf seinem Pferd sitzt, gibt er ihm die Sporen und galoppiert aus der Stadt hinaus. Erst in Pesaro hält er an, der Gaul bricht tot unter seinem Reiter zusammen. Sforza verschanzt sich in seiner Heimatstadt und bittet Lucrezia zu kommen. Die aber steht ganz unter dem Diktum ihres Vaters. Der will die Tochter um sich haben und befiehlt dem Schwiegersohn, sich sofort wieder nach Rom zu begeben. Das aber will Sforza nicht, er bangt schlicht um sein Leben.

Man kennt nicht die genauen Hintergründe dieses Spiels, es scheint auf Seiten der Borgia jedoch abgekartet gewesen zu sein. Für Papst Alexander ist das der Anlass, die Annullierung der Ehe einzuleiten. Lucrezia hat keine Kinder, also behauptet er, der Schwiegersohn sei impotent, der Beischlaf sei nie vollzogen worden. Doch er benötigt eine diesbezügliche Erklärung Giovanni Sforzas. Ein Augustinermönch reist in päpstlichem Auftrag nach Pesaro und versucht, Sforza zu einem solchen Geständnis zu bewegen. Der weist das Ansinnen brüsk zurück. Zum einen will er keine Scheidung von Lucrezia, zum andern kann er schlecht vor der Öffentlichkeit seine Manneskraft leugnen. Auch Lucrezia ist von dem väterlichen Plan überrascht. Gekränkt zieht sie sich im Juni desselben Jahres in das Kloster San Sisto zurück. Ein päpstlicher Hauptmann klopft kurz darauf energisch an die Pforte und fordert die Herausgabe der päpstlichen Tochter. Doch die Äbtissin lässt sich nicht einschüchtern und gewährt Lucrezia Asyl. An einer Klostermauer scheitert sogar die Macht des Papstes.

Alexander aber lässt nicht locker: Die Ehe muss annulliert werden, denn er hat mit Lucrezia »Höheres« vor. Sforza soll seine Impotenz eingestehen. Der weigert sich, verweist auf seine erste Ehe, seine damalige Frau sei im Kindbett gestorben. Ein Bekannter schlägt ihm vor, doch mit einer Dirne vor Zeugen seine Manneskraft zu beweisen. Aber wer ist schon so exhibitionistisch? Also greift Papst Alexander wieder zu dem Mittel, das immer hilft: Geld. Er verspricht Sforza, dass er Lucrezias volle Mitgift behalten darf. Der willigt ein und unterzeichnet ein Dokument, wonach er die Ehe nie vollzogen habe. Das ist schändlich für ihn, macht ihn aber reich und rettet ihm wohl das Leben. Auch Lucrezia gibt klein bei und reicht das Scheidungsbegehren ein. Die Ehe wird Ende 1497 annulliert, Lucrezia wird per päpstlichem Dekret wieder zur Jungfrau erklärt. Giovanni Sforza aber, dem von nun an doch die Schande anhaftet, impotent zu sein, rächt sich auf seine Weise: Er streut Gerüchte, Papst Alexander habe die Tochter zurückgefordert, weil er sie selbst in seinem Bett haben wolle. Das Gerücht ist in die Welt gesetzt und von da an nicht mehr aus der Welt zu bringen. Der Vorwurf der Blutschande haftet bis heute an den Borgia – obwohl es hierfür keinerlei Beweise gibt.

Leichen im Tiber und im Schlafgemach

Der Weg ist nun jedenfalls frei, und Lucrezia wird erneut als Lockvogel für die Interessen des Borgia-Clans eingesetzt. Sie selbst gewinnt in jenen Jahren immer mehr an Selbstbewusstsein, zeigt sich – noch dazu als Frau! – beim Hochamt zu Pfingsten 1496 im Chorraum auf den Stufen zur Cathedra Petri, also ganz nahe dem Symbol päpstlicher Macht. Nicht jedem gefällt das, und mancher ist über den Dünkel der Borgia und die Hoffart Lucrezias empört – aber nur im Stillen, denn man fürchtet den Zorn Alexanders und seiner Söhne Cesare und Juan, die als Condottieri militärische Erfolge feiern und als Plünderer, Raufbolde und Gewalttäter verschrien sind.

Gewalt ist in jener Zeit der so fein- und kunstsinnigen Renaissance ein probates Mittel, politische Interessen und persönliches Begehren durchzusetzen. Das ist die andere, dunkle Seite jener glanzvollen Epoche. Die Borgia sind Täter und Opfer zugleich, und nicht alles, was in jenen Jahren an Komplotten und Verbrechen geschieht, kann aufgedeckt werden. Im Dunkeln bleiben auch die Hintergründe einer Bluttat vom 14. Juni 1497: Cesare und Juan Borgia sind an jenem Abend zum Essen bei ihrer Mutter Vannozza eingeladen. Als sich die Brüder zu später Stunde auf den Rückweg zum Vatikan machen, sondert sich Juan ab, vielleicht, um noch zu einer Dirne zu gehen. Doch anderntags wartet man vergebens auf ihn. Gegen Abend beginnt man, von böser Ahnung ergriffen, mit der Suche. Schließlich fischt man den Leichnam aus dem schlammigen Tiber. Juans Körper ist von zahlreichen Dolchstichen durchbohrt, die

Kehle ist durchschnitten. Die Trauer im Vatikan ist groß, vor allem Alexander ist rasend vor Schmerz. Den Mörder Juans findet man nie, doch bald kommen Gerüchte auf, sein Bruder Cesare sei der Täter gewesen. Bis heute ist der Mordfall ungeklärt.

Cesare indes wechselt bald darauf die Seiten. Sein Vater hat ihm die Kardinalswürde verschafft, doch im August 1498 erklärt Cesare plötzlich, er sei für den Klerikerstand ungeeignet und bittet um die Erlaubnis, die Würde niederlegen zu dürfen. Wenig später heiratet Cesare Borgia Charlotte d'Albret, die Schwester des Königs von Navarra und Nichte Ludwigs XII. von Frankreich. Dahinter steckt Papst Alexander: Er will seine Familie in die vornehmsten Häuser Europas einschleusen. Allerdings fehlt noch ein weltliches, erbliches Herrschaftsgebiet. Die Romagna wird in den nächsten Jahren zum Zankapfel, auf den die Borgia ein lüsternes Auge geworfen haben.

Auch Lucrezia soll weiter ihre Rolle auf dem Schachbrett der Borgia spielen. Alexander überstürzt die neuerliche Vergabe seiner Tochter nicht. Er will das Äußerste an Reputation und Macht herausholen, zumal ihn die Verehelichung teuer kommt. Schon einmal hat er eine immense Mitgift »in den Sand gesetzt«. Der Sohn des Fürsten von Salerno wird vorstellig, ebenso Söhne der reichen römischen Familien Orsini und Riario. Doch Alexander will in einer höheren Liga spielen.

Schließlich einigen sich die Unterhändler auf den achtzehnjährigen Alfonso, Herzog von Bisceglie, den unehelichen Sohn König Alfonsos II. von Neapel. Ein Königssohn, noch dazu aus dem Hause Aragon – darunter macht es der Borgia-Papst nicht mehr. Alfonso wird als schön und liebenswürdig beschrieben, Lucrezia dürfte also nicht ungeneigt gewesen sein. Am 20. Juni 1498 wird der Ehevertrag unterzeichnet, die Hochzeit findet am 21. Juli in den päpstlichen Gemächern im kleinen Kreis statt. Bei der Feier tritt auch Cesare auf, als Einhorn verkleidet, eine symbolträchtige Anspielung auf die Jungfräulichkeit der Braut. Weniger »rein« ist Cesare selbst: Er hat die Syphilis, jene unheimliche Krankheit, die die Konquistadoren – neben allem Gold – aus der Neuen Welt mitgebracht haben. Und die Schwären der tückischen Krankheit verunstalten bereits Cesares Gesicht.

Die Attentate reißen in jener Zeit nicht ab: Alexanders Kammerdiener wird tot aus dem Tiber gefischt, wenig später findet man im Fluss den Leichnam von Lucrezias Zofe. Vermummte überfallen nachts den jüngsten, siebzehnjährigen Papstsohn Jofré und wollen ihn ebenfalls in den Tiber werfen. Der jedoch kann sich befreien und kommt mit ein paar Blessuren davon. Sind die Täter in römischen Familien zu suchen? Oder hat, wie Gerüchte umgehen, Cesare seine Hände im Spiel? Die Hintergründe dieser Bluttaten bleiben im Dunkeln.

Doch Cesares Machtdrang spielt auch in Lucrezias Leben hinein. Er hat die Nichte des französischen Königs geheiratet, die Politik der Borgia schwenkt nach Frankreich und weg von Aragon. Daraufhin tritt der spanische Botschafter vor den Papst und droht ihm unverhohlen mit der Absetzung. Alexander ist wütend. Die Wut sucht sich ein Ventil: Lucrezias Mann Alfonso. Der bekommt es mit der Angst vor dem Borgia-Clan zu tun, vor allem vor dem finsteren, unberechenbaren Cesare, und flieht im August 1499 nach Neapel. Er bedrängt Lucrezia brieflich, ihm zu folgen, aber die muss sich dem Willen des Vaters beugen und bleibt in Rom. Sie ist hochschwanger, mit dem Kind eines Ehemanns, der vor der Familie in Ungnade gefallen ist. Alexander jedoch lässt Lucrezia keine Zeit für Melancholie: Er ernennt sie zur Gouverneurin der päpstlichen Stadt Spoleto. Es ist ein absolutes Novum in der Geschichte: Eine Frau als Regentin einer wichtigen Handelsstadt! Am 8. August 1499 macht sich Lucrezia auf den Weg, der Tross umfasst über vierzig Wagen. Sie kommt sicher in Spoleto an und übernimmt mit Umsicht und Klugheit die Amtsgeschäfte zur Zufriedenheit aller. Überraschend taucht Alfonso in Spoleto auf, die Eheleute ziehen weiter in die päpstliche Stadt Nepi, auch hier übernimmt Lucrezia das Gouverneursamt. In Nepi begegnen sie Alexander, der sich – vordergründig – mit dem Schwiegersohn aussöhnt. Mitte Oktober reisen Lucrezia und Alfonso nach Rom zurück. Lucrezia bringt am 1. November in ihrem Palazzo einen Knaben zur Welt, der nach dem Großvater Rodrigo genannt wird und in einer großen Zeremonie in der Peterskirche getauft wird.

Eigentlich könnte sich alles in Wohlgefallen auflösen: Lucrezia ist mit einem Königssohn verheiratet und hat einen Erben zur Welt gebracht. Papst Alexander ist so zufrieden mit ihr, dass er sie im März 1500 sogar zur Herzogin von Sermoneta macht. Sie ist schön und macht auf Besucher aus nah und fern Eindruck. Der Gesandte aus Parma etwa schreibt:»Sie ist von mittlerer Größe und anmutiger Gestalt, ihr Gesicht eher lang, die Nase schön geschnitten, das Haar golden, die Augen haben keine besondere Farbe, ihr Mund ist ziemlich groß, die Zähne strahlen weiß, ihr Hals schlank und schön, ihr Busen bewunderungswürdig geformt. Immer ist sie fröhlich und lächelt.«

Doch Lucrezias Fröhlichkeit endet wenige Monate später jäh: Am Abend des 15. Juli wird ihr Mann Alfonso in den Straßen Roms von Unbekannten überfallen. Alfonso und sein Gefolge wehren sich verzweifelt, die Angreifer werden in die Flucht geschlagen. Der schwer Verwundete wird zum päpstlichen Palast getragen. Lucrezia ist entsetzt. Wieder ein Mordanschlag, und wieder weiß man nicht, wer der Auftraggeber gewesen ist. Cesare soll es gewesen sein, so geht ein Gerücht. Lucrezia und ihren Dienerinnen gelingt es, Alfonso das Leben zu retten. Diesmal ist sie gewillt, den Borgia-Umkreis zu fliehen, Rom zu verlassen, sobald Alfonso reisefähig ist, und nach Neapel zu gehen. Doch Cesare Borgia erfährt von den Plänen der Schwester. Am Nachmittag des 18. August dringt Cesares Hauptmann Michele Corella mit mehreren Bewaffneten in Alfonsos Schlafzimmer ein und erklärt, Alfonso und seine Leute seien festgenommen, sie hätten ein Komplott geschmiedet. Lucrezia protestiert heftig. Man stellt ihr frei, doch zum Papst zu gehen. Lucrezia eilt zu ihrem Vater, der versucht sie zu beruhigen, es sei ein Missverständnis, er werde das klären. Als Lucrezia in ihren Palast zurückkehrt, wird ihr der Zugang zu Alfonsos Zimmer verwehrt. Die Schergen haben ihren Ehemann »in seinem Bett erdrosselt, da er an seinen Wunden nicht sterben wollte«, wie der zeitgenössische Chronist Burchard lapidar vermerkt. Lucrezia darf nicht einmal den Leichnam sehen. Noch am selben Abend wird Alfonsos Leichnam in die Peterskirche gebracht und dort in einer Kapelle bestattet.

Lucrezia ist wie versteinert. Sie weiß, dass ihr Mann der Borgia-Politik, die sich von Neapel ab- und Frankreich zugewandt hat, geopfert worden ist. Aber sie ist wehrlos und völlig von ihrem Vater und dessen Gunst abhängig. Sie zieht sich nach Nepi zurück, dessen Gouverneurin sie ist, unterzeichnet ihre Briefe mit der Formel »la infelicissima principessa« – die unglücklichste Fürstin. Wenige Wochen später stattet Cesare der Schwester in Nepi einen Besuch ab – er befindet sich mit einem Heer auf dem Weg in die Romagna, um dort ein Borgia-Herzogtum mit Gewalt zusammenzuraffen. Im Gespräch behauptet er, die Tat sei Notwehr gewesen. Ein absurdes Argument. Alfonso war allein, und er war verwundet, die bewaffneten Angreifer waren in der Überzahl. Doch Lucrezia lenkt ein und versöhnt sich. Weshalb, bleibt im Dunkeln. Vielleicht, weil sie den Bruder liebt? Oder weil sie ihn fürchtet? Wenig später jedenfalls kehrt sie nach Rom zurück und reiht sich wieder ein in das Spiel um Macht und Ansehen der Borgia. Nach außen scheint sie gelassen und fröhlich. Im Jahr darauf betraut sie der Vater auf einen Sommer sogar mit der Übernahme der Amtsgeschäfte im Vatikan, eine Aufgabe, die sie zur Zufriedenheit aller erledigt.

Lucrezia – der Stern von Ferrara

Wieder ist sie »frei«, und wieder kann sie als Heiratskandidatin eine wichtige Rolle in den Strategien des Vaters spielen. Der erste Bräutigam wurde mit Geld abgefunden, der erste Ehemann als impotent erklärt und infolgedessen die Ehe annulliert, der zweite Ehemann wurde um die Ecke gebracht. Wieder gibt es mehrere aussichtsreiche Bewerber um die Hand der Papst-Tochter, aber Alexander weist sie zurück. Er hat seinen begehrlichen Blick auf das Herzogtum Ferrara gerichtet, in der Romagna gelegen, dort, wo er durch Cesares Feldzüge Städte und Ländereien zusammenraffen will, um daraus ein Borgia-Fürstentum zu errichten. Warum dieses Ansinnen nicht auf friedlichem Weg, durch eine Heirat, voranbringen? Ferrara ist durch Handel, eine florierende Landwirtschaft, durch Kunsthandwerk (etwa Keramik), vor allem aber durch den Guss von Kanonen eine blühende und reiche Herrschaft. Die ferraresischen Geschütze sind zu jener Zeit die Superwaffen, und mehr als einmal gelingt es dem kleinen Herzogtum, sich Angreifern durch die geballte Kanonenmacht zu widersetzen. Regierender Herzog ist damals Ercole, ein Witwer. Dessen Sohn heißt Alfonso, fünfundzwanzig Jahre alt, auch er bereits Witwer. Ercole ist ein kluger Mann, der sein kleines Fürstentum mit sicherer Hand durch allerlei Gefahren gesteuert hat. Der Papst will eine Hochzeit zwischen Lucrezia und Alfonso einfädeln. Ercole ist nicht abgeneigt, will aber den Preis hochtreiben. Es beginnt ein zäher Verhandlungsmarathon, in dessen Verlauf Alexander seiner Tochter sogar die Amtsgeschäfte übergibt, um seinerseits die Ferraresen eine Zeit lang baumeln zu lassen.

Lucrezia ist mit dem Handel einverstanden, aber Alfonso sperrt sich. Vielleicht hat er keine Lust, eine Frau zu heiraten, die bereits zwei Mal verehelicht war. Vielleicht bangt er darum, das gleiche Schicksal zu erleiden wie sein unglücklicher Namensvetter vor ihm. Aber schließlich stimmt er zähneknirschend zu, denn in der benachbarten Romagna wütet bereits Cesare Borgia mit seinen Söldnern und droht auch das Fürstentum Ferrara anzugreifen. Also fügt sich Alfonso um des Landesfriedens willen. Im Herbst 1501 wird der Ehevertrag unterzeichnet, von den Vätern der Brautleute. Im Dezember endlich machen sich die Brüder Alfonsos nach Rom auf, um die Braut zu holen. Der ferraresische Gesandte schreibt aus Rom an seinen Herzog: »Sie [Lucrezia] gab sich hier in Wahrheit als sehr klug und liebenswürdig und von guter Natur zu erkennen, Eurer Exzellenz und dem Erlauchten Don Alfonso höchst ehrerbietig ergeben, so dass man wohl urteilen darf, dass Eure Hoheit und Don Alfonso über sie eine wahre Genugtuung empfinden werden. Sie besitzt außerdem eine vollkommene Grazie in allen Dingen, nebst Bescheidenheit, Lieblichkeit und Sittsamkeit. Nicht minder ist sie eine gläubige Christin und zeigt sich gottesfürchtig. […] Ihre Schönheit ist schon an sich hinreichend groß; aber die Gefälligkeit ihrer Manieren und die anmutige Weise, sich zu geben, lassen sie noch weit größer erscheinen […].«

Der Hof zu Ferrara kann also beruhigt sein, Lucrezia ist mitnichten die ruchlose Frau, von der die Gerüchte erzählen. Am 30. Dezember findet im vatikanischen Palast in Rom eine »Prokuratrauung« statt: Alfonsos Bruder Ferdinand steckt der Braut den Ring an den Finger. Bei den anschließenden Feierlichkeiten tut sich Cesare hervor, der mit seiner Schwester einen spanischen Tanz vorführt, der nicht frei von erotischem Timbre ist. Cesare sorgt tags darauf nochmals für Aufsehen, als er seinen Mut und seine Kraft bei einem Stierkampf auf dem Petersplatz zur Schau stellt. Zwei Jahre zuvor hat Cesare bei solch einem Kampf einem Stier mit einem einzigen Schwerthieb den Schädel abgetrennt. Viel Machismo ist dabei, und die anwesenden Ferraresen sollen gleich sehen, mit wem sie es zu tun bekommen, wenn sie sich den Borgia widersetzen.

Am 6. Januar 1502 setzt sich ein Tross mit 180 Hofleuten und 200 Reitern in Bewegung, mit dem Ziel Ferrara. Auch Köche, Ärzte, Diener, Zofen, die unvermeidlichen Hofnarren und Zwerge sind darunter, und natürlich: Lucrezia, die geheimnisvolle, schöne Braut, die künftige Herzogin von Ferrara. 150 Maultiere tragen die Truhen mit Lucrezias Mitgift.

Am 2. Februar langt der Tross in Ferrara an. Es wird ein theatralisch gestalteter Triumphzug durch die Stadt. Volk und Hof bereiten der Papst-Tochter einen begeisterten Empfang. Die Braut wird in den Herzogspalast geleitet, dort wartet ihre Zofe auf sie und entkleidet die Herrin. Alfonso kommt, er hat die Braut tags zuvor vor der Stadt bereits empfangen (und zum ersten Mal in natura gesehen). Hinter ihm schließt sich die Tür zum Schlafzimmer, im Vorraum harren Zeugen aus Ferrara und Rom. Sie hören, wie die Brautleute zugange sind, und beurkunden den Vollzug der Ehe. Erst dann ziehen sie sich leise und zufrieden zurück.

Es ist keine Liebesheirat. Alfonso hat anfänglich starke Vorbehalte gegen die ihm aufgezwungene Lucrezia. Zudem ist er ein stadtbekannter Frauenheld, der oft und gern tagsüber zu Dirnen geht. Alle Welt weiß das, auch Lucrezia, sogar der Papst in Rom. Der aber ist zufrieden, dass Alfonso seine eheliche Pflicht erfüllt und regelmäßig nachts bei Lucrezia weilt, wie er selbst schreibt. Tagsüber mag der junge Herzog tun, was er will. Doch trotz aller Pflichterfüllung lässt die Geburt eines Thronerben auf sich warten. Lucrezia erleidet in den nächsten Jahren Früh- und Fehlgeburten, mehrere Mädchen kommen zur Welt, ein Knabe stirbt nach wenigen Tagen. Erst 1508 kommt ein Knabe zur Welt, der das Kindesalter überleben wird: Ercole.

Die Ehe, keineswegs als Liebesbeziehung begonnen, entwickelt sich im Laufe der Jahre zur verlässlichen Freundschaft. Statt verblassender Leidenschaft wächst beiderseitiges Vertrauen heran – nicht die schlechteste Grundlage für eine dauerhafte Beziehung. Lucrezia ist die junge Herzogin von Ferrara, und nach dem Tod des alten Ercole im Juni 1505 sogar die regierende Fürstin des kleinen, aber feinen und wohlhabenden Staates. Und: Sie wird zur Mäzenin und Muse einer blühenden Epoche. Dichter besingen sie, Künstler porträtieren sie, Philosophen widmen ihr ihre Werke, Humanisten aus ganz Europa kommen nach Ferrara, um die Herzogin zu sehen und mit ihr zu sprechen.

Ferrara gehört damals zu den glücklichen Inseln des Abendlandes, die eine lange kulturelle Tradition mit ökonomischem Erfolg (und damit freien Geldmitteln) und einer kunstsinnigen Haltung der herrschenden Familie verbinden. Freilich, die Kunst hat zu dieser Zeit zuallererst die Aufgabe, die bestehenden Verhältnisse und das Fürstenhaus zu lobpreisen. Kunst soll der Repräsentation und der Erheiterung dienen. Aber das Herrscherhaus und die führenden Familien sind nicht geizig und entlohnen ihre Hofdichter, Hofkapellmeister und Hofmaler, ihre Schauspieler, Sänger und Musikanten großzügig. Die Künstler leben

und arbeiten zum höheren und nachhaltigen Ruhm der Ober-
schicht, aber das ist nur in den Augen desjenigen etwas Anrüchi-
ges, der keinen wahren Blick für Sinnenfreude und Schönheit
besitzt. Die Welt soll an der Schönheit genesen, das ist das
Credo jener Zeit, und es ist ein menschenfreundliches Credo,
von Sinnlichkeit und Erotik durchsetzt, weil es den Menschen
in seiner gottähnlichen Schönheit in den Mittelpunkt rückt.
Noch heute stehen in den Kirchen und Kapellen, den Palästen
und Museen die Menschen staunend und freudig erregt vor den
Kunstwerken, die jene Zeit hervorgebracht hat.

Zu den Künstlern, die unter Ercole und dann auch unter
Lucrezia am ferraresischen Hof wirken, gehören die Maler der
Schule von Ferrara und die Dichter Pietro Bembo, Ludovico
Ariosto und Ercole Strozzi. Nicht nur die Kirchen und Palazzi
der Hauptstadt Ferrara werden mit Kunstwerken geschmückt,
auch die knapp zwanzig Sommerresidenzen der Familie Este im
Umland sind Wirkungsstätten und Treffpunkte von Künstlern
und Mäzenen. Das berühmteste Lustschloss (und auch der
sommerliche Lieblingspalast Lucrezias) ist Belriguardo – »Schön-
blick«, mit angeblich 365 Zimmern, das »Versailles degli Es-
tensi«, inmitten von blühenden Gärten mit Wasserspielen, Kanälen, Tiergehegen. Der berühmte Philosoph und Theologe
Erasmus von Rotterdam ist zu Gast in Ferrara, wie vor ihm bereits der große Giovanni Pico della Mirandola.

Eine innige Beziehung unterhält Lucrezia zu den Dichtern,
für deren Sprachkunst sie besonders empfänglich ist. Die wiederum preisen sie nicht nur als Mäzenin und mächtige Herzogin eines blühenden Kleinstaates, sondern vor allem als schöne
und kluge Frau. Ludovico Ariosto, der auf Fürsprache Lucrezias
seit 1518 Kammerdiener (ein Ehrentitel mit monatlicher Besol-
dung) des Herzogs ist, hat der Herzogin in seinem großen Vers-
epos *Orlando furioso* ein literarisches Denkmal gesetzt. In der
83. Stanze des 42. Gesangs heißt es: »Lucrezia Borgia lässt in
Ehren ragen/Die erste Inschrift, die sein Blick erfasst,/Vor deren
Reiz und Zucht in ihren Tagen/Der Stern der alten Römerin
erblasst.« Und in der 69. Stanze des 13. Gesangs lobt er sie:

»Wie aber preis ich dir mit würd'gem Munde/Die hoheits-volle edle Herzogin/Lucrezia Borgia? Die mit jeder Stunde/An Schönheit wächst, an Tugend, am Gewinn/Des Ruhms und Glückes, wie die junge Pflanze/Im lockern Erdreich wächst beim Sonnenglanze.«

Von innigerem, nämlich persönlichem Charakter ist die Ver-bindung des Dichters Pietro Bembo zu Lucrezia. Er ist seit der ersten Begegnung von ihr hingerissen. Bald gehen Briefe hin und her, die immer leidenschaftlicher werden. Vieles in der Briefkultur jener Zeit ist literarisiert, ein Spiel mit Worten und Metaphern, eine Kompensation für Ungelebtes und Sublimie-rung gesellschaftlich unerlaubter Gefühle. Inwiefern den Wor-ten auch Taten folgen, bleibt unklar und wird immer das Ge-heimnis Pietros und Lucrezias bleiben. Das Briefverhältnis klingt ab, als Pietro Bembo Ende 1503 nach Venedig gerufen wird, da sein Bruder gestorben ist. Der Tod des Bruders mag Pie-tros Glück im Unglück gewesen sein, wie das Schicksal seines Dichterkollegen Ercole Strozzi nahelegt.

Ercole Strozzi ist ein begnadeter Dichter, der trotz seiner kör-perlichen Ungestalt – er hat einen Buckel, ist verkrümmt und kann nur mit Hilfe von Krücken dahinhumpeln – von seinen Zeitgenossen geehrt und geliebt wird. Sein Charme, sein Wis-sen, seine Beredsamkeit, die Eleganz seiner Verse machen seine Gebrechlichkeit in den Augen vieler Frauen und Männer wett. Bald entflammt Ercoles Herz für die Schönheit der jungen Her-zogin, und es ist völlig um ihn geschehen, als sie ihm einen be-sonderen Gunstbeweis erzeigt: Sie schenkt ihm eine Rose, der sie zuvor einen Kuss aufgehaucht hat. Ercole Strozzi schwärmt in Versen: »Rose, dem Boden der Freuden entsprosste, vom Fin-ger gepflückte,/Warum scheinet als sonst schöner dein farbiger Glanz?/Färbt' dich Venus aufs neu? Hat eher Lucrezias Lippe/Dir im Kusse so hold schimmernden Purpur verliehen?«

Doch solches Wortgeseufze und auch die schwärmerischen Blicke Ercoles bleiben dem Herzog nicht verborgen. Er selbst nimmt sich zwar die Freiheit heraus, immer wieder zu Prostitu-ierten zu gehen, aber seine Frau, die Herzogin, soll gefälligst ein tugendhaftes Leben führen. Die sinnlichen Freuden der Männer erschienen hingegen stets als ein natürliches Vorrecht.

Lucrezia fühlt sich von Strozzis Versen gerührt und geehrt. Und sie will sich auf ihre Weise erkenntlich zeigen, indem sie sich beim Vater dafür einsetzt, dass der Dichter die Kardinalswürde erlange. Das ist recht primitive Günstlingswirtschaft, gehört aber zu jener Zeit, und Ercole Strozzi wäre – im Gegensatz zu manch anderem Kardinal mit reichlich Blut an den Fingern – sicherlich nicht der schlechteste Purpurträger der Kirche geworden.

Doch der Tod Alexanders VI. macht dieses Ansinnen Lucrezias zunichte, und ihre weitere Protektion Ercoles wird durch eine grausige Bluttat abrupt beendet: Ercole Strozzi selbst will seine Verliebtheit in die Herzogin wohl eher literarisch leben, denn im Mai 1508 heiratet er seine langjährige Geliebte Barbara Torelli, mit der er drei Kinder hat. Doch keine zwei Wochen nach seiner Hochzeit findet man am Morgen des 6. Juni den Leichnam des Dichters, von zweiundzwanzig Dolchstichen durchbohrt, mit durchschnittener Kehle, auf der Straße. Die Ferraresen sind entsetzt, denn Ercole Strozzi galt als das Ruhmesblatt des geistigen Lebens der Stadt. Doch die Mörder bleiben unerkannt, die Hintergründe ungeklärt, Nachforschungen werden – wohl auf höhere Anweisung – nicht betrieben.

Ferrara am Abgrund

Nicht nur diese Bluttat greift in das scheinbar so heitere gesellige Leben am Hofe der Lucrezia Borgia ein. Der Krieg wütet wieder vor den Landesgrenzen. Diesmal ist das mit Ferrara befreundete Urbino das Opfer. Die kleine, feine Residenzstadt, die unter Guidobaldo und Elisabetta da Montefeltro einen kunstsinnigen Hof unterhält, an dem auch Lucrezia bereits zu Gast war, zieht den Blick der Neider auf sich. Ausgerechnet Lucrezias Bruder Cesare, der mit dem Segen und der finanziellen Deckung des päpstlichen Vaters in der Romagna plündernd unterwegs ist, erobert Urbino. Der Herzog kann, als Bauer verkleidet, aus der Stadt fliehen. Urbino wird von den Landsknechten Cesares geplündert, der Condottiere selbst beschlagnahmt generalstabsmäßig und im großen Stil Kunstwerke, die er in Kisten verpacken und fortschaffen lässt. Sachkundig unterstützt wird er dabei von keinem Geringeren als Leonardo da Vinci, der dafür von Cesare Borgia bezahlt wird. Geld stinkt nicht.

Kein Wunder, dass der Borgia-Clan immer verhasster wird. Lucrezia selbst wird in Ferrara weiterhin geliebt und geschätzt, aber der Neid auf diese Insel der Glückseligen wächst bei manchem Potentaten. Noch kann sich Lucrezia durch die väterliche, päpstliche Gunst beschützt fühlen. Doch Alexander VI. stirbt am 18. August 1503 im Alter von zweiundsiebzig Jahren. Der jahrelang gedeckte Hass auf den Papst und seine Familie bricht los. Alexander VI. war nicht besser und nicht schlechter als andere Herrscher und Päpste seiner Zeit. Er galt sogar als ein besonders fleißiger und umsichtiger Pontifex. Doch seine Mätressenwirtschaft und seine Clanpolitik machten ihn bei vielen unbeliebt – nicht nur bei den Frommen, sondern prinzipiell bei denen, die ihre Hoffnungen auf Ämter und Pfründen enttäuscht sahen. Aber auch politische Gegner rechnen nun mit dem verhassten mächtigen Papst ab. Zu ihnen gehört Lucrezias Schwager Gianfrancesco Gonzaga, der Markgraf von Mantua, der mit der berühmten kunstsinnigen Isabella d'Este verheiratet ist. Gianfrancesco schreibt an seine Frau über Alexanders Tod: »Es gibt auch Menschen, welche versichern, dass sie im Augenblick, da er [Papst Alexander] seinen Geist aufgab, sieben Teufel in seiner Kammer gesehen haben. Als er tot war, begann sein Körper in Gärung zu geraten und sein Mund zu schäumen wie ein Kessel über Feuer. [...] Zu Grabe wurde er ohne viele Umstände fortgebracht; ein Lastträger schleifte ihn vom Totenbette mit einem Strick am Fuß zu dem Orte hin, wo man ihn begrub, denn niemand wollte ihn berühren.« Das ist purer Unsinn, aber die Nach- und Umwelt will es damals gerne so glauben.

Nur wenige trauern um Alexander mit ehrlicher Bestürzung. Zu ihnen gehört Lucrezia. Als die Nachricht aus Rom eintrifft, versinkt sie in Verzweiflung und Schmerz. Lange kann sie sich ihrer Trauerarbeit jedoch nicht widmen, denn sie hat sich gegen Feinde und Neider zu behaupten. Der französische König Ludwig XII. etwa rät ihrem Schwiegervater Ercole, die Borgia-Tochter zu verstoßen, zumal sie ja bisher nicht einmal einen Thronerben zur Welt gebracht hat (erst 1508 kommt der Sohn Ercole zur Welt). Lucrezia ist beim Volk zu beliebt, als dass sie sich ernsthaft um ihren Stand Sorgen machen müsste. Cesare Borgia dagegen findet – so das Urteil seiner Umgebung – seine gerechte Strafe. Nach Alexanders Tod wird zunächst der greise, hinfällige Papst Pius III. zum neuen Pontifex maximus gewählt. Seine Amtszeit dauert nicht einmal vier Wochen. Nach seinem Tod tritt erneut das Konklave zusammen und wählt Giuliano della Rovere, einen Rivalen der Borgia. Er gibt sich den Namen Julius II. Dieser Pontifex geht in die Geschichte als großer Kunstförderer ein (so veranlasst er die Ausmalung der Sixtinischen Kapelle durch Michelangelo), aber auch als Feldherr und gieriger Potentat. Julius II. wirft sein Auge auf die Städte der Romagna, und er will den Einfluss Cesare Borgias zurückdrängen. Lucrezia steht dem geliebten Bruder zur Seite und verwendet sich für ihn bei ihrem Mann. Auf ihre Fürsprache hin unterstützt Ferrara den Condottiere mit tausend Fußsoldaten und hundertfünfzig Bogenschützen. Trotz allem werden überall Städte, die von Cesares Soldaten gehalten wurden, zurückerobert. Cesare flieht aus Rom, wird in Ostia verhaftet, kann entkommen und flieht weiter nach Neapel. Dort wird er erneut festgesetzt und nach Spanien ausgeliefert, an den Hof König Ferdinands von Aragon. Lucrezia setzt sich weiterhin für den Bruder ein, schreibt Bittbriefe und Gnadengesuche an den Papst, an Kardinäle, Fürsten und Könige – ohne Erfolg. Alle sind froh, den gewalttätigen Borgia endlich los zu sein und die Familie, die in den Augen des alten Adels nur eine Rotte von Emporkömmlingen darstellt, endlich zurechtgestutzt zu haben. Zwei Jahre lang sitzt Cesare Borgia in Aragon in Gefangenschaft, bis er aus dem Festungsturm entfliehen kann. Er versucht sich nochmals als Condottiere in Navarra, wird aber am 12. März

1507 bei einem Gefecht tödlich verwundet. Von Lucrezia wird er tief betrauert. Bis zum Ende hat sie zu ihrem Bruder gehalten – trotz seiner Gewalttätigkeit und seiner dubiosen Verstrickung in so manchen Meuchelmord.

Nach dem Tod Ercoles d'Este im Juni 1505 übernehmen Alfonso und Lucrezia die Regentschaft über das blühende Ferrara. Mit der Geburt des männlichen Erben Ercole im April 1508 festigt sich Lucrezias Stand – trotz des tiefen Falls der Familie Borgia. Sie regiert an der Seite ihres Mannes mit Umsicht, Klugheit und Weisheit. Freilich muss das reiche Fürstentum immer wieder gegen Feinde verteidigt werden. Die größte Gefahr hat Ferrara in den Jahren 1509 bis 1512 zu bestehen. Das Herzogtum schließt sich 1508 der Liga von Cambrai an: Frankreich, England, der Kaiser des Heiligen Römischen Reiches Deutscher Nation und schließlich sogar der Kirchenstaat unter Julius II. vereinigen sich in dieser Allianz gegen die Republik Venedig. Alfonso d'Este wird zum obersten General der päpstlichen Truppen ernannt und zieht in den Krieg. Wie schon einige Jahre zuvor, als Lucrezia den in der Sommerfrische weilenden Vater als Regentin des Kirchenstaats vertrat, kann sie sich nun wieder unter Beweis stellen, als Herrscherin und Verwalterin Ferraras. Am 14. Mai 1509 unterliegt die venezianische Armee in der vier Tage dauernden Schlacht von Agnadello. Das stolze Venedig liegt am Boden und verliert sein gesamtes Territorium auf dem italienischen Festland. Doch die Serenissima verfügt noch über ihre Schiffe. Bereits vier Monate später fährt die Kriegsflotte der Venezianer poaufwärts gegen Ferrara. Lucrezias Schwager, Kardinal Ippolito, kann zwar die schweren Galeeren der Feinde mit kleinen, wendigen Kähnen abwehren, doch der Krieg ist damit noch nicht gewonnen. Denn plötzlich wendet sich Papst Julius II. gegen Ferrara: Der Pontifex fürchtet den übergroßen Einfluss Frankreichs in Italien und schließt 1511 mit Venedig, dem deutschen Kaiser und dem Königreich Aragon ein Bündnis. Ferrara bleibt hingegen auf der Seite Frankreichs. Herzog Alfonso von Ferrara wird seines Postens als Oberbefehlshaber der päpstlichen Truppen enthoben und vom Papst sogar exkommuniziert. Ebenso verhängt Papst Julius II. ein Interdikt gegen Ferrara: Es dürfen keine kirchlichen Weihehandlungen mehr vorgenommen, keine Gottesdienste gefeiert, keine Sakramente erteilt, keine Kirchenglocken geläutet, keine kirchlichen Begräbnisse gegeben werden. Für die damals tief im Glauben und in der kirchlichen Tradition verankerten Menschen eine fürchterliche Strafe!

Inzwischen formieren sich die alliierten Truppen gegen das kleine Ferrara: Ausgerechnet Markgraf Gianfrancesco Gonzaga, der Mann von Isabella d'Este und Schwager Lucrezias (die mit ihm eine schwärmerische Briefbeziehung führt), soll Oberbefehlshaber der päpstlichen Truppen werden. Isabella d'Este versucht für Ferrara Gelder und Waffen zu sammeln, während ihr Mann sich auf den Feldzug gegen die Verwandten vorbereitet. Allerdings erbittet er von Papst Julius II. die Erlaubnis, Lucrezia nach der Eroberung Ferraras zu sich nach Mantua ins Exil geleiten zu dürfen.

Doch der rachsüchtige Papst will das reiche Ferrara in seiner Hand halten und die Familie d'Este aus ihrem Fürstentum vertreiben. Der Pontifex reist Anfang Januar 1511 bei Schnee und Eis selbst ins Heerlager, um seine Truppen anzufeuern. Am 20. Januar fällt die Stadt Mirandola an der Grenze zum Herzogtum. Julius will nun ohne Umschweife nach Ferrara ziehen. In der Stadt macht man sich auf das Schlimmste gefasst. Lucrezia, die Landesmutter, versetzt ihren Schmuck, um Waffen kaufen zu können. Im Notfall, so ist es abgesprochen, soll sie mit den Kindern nach Mantua zu Schwager und Schwägerin flüchten. Die päpstlichen Truppen, sie sind in der Überzahl, marschieren auf Ferrara zu. Letzte Hoffnung ist die berühmte ferraresische Artillerie. Da kommt Hilfe in letzter Minute: ein französisches Truppenkontingent unter Pierre de Terrail Chevalier Bayard (»der Ritter ohne Furcht und Tadel«) und dem Oberfeldherrn Gaston de Foix. Gemeinsam mit den Franzosen kann Alfonso d'Este den Päpstlichen am 11. Februar 1511 in der Schlacht bei La Bastida eine empfindliche Niederlage zufügen. Lucrezia empfängt die siegreichen Feldherrn bei einem üppigen Dankesbankett. Bayard beschreibt die Herzogin voller Bewunderung: »Ich kann wirklich sagen, dass es zu ihrer Zeit und lange früher niemals eine hervorragendere Prinzessin gegeben hat. Denn sie war schön, gut, sanft und höflich mit allen. Sie sprach spanisch, griechisch, italienisch und französisch, etwas sehr gutes Latein und schrieb in all diesen Sprachen. Und es ist ganz sicher, dass, ebenso wie ihr Gatte ein weiser und tapferer Fürst, so die besagte Prinzessin ihm eine große loyale Hilfe gewesen ist, durch ihre guten Ratschläge.«

Nochmals kommt es zur Schlacht zwischen den Kriegsgegnern: Am Ostersonntag, dem 11. April 1512, schlagen sich bei Ravenna die päpstlichen Truppen gegen Franzosen und Ferraresen. Der Papst hält in Rom die Ostermesse und erteilt urbi et orbi, der Stadt Rom und dem ganzen Erdkreis, seinen Segen, während seine Truppen von den Alliierten aufgerieben werden. Die ferraresischen Geschütze zermalmen die päpstlichen Truppen, sodass, wie ein Chronist voller Entsetzen berichtet, »die Helme mit den Köpfen und verstümmelte Glieder in die Luft flogen«.

Die Franzosen erobern die Romagna. Dann aber geschieht das Unerklärliche: Sie schließen mit dem Papst Frieden. Damit sitzt Ferrara zwischen allen Stühlen. Und der Papst hält – sein letztes Mittel – nach wie vor das Interdikt über Ferrara und die Exkommunizierung über den Herzog. Alfonso d'Este weiß sich keinen anderen Rat, pilgert im Juli 1512 nach Rom und wirft sich dem Papst zu Füßen. Der spricht die Absolution. Aber er knüpft daran die uneinlösbare politische Forderung, Alfonso solle auf den Thron verzichten, ins Exil nach Asti in Piemont gehen und sein Herzogtum Ferrara dem Heiligen Stuhl vermachen. Alfonso gelingt mit Hilfe eines römischen Adligen die Flucht aus der Stadt. Er schlägt sich durch die Gegenden des Kirchenstaates und kommt Ende September nach Ferrara zurück, wo er von Lucrezia und dem Volk stürmisch begrüßt wird. Für sie alle ist der Herzog ein Held. Sie wollen ihm die Treue halten, auch in schwieriger Lage. Lucrezia hat während seiner Abwesenheit die Geschäfte des Herzogtums gut geführt. Ein

Frieden mit Venedig wird geschlossen. Aber Ferrara ist noch immer in höchster Not: Schon rüstet der unversöhnliche, raffgierige Julius erneut Truppen, um gegen Ferrara vorzugehen.

Da geschieht das Wunder: Papst Julius II. stirbt überraschend am 21. Februar 1513. Als die Nachricht in Ferrara eintrifft, ist man zutiefst erleichtert. Lucrezia Borgia zieht gemeinsam mit ihren Hofdamen in einer Prozession unter den Augen des Volks von Kirche zu Kirche, um Gott und den Heiligen für diese wunderbare Rettung zu danken. In Rom wird wenig später Giovanni de Medici als Leo X. zum neuen Papst gewählt, der als Humanist einen Namen hat. Doch auch er hat ein begehrliches Auge auf das reiche Ferrara gerichtet und will es erobern. Aber wieder wird Ferrara errettet: Die Franzosen schwenken erneut um und besiegen 1515 die päpstlichen Truppen.

Eine wunderliche Fürstin

Endlich findet Ferrara zur Ruhe. Die Bürger können wieder ihren Geschäften nachgehen, die Bauern säen und ernten, der Hof unter Alfonso d'Este und Lucrezia Borgia bemüht sich weiter um eine gerechte Herrschaft, eine gute Verwaltung und um die Pflege von Künsten und Wissenschaften.

In den nachfolgenden Jahren wendet sich Lucrezia, vielleicht unter dem Eindruck jener überstandenen Katastrophenjahre, mehr und mehr dem Glauben zu. Täglich, so wird berichtet, besucht sie die heilige Messe, legt die Beichte ab und empfängt die Kommunion. Zeitweise zieht sie sich in das von ihr 1510 gegründete und mit Pfründen versehene Kloster San Bernardino zurück, um zu beten und zu meditieren. Sie wird etwas wunderlich: Im Dom zu Ferrara lässt sie ein Zelt errichten, worin sie – ungesehen von den anderen – der Messe lauscht. Zudem tritt sie als Laie dem Dritten Franziskanischen Orden bei und trägt unter ihren vornehmen höfischen Kleidern ein härenes Bußgewand.

Ende November 1518 muss Lucrezia erfahren, dass ihre Mutter Vannozza in Rom im Alter von sechsundsiebzig Jahren gestorben ist. Im März des folgenden Jahres stirbt in Mantua der von Lucrezia geschätzte (und wohl auch heimlich geliebte) Schwager Gianfrancesco Gonzaga. Lucrezia ist in jenem Frühjahr 1519 wieder schwanger. Am 14. Juni bringt sie ein Mädchen zur Welt, das aber nur kurze Zeit lebt. Lucrezia bekommt das gefürchtete Kindbettfieber. Auf dem Sterbebett diktiert sie noch einen Brief an Papst Leo X., den Feind Ferraras, und bittet ihn demütig um seinen Segen. Sie verabschiedet sich von allen ihren Kindern. Ihr Mann Alfonso, der ihr oft genug wegen seiner Dirnengeschichten Leid zugefügt hat, bleibt in den letzten Tagen unentwegt an ihrem Bett. In Ferraras Kirchen versammelt sich das Volk zu Bittgottesdiensten. Lucrezia Borgia, die Tochter eines Papstes, die gebildete Mäzenin, die umsichtige und kluge Regentin und fromme Gottessucherin, stirbt am 24. Juni 1519 mit nur neununddreißig Jahren. Tags darauf wird sie in einer großen Prozession – ganz Ferrara ist auf den Beinen – zu Grabe getragen. In der Gruft des Klosters Corpus Domini wird ihr Leichnam bestattet. In allen Kirchen Ferraras wird die Vielbetrauerte eine Woche später mit Totenmessen geehrt.

Erschüttert schreibt der Witwer Alfonso seinem Neffen Federico Gonzaga nach Mantua: »Und nicht ohne Tränen kann ich dies schreiben, so schwer wird es mir, mich einer so lieben und süßen Gefährtin beraubt zu sehen, denn das war sie mir durch ihre guten Sitten und die zärtliche Liebe, die zwischen uns bestand.«

4 Jeanne Antoinette de Pompadour (1721–1764)
Mächtige Mätresse hinter Frankreichs Thron

Frankreich, im Frühsommer 1744: Das Land befindet sich im Krieg mit Österreich. Der französische König Ludwig XV., vierunddreißig Jahre jung, von schöner Gestalt und vom Volk damals noch als der »Vielgeliebte« tituliert, zieht an der Spitze eines Heeres ins Feld. Kriegsschauplatz sind die österreichischen Niederlande.

Um sich bei Laune zu halten – denn Ludwig neigt zu melancholischen Verstimmungen –, lässt der König seine Mätresse Marie Anne de Mailly ins Feldlager kommen. Die sechsundzwanzigjährige offizielle »Maîtresse en titre« wurde erst wenige Monate zuvor vom König zur Herzogin von Châteauroux ernannt. Damit wollte Ludwig seine Favoritin in der strengen Rangfolge des Hofes zu Versailles aufwerten und ihr so den Zugang zur höfischen Gesellschaft ermöglichen.

Das Mätressenwesen ist seit Ludwig XIV., dem »Sonnenkönig«, Urgroßvater Ludwigs XV., in Versailles und an anderen Höfen Europas etabliert. Es kommt erst mit dem Ende des absolutistischen Zeitalters aus dem Gebrauch, die bürgerliche Geschichtsschreibung des 19. Jahrhunderts verunglimpft diese höfische Sitte dann als unmoralisch und dämonisiert die Mätressen zu lustbesessenen, machtgierigen Dirnen.

Doch die höfische Wirklichkeit des 17. und 18. Jahrhunderts sah anders und komplizierter aus: Mätressen waren, ähnlich den Kurtisanen Venedigs, hochgebildete Frauen mit Sinn für Musik, Literatur, die schönen Künste, mit erlesenem Geschmack und guten Anstandsformen. Ihr Makel: Sie stammten meist nur aus dem niederen Adel oder gar aus dem Bürgertum und galten deshalb an den hochgezüchteten Höfen mit ihrer starren Etikette als untragbar. Gerade deshalb wurden sie von den Herrschern oft zu Gräfinnen oder gar Herzoginnen erhoben – um den Schein des »edlen Bluts« zu wahren. Dies änderte jedoch wenig an ihrem fragwürdigen moralischen Stand: Was vonseiten des Königs als sein gutes, außerordentliches Recht betrachtet wurde, nämlich neben seiner Ehefrau Mätressen zu halten, wurde den Mätressen selbst als Laszivität vorgeworfen. Vor allem Kleriker verurteilten immer wieder das Mätressenwesen als Ehebruch – jedoch nur, wenn sie nicht selbst am großen Trog der Gunst des Königs hingen.

Als Ludwig XV. in jenem Frühsommer 1744 seine Mätresse Marie Anne de Mailly, geborene Nesle, Herzogin von Châteauroux, und deren Schwester Diane Adélaïde de Lauraguais, nach Flandern kommen lässt, wird das von vielen Offizieren und einfachen Soldaten mit Argwohn bedacht. Die Verhältnisse sind pikant – und allgemein bekannt: Bereits mit vieren der fünf Nesle-Schwestern hatte der König ein intimes Verhältnis. »Eine ganze Familie aussuchen«, so geht ein Spottvers, »ist das untreu oder beständig?« Keiner wagt es, dem allmächtigen König dies offen ins Gesicht zu sagen. Aber es gibt anonyme Flugblätter und Kritzeleien, und die Sänften und Kutschen der Madame de Mailly und ihrer Zofen werden mehr als einmal mit Dreck beworfen.

Anfang August zieht sich Ludwig XV. ins Hauptquartier der Truppen nach Metz zurück. Die Damen Nesle sind in seiner Nähe, die Häuser, in denen sie Wohnung genommen haben, werden eigens durch eine Brücke miteinander verbunden. Inzwischen hat sich das Kriegsglück gewendet, Frankreich wird von Osten von österreichischen Truppen bedroht. Die Gemüter der Soldaten und Bürger sind erhitzt: Während an der Front die Söhne Frankreichs verbluten, das Volk unter den Kriegslasten und Steuern stöhnt, und die Königin Maria Leszczyńska einsam und verlassen in Versailles sitzt, amüsiert sich der Monarch ungeniert mit seiner Mätresse und deren Schwester.

Dann, am 9. August, geschieht etwas Unerwartetes: Der König wird krank, hohes Fieber stellt sich ein. Er deliriert. Die Ärzte lassen ihn zur Ader, sind im Übrigen aber ratlos. Der Zustand des Patienten verschlimmert sich immer mehr. Alle rechnen mit seinem Tod. Es ist zur damaligen Zeit unvorstellbar, einen Christen, noch dazu den »allchristlichsten König« (so ein Ehrentitel der französischen Monarchen), ohne die Letzte Ölung sterben zu lassen. Da schaltet sich der Bischof von Soissons ein und verlangt von dem Fieberkranken ein öffentliches Bußbekenntnis und die Loslösung von der Herzogin von Châteauroux. Nur dann, so der Kirchenmann, könne dem König die Absolution und damit das Sterbesakrament erteilt werden. Andernfalls drohe im Jenseits die ewige Höllenpein.

Ludwig XV. ist ein weltaufgeschlossener und vor allem den sinnlichen Freuden zugewandter Mann. Aber er ist auch von einem naiven, konservativen Glauben geprägt und fürchtet sich vor den Sündenstrafen. Also verweist er die Schwestern Marie Anne und Diane Adélaïde des Hauses. In einer geschlossenen Kutsche verlassen die beiden Damen die Stadt, begleitet von den Schmähungen und Flüchen der Menge am Straßenrand. Ludwig leistet daraufhin schriftlich und öffentlich Abbitte bei seiner Ehefrau, der Königin, er beichtet seine Sünden, gelobt Besserung und erhält schließlich Absolution und Letzte Ölung.

So durch die Sakramente gestärkt, gewinnt der König indes wie durch ein Wunder wieder an Kraft. Nach und nach gesundet er und kehrt im Triumph nach Versailles zurück. Doch die Hoffnungen seiner Familie und der Partei der Frommen am Versailler Hof, der König werde nun ein gottgefälligeres Leben führen, werden enttäuscht: Schon bald bittet Ludwig seine Mätresse brieflich, sie möge ihre bisherige Stellung als anerkannte Favoritin, als »Maîtresse en titre«, wieder einnehmen und an den Hof zurückkehren. Marie Anne de Mailly hat jedoch nicht mehr die Zeit, eine Entscheidung zu fällen und auf den Brief zu antworten. Sie wird von einem tückischen Fieber befallen, wenige Stunden später ist sie tot. Bald kursieren Gerüchte, sie sei vergiftet worden. Feinde hatte sie genug. Ihr Leichnam wird in aller Heimlichkeit bestattet, denn man fürchtet ähnliche Ausschreitungen wie beim Tod ihrer Schwester Pauline Félicité, die ebenfalls eine Mätresse Ludwigs gewesen ist: Auch sie verstarb unter mysteriösen Umständen und wurde in Paris aufgebahrt. Der Mob, aufgebracht durch die Verschwendungssucht der Mätressen, drang nachts in das Gebäude ein und schändete die Leiche.

Geld stinkt nicht

Es ist ein nur momentaner Sieg der frömmlerischen Partei bei Hofe. Denn schon wenig später begegnet der König einer anderen Dame, an der er Gefallen findet: Indes ist es nicht Hortense Flavacourt, die einzige der Schwestern Nesle, die der König bislang nicht besessen hat, sondern – und das ist der eigentliche Skandal – eine Frau aus dem Bürgertum, noch dazu eine, die den schnöden Geburtsnamen »Poisson« trägt (zu Deutsch »Fisch«). Als das bei Hof »ruchbar« wird, rümpfen einige der Schranzen die Nase. Keiner von ihnen ahnt, dass die gerade einmal dreiundzwanzigjährige Jeanne Antoinette Poisson, verheiratete Le Normant d'Etiolles, die der König im Februar 1745 auf einem Maskenball kennenlernt, bald zur mächtigsten Frau Frankreichs aufsteigen und neben Kaiserin Maria Theresia und Zarin Elisabeth sogar eine der mächtigsten Frauen Europas werden wird, gleichermaßen geehrt und gefürchtet, geliebt und gehasst …

Jeanne Antoinette Poisson wird am 29. Dezember 1721 in Paris als Tochter des Finanzmanns François Poisson und der Louise-Madeleine de la Motte geboren. Bereits die Zeitgenossen munkeln, Charles François Paul Le Normant de Tournehem, ein Bankier, sei in Wahrheit ihr leiblicher Vater.

Jeanne Antoinette wird von klein auf vorgeführt, wie man zu Reichtum und Ansehen kommen kann: Ihr Vater François tätigt Geschäfte mit den Bankiersbrüdern Pâris, die wiederum als Gläubiger gute Beziehungen zum hochverschuldeten königlichen Hof unterhalten. Geld stinkt nicht, das ist auch in der feudalen Gesellschaft eine einfache Weisheit. Und obgleich man gerne auf das Geldbürgertum herabsieht, stehen König und Adel bei Banken und Börse in tiefer Schuld. Jeanne Antoinettes Mutter wird – mit Duldung ihres Mannes – eine bekannte Mätresse und unterhält amouröse Beziehungen zu rund einem Dutzend Männern in Paris: Adligen, Diplomaten, Bankiers, Klerikern, so auch zu Le Normant de Tournehem, dem Generalpächter des Königs. Früh wird Jeanne Antoinette klar, dass Geld die Türen zu den höchsten Häusern öffnet und dass es egal ist, womit man handelt: mit Geld, Waren oder dem eigenen Körper. All das ist letztlich nur ein Mittel, um in der Ständegesellschaft aufzusteigen. Bereits als Heranwachsende äußert Jeanne einmal halb naiv, halb von frühreifer Raffinesse bestimmt, sie könne sich nur *einen* Mann als Geliebten vorstellen, nämlich den König!

Doch Geldgeschäfte beinhalten stets die Gefahr des Scheiterns, auch das bekommt Jeanne Antoinette vor Augen geführt: 1725 kommt es wegen Steuererhöhungen zu Unruhen. Ludwig XV. nimmt in aller Eile eine Kabinettsumbildung vor und entlässt den Finanzminister. Es ist ein Bauernopfer, um den Volkszorn zu beschwichtigen. Auch die Brüder Pâris geraten wegen ihrer dubiosen Geschäfte unter Druck. Sie jedoch beschuldigen ihren Finanzpartner François Poisson der Geldwäscherei und unsauberer Spekulationsgeschäfte. Der Stein kommt ins Rollen, Poisson wird verhaftet, angeklagt und – man will ein Exempel statuieren – im April 1727 zum Tode verurteilt. Er kann jedoch mit Hilfe von Freunden nach Hamburg fliehen und wartet dort auf eine bessere politische Wetterlage, die sich schließlich auch einstellen wird.

Um ihre Ehre zu retten (denn ein finanzieller Ruin wiegt schwerer als eine Abfolge von Ehebrüchen), reicht Madame Poisson die Scheidung ein. Das Vermögen der Familie ist konfisziert, die Dienerschaft entlassen, und so zieht sie mit ihrer Tochter Jeanne Antoinette in eine bescheidene Wohnung in Paris. Jeanne wird 1729 auf die Klosterschule der Ursulinen von Poissy geschickt. Der Unterricht beschränkt sich auf die nötigste Allgemeinbildung, und darauf, aus Jeanne ein frommes und arbeitsames Wesen zu machen. Madame Poisson hegt die Hoffnung, ihre Tochter trotz der finanziellen Misere der Familie halbwegs passabel unter die Haube zu bringen. Doch bereits nach einem Jahr wird Jeanne Antoinette krank. Sie hat Keuchhusten. Die Lunge wird zeitlebens ihre Schwachstelle bleiben, wahrscheinlich ist Jeanne, wie so viele zu jener Zeit, tuberkulosekrank. So nimmt Madame Poisson die Tochter bereits 1730 wieder aus dem Klosterinternat.

Charles François Paul Le Normant de Tournehem, der wahrscheinlich Jeannes leiblicher Vater ist, interessiert sich zunehmend für das Mädchen und lässt ihm auf eigene Kosten eine bessere Schulbildung zukommen: Jeanne nimmt Gesangs-, Schauspiel- und Tanzunterricht und glänzt bereits mit sechzehn Jahren in einer Aufführung von Voltaires Stück *Zaïre*. Man sagt ihr eine große Zukunft als Sängerin und Mimin voraus und reicht sie bereits in den bürgerlichen und adligen Salons der Hauptstadt herum, so auch im Salon der Madame de Tencin, die wiederum selbst eine Mätresse des Prinzen Philippe von Orléans war. Das Haus der skandalumwitterten Dame ist ein Treffpunkt von Literaten, Künstlern, Diplomaten, Politikern, Bankiers. Hier werden Gerüchte weitergegeben und Informationen über das öffentliche Leben ausgetauscht. Jeanne Antoinette Poisson begreift das als einmalige Chance: Sie lernt bedeutende Männer und Frauen kennen und schaut sich deren Sprech- und Verhaltensweisen ab, denn nichts ist so peinlich, wie als Frau aus bürgerlichen Kreisen entlarvt zu werden.

1736 kehrt François Poisson nach Paris zurück: Er hat eine hohe Kaution gezahlt, wird rehabilitiert und steigt im Windschatten der Brüder Pâris wieder in diverse Geschäfte ein. Zwei Jahre später beziehen die Poissons in Paris ein großes Haus, das ihrer wiedergefundenen gesellschaftlichen Reputation entspricht. Schließlich findet sich auch der geeignete Ehemann für Jeanne Antoinette: Charles Guillaume Le Normant, ein Neffe ihres leiblichen Vaters.

Es ist keine Liebesheirat zwischen der Neunzehnjährigen und dem Vierundzwanzigjährigen. Aber der junge Mann stammt aus einer angesehenen und wohlhabenden Familie, er wird einmal der Erbe eines großen Vermögens sein und zudem Aussicht auf das Schatzmeisteramt der Münze haben (das sein Vater bereits innehat). Für Jeanne Antoinette liegen die Vorzüge auf der Hand: Sie steigt auf der sozialen Leiter nach oben, und mit ihr die gesamte Familie Poisson. Die Hochzeit findet am 9. März 1741 statt, das junge Paar zieht in das Schlösschen Etiolles bei Paris, das der Familie Tournehem gehört. Jeanne Antoinette nennt sich nun Madame d'Etiolles, was wie ein Adelsprädikat klingt, aber keines ist. Sie hat durch ihren Umgang in den Salons gelernt, dass ein gut klingender Name mindestens ebenso viel wert ist wie ein großes Bankguthaben. Jedes Mittel ist erlaubt, wenn man nur die bürgerliche Herkunft retuschieren kann.

Madame d'Etiolles Hunger, in adlige Kreise aufzusteigen, ist durch die Ehe keineswegs gestillt. Sie plant mit Kalkül eine Karriere als Mätresse und will sich dabei nicht wie ihre Mutter mit zweitrangigen Kandidaten abgeben. Zunächst nimmt sie bei einer Marquise Unterricht in Konversation und Manieren. Sie führt auch selbst einen Salon, zu dem sogar der Dichter und Philosoph Voltaire erscheint, der die Hausherrin großspurig »die Göttliche von Etiolles« nennt. Jeanne Antoinette weiß, dass sie schön ist und Ausstrahlung auf Männer besitzt. Sie gilt als gebildet und gewinnt immer mehr Sicherheit im Umgang mit höfischen Kreisen.

Der König wird erobert

1745 kauft Ludwig XV. Schloss Choisy. In den umliegenden Wäldern geht der König gern zur Jagd. Das Gelände grenzt an das Gut von Etiolles. Jeanne Antoinette hilft dem Schicksal auf die Sprünge: Gekleidet in eine rosafarbene Robe, sitzt Jeanne Antoinette d'Etiolles in einer blauen Phaeton-Kutsche, die sie mitten auf einem Waldweg »geparkt« hat, und versperrt der königlichen Jagdgesellschaft den Weg. Dem Monarchen geht die Schöne aus dem Wald nicht mehr aus dem Sinn: Er lässt ihr

Wildbret überbringen und lädt sie zu einem Ball ein, der am 24. Februar 1745 stattfinden soll. Anlass ist die am Vortag stattfindende Hochzeit des Dauphins Louis Ferdinand (des ältesten Königssohns, er stirbt 1765) mit der Infantin Maria Teresa Raphaela von Spanien. Tags darauf findet der »Bal paré« (Ball im Galaanzug) statt, zu dem auch Jeanne Antoinette d'Etiolles erscheint. Es ist ein Stelldichein des gesamten hohen Adels, ein Who's who der französischen Gesellschaft. Ob Jeanne Antoinette an jenem Abend Beachtung findet, ist fraglich. Doch sie hat eine zweite Chance: Tags darauf, am 25. Februar, findet nochmals ein Ball statt, diesmal – es ist Karneval – sind Masken und Kostüme erwünscht. Der Herkulessaal im Schloss von Versailles ist dicht gefüllt. Rund tausendfünfhundert Gäste tummeln sich. Diesmal sind die Konventionen gelockert, die Anonymität hinter den Masken macht es leicht, Herkunft und Etikette fallen zu lassen. Alle sind in heiterer, ausgelassener Stimmung. Dauphin, Königin und Infantin sind anwesend: Sie haben sich als Schäfer und Schäferinnen verkleidet. Aber wo ist der König? Auch Jeanne Antoinette hält vergebens nach ihm Ausschau. Da geht die Saaltür auf, und herein kommen acht Gestalten, die sich als barock zurechtgestutzte Eiben verkleidet haben. Die aufwendige Kostümierung verhindert eine Identifizierung der Personen. Man ahnt aber: Eine der acht Eiben ist der Monarch! Eine der Damen im Saal, Madame Portail, wird von einer der Eiben »entführt«. Die Auserwählte wiegt sich im Glauben, es sei der König. Erst später wird sie erkennen müssen, dass sie sich dem Falschen hingegeben hat.

Ludwig indes weiß sehr wohl, auf wen er seinen Blick wirft: Ihn interessiert Madame d'Etiolles. Er spricht sie an und verabredet sich mit ihr für den 28. Februar, auf einem weiteren Ball im Pariser Rathaus, dem Hôtel de Ville. Dorthin fährt der Monarch inkognito, in einer Mietkutsche. Wieder ist er maskiert, diesmal als schwarzer Domino. Und er findet Madame d'Etiolles, auch sie ist in einem schwarzen Dominokostüm gekommen. Es ist ein abgekartetes Spiel: Der König weiß, dass Jeannes Ehemann sich auf Reisen befindet. Bereits nach wenigen Stunden verlassen die beiden Dominos den Ball und fahren in einer Mietdroschke zum Stadthaus der Madame d'Etiolles. Sie verbringen die Nacht miteinander. Ludwig kehrt erst anderntags um neun nach Versailles zurück. Doch die Mauern von Paris und Versailles haben Augen und Ohren: Es ist schon durchgesickert, dass der König eine neue Geliebte hat, und auch, wer sie ist. Eine Bürgerliche! Die Hofschranzen lächeln, denn für sie ist diese Madame d'Etiolles nicht standesgemäß. Das Feuer des Königs – sind sie sich sicher – wird bald erlöschen. Eine Affäre, nicht mehr. Niemals, so glauben sie, wird dieses Dämchen zweifelhafter Herkunft königliche Mätresse werden.

Doch sie täuschen sich. Die Beziehung zwischen Ludwig und Jeanne Antoinette festigt sich. Aus der Affäre wird eine Liebe. Bereits nach wenigen Wochen zieht Jeanne Antoinette d'Etiolles in die ehemaligen Gemächer der Herzogin von Châteauroux ein, die sich über den Privatgemächern des Königs befinden und mit diesen durch eine Treppe verbunden sind. Als Monsieur d'Etiolles wenig später von seiner Reise zurückkehrt, stellt er zu seinem Erstaunen fest, dass die Zimmer seines Schlosses halb leer geräumt sind: Seine Frau hat ihr Hab und Gut bereits nach Versailles transportieren lassen. Dem Gehörnten bleibt nichts anderes übrig, als sich der Allmacht seines Königs zu fügen und klein beizugeben. Rasch wird zwischen den Eheleuten die Trennung von Tisch und Bett vereinbart, Monsieur d'Etiolles erhält zum Trost das Amt des Generalpächters, und Jeanne Antoinette wird auf die Schnelle in den Adelsstand erhoben: Der König kauft Schloss und Ländereien von Pompadour im Limousin und ernennt seine neue Mätresse zur Marquise. Am 5. Mai 1745 bricht der vielbeschäftigte Monarch nach Flandern auf: Wieder gilt es Krieg gegen die Österreicher zu führen.

Wie andere Mätressen in der Geschichte hat auch Jeanne Antoinette de Pompadour zeitlebens mit Hass, Missgunst und Eifersucht zu kämpfen. Sie hat Kabalen und Intrigen zu überstehen – aber sie setzt sich durch, ja, sie wird selbst federführender Teil des höfischen Apparats und lehrt ihre Gegner durch ihren bedingungslosen Willen zur Macht und ihr kluges Taktieren bald das Fürchten. Es gelingt ihr wie vielleicht zuvor nur Madame des Maintenon, der letzten Mätresse Ludwigs XIV., ihre Position bei Hofe zu sichern und auszubauen. Man wird Madame de Pompadour nicht lieben, aber dafür fürchten. Und man ist klug beraten, sie sich nicht zur Feindin zu machen, will man im komplizierten Gefüge von Versailles nicht selbst unter die Räder kommen.

Anfangs mokiert man sich über die Redeweise der Pompadour: Sie gebraucht den bürgerlichen Pariser Jargon, von dem sich das manierierte Idiom des Versailler Hofes bewusst absetzt. Und sie kennt nicht die feinen Verästelungen des höfischen Protokolls; selbst kleine Verstöße werden mit Hohn und Verachtung, im schlimmsten Fall mit der Ausweisung aus der höfischen Gesellschaft bestraft. Doch Jeanne Antoinette de Pompadour ist wissbegierig, intelligent und anpassungsfähig: Rasch lernt sie ihre Defizite zu tilgen oder zu überspielen, sie ist von schneller Auffassungsgabe und imitiert Sprache und Umgangsformen des Hofes. Sie nimmt sogar Unterricht und weiß etliche Höflinge zu bezirzen, die nicht nur ihrer Schönheit erliegen. Sogar der damals noch am Hofe verkehrende Voltaire, dessen Spott sonst fast niemanden verschont, schwärmt in seinen Erinnerungen: »Sie war wohlerzogen, klug, liebenswürdig, voller Anmut und Talent, mit gesundem Menschenverstand und Herzenswärme ausgestattet.«

Ludwig XV. ist in jenen Jahren auf dem Höhepunkt seiner Beliebtheit. Auch deshalb ist man geneigt, seine Mätressenwirtschaft zu dulden. Sogar die Königin, mit der er seit einiger Zeit keinen Beischlaf mehr hält (der Hof weiß das, denn die Intimität zwischen dem Monarchenpaar ist keine Privatsache, sondern Angelegenheit der staatlichen Räson), fügt sich in ihr Schicksal. Sie hat ihre Schuldigkeit getan und Frankreich einen Thronfolger beschert. Im Übrigen hat sie keinen Anspruch auf die Liebesgunst des allgewaltigen Königs von Gottes Gnaden. Zudem kann Ludwig in jener Zeit einen weiteren Kriegserfolg verbuchen: In der Schlacht bei Fontenoy hat er am 11. Mai 1745 die österreichischen und britischen Truppen besiegt. Als Kriegsheld zieht er in Paris und Versailles ein, man huldigt ihm wie einem antiken Cäsar. Auch das trägt dazu bei, dass man ihm den Fauxpas, eine Bürgerliche zur Mätresse genommen zu haben, nachsieht.

Am 14. September 1745 findet die offizielle Einführung der Marquise de Pompadour bei Hofe statt: Sie ist inzwischen von ihrem Mann geschieden, und so kann der König sie in einem Staatsakt, zu dem Hunderte Höflinge Zutritt haben, als »Maîtresse en titre«, als rechtmäßige Mätresse, vorstellen. Bei der Zeremonie muss Jeanne de Pompadour einen dreimaligen tiefen Knicks machen, zum Zeichen, dass sie sich ihrem Herrn in Demut nähert. Keiner ahnt, dass sie bereits in wenigen Jahren die Fäden bei Hofe und auch in den Amtszimmern der Regierung ziehen wird.

Auch der Königin Maria Leszczyńska nähert sich Jeanne de Pompadour in unterwürfiger Haltung. Die empfängt die Mätresse mit ein paar höflichen Floskeln, die durchaus als freundlich zu interpretieren sind. All das wird von den Hofschranzen neugierig beobachtet. Anders verläuft der Empfang beim Dauphin und seiner Frau: Sie tragen eine frostige Indifferenz zur Schau und ziehen damit Front gegen die Pompadour und die Mätressenwirtschaft des Königs. Daran wird sich in den folgenden Jahren nichts ändern, aber gerade diese mehr oder weniger offen ausgetragenen Machtspiele gehören zum kleinen Universum des Hofes zu Versailles, an dem viel Zeit und Energie für Etikette, Protokoll und die kleinen und großen Intrigen und Kämpfe der unterschiedlichen Lager und Gruppierungen vergeudet werden.

Die Marquise festigt ihre Macht

Der Tagesablauf des Königs wird in starkem Maße vom Beisammensein mit seiner rechtmäßigen Mätresse beherrscht. Nur wenig Zeit bleibt in dem reglementierten Ablauf für Regierungsgeschäfte, Gespräche mit Ministern oder gar Aktenstudium übrig.

Bei einem Zeremoniell, das zum großen Teil vor den Augen der Höflinge gelebt wird (sogar das Coucher und Lever, das Zubettgehen und Aufstehen, ist ein öffentlicher Akt), bieten die Stunden mit Madame de Pompadour einen erholsamen Rückzug ins Private.

Nach dem Lever begibt sich Ludwig zur Messe. Der tägliche Besuch des Gottesdienstes ist ein Ritus, dem er sich als »allerchristlichster König« zu unterziehen hat, zumal die klerikalen Kreise bei Hofe mächtig sind. Nach dem Besuch der heiligen Messe in der Schlosskapelle besucht der König seine Mätresse in deren Kabinetten, dort speist er mit ihr und verbringt die Zeit recht angenehm mit Konversation. Erst gegen sechs Uhr abends verlässt Ludwig Madame de Pompadour, um sich mit seinen Ministern und Beratern zu treffen und die nötigsten Regierungsentscheidungen zu fällen. Abends gibt es im Schlosstheater Aufführungen von Opern, Komödien und Balletten, bei denen der König in Begleitung seiner Mätresse meist anwesend ist – nicht so sehr, weil er die Künste liebte, sondern weil es eine Möglichkeit ist, sich dem gesamten Hof zu zeigen. Diese regelmäßige Präsenz vor versammeltem Hof ist das wichtigste Mittel, die zu Schranzen degradierten Adligen im Zaum zu halten. Letztlich tragen auch das Geschwätz, die Gerüchte und die kleinen und großen Intrigen zum Funktionieren des kaum durchschaubaren höfischen Apparats bei: Solange die Höflinge in irgendeiner Weise unterhalten werden, erinnern sie sich nicht ihrer bereits vor achtzig Jahren verlorenen Macht und Bedeutung. Die stete und wohldosierte Gewährung der königlichen Huld lässt diese Männer und Frauen in unterwürfiger Abhängigkeit verharren.

Abends zieht sich Ludwig in seine Gemächer zurück, zum öffentlichen Coucher: Er legt feierlich seine Gewänder ab, zieht das Nachthemd an – alles unter den Augen des Hofes und unter der Darreichung einiger besonders ausgezeichneter Höflinge –, dann legt er sich zu Bett, die Bettvorhänge werden zugezogen, die Höflinge verlassen das Schlafgemach. Endlich allein, nur von seinem Kammerdiener umsorgt, steht Ludwig wieder auf und steigt über die Geheimtreppe eine Etage höher zu den Gemächern seiner Mätresse. Dort pflegt er die Nacht zu verbringen, bis er am andern Morgen Madame de Pompadour wieder verlässt, nach unten geht, wo schon die Höflinge vor der Tür des Schlafgemachs warten, um am öffentlichen Lever teilzuhaben.

Freilich geht den Spottmäulern in Versailles das Futter nicht aus: Noch immer verachten etliche die Aufsteigerin aus »niederen« bürgerlichen Kreisen, deren Marquisat nur mit schnödem Mammon erkauft wurde. Als die Mätresse einmal im Park von Fontainebleau in ein Wasserbecken fällt, zischt die Frau des Dauphins sogleich, dass es sich ja nur um einen Fisch handle, der in sein Element zurückkehrt – eine Anspielung auf den bürgerlichen Namen der verhassten Mätresse.

Doch Jeanne Antoinette de Pompadour beherrscht recht bald die komplizierten Regeln des höfischen Mit- und Gegeneinanders und weiß ihre Reize, aber auch ihre Intelligenz mit Kalkül einzusetzen, nicht nur gegenüber dem König. Der zeitgenössische Beobachter Jean Louis Soulavie schreibt in seinen Memoiren: »Nach Belieben war sie hochmütig, gebieterisch, ruhig, schelmisch, neckisch, vernünftig, neugierig, aufmerksam.«

Madame de Pompadour ist nicht nur »vernünftig«, sie legt von Anbeginn ihrer höfischen Karriere ein außerordentlich schlaues, kalkuliertes, gerissenes Wesen an den Tag. Bereits Anfang Dezember 1745 – sie ist erst wenige Monate in ihrem »Amt« – munkelt man, sie habe die Finger mit im Spiel gehabt, als Ludwig seinen Finanzminister Philibert Orry überraschend entließ. Kein Zufall jedenfalls ist es, dass Madame Pompadours Gönner und Freunde in den folgenden Jahren lukrative Posten und Ämter erhalten, darunter auch ihr Bruder Abel Poisson, ihr vermutlicher leiblicher Vater Le Normant de Tournehem, ihr Vertrauter Abbé de Bernis, um nur einige zu nennen. Abel Poisson wurde sogar nicht nur Direktor der Königlichen Bauten, sondern überdies mit dem Marquisat von Vandières beschenkt – auch er sollte den »Makel« des Bürgerlichen abstreifen dürfen. Und auch ihren Ziehvater vergisst die neugebackene Marquise de Pompadour nicht: Sie tilgt aus den Zuwendungen des Königs die immense Schuldenlast ihres Vaters in Höhe von 400 000 Livres, zudem lässt sie ihm Ländereien vermachen. Außerdem wird er in den Adelsstand erhoben, sodass er nun »auf Augenhöhe« mit der höfischen Gesellschaft verkehren kann.

In ihren »kleinen Kabinetten«, wie ihre Gemächer in Schloss Versailles verniedlichend genannt werden, hält sie bereits in den ersten Jahren einen eigenen Hof: Immer mehr Freunde und Möchtegernfreunde scharen sich um sie, dienern sich ihr an, antichambrieren, in der Hoffnung, dass etwas von der Gunst der Marquise auf sie falle und dass damit ihr Name auch in des Königs Gedächtnis hängen bleibe. Einer der unbestechlichsten und zugleich intimsten Zeitzeugen ist der Herzog Emmanuel de Croÿ, der diese Jahrzehnte in seinem geheimen Tagebuch als Chronist begleitet hat. Er selbst, ein durchaus redlicher Mann, dem im Herzen vor dem Hofschranzentum graut, ist gleichzeitig unter den Erfordernissen des Alltags oft genug gezwungen, in diesem Karussell mitzutun, auch er auf der Suche nach einem einträglichen Posten, um sich und seine Familie durchzubringen. Der Herzog schreibt in seinem Diarium aus dem Jahre 1747: »[…] keine Frau hätte hübscher sein können. Darüber hinaus war sie unterhaltsam, so dass der König sie mehr als jede andere liebte, und rechte hatte er: Sie war die entzückendste Geliebte. Sie war es in aller Offenheit und zum größten Skandal bei Hofe. […] Von Zeit zu Zeit begab ich mich wie jedermann gegen ein Uhr zur Toilette der Mme. de Pompadour, die alles tadellos und sehr vornehm handhabte und immer einflussreicher wurde. Sie kannte sich in allem aus. […] Da sie den größten Einfluss ausübte, fürchteten und umschmeichelten sie die Minister […]« Der Herzog von Croÿ, der sich in jener Zeit im Flandernfeldzug bewährt hat, erhofft sich eine Beförderung bei Hofe. Das Antichambrieren ist ihm verhasst, dennoch kommt er nicht umhin, es zu tun – und zwar bei der Mätresse des Königs: »[…] nicht ungern wollte ich ein Höfling des engeren Zirkels werden, wobei mir solche Unterordnung zugleich zuwider war […] Um ihm [dem König] sogleich meine Aufwartung zu machen, eilte ich zum Lever des Königs, folgte ihm dann zur Messe und eilte danach zu Mme. La Marquise de Pompadour, wo ich schon vor ihr sein wollte. Nach ihrem Eintreffen ließ ich sie um eine Audienz bitten, die sie mir sofort in ihrem Kabinett gewährte. Den Kopf nur voll von meiner Beförderung, sprach ich lange und eindringlich mit ihr, drängte sie lebhaft, sich meiner anzunehmen, und verlas ihr meine rein militärischen Argumente, ohne darüber hinaus auf meine vornehme Herkunft hinzuweisen zu wagen. Sie langweilte sich vielleicht, denn sie begegnete mir recht kühl Dennoch wollte sie meine schriftliche Stellungnahme behalten und dem König zu lesen geben.«

Diese persönliche Erfahrung macht deutlich: An Madame de Pompadour kamen die Höflinge – und die, die es gern sein wollten – bereits kurze Zeit nach ihrer offiziellen Ernennung nicht mehr vorbei. Der Einfluss der Maîtresse en titre war so groß, weil sie es innerhalb weniger Monate verstanden hatte, mit Schläue und Kalkül in ein Machtvakuum vorzustoßen, das offensichtlich auch durch die lasche, genussorientierte Lethargie des Königs entstanden war. Weiterhin fällte Ludwig die nötigen Entscheidungen in den Angelegenheiten des Hofes und denen des Staats. Doch tat er das zunehmend nur noch, nachdem die Marquise die Bitten und Bittsteller angehört und eine Vorauswahl getroffen hatte. Ihre Macht war die einer Vorzimmerdame – mithin keine geringe und nicht zu unterschätzende Position. Man achtete bald die Pompadour, nicht, weil man sie liebte, sondern, weil man sie fürchtete. So gingen Achtung aus Gründen der Räson und Verachtung aus einem Gefühl des Hasses Hand in Hand – das wusste Jeanne de Pompadour, und die daraus resultierende Angst ließ sie in den folgenden Jahren und Jahrzehnten immer vorsichtiger, menschenfeindlicher und kaltherziger werden.

Der Hof zu Versailles will beständig beschäftigt und amüsiert sein: Zum einen werden die Höflinge durch die stete Notwendigkeit, sich beim König und seiner Mätresse beliebt zu halten, gefordert. Eifersüchtig wird beobachtet, wer welche Pöstchen im täglichen Zeremoniell ausüben darf. Die täglichen und wöchentlichen Audienzen und das Antichambrieren fressen viel Zeit und Energie. Was darüber hinaus noch an Freiraum bleibt, wird mit Theater- und Konzertaufführungen gefüllt. Dieser Genuss hat noch wenig von der autonomen Ernsthaftigkeit, mit der das Bürgertum im 19. Jahrhundert der Kunst begegnet. Die Aufführungen am Hof zu Versailles sind Mittel der Zerstreuung, aber auch des Sehens und Gesehenwerdens – nicht um der lockeren Konversation willen, sondern weil sich die Gesellschaft am Hofe immer argwöhnisch beäugt.

Jeanne Antoinette de Pompadour beherrscht bald auch dieses Spiel: Sie nimmt selbst das Heft in die Hand und veranstaltet Theaterstücke und Singspiele. Nicht mehr das Hoftheater von Versailles ist für einige Jahre der Mittelpunkt der höfischen Kultur, sondern die Privaträume der Maîtresse en titre und auch ihr Lustschloss »Bellevue« bei Meudon, das der König ihr nach ihren eigenen Plänen hat bauen lassen. Jeanne de Pompadour wählt die Stücke aus, inszeniert selbst, singt, tanzt und spricht auch selbst einige der Rollen. Was heute für eine herrschende Figur schlicht undenkbar, ja anrüchig und peinlich wäre, gilt damals als Zeichen des guten Geschmacks und der höheren Bildung. Man schätzt die sängerischen und schauspielerischen Leistungen der Mätresse, und die Stücke, die dargeboten werden, gelten nicht nur als erheiternder Zeitvertreib, sondern werden auch auf Anspielungen auf das eigene höfische Leben hin beleuchtet und interpretiert. Unter der Ägide der Pompadour werden in jenen Jahren unter anderem *Der Dorfhellseher* von Jean-Jacques Rousseau, außerdem Stücke von Voltaire, Molière *(Tartuffe)*, Marivaux und der heute kaum noch bekannten Autoren Bourgeois *(Die geheimen Liebschaften)*, La Chaussée *(Das*

Modevorurteil), Dancourt *(Die drei Cousinen)*, Regnard, Dufresny *(Der Widerspruchsgeist)* und Destouches gegeben. Die selbsternannte Intendantin ist so flexibel, in der Passionszeit anstelle der Lustspiele geistliche Konzerte zu veranstalten. Zwar werden Stimmen laut, die diese Ausgaben für Theater und Konzerte kritisieren, doch verstummen sie schnell, als der König Madame de Pompadour vor dem Hof Lob zollt und sie öffentlich streichelt – eine Verletzung der prüden Etikette, aber gerade das signalisiert allen Kritikern und Spöttern, dass es ratsam ist, sich mit diesem Liebespaar nicht anzulegen.

Ludwig scheut in jenen Jahren keine Unkosten, um seiner Favoritin das Leben möglichst angenehm zu gestalten: Er kauft ihr neben dem Marquisat Pompadour (wo sie sich im Übrigen nie aufhält) auch das Schloss Crécy bei Dreux. Dort verbringen er und seine Geliebte etliche Wochen des Jahres, fern vom Klüngel des neugierigen Hofes. Zudem lässt er für die Pompadour mehrere kleine Lustschlösser und »Eremitagen« erbauen, alle in der Nähe von Versailles und Paris. Und er stattet seine Favoritin mit einem üppigen Etat aus, der es ihr ermöglicht, nicht nur angenehm zu leben, sondern auch standesgemäß zu repräsentieren.

Der Dauphin hasst Jeanne de Pompadour und fürchtet ihren wachsenden Einfluss. 1746 stirbt seine Frau, die Infantin Maria Teresa. Der Hof ist bestürzt, es geht nicht um das private Glück des Dauphins, sondern um die Sicherung der Thronfolge und damit um den Bestand der Monarchie und ihrer Nutznießer. Auch jetzt versteht Jeanne Antoinette de Pompadour es, geschickte Schachzüge zu machen: Sie hält – ohne dass der Dauphin es weiß – nach einer geeigneten Braut Ausschau und wird in der Prinzessin Maria Josepha von Sachsen fündig. Rasch ist Ludwig XV. überzeugt, und die Verhandlungen zwischen Versailles und Dresden kommen zügig zu einem Abschluss. Maria Josepha macht sich mit einem Brautgeleit auf den Weg nach Frankreich. Die Eheanbahnung soll nicht nur die Familien der Bourbonen und Wettiner zusammenführen, sondern auch den Einfluss Frankreichs in Deutschland und Mitteleuropa stärken.

Am 9. Februar 1748 heiraten der französische Dauphin und die sächsische Prinzessin mit großem Prunk. Madame de Pompadour ist zufrieden, der König auch. An der Antipathie des Dauphins wird das indes nichts ändern. Mit allen Mitteln, durch Verleumdungen und Intrigen versucht er weiterhin die Favoritin des Vaters vom Hof zu ekeln. Das kommt dem König zu Ohren, allerdings nicht durch seine Geliebte. Die ist zu klug, sich zu beklagen, würde das doch den Anschein persönlicher Feindschaft erwecken. So hingegen kann sie die Rolle der schutzlosen Frau spielen. Ludwig XV. schreitet ein, befiehlt seinen Sohn und die Schwiegertochter (die ebenfalls schuldlos in die Intrige geraten ist) zu sich und verlangt von beiden, sich mit der Marquise de Pompadour zu versöhnen. Zähneknirschend gehorcht der Dauphin – und Jeanne de Pompadour genießt stillschweigend und mit einem Lächeln ihren Triumph.

Madame de Pompadour steht auf der Höhe ihres Erfolgs. Keiner, so scheint es, kann ihr den Rang streitig machen, keiner kann, will er die Gunst des Königs erlangen, an ihr vorbei. Selbst der sonst so spöttische und obrigkeitskritische Voltaire sieht sich ein weiteres Mal genötigt, der mächtigen Mätresse einige wenig inspirierte Lobesverse zu schreiben, um den König und den Hof bei Laune zu halten: »Pompadour, Sie verschönern/ den Hof, den Parnass und Kythera,/entzücken die Herzen aller, Schatz eines einzigen Sterblichen,/möge ein so schönes Los ewig währen!/Möge mit Ludwig der Friede auf unsere Felder zurückkehren!/Mögen Sie beide ohne Feinde sein/und alle beide Ihre Eroberungen behalten.«

Doch jede Liebe kühlt ab, jede Freundschaft verliert an Schwung, auf jeden Sonnenschein folgt Regen: So ist es auch im Leben der Jeanne Antoinette de Pompadour und in ihrer Beziehung zu Ludwig XV. Im Oktober 1748 wird der Friede von Aachen geschlossen, der das Ende des Österreichischen Erbfolgekriegs markiert. Doch der Gewinn für Frankreich, das in mehreren Schlachten siegreich war, ist gleich null. Das lässt Ludwig bei Ministern, hohen Offizieren und Adligen als schwachen König erscheinen, der sich für alles mehr interessiert als für das

Wohl Frankreichs. Schnell ist der Sündenbock ausfindig gemacht: Madame de Pompadour. Spottlieder tauchen auf, die in den Gassen von Paris gegrölt werden. Darin ist von der Mätresse als dem »Hurenbastard« die Rede. Ludwig, den man lange Zeit als »vielgeliebten König« tituliert hat, wird nun als »Sklave« einer »hochmütig gewordenen Ratgeberin« verunglimpft. Stimmen werden laut, die den wachsenden Einfluss der Bankiers Pâris – Freunde der Pompadour – als Bedrohung empfinden. Schließlich versucht der eben aus dem Feldzug in Italien als Sieger heimgekehrte Marschall Louis François Armand de Richelieu – ein Neffe des hundert Jahre zuvor lebenden Kardinals – seinen gewachsenen Einfluss bei Hofe gegen die Mätresse zu wenden: Er ist Vorsteher der »Kammer des Königs« und damit auch für die »königlichen Lustbarkeiten« offiziell zuständig. Schon plant er, den teuren Theaterinszenierungen der Pompadour, zu denen auch aufwendige Opern von Jean Baptiste Lully gehören, den Geldhahn zuzudrehen. Doch solche Kompetenz- und Geldstreitigkeiten werden zu jener Zeit selten offen und direkt ausgetragen. Das Hofleben ist in einem steifen Zeremoniell erstarrt, man bewegt sich und spricht in Konventionen und verständigt sich zwischen den Worten und Gesten. Und so schaut der ganze Hof, dem zu Ohren gekommen ist, dass am Stuhl der Favoritin gesägt wird, gebannt auf die Premiere von Lullys Oper *Acis und Galathea* am 23. Januar 1749, bei der die Pompadour höchstselbst die Galathea spielt und singt. Wird Richelieu erscheinen? Und wie wird der König reagieren? Tatsächlich kommen beide zur Premiere. Und auch die Königin erscheint und sitzt im ersten Rang neben dem König. Als der Vorhang fällt, spendet der König der Oper und besonders der Darstellerin der Galathea seinen huldvollen Beifall; der Hof applaudiert pflichtschuldigst mit, selbst Richelieu – wieder einmal hat die Pompadour einen Sieg über ihre Gegner davongetragen, wieder einmal hat sie bewiesen, dass der König noch immer zu ihr steht.

Richelieu gibt nicht klein bei. Weiter versucht er bei Hofe, die Mätresse des Königs zu verunglimpfen. Ludwig fragt den Adligen daraufhin beiläufig auf der Jagd, wie oft er, Richelieu, in der Bastille gewesen sei. Das ist eine versteckte Drohung mit dem gefürchteten Staatsgefängnis, dessen Erstürmung im Juli 1789 den Beginn der Französischen Revolution markieren wird. Doch im Jahre 1749 ist man vermeintlich noch weit davon entfernt, die Allmacht des Königs anzuzweifeln. Richelieu begreift und kuscht.

Es gärt im Volk

Die sozialen Spannungen und die materielle Not, die 1789 Auslöser der Revolution sein werden, treten indes bereits in jenen Jahren zutage: Frankreichs Staatskasse ist durch Kriege und die aufwendige Hofhaltung (und auch durch die Mätressenwirtschaft) leer. Ein Dauerzustand seit den Tagen Ludwigs XIV. Und stets fiel und fällt der Regierung nur das eine ein: Statt zu sparen hebt man die Steuern an. Hinzu kommen in jenen Jahren Missernten, sodass zahlreiche Kleinbauern auf dem Land und Tagelöhner in den Städten vollends verarmen und hungern. In den Armenvierteln von Paris kommt es zu Zusammenrottungen und Protesten. Vereinzelt werden Geschäfte geplündert, Steine fliegen, und Spott- und Hassverse werden gesungen, die sich nicht nur gegen Jeanne de Pompadour als den Sündenbock für vieles richten, sondern auch gegen den einst so geliebten König: »Feiger Verschwender der Güter deiner Untertanen,/du, der du die Tage zählst nach dem Bösen, das du tust,/Sklave eines Ministers und einer geizigen Frau,/Ludwig, höre, welches Schicksal dir der Himmel beschert./Wenn du eine Zeit lang der Gegenstand unserer Liebe warst,/so hatten deine Laster noch nicht ihren Höhepunkt erreicht./Du wirst unseren Eifer jeden Tag mehr schwinden sehen,/und in unseren Herzen wird die Glut der Rebellion glimmen.«

Der König – ohnehin von melancholischer Disposition – verfällt zunehmend in Lethargie. Das Volk in Paris hungert und revoltiert. Statt sich seinen Untertanen zu zeigen, verharrt er

91

wie gelähmt in Versailles (ein Fehler, den vierzig Jahre später auch Ludwig XVI. und Marie Antoinette begehen werden). Die Schärfe der Flugblätter und Spottlieder, der sogenannten *Poissonnades (Fischgesänge)*, Angriffe auf die bürgerliche Herkunft der Pompadour, nimmt zu: »Es ist ein kleines Bürgerweib,/das macht sich Hurenzeitvertreib,/sie bringt nun alles auf ihr Maß,/macht aus dem Hof ein Hundeloch, loch, loch./Der feine König trägt ihr Joch,/sie hat die Glut in ihm entfacht,/die Flammen wecken Spott und Spaß,/und ganz Paris, das lacht, lacht, lacht.« In manchen Liedern wird der Tyrannentod verherrlicht. Ludwig ist insgeheim überzeugt, dass er ebenso wie Heinrich IV. ermordet werden wird. Er versinkt in Schweigen und Melancholie und verlässt seine Gemächer nicht mehr. »Wozu soll ich mich diesem garstigen Volk zeigen«, soll er gesagt haben, »das mich für einen Herodes hält!« Der König, von den Sorgen seines Volkes weit entfernt, »bestraft« die Ungehorsamen dadurch, dass er sich ihnen nicht mehr zeigt! Auch Jeanne de Pompadour fürchtet um ihr Leben: Alle Speisen, die ihr aufgetragen werden, müssen von einem Vorkoster probiert werden. Sie ist verzweifelt und wütend, kann sich aber nicht wehren und ist gänzlich vom König abhängig, der jedoch mut- und tatenlos dem Treiben zusieht.

Jeanne de Pompadour ist in jenen Monaten vom König schwanger, erleidet jedoch eine Fehlgeburt. Ob die psychischen Belastungen dazu beitrugen, kann nur vermutet werden. Schließlich verdichten sich Hinweise, die *Fischgesänge* stammten aus der Feder des gehässigen Grafen Jean Frédéric Maurepas, des königlichen Marineministers. Die Pompadour stellt ihn zur Rede: »Monsieur, Sie halten offenbar nichts von den Mätressen des Königs.« Maurepas antwortet mit sardonischem Lächeln: »Ich habe immer Achtung vor ihnen gehabt, von welcher Sorte sie auch immer waren.« Schließlich verrät sich Maurepas selbst: In einem gehässigen Epigramm auf die Pompadour nimmt er auf ein kleines Vorkommnis Bezug, von dem nur er, der König und seine Mätresse sowie eine Vertraute der Pompadour Kenntnis haben können. Endlich kann die Marquise den

König überzeugen. Der schickt dem Grafen das Entlassungsschreiben und verbannt ihn in die tiefe Provinz, für einen karrierebewussten Adligen der damaligen Zeit eine Strafe, die der Inhaftierung in der Bastille kaum nachsteht. Maurepas darf Paris und Versailles nicht mehr betreten. Er wartet indes geduldig auf seine zweite Chance und kehrt 1774 unter dem jungen Ludwig XVI. im Triumph in höchste Staatsämter zurück.

Es werden in jenen Monaten noch andere Autoren von Spottversen dingfest gemacht, Leute aus dem niederen Adel und dem Bürgertum, mit denen nicht so nachsichtig umgesprungen wird. Sie landen in der Bastille, manche auf zwanzig Jahre. Mit sinnloser Härte versucht der König den Volkszorn zu brechen. Nach außen geht die Marquise de Pompadour gestärkt aus diesem Jahr der Anfeindungen hervor: Der König behandelt sie weiterhin als seine offizielle Mätresse und lässt sich von ihr auf einer Reise in die Normandie sogar begleiten. In Le Havre darf Madame de Pompadour beim Stapellauf eines Schiffs, das man ihr zu Ehren »Le Gracieux« nennt, den ersten Pflock wegschlagen. Somit wird sie wie die Stellvertreterin der Königin behandelt.

Innerlich ist Jeanne Antoinette de Pompadour nach diesen Jahren der Anfeindungen, Ränke und Intrigen gezeichnet. Sie ist ermüdet, desillusioniert, wirkt – obgleich erst achtundzwanzig Jahre alt – erschöpft und abgekämpft. Sie kränkelt, hat Migräne, spuckt mitunter Blut, leidet auch an einer Genitalkrankheit, einer Leukorrhöe (was beim Hofgesindel durchsickert und Stoff boshafter Erheiterung ist).

Doch ihre Position bei Hofe ist so gefestigt, dass keiner an ihr vorbeikommt, der auf Protektion oder Beförderung hofft. Sie genießt diese Macht und verachtet gleichzeitig die Kriecher und Nutznießer des Systems. Immer mehr vereinsamt sie, die Luft an der Spitze des Staats ist dünn. Wann immer es ihr möglich ist, zieht sie sich in eine der Eremitagen zurück. An ihren Bruder schreibt sie: »Mit Ausnahme des Glücks, mit dem König zu leben, was mich gewiss über alles tröstet, ist alles Übrige nur ein Gewebe von Bosheiten, Plattitüden, allen Elends schließlich, zu dem diese armseligen Menschen fähig sind. Ein schöner

Stoff zum Denken, vor allem für jemanden, der so grüblerisch wie ich auf die Welt gekommen ist.« Nur wenigen Menschen öffnet sie sich noch, darunter ihrer Vertrauten, der Gesellschafterin Madame d'Estrades, und dem Geistlichen und Politiker Abbé de Bernis.

Eine innige Freundschaft

Liebe empfindet sie – außer zum König – am meisten noch für ihre Tochter aus ihrer geschiedenen Ehe mit Charles Le Normant. Alexandrine, so der Name des Mädchens, wird in einem Klosterinternat in Paris erzogen. Das hat nichts mit mangelnder mütterlicher Aufmerksamkeit zu tun, sondern entspricht den gutgemeinten Gepflogenheiten jener Zeit. Eine zeitgenössische Darstellung zeigt die Marquise sitzend, sie ist dabei, einen Brief zu schreiben – ihr zu Füßen, mit einem Schoßhund spielend, das kleine Mädchen. Jeanne Antoinette hat Großes mit ihrer Tochter vor: Die ist erst acht Jahre alt, als die Marquise ein Eheversprechen mit dem damals elfjährigen Herzog von Luc, einem unehelichen Sohn des Königs, einfädeln will. Doch der Tod macht alle privaten dynastischen Pläne der Mätresse zunichte: Alexandrine stirbt 1754 mit nur zehn Jahren aus ungeklärter Ursache. Den Tod ihrer Tochter verwindet die sich sonst so tough gebende Marquise nie. »Mit dem Tod meiner Tochter«, so gesteht sie, »endete mein ganzes Glück.«

Das Verhältnis zum König ändert sich in jenen Jahren: Der richtet seine sinnlichen Begierden auf andere, jüngere Frauen, unterhält mit der einen oder anderen galante Abenteuer. Die Marquise de Pompadour reagiert menschlich: mit Eifersucht. Aber sie hat kein Anrecht auf die königliche Gunst. Schwerer als die Eifersucht wiegt freilich die Angst, sie könnte ihre Position bei Hofe und damit Macht, Ansehen und Einfluss verlieren. Im Grunde geht es ihr nicht anders als den Tausenden von Höflingen im Dunstkreis von Versailles: Alle sind sie abhängig von der wechselnden Gunst des Alleinherrschers, und das Rad der

Fortuna kann sich täglich, stündlich drehen. Wer sich eben noch zuoberst sah, kann tags darauf bereits in Ungnade fallen und sein Pöstchen, sein Auskommen, sein Ansehen verlieren. Auch die scheinbar so mächtige Marquise de Pompadour ist eine Gefangene in der großen Menagerie von Versailles.

Der König wirft ihr vor, sie besitze nicht mehr das Feuer, dessen er bedürfe. Sie hingegen empfindet – wohl wegen ihrer Geschlechtskrankheit – Schmerzen beim Liebesakt. Um mehr Lust zu bekommen, versucht sie es mit aphrodisischen Speisen, sie isst Selleriesuppe und Trüffel, Ambra-Schokolade und trinkt diverse Liköre. All das hilft nicht, und der König schläft schließlich nicht mehr bei ihr.

Ihre größte Sorge: dass ihr Gebieter sie verstoßen könnte, ihr den Titel einer regierenden Mätresse entzöge, dass sie Versailles verlassen müsste. Doch das Gegenteil ist der Fall: In jenen Jahren wandelt sich das Verhältnis von Ludwig und Jeanne Antoinette in eine feste, innige Freundschaft, die vielleicht gerade deshalb so vertraut ist, weil das Geschlechtliche außen vor bleibt und sich stattdessen zwei Menschen begegnen, die gute und böse Tage durchlebt und dabei erfahren haben, dass sie sich bedingungslos aufeinander verlassen können.

Die Marquise zieht innerhalb des Schlosses um – und auch das wird in einer höfischen Gesellschaft, in der peinlich darauf geachtet wird, welche »Nähe« im eigentlichen und übertragenen Sinne jemand zum König hat, zu einem Triumph: Die Pompadour bezieht die Gemächer im Erdgeschoss, unter den Räumen des Königs, und das, obwohl die Töchter des Monarchen diese Zimmer für sich in Anspruch genommen hatten. Erneut ein Sieg der Marquise, die im Übrigen ihren Titel einer Maîtresse en titre beibehält, ungeachtet der Tatsache, dass der König ganz offen mit anderen Frauen zärtlich ist. Das sind Äußerlichkeiten, was zählt, sind die Titel und Posten.

Nicht nur in Frankreich, auch im Ausland betrachtet man den gewaltigen Einfluss der Marquise de Pompadour mit Interesse, Staunen oder Abscheu – je nachdem. Der österreichische Graf Wenzel Anton von Kaunitz, damals Botschafter am Hof zu Ver-

sailles, schreibt aus der Distanz des Beobachters: »Die Minister
lassen sie vorher alles wissen, was sie dem König zu sagen haben. Er selbst verlangt es so. [...] Sie hat eine Eigenschaft, die
für die großen Geschäfte besonders geeignet ist: Sie kann die
strengste Verschwiegenheit bewahren. Dadurch hat sie derart
das Vertrauen des Königs erworben, daß er, sobald man ihm
etwas Wichtiges mitgeteilt hat, das Bedürfnis verspürt, sich ihr
anzuvertrauen.«

Porzellan, Encyclopédie und Kupferstich

Jeanne Antoinette de Pompadour ist in jenen Jahren rastlos
tätig, nicht nur auf dem diplomatischen und höfischen Parkett,
sondern auch als Förderin der Künste und als Stifterin. Sie will –
das ersieht man aus ihren vielfältigen Bemühungen – ihren Einfluss nicht nur zu persönlichen Zwecken nutzen, sondern auch
dafür, dass andere einen Nutzen davon haben. So initiiert sie in
Paris die Errichtung einer Königlichen Militärakademie, an der
bis zu fünfhundert Jungen bei freier Kost und Logis unterrichtet
und auf die Militärlaufbahn vorbereitet werden sollen. Sie will
dem ungeheuren Erfolg der Meißner Porzellanmanufaktur
nacheifern und gründet in Sèvres bei Paris eine Produktions-
stätte, die bald zu den berühmtesten Europas zählt. Und sie
kauft in Paris ein Stadtpalais (den heutigen Élysée-Palast, Sitz
des Staatspräsidenten), das sie zu einem Zentrum des Pariser
Salonlebens macht und das Zeitgenossen halb neidisch, halb
despektierlich das »Palais der Königin der Kurtisanen« nennen.
Ihre Schlösser und Häuser lässt die Pompadour mit erlesenem –
und teurem – Geschmack einrichten: Bei Antiquitätenhändlern,
die ihre Waren bis aus Japan, Indien und Persien beziehen, kauft
sie edle Stoffe, Tapeten, allerlei Nippes, Geschirr, Schnitzereien.
Sie ersteht Möbel und Teppiche, Gemälde und Skulpturen, Por-
zellan und wertvolle Gläser, Antikes und eigens in den besten
Manufakturen Frankreichs und Europas Angefertigtes. François
Boucher und Quentin de la Tour porträtieren die Favoritin des

Königs. Sèvres liefert ein eigens für die Pompadour hergestelltes Tafelservice mit Blumensträußchen auf weißem Grund, von dem der Herzog von Croÿ in seinem Tagebuch schwärmt: »Eines der ersten Meisterwerke dieser neuen Porzellanmanufaktur, die den Anspruch hatte, die sächsische zu übertreffen und zu verdrängen. [...] Die Farben und das Weiß kamen mir sehr schön vor und muteten irgendwie japanisch an.« Und: Sie setzt sich für das monumentale Werk der *Encyclopédie* Diderots und d'Alemberts ein, das wegen seines aufklärerischen Geistes mehr als einmal mit der Zensur in Konflikt gerät. Viele bei Hofe sehen in den Enzyklopädisten gottlose, politisch unsichere Aufwiegler, denen man mit Publikationsverbot und Gefängnis begegnen muss. Die gebildete Marquise, die – obwohl Nutznießerin des Systems – im Innersten den Machtklüngel auch ein wenig verachtet, stellt sich jedoch schützend vor die Autoren der *Encyclopédie* und setzt sich beim König dafür ein, dass die Bände unzensiert erscheinen dürfen. Sie selbst erweist sich zeitlebens als Bibliophile, sammelt Belletristik, Dramen, zudem historische Literatur. Bei ihrem Tod umfasst ihre Privatbibliothek rund viertausend Bände, zum Teil wertvolle Erstausgaben des 17. und 18. Jahrhunderts.

Doch es bleibt nicht bei solch »passiver« Vermittlung und Protektion von Kunst und Wissenschaft. Jeanne Antoinette de Pompadour glänzt immer wieder selbst als Schauspielerin, Sängerin und Tänzerin, und sie lässt sich in ihren Kabinetträumen in Versailles eine Graviermaschine installieren, an der sie Halbedelsteine poliert und bearbeitet, und ebenso eine Metallplatte zum Kupferstechen. Bei einem der besten zeitgenössischen Meister des Kupferstichs, Jacques Guay, nimmt sie Unterricht und illustriert selbst Corneilles Tragödie *Rodogune*.

»Drei erlauchte Dirnen«

Trotz all dieser Erfolge und Meriten ist die Position der Pompadour immer wieder gefährdet. Besonders deutlich wird das in der Fastenzeit des Jahres 1751: Der Papst hat ein Heiliges Jahr ausgerufen und fordert die Christenheit zu vertiefter Frömmigkeit und Buße auf. Gefördert wird das mit der Erteilung von Sündenablässen. Die Gruppe der Frommen bei Hofe reibt sich die Hände: Wird der König, der wegen seiner Mätressenwirtschaft in Ehebruch lebt, endlich reuig umkehren? Ludwig, ein zutiefst gläubiger Mensch mit großen Schuldkomplexen, stellt sich seit Längerem die Frage nach dem rechten Lebensweg. Er will zu Ostern die Sakramente empfangen und den päpstlichen Ablass erhalten. Aber seine beiden Beichtväter verweigern ihm die Absolution. Zuerst müsse er sich von seiner Mätresse lösen und sie verstoßen. Der König zeigt sich hartnäckig und wendet sich sogar nach Rom. Doch auch von der dortigen zuständigen Kongregation erhält er die Antwort, dass er erst Vergebung erlangen könne, wenn er sich tatsächlich vom Objekt der Sünde – nämlich der Pompadour – löse. Die Frommen bei Hofe sehen sich bestätigt. Ostern naht. Ganz ungeniert werden sogar Messen für die »Bekehrung« des Königs gelesen. Die Königin gibt sich strengen Bußübungen hin. Die Karwoche verstreicht, ohne dass Ludwig die Pompadour verstoßen hätte. Am Ostersonntag besucht er das Hochamt – und empfängt die Sakramente nicht. Das ist das Zeichen vor dem Hof und der Kirche: Er, Ludwig, König von Gottes Gnaden, verzichtet auf den kirchlichen Ablass von den Sündenstrafen und hält stattdessen hartnäckig zum Sündenleben und treu zur Pompadour! Im Jahr darauf, 1752, ernennt er die Marquise sogar zur Herzogin und erhebt sie somit in den Hochadel.

Die politischen Ambitionen der Pompadour zeigen sich einmal mehr, als sich im Sommer 1755 ein kriegerischer Konflikt zwischen den Erzfeinden England und Frankreich anbahnt. Im fernen Amerika greifen englische Truppen französische Niederlassungen am Sankt-Lorenz-Strom und bei Québec an, und im Jahr darauf wird mit dem Überfall Preußens auf Sachsen ein neuer Krieg losbrechen, den man später den Siebenjährigen nennen wird.

Als in Kanada die ersten Kämpfe toben, befindet sich der

französische Hof zur sommerlichen Erholung in Compiègne: Man frönt der Jagd und dem Spiel, dem Theater und dem Tanz. Am 18. Juli sickern erste Gerüchte durch, die englische Flotte habe die französische angegriffen. Die Marquise de Pompadour nutzt die um sich greifende Angst bei Hofe und stellt die neueste Mätresse des Königs, ihre ehemalige Vertraute Madame d'Estrades, förmlich kalt: Sie überreicht ihr einen Brief, in dem ihr mitgeteilt wird, dass sie ihre Stellung als Hofdame verliere und sich vom Hof entfernen solle. Als das bekannt wird, greift bei den Höflingen die Furcht um sich: Wenn die Pompadour so viel Macht besitzt, selbst die aktuelle Mätresse des Königs kurzerhand zu entlassen, was wird dann noch zu erwarten sein? Der Kriegsminister Pierre Marc d'Argenson, ein erklärter Feind der Pompadour, fürchtet um seinen Posten und erleidet einen Schwächeanfall. Doch der Minister kommt glimpflich davon. Er ist nicht das Ziel der geheimen Aktivitäten, die Jeanne de Pompadour betreibt.

Vielmehr begibt sich die Favoritin in jenen Wochen und Monaten aufs glatte Parkett der Geheimdiplomatie: Sie tritt in Briefkontakt zur österreichischen Kaiserin Maria Theresia. Mittelsmann ist Graf Kaunitz, der einstige Botschafter in Versailles, nun Kanzler von Österreich. Die Kaiserin ist in ernsthafter Bedrängnis: Schlesien, eine der reichsten und fruchtbarsten Provinzen Österreichs, wurde von Preußen in drei Kriegen erobert und annektiert. Nun hat Friedrich von Preußen überraschend Sachsen angegriffen und vollständig besiegt. Böhmen und Österreich liegen weitgehend ungeschützt da. Siegt Preußen in diesem erneuten Krieg, so wird es zur Großmacht in Deutschland und Mitteleuropa werden und Österreich den Rang ablaufen. Die Kaiserin benötigt dringend einen mächtigen Verbündeten. Es ist ein gewagter Gedanke – wohl auf Kaunitz zurückzuführen –, den Erzfeind Frankreich, das bislang mit Preußen verbündet gewesen ist, als neuen Waffenbruder zu gewinnen. Denn man hat beobachtet, dass das freundschaftliche Verhältnis zwischen Ludwig von Frankreich und Friedrich von Preußen abgekühlt ist, auch weil der Preußenkönig sich abschätzig über die

Pompadour als »Ihre Majestät Kotillon [Unterrock]« geäußert hat. Auch die Franzosen fürchten den wachsenden Einfluss der relativ jungen Macht. Kaunitz, der als Botschafter wenige Jahre zuvor die Verhältnisse am Versailler Hof studiert hat, schlägt Maria Theresia vor, die Geheimverhandlungen über die Marquise de Pompadour laufen zu lassen. Maria Theresia, eine strenggläubige Katholikin, findet es wenig schicklich, mit einer in Sünde lebenden Frau in Kontakt zu treten. Aber die Staatsräson verlangt bisweilen ungewöhnliche Mittel. Kaunitz nimmt über den Mittelsmann Georg Adam von Starhemberg Kontakt zur Pompadour auf. Die fühlt sich geschmeichelt, als Geheimdiplomatin zwischen zwei führenden Mächten vermitteln zu können, und unterbreitet dem König vertraulich die Angelegenheit.

Friedrich von Preußen ahnt Schlimmes und versucht seinerseits über einen Sonderbotschafter hinter die Absichten der Pompadour zu gelangen. »Versuchen Sie«, rät Friedrich dem Gesandten, »ihr zu schmeicheln, um zu sehen, ob sie sich gehen läßt und in einer Gemütswallung das sagt, was die Minister aus Weisheit verschweigen.« Doch Friedrich täuscht sich in der Mätresse: Sie ist zu gewieft, als dass sie die Angelegenheit durch Leichtsinn verriete. Der preußische Gesandte schreibt, erzürnt über die Ergebnislosigkeit seiner Bemühungen, seinem König: »Im Staatsrat wird kein einigermaßen wichtiger Entschluß getroffen, weder im Hinblick auf die auswärtigen noch auf die internen Angelegenheiten, wenn sie [die Marquise de Pompadour] vorher nicht unterrichtet oder benachrichtigt worden ist.« Friedrich schäumt vor Wut und zeigt sich in seinem Hass weder galant noch großmütig. In einem selbstverfassten Spottgedicht in französischer Sprache, das er Voltaire schickt, ergießt er sich über Ludwig und die Pompadour: »Euer schwacher Monarch,/Spielzeug der Pompadour,/durch mehr als einen Schandfleck/der Liebe gebrandmarkt/[…]/dieser Sklave spricht, als ob er der Herr wäre!« Und an anderer Stelle lässt sich Friedrich von Preußen zu der Bemerkung hinreißen, seine Kriegsgegnerinnen Kaiserin Maria Theresia, die Zarin Elisabeth und Jeanne Antoinette de Pompadour seien »drei erlauchte Dirnen«.

Nach geheimen Unterredungen und Verhandlungen wird zur Überraschung der anderen Krieg führenden Mächte eine Allianz zwischen Frankreich und Österreich geschlossen. Entscheidenden Anteil daran hatte Jeanne Antoinette de Pompadour. Friedrich ist vor den Kopf gestoßen. Kaunitz schreibt anerkennend: »Es steht fest, daß sie es ist, der wir alles verdanken, und auch, daß sie es ist, von der wir in Zukunft alles erwarten können. Sie will geachtet werden, und sie verdient es tatsächlich.«

Der Krieg, der sieben Jahre dauern wird, weitet sich aus: über fast ganz Europa, ja, über die Welt. Auf der einen Seite stehen Russland, Österreich, Frankreich, Spanien, Schweden und eine Anzahl kleiner deutscher Fürstentümer, auf der anderen Preußen, England, Portugal, Hannover, Braunschweig, Hessen-Kassel und Sachsen-Gotha. Gekämpft wird auf deutschen Schlachtfeldern, aber auch in den französischen Kolonien in Amerika und Indien. Zudem greift die englische Flotte die französische im Mittelmeer, im Atlantik und im Ärmelkanal an. Jeanne Antoinette de Pompadour fühlt sich in jenen Jahren als Patriotin, ja als Heerführerin: Auf Karten verfolgt sie genau die Feldzüge, bespricht mit dem König, mit Ministern und hohen Offizieren die anstehenden militärischen Operationen. Obwohl vielen Männern bei Hofe dieses politische Engagement einer Frau fremd und zuwider ist, fügen sie sich doch. Sie wissen, dass die Favoritin fester denn je im Sattel sitzt und der König rückhaltlos zu ihr steht. Das muss auch der einstige Vertraute der Pompadour Abbé de Bernis erfahren, der unterdessen zum Außenminister emporgerückt ist. Als er sich für einen vorzeitigen Friedensschluss einsetzt, weigert sich die kriegerisch entflammte Mätresse, das Gesuch des Abbés (denn alles wandert über ihren Schreibtisch) an den König weiterzuleiten. Bernis, der die Rache der Marquise fürchtet, gibt klein bei und zerreißt sein Schreiben vor den Augen der Pompadour. Doch diese Selbsterniedrigung rettet ihn politisch nicht mehr: Kurz darauf, am 13. Dezember 1758, entlässt der zürnende König seinen verdienten Außenminister und verbannt ihn in ein Kloster – die Pompadour hat wieder einmal die Fäden gezogen.

Das Kriegsglück ist wechselhaft, nach mehreren vernichtenden Niederlagen scheint Preußen am Ende zu sein. Doch der Tod der Zarin Elisabeth im Januar 1762 zeitigt einen Wechsel in der Allianz: Der neue Zar Peter III. schließt Frieden mit Preußen und geht mit dem bedrängten Friedrich ein Bündnis ein. Preußen kann seine Besitzungen und Eroberungen verteidigen und am 15. Februar 1763 im Frieden zu Hubertusburg den Status quo ante (und damit endgültig den Besitz Schlesiens) festsetzen. Im selben Monat wird in Paris auch der Friede zwischen England, Frankreich und Spanien geschlossen. Frankreich verliert seine Kolonien in Amerika, Afrika und Indien.

Ein grausames Exempel

Der Krieg hat Frankreich geschwächt, ihm die Position einer Weltmacht genommen und seine Staatskasse geleert. Erneut rumort es im Volk, und wieder schiebt man die Schuld auf die verhasste Madame de Pompadour, die als Sündenbock für alles herhalten muss. Auch der König wird zunehmend unbeliebt. Im Januar 1757 hat er das Messerattentat eines unzufriedenen Bürgers überlebt. Der Attentäter François Damiens wird zum Tode verurteilt und am 28. März desselben Jahres in Paris öffentlich hingerichtet, indem man ihn – kaum fassbar in einer Zeit, die sich nach außen aufgeklärt gibt – von sechs Pferden vierteilen lässt. Der Herzog von Croÿ, Augenzeuge der Prozedur, die sich über Stunden hinzieht, schreibt voller Entsetzen und Abscheu:

»Man trieb die Pferde doppelt so kräftig an, ohne ihn zerreißen zu können. Seine grauenvollen Schreie übertönten trotz des Lärms der gewaltigen Zuschauermenge alles. So zogen die Pferde eine Stunde lang an ihm, ohne etwas auszurichten. […] Die Henker, die sich nicht mehr zu helfen wußten, gingen im Rathaus nachfragen. Man beschied ihnen, daß er geviertelt werden müsse. Man begann wieder mit dem stoßweisen Zerren der Pferde. […] Schließlich, nach anderthalb Stunden dieser durch ihre Dauer beispiellosen Qualen, riß zuerst der linke

Schenkel ab. Das Volk klatschte Beifall. [...] Dann riß, durch das Hineinhacken, der andere Schenkel ab. Darauf hieb man in eine Schulter, die schließlich abgetrennt wurde. Das Schreien verstummte nicht, war aber viel schwächer geworden. Der Kopf bewegte sich noch. Dann hackte man den vierten Teil ab, das heißt die andere Schulter. Der Kopf starb erst, als auch er abgeschlagen war und nur noch der Rumpf eingespannt lag.«

Solch grausame Schaustellungen sollen potenzielle Nachahmer abschrecken, dem Volk ein warnendes Beispiel geben und den Pöbel belustigen. Doch die Unzufriedenheit mit dem überzüchteten und überteuerten Hof zu Versailles, dem realitätsfernen Gebaren des Königs und der machtbewussten Mätresse nimmt zu. Die hat – mitten im Krieg und trotz der maroden Finanzverhältnisse des Staates – zwei weitere Schlösser (Ménars und Auvilliers) für den privaten Gebrauch gekauft und zudem den Nießbrauch für Schloss Saint-Ouen erworben. Unterdessen erlässt der König einen Aufruf an die Franzosen, ihr Silber und ihren Schmuck zur Münze zu bringen, um den drohenden Bankrott des Staates abzuwenden. Als im Juni 1763 in Anwesenheit des Hofes ein von Bouchardon geschaffenes Reiterstandbild Ludwigs XV. auf dem Platz vor den Tuilerien eingeweiht werden soll, entdeckt man auf dem Sockel eine Schmiererei: »Lächerliches Denkmal, schändliches Standbild, die Tugenden zu Fuß, das Laster hoch zu Ross.« Aus der Menge erschallen, als der König, seine Familie und die Pompadour erscheinen, Buhrufe.

»Die einzige Ehre, die ich ihr erweisen konnte«

In ihren letzten Jahren muss Jeanne Antoinette, die inzwischen vierzig Jahre alt ist und deren Schönheit zu welken begonnen hat, noch eine bittere persönliche Erfahrung machen: Der König verliebt sich in die zwanzigjährige, schwarzhaarige Anne Coupier, Tochter eines Bürgers aus Grenoble. Die Pompadour verletzt der Umstand, dass Ludwig die junge Frau nicht bei

Hofe unterbringt, sondern in einem Haus des nahen Dorfes Passy, also außerhalb ihrer direkten Kontrolle. Andere Mätressen des Königs mögen Schoßhündchen gewesen sein, aber das Fräulein Coupier, das bald vom König schwanger ist, scheint eine ernsthafte, weil ungewöhnliche Bedrohung ihres freundschaftlichen Verhältnisses zum Monarchen. Jeanne Antoinette de Pompadour befürchtet, der König werde das Kind anerkennen und die Mutter zur Maîtresse en titre erklären. Heimlich lässt die Pompadour Anne Coupiers Haus in Passy durchsuchen, um Briefe, die möglicherweise die Vaterschaft bezeugen, zu entwenden. Am 13. Januar 1762 bringt die junge Frau einen gesunden Knaben zur Welt, der tags darauf in Chaillot bei Paris auf den Namen Louis Aimé de Bourbon getauft wird. Der König erkennt seine Vaterschaft offiziell an und beschenkt Anne Coupier mit einem Adelstitel. Jeanne Antoinette de Pompadour ist in ihrem Innersten getroffen. Sie ist krank, ihre Schönheit welkt, ihre einzige Tochter ist gestorben, sie wird nie vom König ein Kind empfangen, und an ihre Stelle, das ahnt sie, wird eine andere Mätresse treten. Heimlich beobachtet die eifersüchtige Pompadour Anne Coupier und deren Sohn beim Spazierengehen im Bois de Boulogne.

Später, da ist die Pompadour bereits tot, verliert Ludwig jedoch das Interesse an Anne Coupier: Er verbannt sie in ein Kloster und weigert sich, den Sohn, den er als leibliches Kind anerkannt hat, auch mit einem Adelsprivileg zu legitimieren.

Im Februar 1764, die Pompadour ist in ihrem Schloss in Choisy, bekommt sie eine Lungenentzündung. Wann immer seine Verpflichtungen es ermöglichen, kommt der König sie besuchen. Als sich ihr Gesundheitszustand etwas bessert, wagt die Pompadour es, nach Versailles überzusiedeln. Am 7. April erleidet sie einen Rückfall. Ludwig drängt sie, die Sterbesakramente zu empfangen. Sie lässt ihrem geschiedenen Ehemann ausrichten, er möge zu ihr ans Sterbebett kommen, der jedoch lehnt unter dem Vorwand ab, er sei selbst krank. Jeanne Antoinette macht ihr Testament und setzt ihren Bruder Abel Poisson als Alleinerben ein. Sie stirbt am 15. April 1764 im Beisein ihres

Beichtvaters im Schloss von Versailles. Der stets gut unterrichtete Herzog von Croÿ berichtet: »Sie zeigte keinen Kummer darob, aus dem Leben scheiden zu müssen, bewies größte Festigkeit und Seelenruhe und womöglich zu viel. Es heißt immer wieder, daß Frauen gefaßter stürben als Männer.«

Der König ist in ihrer letzten Stunde nicht bei ihr. Das Protokoll verlangt, dass keiner außer dem König im Schloss sterben darf, weswegen man Todkranke normalerweise fortschafft. Für seine Maîtresse en titre jedoch macht Ludwig eine Ausnahme. Als er vom Tod der Pompadour erfährt, zieht er sich in seine Privatgemächer zurück. Die Pompadour soll im Kapuzinerkloster in Paris bestattet werden. Am 17. April verlässt der Trauerzug mit dem Sarg das Schloss. Es stürmt und regnet. Der König steht auf dem Balkon seines Kabinetts und verfolgt trotz des Regens den Zug, bis er nicht mehr zu sehen ist, erst dann zieht er sich wieder in seine Gemächer zurück. Zu seinem Kammerdiener sagt der König: »Das war die einzige Ehre, die ich ihr erweisen konnte.«

5 Clara Zetkin (1857–1933)
Sozialistin, Frauenrechtlerin, Reichstagspräsidentin

Im September 1920 reist eine äußerlich unscheinbare, grauhaarige Frau, die ein dunkles, schlecht geschnittenes Kleid und einen aus der Mode gekommenen monströsen Hut trägt, durch die erst drei Jahre zuvor gegründete Sowjetunion. Das Riesenland hat mit der vom Zarenreich ererbten sozialen und ökonomischen Rückständigkeit zu kämpfen, aber auch mit den Zerstörungen, die Weltkrieg und anschließender Bürgerkrieg hinterlassen haben. In weiten Teilen des Landes herrscht Not. Es fehlt an Nahrung und Energie. Dennoch ist vor allem in den Großstädten ein unbändiger Aufbruchswille zu spüren. Die Herrschaft der Räte, die die Bauern und Arbeiter repräsentieren, ist ein riesiges gesellschaftliches Experiment, auf das in jenen Jahren die westlichen Regierungen, aber auch viele Intellektuelle gebannt schauen, die sich davon nicht nur Gleichheit, sondern auch künstlerische und geistige Freiheit erhoffen. Schriftsteller wie etwa Louis Aragon, André Gide, Annemarie Schwarzenbach, Gustav Regler, Wieland Herzfelde, Balder Olden oder Klaus Mann bereisen in den Zwanziger- und Dreißigerjahren die Sowjetunion – manche kommen skeptisch zurück, andere begeistert. In jedem Fall sind sie von den rasanten industriellen, agrarischen und geistigen Umbrüchen beeindruckt, und noch wird keiner erahnen können, in welch einen mörderischen Gulag sich das Land unter der Herrschaft Josef Stalins verwandeln wird.

In jenem Jahr 1920 ist Wladimir Iljitsch Lenin der Führer und Hüter der sozialistischen Idee. Er hat im Oktober 1917 die siegreiche Revolution angeführt und kennt aus der Zeit seines langen Exils in Westeuropa etliche Genossen. Eine von ihnen ist die 1857 geborene Clara Zetkin, eine der einflussreichsten Repräsentantinnen der sozialistischen Idee, die zu jener Zeit als eine lebende Ikone des Sozialismus verehrt wird. Zudem hat sie sich als Frauenrechtlerin hervorgetan. Sie gilt als unbestechlich und geradlinig. Und obwohl sie nicht nur Freunde und Anhänger hat, nötigt sie sogar den meisten Gegnern Respekt ab.

Von Riga kommend, langt Clara Zetkin am Abend des 21. September 1920 in Petrograd, dem einstigen Sankt Petersburg, an. Am Bahnsteig wartet bereits eine Menschenmenge und begrüßt überschwänglich die berühmte Politikerin aus Deutschland. Tags darauf besucht Clara Zetkin Fabriken und spricht mit und vor Arbeiterinnen und Arbeitern. Am Abend reist sie mit dem Zug weiter nach Moskau. Am Bahnhof angekommen, wird sie erneut von Hunderten Menschen mit Transparenten und Plakaten empfangen. Auch Lenin wartet auf sie und umarmt die Mitkämpferin aus Deutschland. Besonders liegen der deutschen Kommunistin die Arbeiterinnen am Herzen. Für deren Rechte setzt sie sich als Redakteurin, Journalistin und Politikerin seit Jahrzehnten ein. In der Industrieregion von Iwanowo-Wosnessensk spricht Clara Zetkin zu den Arbeiterinnen der Textilindustrie. In der Zeitung *Prawda* erscheint am 2. Oktober 1920 ein Artikel aus ihrer Feder, worin sie das »Bündnis Sowjetrußlands mit Rätedeutschland« preist und behauptet, die Allianz mache »beide proletarischen Staaten unbesiegbar« und erleichtere »unsere Arbeit zur Schaffung einer neuen Wirtschaft und Kultur«. Den größten Triumph feiert sie beim Besuch einer Aufführung im weltberühmten Bolschoi-Theater. Man begrüßt sie als die »angesehenste westliche Revolutionärin und als die treueste Freundin des revolutionären Rußlands und Lenins«. Tausende Arbeiter aus den Fabriken der Hauptstadt sind als Delegierte zu dem Abend eingeladen worden. Als Clara Zetkin den Saal betritt, erheben sich alle und klatschen ihr Beifall.

Es ist äußerlich gesehen vielleicht der Höhepunkt eines langen und mitunter harten, von Kämpfen und Enttäuschungen geprägten Lebens. Clara Zetkin hat nie Macht im Sinne einer Exekutive ausgeübt. Aber sie hatte über Jahrzehnte einen wachsenden moralischen Einfluss auf die sozialistische Bewegung und wechselte dabei – weil sie ihre Überzeugungen nicht verraten wollte – mehrmals das Parteibuch: So wurde aus der Sozialdemokratin eine Unabhängige Sozialdemokratin und schließlich eine Kommunistin. Ihren Überzeugungen blieb sie stets treu, ohne jedoch in ihren Ansichten zu versteinern. Sie war unbequem, gegenüber Freunden wie Gegnern. Und sie konnte gegen politische Feinde unnachsichtig und hart sein, das mussten kurz vor Hitlers Machtübernahme die Nationalsozialisten im Deutschen Reichstag erleben, als die Alterspräsidentin trotz der Beleidigungen und Morddrohungen, die sie im Vorfeld erreicht hatten, vom Rednerpult aus mit dem braunen Pöbel abrechnete.

Arme Weber und junge Russen

Clara Eißner wird am 5. Juli 1857 im sächsischen Dorf Wiederau geboren. Ihr Vater ist Dorflehrer, er ist der Sohn eines armen Tagelöhners. In zweiter Ehe heiratet Eißner Josephine Vitale, die Witwe eines Leipziger Arztes. Sie bringt ein bildungsbürgerliches Bestreben in die Ehe. Zudem zeigt Josephine Eißner Interesse für die frühe Frauenbewegung, die sich zu jener Zeit vor allem in Frankreich und England etabliert. So liest sie die Romane der frühsozialistischen Autorin George Sand und hat auch Kontakt zu den damals als revolutionär geltenden Schriftstellerinnen und Pädagoginnen Louise Otto-Peters und Auguste Schmidt.

Die Anfänge der Frauenbewegung sind zaghaft. Noch haben Frauen in Deutschland weder das aktive noch das passive Wahlrecht. Sie dürfen nicht an politischen Versammlungen teilnehmen und ohne die Einwilligung ihrer Männer keinen Beruf ergreifen. Die sogenannten Frauenvereine, die sich hier und da in den Großstädten gründen, haben eher den Charakter bürgerlicher Zusammenkünfte, bei denen über schöngeistige Literatur gesprochen wird. Zudem protegieren sie die Errichtung von Lehrerinnenseminaren und die Vermittlung von Fremdsprachenkenntnissen. Doch auch der Beruf der Lehrerin – lange Zeit die einzige Möglichkeit für Frauen, einen »geistigen« Beruf zu ergreifen – bleibt in vielen deutschen Ländern bis nach 1900 auf die Volksschulen beschränkt.

Clara Eißner lernt über die Mutter diese zaghaften emanzipatorischen Versuche kennen. Zugleich sieht sie im Dorf die zahlreichen verarmten Weber, die in Heimarbeit ihrem Handwerk nachgehen und immer mehr von der billigeren Industrieproduktion an den Rand der Existenz gedrängt werden – Gerhart Hauptmann hat ihnen in seinem Drama *Die Weber* (1892) ein Denkmal gesetzt. Auch für Clara Eißner scheint der Lehrerinnenberuf der einzige – bescheidene – Ausweg aus der existenziellen Misere zu sein. Auf Betreiben ihrer Mutter besucht sie Auguste Schmidts Lehrerinnenseminar in Leipzig. Dort freundet sie sich mit Warwara an, der Tochter eines russischen Händlers.

1871 wird nach dem Ende des Deutsch-Französischen Kriegs im Spiegelsaal von Versailles das deutsche Kaiserreich ausgerufen. Es folgt – mitfinanziert durch die französischen Reparationszahlungen – ein rapider industrieller Aufschwung (beeinträchtigt nur durch den von Spekulanten verursachten Börsenkrach von 1883), der jedoch auch eine Verschlechterung der ökonomischen und sozialen Bedingungen der Industriearbeiter in den Großstädten mit sich bringt. Dieses »Proletariat« begreift sich zunehmend als eigene Klasse. Der Selbstfindungsprozess wiederum ist hauptsächlich das Werk der Sozialdemokratischen Partei, die von 1878 bis 1890 durch die Sozialistengesetze unter Reichskanzler Bismarck behindert und verfolgt wird, sich jedoch immer mehr als politische Größe durchsetzt und bald auch im Reichstag eine führende Rolle spielt.

Leipzig ist ein Industrie- und Handelsstandort, zudem eine Universitätsstadt, und in diesem spannenden Mit- und Nebeneinander bewegt sich die junge, angehende Lehrerin Clara Eißner. Ihre Freundin Warwara bringt sie mit russischen Studenten in Kontakt, unter ihnen der sieben Jahre ältere Ossip Zetkin. Die russischen Studenten in Westeuropa sind Träger sozialistischer Ideen und vehemente Gegner des zaristischen Regimes. Zetkin macht die junge Frau mit sozialdemokratischen Schriften bekannt und nimmt Clara zu Versammlungen mit, wo sie unter anderen Wilhelm Liebknecht, den Vater Karl Liebknechts, als Redner hört.

Clara Eißner fängt für die sozialistischen Ideen Feuer – wenngleich ihre Vorstellungen und ihre Kenntnisse in der Doktrin noch sehr ungenau und romantisch sind. Die Schulleiterin Auguste Schmidt, selbst für ihre frühemanzipatorischen Ansichten bekannt, ist über die Radikalität dessen, was ihre Schülerin bei den jungen Russen vermittelt bekommt, entsetzt und entzieht der jungen Frau ihre Sympathie. Die jedoch geht den eingeschlagenen Weg weiter: Sie besteht 1876 das Abitur in Leipzig, geht dann auf zwei Jahre nach Dresden ans dortige Lehrerinnenseminar und besteht auch die dortigen Examina. Doch sie hat nicht die Absicht, sich in einer staatlichen Institution den Konventionen zu beugen und indirekt ein System zu stützen, von dem sie sich innerlich mehr und mehr distanziert. Es kommt zum Bruch mit der Mutter. Clara Eißner arbeitet eine Zeit lang als Hauslehrerin bei einem Großgrundbesitzer in Wermsdorf bei Leipzig, danach im Haus eines Fabrikanten in Zschopau.

Auf Einladung ihrer Freundin Warwara verbringt sie einen Winter in Sankt Petersburg – mehr als vierzig Jahre später wird sie dort als hochgeachtete Frauenrechtlerin und Sozialistin Reden vor den Arbeiterinnen und Arbeitern halten. Die Kontakte zu den russischen Sozialisten festigen sich in jenem Winter – wenngleich sich alles nur geheim und im privaten Kreis abspielt. Das Verhältnis zu Ossip Zetkin wird intim. Clara Eißner tritt zu jener Zeit der Sozialistischen Arbeiterpartei Deutschlands bei. Damit entscheidet sie sich für ein Leben in der Illegalität, denn die Aktivitäten der Sozialdemokraten werden damals im Deutschen Reich behindert und zensiert. Das bekommt auch Ossip

Zetkin zu spüren: Da er keinen deutschen Pass besitzt, wird er wegen seiner sozialistischen Aktivitäten des Landes verwiesen. Er kehrt aber nicht nach Russland zurück, sondern wählt das Exil im vergleichsweise liberalen Frankreich. Clara Eißner zieht im Frühjahr 1882 nach Zürich, wieder auf Vermittlung Warwaras. Und wieder steht sie in engem Kontakt zu den im Exil lebenden deutschen und russischen Sozialisten. Sie wird Mitarbeiterin Julius Mottelers, der das in der Schweiz gedruckte Parteiblatt *Der Sozialdemokrat* nach Deutschland schmuggelt und dort durch Verbindungsleute illegal verbreitet. In jener Zeit liest Clara Eißner August Bebels Buch *Die Frau und der Sozialismus* und wird dadurch für die Frauenfrage sensibilisiert. Im Herbst 1882 verlässt sie die Schweiz und fährt nach Paris – ihrer Sehnsucht nach Ossip Zetkin folgend.

Geld und Dreck

Sie beziehen ein möbliertes Zimmer. Am 1. August 1883 kommt der Sohn Maxim zur Welt, 1884 folgt der zweite Sohn Kostja. Doch Clara und Ossip heiraten nie. Das hat praktische Gründe: Sie will ihre deutsche Staatsangehörigkeit nicht verlieren. Dennoch nennt sich Clara ab diesem Zeitpunkt mit dem Nachnamen Zetkin, unter dem sie später bekannt wird. Fünf Jahre lang bringen Ossip und Clara ihre Familie in Paris mühselig durch, sie leben von Übersetzungsarbeiten, Sprachunterricht und journalistischen Aufträgen für sozialistische Blätter. Mehr als einmal stehen sie vor dem Nichts, werden wegen Mietschulden aus der Wohnung geworfen, logieren über Wochen bei Freunden, bevor sie wieder eine bezahlbare Bleibe finden. Die Not der Arbeiter, die Clara Zetkin als Publizistin anprangert, erlebt sie in jenen Jahren am eigenen Leib. »Geld ist zwar Dreck«, schreibt sie 1887 an Karl Kautsky, »aber Dreck ist leider kein Geld.« Trotz ihrer aufreibenden Erwerbsarbeit und der Sorge um die Familie nutzt Clara Zetkin die Pariser Jahre zum autodidaktischen Studium der wichtigsten Werke von Karl

Marx und Friedrich Engels. Sie wird sich auch später in ihren Schriften und Reden als »sattelfest« in den Theorien der sozialistischen Klassiker erweisen.

Die Jahre der Not haben ihren Preis: 1886 erkrankt Clara Zetkin an Tuberkulose. Zur Erholung fährt sie für ein paar Monate nach Leipzig, wo sie alte Weggenossen trifft und frische Verbindungen zu den deutschen Sozialisten knüpft. Im Spätsommer 1886 kehrt sie zu Ossip nach Paris zurück. Der erkrankt kurz darauf an einem Rückenmarksleiden, das die Ärzte nicht diagnostizieren, geschweige denn heilen können. Bald ist Ossip Zetkin gelähmt und ein Pflegefall. Er stirbt nach einem schweren Todeskampf am 29. Januar 1889. Clara Zetkin erinnert sich: »Es war mir, als müsse auch mein Leben still stehen.«

Ihr bleibt nicht viel Zeit für Trauerarbeit. Sie muss sich und die Söhne durchbringen. Weiter beschickt sie die französische Zeitung *Le Socialiste* mit ihren Beiträgen, zudem die österreichische *Gleichheit* und den deutschen *Sozialdemokrat*. Bald tritt sie aus der geschützten Sphäre der Schreibstube heraus: Am 19. Juli 1889 spricht Clara Zetkin auf dem Pariser Sozialistenkongress über die Lage der Arbeiterinnen. Man entdeckt ihr rednerisches Talent. Als im Jahr darauf, 1890, der Reichstag in Berlin die Verlängerung der Sozialistengesetze ablehnt und damit die Sozialdemokraten wieder offen in Deutschland tätig sein können, ist das für Clara Zetkin der Anlass, Paris zu verlassen und nach Deutschland zurückzukehren.

»Die beiden letzten Männer der deutschen Sozialdemokratie«

Bald betraut der in Stuttgart ansässige Verleger Johann Heinrich Wilhelm Dietz die junge Journalistin mit der Redaktion seiner neuen, zweiwöchentlichen Zeitschrift für Frauen *Die Gleichheit* (die ab 1905 als Verbandszeitschrift der SPD herausgegeben wird). Es gelingt ihr innerhalb weniger Jahre aus dem zunächst recht einfach gestalteten Blättchen eine ernstzunehmende, inhaltlich vielseitige Streitschrift zu machen und die Abonnentenzahlen zu vervielfachen (kurz vor Ausbruch des Ersten Weltkriegs hat *Die Gleichheit* 125000 Abonnentinnen). Die rechtlichen Bedingungen für die Teilnahme von Frauen am politischen Geschehen werden nach und nach geschaffen. Ab 1902 dürfen Frauen an politischen Versammlungen teilnehmen. Die Zahl der »Frauenbildungsvereine« nimmt stetig zu. 1907 zählen sie in Deutschland über zehn Millionen Mitglieder, viele davon stehen den Sozialdemokraten nahe. Aber noch immer besitzen Frauen in Deutschland kein Wahlrecht.

Clara Zetkin steht zunächst einem Wahlrecht skeptisch gegenüber, wenn es nicht mit gesellschaftlichen Veränderungen einhergehe. Bereits 1889 schreibt sie: »Das Stimmrecht ohne ökonomische Freiheit ist nicht mehr und nicht weniger als ein Wechsel, der keinen Kurs hat.« Erst langsam setzt sich auch bei den Sozialdemokraten die Einsicht durch, dass ein Frauenwahlrecht zum Programm einer modernen sozialistischen Partei gehören muss. 1895 fordern die – männlichen – Reichstagsabgeordneten der SPD das Frauenwahlrecht, werden jedoch von der Mehrheit der konservativen Parteien abgeschmettert. Clara Zetkin lässt mit ihren Forderungen nicht locker. Sie ist durch die Arbeit in der Redaktion der *Gleichheit* inzwischen so bekannt, dass sie nicht nur als Rednerin zu Parteitagen im Inland, sondern auch zu Kongressen im Ausland – etwa in der Schweiz, in Frankreich und Dänemark – eingeladen wird.

Ziel ihrer Tätigkeit als Redakteurin und Journalistin ist es, die rechtliche und ökonomische Lage der Arbeiterinnen zu verbessern – durch höhere Bildung, verkürzte Arbeitszeiten, gewerkschaftlichen Schutz und ein progressives Arbeitsrecht – und zudem ihr persönliches Bewusstsein von Gleichheit und Freiheit zu stärken. Clara Zetkin nimmt für sich selbst Freiheiten in Anspruch, die in konservativ-bürgerlichen Kreisen tabu sind: Nicht nur betätigt sie sich offen politisch, sie lebt ihre Freiheit auch privat vor. 1896 lernt sie den achtzehn Jahre jüngeren bildenden Künstler Friedrich Zundel kennen. Der große Altersunterschied sorgt für Aufsehen. Zunächst leben sie ohne Trauschein zusammen, 1898 heiraten sie. Clara behält aber ihren »Markennamen« Zetkin bei.

Sie schart in jenen Jahren zahlreiche Anhänger und vor allem Anhängerinnen um sich. Die konservativen Kreise jedoch verbinden mit dem Namen »Zetkin« einen Bürgerschreck. Und selbst in den Reihen der Sozialdemokraten ist manchem Genossen der kämpferische Elan Clara Zetkins unheimlich. So äußert sich 1898 der SPD-Abgeordnete Ignaz Auer auf einem Parteitag der Sozialdemokraten nach einer Rede Clara Zetkins so: »Wenn das das unterdrückte Geschlecht ist, was soll dann einmal werden, wenn das frei und gleichberechtigt ist.«

Clara Zetkin polarisiert. Und sie agitiert, auch gegen die eigene Partei. Recht forsch wirft sie den Genossen immer wieder vor, sich nicht hinlänglich für die Belange der Arbeiterinnen einzusetzen. Aber die Frauenfrage ist nicht das Einzige, was ihr auf den Nägeln brennt: Seit der Agadir-Krise von 1911 reißen die außenpolitischen Provokationen und Spannungen nicht ab. Vieles deutet darauf hin, dass Deutschland unter seinem nassforschen Kaiser und mit seiner verhängnisvollen Bündnispolitik in einen Krieg schlittern wird. Clara Zetkin warnt frühzeitig vor dieser Gefahr – während etliche ihrer Parteigenossen die Augen davor verschließen oder gar ihre eigene nationale und kaisertreue Seite entdecken. 1914 werden alle SPD-Abgeordneten im Reichstag – von Karl Liebknecht abgesehen – den Kriegskrediten zustimmen und so das jahrlange Gemetzel auf den Schlachtfeldern finanziell erst ermöglichen. Als sich bei einem SPD-Kongress Clara Zetkin und die mit ihr befreundete Rosa Luxemburg einmal verspäten (sie sind spazieren gegangen), werden sie von Bebel, Kautsky und anderen Genossen scherzhaft begrüßt, man habe sich Sorgen gemacht und bereits darüber diskutiert, was man, sollte den Frauen etwas zugestoßen sein, auf ihren Grabstein schreiben wolle. Clara Zetkin antwortet daraufhin: »Warum nicht einfach: Hier ruhen die beiden letzten Männer der deutschen Sozialdemokratie?« Vor etlichen ihrer männlichen Mitstreiter hat Clara Zetkin wenig Achtung. Einer Freundin schreibt sie im Jahre 1910: »Du hast keine Ahnung, wie kleinlich empfindlich die Leute ›oben‹ sind. Jede Anregung erscheint ihnen als Zweifel und Kritik an ihrer vermeintlichen Gottähnlichkeit. Ihrer Auffassung nach sollte man nicht selbständig schnaufen. [...] ein Musterstück der Paarung von beschränktem Untertanenverstand und bureaukratischem Dünkel.«

In ihrem missionarischen Eifer kann sie anstrengend, bisweilen auch ungerecht sein. Nicht alle goutieren das, doch sie erhält auch viel Anerkennung. Friedrich Engels erlebt sie auf einem Kongress in Zürich und meint in einem Brief an Laura Lafargue vom 21. August 1893: »Dann Clara Zetkin mit ihrer ungeheuren Schaffenskraft und ihrer leicht hysterischen Begeisterung, aber ich habe sie sehr gern.« Ähnlich anerkennend zeigt sich der Kritiker Alfred Kerr, der sie 1896 auf dem Internationalen Sozialistenkongress in London erlebt: »Das ist die Heldin des Kongresses [...]. Sie verdolmetscht die französischen Kongreßreden in die schwäbische Sprache [Kerr irrt sich; Clara Zetkin hat, das belegen Tondokumente, stark »gesächselt«]. Ich meine: ins Deutsche. Aber mit so viel Temperament, mit so viel Raschheit und Entschiedenheit, daß alles die Bedeutung selbständiger rhetorischer Leistungen gewinnt. [...] Man verliert keinen Augenblick das Bewußtsein, daß sie sehr ernst zu nehmen ist; daß man ein Menschenkind von ungewöhnlicher Leistungskraft vor sich hat. Sie steht in der Sache drin wie keine zweite.«

Es fällt der in jenen Jahren rastlos tätigen Redakteurin und Rednerin, die nach eigenen Angaben täglich bis zu sechzehn und achtzehn Stunden arbeitet, nicht immer leicht, Beruf und Familie unter einen Hut zu bringen. Die Söhne gehen in Stuttgart auf das angesehene Karl-Gymnasium. Mitunter werden sie dort als »Franzosen« gehänselt und als »Söhne der Roten« gebrandmarkt. Aber beide, Maxim und Kostja, sind intelligent und durchsetzungsfähig. Clara Zetkin, die keineswegs glaubensfeindlich eingestellt ist, aber Religion als eine Privatangelegenheit ansieht, aus der sich der Staat heraushalten solle, setzt durch, dass ihre Söhne vom Pflichtfach Religionskunde freigestellt werden.

Friedrich Zundel, der als Porträtmaler arbeitet, unter dem Einfluss seiner Frau aber auch sozialkritische Motive wählt (etwa »Streik«, »Alte spinnende Frau« oder »Der Mäher«), hat zunächst wenig Erfolg, bis er nach 1900 mit Ausstellungen in Paris, Brüssel, Wien und München bekannter wird. Eine Professur an der Münchner Kunstakademie lehnt er ab, wohl mit Rücksicht auf Clara Zetkin. Auch deren finanzielle Verhältnisse bessern sich, zumal ihre Zeitschrift *Die Gleichheit* in jenen Jahren nach 1900 einen immensen Aufschwung erfährt. Im Jahre 1900 können sich die Eheleute einen Lebenstraum erfüllen: In Sillenbuch, damals acht Kilometer außerhalb Stuttgarts, kaufen sie sich ein Haus mit großem Garten. Clara Zetkin wird hier bis Mitte der 1920er-Jahre leben. Es wird ihr Rückzugs- und Erholungsort. Hier empfängt sie zahlreiche Gäste, nicht nur Politiker und Gesinnungsgenossen (unter anderen Lenin), sondern auch Künstler, Literaten, Musiker und Schauspieler. Ihre Vorstellungen von Kunst sind durchaus bürgerlich und wenig revolutionär. Allerdings gesteht sie auch dem »Proletariat« Kunstsinn und Kunstinteresse zu: »Im Proletariat selbst mehren sich die Zeichen, daß es als aufstrebende Klasse nicht bloß Kunst genießend sein will, sondern auch kunstschöpferisch. Das beweisen vor allem die Arbeitersänger und Arbeiterdichter.« Ein nationales Kunstempfinden, wie es nicht zuletzt von Kaiser Wilhelm II. propagiert wird, weist sie hingegen zurück und fordert: »Ich behaupte, daß in den Schulen auch der internationale Kultureinfluß voll zur Auswirkung kommen muß. Volle Entfaltung nationalen Lebens hat nicht zur Voraussetzung Aussperrung von der Kultur anderer Länder. Umgekehrt, sie muß befruchtet werden durch die Kultur der anderen Völker, und je ungehemmter, je stärker und reicher von allen Seiten die besten Kultureinflüsse an das deutsche Kind herabströmen, umso kraftvoller und reicher wird Deutschlands Entwicklung sein.«

Die Jahre in Sillenbuch sind Atempausen in einem aufreibenden Lebenskampf. Doch der große Altersunterschied zwischen

Clara Zetkin und Friedrich Zundel wirkt auf die Dauer belastend. Clara Zetkin altert früh. Bereits mit Ende fünfzig erscheint sie Augenzeugen als alte Frau, weißhaarig, schwer atmend, gebeugt, von schleppenden Bewegungen. Einer Freundin schreibt sie 1917: »Ich bin fast 60 Jahre alt und sehe älter aus als meine Großmutter mit 80.« Das ist auch Folge ihrer angeschlagenen Gesundheit: Sie leidet an Asthma, Tuberkulose, auch lässt seit 1906 ihre Sehkraft stark nach und kann trotz mehrerer Operationen nicht wiederhergestellt werden. In den letzten Lebensjahren ist sie blind und diktiert einer Sekretärin ihre Briefe und Artikel. Freilich trägt auch ihr aufreibendes Engagement zu diesem frühen Verfall bei. Sie schont sich nie und verteidigt ihre Aktivität: »Arbeit ist für mich das Lethe, ist was Champagner oder Fusel für andere ist.« Schonung ist ihr ein Fremdwort. Ihre Arbeit hält sie innerlich aufrecht, verschleißt aber ihre Kräfte. Einzig ihre Disziplin und ihr eiserner Wille ermöglichen es ihr, unvermindert ihren Aktivitäten nachzugehen.

Clara Zetkin setzt sich nicht nur für die Rechte der Frauen ein, sondern auch für eine verbesserte Schulbildung und eine moderne, kindgerechte Pädagogik. Die Schulen im Kaiserreich haben zum Großteil die Funktion, stumpfsinnig Wissen »einzuprügeln« und die Kinder zu gefügigen Untertanen heranzuziehen. Dem widersetzt sich Clara Zetkin in ihren Artikeln und Reden. Auch bei der Erziehung der eignen Söhne versucht sie eine liebende, aufgeschlossene Mutter und Lehrerin zu sein. Sie kritisiert die baulichen und ideologischen Zustände an den Schulen und die personelle und geistige Überforderung der Lehrer: »Die Schulhäuser sollen schöne, gesunde Gebäude sein. [...] die große Überfüllung der Klassen aber bedeutet für den Lehrer die totale Unmöglichkeit, der körperlichen, geistigen und sittlichen Entwicklung des einzelnen Schülers die nötige Aufmerksamkeit zu schenken.« Sie fordert einen einheitlichen, nicht konfessionell gebundenen Schultyp, der Kindern aus allen sozialen Schichten zugänglich sein soll, kostenfreien Unterricht, Unterrichtsmaterial und Schulspeisung und die Erteilung von Sexualunterricht, um »vorzügliche Schutzwälle gegen leibliche und geistige Verirrungen und krankhafte Zustände der jungen Mädchen gegen die mancherlei Gefahren und Last, die an den jungen Mann infolge der überlieferten zweifachen Moral herantreten«, zu schaffen. Nur so könne die soziale Spaltung in Arm und Reich, Oben und Unten überwunden werden, denn Bildung, so erkennt sie richtig, ist der Schlüssel für einen sozialen Aufstieg. Es sind Forderungen, die aktuell geblieben sind.

Verrat am Sozialismus

In den Jahren vor 1914 scheint eine Evolution des bürgerlichen Bewusstseins möglich. Der Ausbruch des Kriegs macht diese Entwicklung zunichte. An ihrer statt tritt ein atavistischer Hass auf alles Fremde und Andersartige, ein Rückzug in die vermeintliche Sicherheit konventioneller Denkschablonen. Der Schock des Krieges sitzt bei den Sozialisten tief. Viele glaubten, die Sozialistische Internationale, die Vereinigung der Arbeiter aller Länder, könne solch eine Katastrophe verhindern. Man rechnete nicht mit den tief in den Menschen verwurzelten atavistischen Begierden, und nicht damit, dass Militär und Schwerindustrie diesen Krieg zur Selbstvergewisserung und zur Gewinnmaximierung benötigen. Noch in der letzten Nummer der *Gleichheit* (sie wird daraufhin von der Zensur verboten und erst nach dem Krieg wieder ins Leben gerufen) appelliert Clara Zetkin kurz vor dem Eintritt Deutschlands in den Krieg: »Verlieren wir keine Minute Zeit. Der Krieg steht vor dem Tor [...]. Das gewaltige Friedensgebot der arbeitenden Massen muß in den Straßen das mordspatriotische Geschrei zum Schweigen bringen.« Doch die Aufrufe und Erklärungen der Sozialistischen Internationale gehen im allgemeinen Kriegsgeschrei unter. Auch viele Frauen stimmen begeistert in den kriegerischen Chor ein. Erst als der erhoffte kurze Feldzug nach Paris sich in einen langwierigen Stellungskrieg wandelt und sich in Deutschland die Versorgungslage immer mehr anspannt, kommen viele Menschen zur Besinnung. Kriegsgegner werden verhaftet, ins Gefängnis gebracht oder unter Hausarrest gestellt. Vereinzelt kommt es zu Pogromen. Etliche Pazifisten gehen ins Ausland, vor allem in die Schweiz, unter ihnen Leonhard Frank und Annette Kolb. Clara Zetkins Haus wird bereits am 2. August 1914 von der Polizei durchsucht. Ihre Korrespondenz wird überwacht. Einmal entgeht sie nur knapp dem Lynchmord: Vor ihrem Haus rotten sich Schläger zusammen, die jedoch von herbeigerufenen kampfbereiten Sozialisten verjagt werden. Entsetzt schreibt Clara Zetkin über die ersten Wochen nach dem Kriegseintritt: »Als der Zusammenbruch kam, meinte ich, wahnsinnig werden oder mich töten zu müssen. Ich war einen Monat lang schwer krank, und noch jetzt geht es mir nicht gut.«

Als Rosa Luxemburg verhaftet und ins Gefängnis gebracht und Karl Liebknecht zu den Soldaten eingezogen wird, reist Clara Zetkin sofort nach Berlin, um die Freunde zu sprechen. Unterdessen versammeln sich Hunderte Frauen vor dem Berliner Reichstag, um gegen die Teuerung und den Krieg zu protestieren. Sie werden von der Polizei verjagt. Clara Zetkins Haus wird im Juli 1915 erneut durchsucht, am 29. Juli wird sie verhaftet – man hat kompromittierende Flugblätter gefunden – und unter Anklage des versuchten Hochverrats ins Gefängnis nach Karlsruhe gebracht. Sie verteidigt sich, sie sei nicht die Autorin des inkriminierten Texts, gibt jedoch zu, an der Verbreitung der Flugblätter beteiligt gewesen zu sein. Erst nachdem ihr Verleger Dietz eine Kaution hinterlegt und ein Arzt in einem Attest auf ihre schwache Gesundheit verwiesen hat, wird sie am 12. Oktober 1915 freigelassen.

Überwachung und Reglementierungen halten bis zum Kriegsende an. Dennoch bleibt Clara Zetkin in Deutschland. Ihre beiden Söhne sind als Soldaten im Krieg. Ihr Mann wird ebenfalls eingezogen, aber als Fahrer beim Roten Kreuz eingesetzt. Der Alltag vergeht vielfach damit, über Land zu fahren und bei den Bauern überteuerte Lebensmittel zu kaufen oder einzutauschen. In das Kriegsjahr 1917 fällt die Trennung von Friedrich Zundel (die Ehe wird erst 1927 geschieden). Ihr sei, so Clara Zetkin, als habe sie »Zundel lebendig begraben« müssen, wie sie ihrer russischen Freundin Jelena Stassowa in einem Brief bekennt. Die Trennung erfolgt nicht mit einem klaren Schnitt. Einige Zeit kämpft Clara Zetkin um ihren Mann und vergisst dabei, dass man einen anderen Menschen nicht besitzen kann. Ihre Freunde sind ratlos. Rosa Luxemburg schreibt an einen Vertrauten: »Das Drama in Sillenbuch hat mir einen schwereren Stoß versetzt, als Sie ahnen, einen Stoß meinem Frieden und meiner Freundschaft. [...] Aber sagen Sie mir, warum soll ich hier nicht mit der *anderen* Seite Mitleid empfinden, die bei lebendigem Leibe geröstet wird und an jedem Tag, den Gott gibt, die sieben Kreise der Danteschen Hölle passieren muß. [...] Aber öffentlich große Worte für ›Freiheit des Individuums‹ donnern und im Privatleben eine Menschenseele aus wahnsinniger Leidenschaft versklaven – ich begreife das nicht und verzeihe es nicht.«

Die sowjetische Utopie

Als im November 1918 das Kaiserreich implodiert und Räterevolten das Land erschüttern, scheint Clara Zetkin eine alte, gebrochene Frau zu sein – gebeugt vom Krieg, von der Not und von ihrem persönlichen Schicksal. Doch ihre große Zeit als Politikerin steht erst noch bevor. In jenen Jahren hat sie sich mehr und mehr von der Sozialdemokratie entfernt. Sie verzeiht den Genossen nicht, dass sie im Spätherbst 1914 im Reichstag für die Bewilligung der Kriegskredite gestimmt haben. Mit Abscheu hat sie in jenem Jahr beobachtet, wie sich etliche Sozialdemokraten zu fanatischen Kriegsbefürwortern entwickelten und dies lauthals kundtaten. Im April 1917 tagen sozialdemokratische Kritiker der offiziellen Parteilinie in Gotha. Sie gründen die Unabhängige Sozialdemokratische Partei Deutschlands (USPD). Clara Zetkin, die aus gesundheitlichen Gründen nicht teilnehmen kann, tritt der neuen Partei jedoch sofort bei und schickt an die Kongressteilnehmer eine Grußbotschaft: »Soweit meine Kräfte reichen, werdet Ihr mich an Eurer Seite finden, wenn Ihr mit grundsätzlicher Klarheit und Schärfe und mit entschiedener Taktik vorwärtsgeht, vom Geist des internationalen Sozialismus erfüllt.« Man erinnert sich der einstigen Redakteurin der *Gleichheit* und überantwortet ihr die Schriftleitung der USPD-Frauenbeilage der *Leipziger Volkszeitung*, was freilich wegen des begrenzten Verbreitungsgebiets kein hinreichender Ersatz ist. In jenem Jahr erschüttern zwei Revolutionen das zaristische Russland: Die Februarrevolution unter dem gemäßigten Sozialisten Alexander Kerenskij, und die kommunistische Oktoberrevolution unter Wladimir Iljitsch Lenin. Clara Zetkin, die seit Jahrzehnten persönliche Bindungen nach Russland hat, ist sofort entflammt. Bereits im Frühjahr 1917 schreibt sie an ihre Freundin Mathilde Jacob: »Alles zieht mich nach Rußland. Unter den Russen habe ich jung meine Heimat gefunden, politisch, menschlich, unter ihnen möchte ich bis ans Ende arbeiten, kämpfen!« Das ist reichlich pathetisch und auch etwas naiv. Aber es spiegelt eine damals unter linken Intellektuellen typische Grundhaltung wider: In die Revolution in Russland wurden viele Projektionen gelegt, und das bis weit in die 1960er-Jahre hinein. Erst nachdem Historiker Gräuel und Völkermord vor allem unter Stalin in ihrer ganzen Bandbreite dargestellt hatten, begann der Mythos vom friedliebenden Arbeiterparadies auch bei den westeuropäischen Linken zu verblassen.

Clara Zetkin empfindet Freude über das Ende der zaristischen Herrschaft, die sie als »Volksgefängnis« brandmarkt, und hofft auf einen Friedensschluss. Am 16. November 1917 schreibt sie: »Der Friede ist in greifbare Nähe gerückt, wenn die heiße Friedenssehnsucht der Völker sich zum bewußten Friedenswillen zusammenballt, der Geschichte macht, wie er sie machen muß.« Und ein andermal: »Mit leidenschaftlichem Interesse, mit angehaltenem Atem verfolge ich die Nachrichten aus Rußland. Dort geht es um der Menschheit große Dinge, dort ist das Leben wert, gelebt zu werden.« Gerne würde sie in jenen Wochen nach Russland reisen, um sich selbst ein Bild von der Lage zu machen. Aber der Krieg verhindert das. Immerhin wird am 3. März 1918 zwischen Russland und den Mittelmächten der

Frieden von Brest-Litowsk geschlossen. Als im November 1918 der deutsche Kaiser abdankt und das Deutsche Reich kapituliert, zugleich Matrosen und Soldaten revoltieren und kurz darauf der Spartakusbund und andere sozialistische Gruppen kommunale und regionale Räteregierungen ausrufen, sind Clara Zetkin und etliche ihrer Freunde und Genossen aktiv und passiv in die sich überstürzenden Ereignisse involviert: In der Woche vom 9. bis 16. November 1918 – der Kaiser hat eben abgedankt – beteiligt sich Clara Zetkin an revolutionären Kundgebungen in Ulm, Göppingen und Stuttgart. Sie spricht vor Kriegsgefangenen und Frauenorganisationen, manchmal hält sie bis zu fünf Reden pro Tag. Auch nimmt sie über ihre Freundin Rosa Luxemburg Kontakt zum Spartakusbund auf und verfasst Artikel für dessen Zeitschrift *Rote Fahne*. Unschlüssig ist sie in jenen Wochen, ob sie in Stuttgart bleiben oder besser nach Berlin kommen und dort die revolutionäre Arbeit unterstützen soll. Am 29. November überträgt man ihr die Redaktion einer achtseitigen Frauenbeilage zur *Roten Fahne*. Unterdessen nehmen die Spannungen zwischen dem Spartakusbund (einer Vereinigung der linken Kräfte innerhalb der USPD) und dem eher konservativen Flügel zu. Ende Dezember 1918 kommt es zur Spaltung des Spartakusbundes von der USPD und zur Gründung der Kommunistischen Partei Deutschlands (KPD). Wieder ist Clara Zetkin wegen Krankheit verhindert, doch schließt sie sich der neuen Partei ebenso wie ihre Freunde Rosa Luxemburg und Karl Liebknecht an. Rosa Luxemburg indes warnt die Freundin vor einer übereilten Fahrt ins revolutionäre Berlin. Am 11. Januar 1919 schreibt sie nach Sillenbuch: »In diesem Trubel und dieser stündlichen Gefahr, Wohnungswechsel, Hatz und Jagd zu leben ist nichts für dich und namentlich gar keine Möglichkeit, ordentlich zu arbeiten und auch nur zu beraten.« Ihre Warnung kommt nicht von ungefähr. Mehrfach werden Rosa Luxemburg und Karl Liebknecht in der rechtsnationalen Presse beleidigt und bedroht. Am 15. Januar werden die beiden von Freikorpskämpfern brutal ermordet. Als die Nachricht nach Stuttgart durchsickert, ist Clara Zetkin zutiefst erschüttert. Aber sie fasst rasch einen Entschluss: »Im Geist der beiden unter den Massen und mit den Massen zu arbeiten und zu kämpfen, darüber zu wachen, dafür zu sorgen, daß der Geist der Gemeuchelten führend bleibt. Das ist Rosas Testament für mich.«

Der Kompromiss der bürgerlichen Republik

Im Frühjahr 1919 konsolidiert sich die nach der in Weimar tagenden verfassungsgebenden Versammlung genannte »Weimarer Republik«. Clara Zetkin tritt aus den Wirren der Straßenrevolution heraus und zieht 1920 als Abgeordnete der KPD in den Reichstag ein. Ihm gehört sie bis 1933 an, seit 1932 ist sie sogar Alterspräsidentin des Parlaments. In der KPD ist sie bald Mitglied des Zentralkomitees.

In ihren letzten dreizehn Lebensjahren arbeitet sie trotz zunehmender Gebrechlichkeit und schwindender Sehkraft innenpolitisch für eine Einheit der zersplitterten sozialistischen Front (und gegen die ihrer Ansicht nach feige Politik der SPD), vor allem aber weiterhin für die Interessen der Arbeiterinnen. Im Dezember 1920 beschließt die Mehrheit der USPD-Abgeordneten, sich mit der KPD zusammenzuschließen. Damit wird die KPD bis zu ihrer Zerschlagung 1933 zu einer wichtigen Kraft im Deutschen Reich, die zwar nie an einer Regierung beteiligt ist, aber doch über ein starkes Gewicht in der Opposition verfügt.

Publizistisch hat Clara Zetkin seit Mai 1919 wieder ein Forum: die von der KPD herausgegebene Zeitschrift *Die Kommunistin*, deren Herausgeberin sie wird. Außenpolitisch sucht sie das Gespräch zwischen der KPD und der Kommunistischen Partei Russlands. Clara Zetkin wird 1921 – in Russland wütet eine Hungersnot, der rund fünf Millionen Menschen zum Opfer fallen – zur Generalsekretärin der Internationalen Arbeiterhilfe ernannt. Sie führt zeitweise einen Briefwechsel mit Lenin und besucht die junge Sowjetunion wiederholt, um sich ein Bild von den gesellschaftlichen und ökonomischen Veränderungen zu machen. Dabei bereist sie nicht nur die Großstädte Petrograd und Moskau, sondern auch abgelegene Republiken im Kaukasus. Auch dort ist sie vom Fortschritt, auch in der Frauenbewegung, angetan, wobei sie sich der Schwierigkeit bewusst ist, moderne emanzipatorische Vorstellungen und patriarchalische, muslimische Traditionen zu vereinbaren: »Leidenschaftlich verlangen sie [die muslimischen Frauen] danach, ihre neue rechtliche Stellung zur Geltung zu bringen. [...] Aber noch wird das Verlangen der meisten erwachten Mohammedanerinnen durch die Macht altersgrauer Vorurteile gebunden. Sie beben davor zurück, fordernd, lernend, aufbauend Seite an Seite mit den Männern in die Öffentlichkeit zu treten.« Beeindruckt ist sie vom Auftritt einer jungen Muslimin in Baku am Kaspischen Meer: Bei einer Diskussion kommt die junge Frau nach vorn auf das Podium. Nachdem man ihr das Wort erteilt hat, nimmt sie ihren Schleier ab. Clara Zetkin schreibt dazu: »Es war das erste Mal, daß sich in Baku eine Mohammedanerin der Öffentlichkeit ohne Schleier zeigte. Die Wirkung war unbeschreiblich. Andere Frauen rissen ihren Schleier weg, der ihr Gesicht verdeckt hatte. Jede von ihnen fühlte sehr wohl, daß dieser Akt der Genossin eine offene Rebellion gegen die Sitten und Dogmen war, welche die Orientfrauen versklavten.«

1921 wird Clara Zetkin in das Exekutivkomitee der Sozialistischen Internationale (EKKI) gewählt und bleibt dort trotz zwischenzeitlicher Anfeindungen bis zu ihrem Tod. Ihre Auftritte bei Kongressen der Sozialistischen Internationale gleichen Triumphzügen. Die Geheimdienste mancher Staaten versuchen indes, die als gefährlich eingestufte Agitatorin »abzufangen«: Als 1920 in Tours in Frankreich ein Kongress der Sozialistischen Internationale stattfindet, hat die Polizei Anweisung, die deutsche Rednerin gleich auf dem Ostbahnhof in Paris zu verhaften. Die jedoch kommt wie durch ein Wunder, ohne dass sie sich Gedanken über ihre Bespitzelung macht, durch: »Ich war nicht verkleidet; ich trug das Kleid und den Hut, wie ich sie üblicherweise trage und woran man mich erkennen kann. Ich habe den Bahnhofsplatz überquert, ganz ruhig wie eine ordentliche Bürgersfrau, ich bin in ein Taxi gestiegen. Unglücklicherweise waren die Genossen, zu denen ich fuhr, nicht da. Das hat die Situation verkompliziert und sie wurde noch komplizierter, als es galt, nach Tours zu fahren und von dort zurückzukehren. Ich wurde bei einem Genossen in Paris versteckt, und bin unbehindert wieder abgereist, zur großen Wut der Sûreté [Geheimpolizei].«

Bei einem sozialistischen Kongress in Mailand im Oktober 1921 hat die Polizei Instruktion, Clara Zetkin beim Verlassen des Gebäudes festzunehmen. Eine alte, weißhaarige Frau mit dunkler Brille verlässt schließlich das Haus und steigt mühsam in ein Taxi. Kurz darauf wird das Taxi von der Polizei angehalten: Im Fond sitzt eine junge Frau, neben ihr liegt eine Perücke. Unterdessen hat man die wahre Clara Zetkin über einen Notausgang aus dem Kongressgebäude geschafft und sicher bei Freunden versteckt. Dort, in ihrem »Mauseloch«, wie sie schreibt, muss sie mehrere Tage ausharren, bis die Polizei die Suchaktion abbricht. Danach geht es relativ einfach über die italienisch-schweizerische Grenze. Doch die Grenze nach Deutschland kann sie nur illegal überqueren, nachts, zu Fuß über Äcker und durch Sumpfwiesen, »schließlich durch einen Fluß, das Wasser stieg uns manchmal bis an die Knie«. Selbst das Leben als Reichstagsabgeordnete und international bekannte Sozialistin hat mitunter noch etwas von abenteuerlicher »Romantik«. Weniger romantisch als vielmehr demütigend gestaltet sich eine Fahrt durch Lettland auf dem Weg nach Moskau im Juni 1921: In Riga wird die alte Frau unter Arrest gestellt und durchsucht, wobei sie sich sogar entkleiden muss. Erst auf Protest ihres Sohnes Maxim hin, der sie begleitet, wird sie freigelassen und kann ihre Reise fortsetzen.

Widerstand gegen Stalin

Nicht immer ist ihr Verhältnis zur KPD und zur Sozialistischen Internationale ungetrübt. Im März 1921 hat die Führung der Vereinigten Kommunistischen Partei Deutschlands beschlossen, in der Gegend von Halle-Mansfeld, einer Industrieregion mit breiter kommunistischer Anhängerschaft, die sogenannte »Märzaktion« zu starten, eine bewaffnete Revolte. Weil sie sich mit dieser Aktion nicht einverstanden erklärt, tritt Clara Zetkin gemeinsam mit anderen Gleichgesinnten von der Führungsposition zurück. Die »Märzaktion« indes wird von Regierungstruppen niedergeschlagen. Statt jedoch zu einer Klärung in der Partei beizutragen, sucht man Sündenböcke und glaubt in Clara Zetkin einen zu finden. Sie wird von einzelnen Parteimitgliedern sogar aufgefordert, aus der Partei auszutreten. Sie wehrt sich vehement: »Meine Ehre beruht auf meiner Arbeit und meinem Kampf für die Revolution. Sie kann mir so wenig gegeben werden durch das Lob, wie genommen werden durch den Tadel der Exekutive.« Unterdessen gelingt es ihr auf einer Russlandreise im Sommer 1921, Lenin dazu zu bewegen, sich öffentlich von der »Offensivtheorie«, die zur »Märzaktion« führte, zu distanzieren. Damit ist Clara Zetkins Ruf wiederhergestellt, ihr Stand in der Partei bleibt indes schwierig, die Zahl ihrer Gegner nimmt in den nächsten Jahren zu.

Ihr Vorbild, Freund und mächtiger Beschützer Lenin stirbt im Januar 1924. In der Sowjetunion übernimmt Stalin die Macht. Dadurch wird auch Clara Zetkins Position im EKKI geschwächt. Ihr Verhältnis zu Stalin ist kritisch bis angespannt. Obgleich Stalins Terrorregime erst in den Dreißigerjahren totalitäre Ausmaße annimmt, warnen sensible Beobachter bereits in den Zwanzigerjahren vor seinem Machthunger und seiner Gewissenlosigkeit. Das wird im Jahre 1928 deutlich, als innerhalb der KPD ein Machtkampf entbrennt. Ein Genosse, der dem Parteivorsitzenden Ernst Thälmann nahesteht, wird der Veruntreuung von Parteigeldern überführt. Daraufhin enthebt das Zentralkomitee Thälmann seiner Funktionen. Sofort schaltet sich im fernen Moskau Stalin ein, der Thälmann protegiert. Er erreicht über das Exekutivkomitee der Komintern, dass Thälmann rehabilitiert und das Zentralkomitee der KPD abgemahnt wird. Eine Delegation der KPD, die nach Moskau zitiert worden ist, protestiert heftig gegen diese Entscheidung – vergebens. In Berlin macht sich Thälmann inzwischen daran, seine Parteigegner »ab-zusägen«, mehrere altgediente Parteigenossen werden auf seinen Druck hin ausgeschlossen. Clara Zetkin protestiert in einem Brief gegen dieses Gebaren und fordert im Gegenzug, das Vorstandsmitglied Heinz Neumann abzuberufen, den sie für die Spaltung und Radikalisierung verantwortlich macht. Doch die Entscheidung darüber liegt in Moskau bei der Komintern, die in diesen Jahren statt von »internationaler Brüderlichkeit« immer mehr von autoritärer Alleinherrschaft bestimmt ist. Am 19. Dezember tagt das Exekutivkomitee in Moskau in Anwesenheit Stalins, der sich unmissverständlich drohend gegen das Verhalten der »Rechten« und »Versöhnler« in der KPD stellt. Clara Zetkin protestiert gemeinsam mit zwei anderen Genossen gegen Stalin – vergebens. Sie stimmt gegen den Ausschluss ihrer Parteifreunde – auch das vergebens. Der übermächtige Stalin hat den kommunistischen Führern gezeigt, dass er ihnen seinen Willen aufzwingen kann. Clara Zetkin ist bitter enttäuscht. Ihrer Freundin Rosa Grimm gesteht sie am 23. Dezember 1928: »Ich wähnte, Lenins Tod sei der Gipfel schmerzlichen Erlebens, aber das hat noch kein Ende.« Der Internationalen fehle es »schrecklich an charaktervollen Menschen«. Dennoch oder gerade deswegen bleibt sie in der Partei und setzt sich weiter für ihre sozialistischen Ideale ein.

Abrechnung im Reichstag

Dieser Einsatz, so ihre Überzeugung, ist nötiger denn je: 1929 stürzt die Weltwirtschaftskrise auch Deutschland ins soziale Desaster. Immer mehr Menschen wenden sich den billigen Versprechen der Nationalsozialisten zu, die wiederum gegen die Linken schüren und mit den Schlägertrupps der SA die Straße für sich zu gewinnen trachten. Clara Zetkin beobachtet die Entwicklung mit großer Sorge und hofft noch immer auf einen politischen Schulterschluss der sozialistischen Parteien gegen die Nationalsozialisten. Nur mit größter Mühe kann sie in jenen

Jahren noch lesen und schreiben oder gar öffentliche Auftritte absolvieren. Doch sie lässt es sich nicht nehmen, am 30. August 1932 als Alterspräsidentin im Berliner Reichstag die Eröffnungsrede zu halten, obwohl sie in den Tagen zuvor auf rüdeste Weise von der NS-Presse als »Sau« und »Moskowiterin« beschimpft und bedroht worden ist. Von Moskau kommend, wo sie sich in jenen Jahren immer wieder bei Freunden oder in einem Sanatorium unweit der russischen Hauptstadt aufhält, fährt sie Ende August nach Küstrin an der Oder. Es ist für sie bereits zu gefährlich, mit dem Zug bis nach Berlin zu fahren, da man fürchtet, sie könnte von Schlägertrupps abgefangen und getötet werden. So wird sie mit dem Auto von Küstrin nach Berlin gebracht und inkognito bei Freunden einquartiert. Am 30. August wird sie in den Reichstag geschleust, wo die Abgeordneten der NSDAP bereits dominieren. Zwei kommunistische Volksvertreter helfen der alten, fast blinden Frau auf das Podium. Mutig und mit fester Stimme hält Clara Zetkin eine Kampfrede gegen den Faschismus und wirbt für die Ideale des Sozialismus:

»Der Reichstag tritt in einer Situation zusammen, in der die Krise des zusammenbrechenden Kapitalismus die breitesten werktätigen Massen Deutschlands mit einem Hagel furchtbarster Leiden überschüttet. Zu den Millionen Arbeitslosen, die mit den Bettelpfennigen der sozialen Unterstützung oder auch ohne sie hungern, werden im Herbst und im Winter neue Millionen stoßen. [...] Die politische Macht hat zur Stunde in Deutschland ein Präsidialkabinett an sich gerissen, das unter Ausschaltung des Reichstags gebildet wurde und das der Handlanger des vertrusteten Monopolkapitals und des Großagrariertums und dessen treibende Kraft die Reichswehrgeneralität ist. [...] Schwerstens belastet ist das Schuldkonto des Präsidialkabinetts durch die Morde der letzten Wochen, für die es die volle Verantwortung trägt durch die Aufhebung des Uniformverbots für die nationalsozialistischen Sturmabteilungen und durch die offene Begönnerung der faschistischen Bürgerkriegstruppen. [...] Ehe der Reichstag Stellung nehmen kann zu Einzelaufgaben der Stunde, muß er seine zentrale Pflicht erkannt und erfüllt haben:

Sturz der Reichsregierung, die den Reichstag durch Verfassungsbruch vollständig zu beseitigen versucht. [...] In diesem Kampf gilt es zunächst und vor allem, den Faschismus niederzuringen, der mit Blut und Eisen alle klassenmäßigen Lebensäußerungen der Werktätigen vernichten soll, in der klaren Erkenntnis unserer Feinde, daß die Stärke des Proletariats am allerwenigsten von Parlamentssitzen abhängt, vielmehr verankert ist in seinen politischen, gewerkschaftlichen und kulturellen Organisationen. [...] Die Selbstbehauptung der Werktätigen gegen den Faschismus ist die nächste unerläßliche Voraussetzung für die Einheitsfront im Kampfe gegen Krise, imperialistische Kriege und ihre Ursache, die kapitalistische Produktionsweise. Die Auflehnung von Millionen werktätiger Männer und Frauen in Deutschland gegen Hunger, Entrechtung, faschistischen Mord und imperialistische Kriege ist ein Ausdruck der unzerstörbaren Schicksalsgemeinschaft der Schaffenden der ganzen Welt. [...]

Ich eröffne den Reichstag in Erfüllung meiner Pflicht als Alterspräsidentin und in der Hoffnung, trotz meiner jetzigen Invalidität das Glück zu erleben, als Alterspräsidentin den ersten Rätekongreß Sowjetdeutschlands zu eröffnen.«

Nach Beendigung ihrer Rede übergibt sie das Amt des Reichstagspräsidenten an den eben mit großer Mehrheit gewählten Hermann Göring. In Begleitung Maxims verlässt sie daraufhin das Gebäude. Wenig später kehrt sie nach Moskau zurück.

Sie muss indes aus dem Exil noch miterleben, wie Hitler am 30. Januar 1933 an die Macht kommt und in den folgenden Monaten die bürgerlichen Rechte aushebelt, den Reichstag auflöst, die freie Presse knebelt und oppositionelle Verbände und Parteien verbietet. Bei der letzten Reichstagswahl vom 5. März 1933 erlangt die NSDAP 288 Mandate, die KPD 81, die SPD 120, das Zentrum 73. Noch vor der ersten Sitzung des neuen Reichstags werden die Stimmen für die KPD annulliert. Am 23. März stimmen NSDAP und Zentrum mit der erforderlichen Zweidrittelmehrheit (und gegen die SPD) für das sogenannte Ermächtigungsgesetz, das alle Parteien außer der NSDAP verbietet und den Reichstag als parlamentarische Instanz bedeutungslos macht.

Clara Zetkin stirbt am 20. Juni 1933 in Archangelskoje bei Moskau. Ihr Leichnam wird in Moskau im Haus der Gewerkschaften aufgebahrt. Rund 400 000 Bürgerinnen und Bürger nehmen Abschied von der großen sozialistischen Kämpferin. Ihre Urne wird zwei Tage später an der Kremlmauer beigesetzt – es ist die höchste Ehre, die der sowjetische Staat einem Bürger verleiht.

6 Eleanor Roosevelt (1884–1962)
»First Lady of the World«

In der *Washington Post* war nach dem Zweiten Weltkrieg ein Cartoon abgedruckt: Darauf zu sehen sind zwei Einwanderer, Mutter und Sohn, die auf einem Schiff eben die Freiheitsstatue vor New York passieren. Der kleine Junge sagt zu seiner Mutter: »Natürlich weiß ich, wer das ist: Es ist Mrs. Roosevelt.« Der Bilderwitz veranschaulichte pointiert, welchen Stellenwert und Bekanntheitsgrad Eleanor Roosevelt, Witwe des amerikanischen Präsidenten Franklin D. Roosevelt, in Amerika und der ganzen Welt besaß. Sie war weit mehr als »nur« die Frau eines amerikanischen Präsidenten. Sie war als erste First Lady im Weißen Haus aus dem Schatten ihres Mannes hervorgetreten, mit eigenen Pressekonferenzen, eigenem Betätigungsfeld, eigener Öffentlichkeitsarbeit. Sie war vor, während und nach der zwölfjährigen Amtszeit ihres Mannes politisch, pädagogisch und sozial engagiert, nicht zuletzt als Funktionärin der Vereinten Nationen. Zwölf Jahre lang war sie First Lady der Vereinigten Staaten von Amerika, und war in jener Zeit genauso beliebt wie ihr Mann. Doch erst nach seinem überraschenden Tod im April 1945 wurde sie zur übernationalen Kultfigur, die sich für die Rechte von Frauen, Farbigen und die Menschenrechte in der Welt einsetzte. Sie wurde als »First Lady of the World« bezeichnet – und dass sie am Nimbus der Freiheitsstatue gemessen wurde, war keineswegs nur der Einfall eines Cartoonisten.

Eleanor Roosevelt gehörte der amerikanischen Upperclass an, Vater und Mutter entstammten zweien der angesehensten und reichsten Familien New Yorks. Doch anders, als zu erwarten, war der Lebensweg Eleanor Roosevelts keineswegs geradlinig, einfach und vorgeebnet. Vielmehr hatte sie mit Verlusten, Ängsten, Traumata und einem zeitlebens schwachen Selbstbewusstsein zu kämpfen. Dass es ihr gelang, aus dem Schatten ihrer Ängste, den Beschränkungen von Gesellschaft, Geschlechterrolle und Ehe herauszutreten und zur international respektierten, einflussreichen Verfechterin der Menschenrechte zu werden, zeugt von ihrem eisernen Willen und ihrem Sendungsbewusstsein.

Ein unglückliches Kind der Upperclass

Anna Eleanor Roosevelt wird am 11. Oktober 1884 als erstes Kind von Elliott Roosevelt und seiner Frau Anna, geborene Hall, in New York geboren. Kein Geringerer als Theodore Roosevelt, der spätere US-Präsident, übernimmt die Patenschaft für seine Nichte Anna Eleanor (die gemeinhin nur bei ihrem zweiten Vornamen gerufen wird). Die Hochzeit ihrer Eltern Elliott und Anna im Jahr zuvor war *das* Ereignis der Saison: Siebenhundert geladene Gäste waren in der New Yorker Calvary Church anwesend, zudem die Presse, die groß über das Event berichtete. Beide Brautleute sind typische Vertreter ihrer Klasse: von der eigenen Bedeutung überzeugt und von Ennui (Langeweile) – der Krankheit des 19. Jahrhunderts – und Snobismus durchdrungen. Nach Eleanor kommen noch zwei Kinder zur Welt, die Söhne Elliott jr. und Gracie. Die drei Geschwister werden von Gouvernanten erzogen. In der Upperclass hat man weder mit Berufstätigkeit noch mit Haushalt oder gar mit Kindererziehung groß zu tun. Pflichten werden delegiert, der ererbte Reichtum erlaubt ein großzügiges Leben von den Zinsen. Vater Elliott verbringt seine Zeit auf der Jagd, beim Polospiel und bei Pferderennen.

Eleanors Kindheit ist trotz dieses materiellen Überflusses und der Verhätschelung durch die Kindermädchen alles andere als glücklich. Einsamkeit durchzieht als traumatisierende Erfahrung die ersten Lebensjahre. Die Eltern sind wiederholt in Europa unterwegs, Eleanor, die Angst vor Schiffen hat, wird in New York zurückgelassen. Auch als die Familie nach Long Island umzieht, bleibt das Gefühl der Verlassenheit. Vater Elliott verfällt dem Alkohol und nimmt nach einem Knöchelbruch ungehemmt Morphium. 1889 reist die Familie erneut nach Europa, diesmal ist auch Eleanor mit von der Partie. Doch die Reise steht unter dem Schatten von Elliott Roosevelts Trunksucht. In Österreich muss er sich in eine Klinik begeben. Zudem erfährt seine Frau Anna, dass eine frühere Bedienstete der Familie, Katy Mann, vom Hausherrn schwanger ist. Der Ehesegen hängt schief, und statt sich der Tochter Eleanor vermehrt anzunehmen, schicken die Eltern sie in ein Klosterinternat in der Nähe von Paris. Nach ein paar Monaten reist die Familie zurück nach New York, und Mutter Anna versucht nun, sich intensiver um Eleanor zu kümmern. Doch statt spontaner mütterlicher Wärme und Liebe besteht die Zuwendung nur aus täglichen Vorlesestunden zu festgesetzter Zeit. Tatsächliche Hinwendung erfahren Eleanor und ihre Brüder allenfalls durch die Patentante Susie Parish.

Schwere Schicksalsschläge verdüstern Eleanors Kindheit: 1892 stirbt Anna Roosevelt mit nur neunundzwanzig Jahren an Diphtherie. Im Jahr darauf erliegt Eleanors Bruder Elliott mit gerade vier Jahren dieser heimtückischen Krankheit. Eleanor und Gracie werden zur Großmutter mütterlicherseits geschickt, die ein düsteres Haus in Manhattan bewohnt. Die erzieht das inzwischen achtjährige Mädchen nach ihren altmodischen Vorstellungen. Zeitgenossen berichten, Eleanor habe damals altbacken und altklug gewirkt, wie eine Greisin, aber keineswegs wie ein lebensneugieriges Kind. Nach dem Tod des Bruders hatte das achtjährige Mädchen dem Vater einen »Trostbrief« geschrieben: »Wir müssen fröhlich sein und Gottes Willen tun und müssen anderen, die das auch tun, Beifall spenden.«

Vater Elliott verfällt vollends der Trunksucht und stirbt ein Jahr darauf, im August 1894, im Delirium tremens. Eleanor, nun Vollwaise, ist in ihrer eigenen Traumwelt gefangen – wohl eine unbewusste Schutzreaktion. Später erinnert sie sich: »Ich begann den nächsten Tag, indem ich wie gewöhnlich in meiner Traumwelt lebte [...], allerdings wohl tiefer, als ich es tat, als Vater noch lebte.« Doch die seelischen Verletzungen sind nur mühselig überdeckt, bald kommen die alten Ängste wieder zutage. »Wenn ich zurückblicke«, so Eleanor Roosevelt später, »sehe ich, dass ich immer Angst vor etwas hatte: vor der Dunkelheit, vor unangenehmen Menschen, vor dem Scheitern. Alles was ich erreichte, musste über eine Hemmschwelle der Furcht gebracht werden.«

Der Familienrat hat ein Einsehen, dass das düstere Haus der Großmutter nicht der geeignete Ort für ein junges Mädchen ist: So schickt man Eleanor 1899 auf eine Privatschule in der Nähe von London. Die »Allenswood Academy« wird von der Französin Marie Souvestre geleitet. Die Angehörigen vermuten in Madame Souvestres Institution eine traditionelle Lehranstalt für Töchter höherer Kreise. Was sie nicht ahnen: Die Schulleiterin hat eine Neigung zu Frauen, und sie hegt deutlich feministische Ansichten. Die Erziehung in der Privatakademie hat einen höchst unkonventionellen Charakter: Die Schülerinnen, die erheblich für Madame Souvestre schwärmen, werden dazu angehalten, ihren eigenen Verstand zu gebrauchen, zu fragen und zu hinterfragen. Die damals moderne Literatur wird gelesen und besprochen (obgleich Romane als Quelle moralischer Gefährdung angesehen werden). Für Eleanor Roosevelt öffnet sich der Horizont: Sie lernt viel über ihr eigenes, verschüttetes Wesen, und sie entwickelt einen offenen, vorurteilsfreien, kritischen Blick auf ihre Umwelt. Erste Liebesgefühle werden wach, sind aber noch recht diffus. Erst später wird Eleanor bisexuell leben und lieben.

Eleanor Roosevelt wird die erklärte Lieblingsschülerin von Marie Souvestre. Gemeinsam unternehmen sie eine Reise auf das europäische Festland. »Reisen mit Mademoiselle Souvestre«, so Eleanor Roosevelt schwärmerisch, »war eine Offenbarung. Sie tat all die Dinge, die man immer schon in unbestimmter Weise gern getan hätte.«

Doch der Traum von Freiheit platzt: 1902 holt die Familie die nunmehr siebzehnjährige Eleanor zurück nach New York. Sie ist im heiratsfähigen Alter und soll als »Debütantin der Saison« eingeführt werden. Eleanor lehnt sich auf. »Ich habe kein richtiges Zuhause«, klagt sie in einem Brief an eine Tante. Doch nach den Vorstellungen der Familie soll sie nicht glücklich werden, sondern repräsentieren und am besten den Reichtum und das Ansehen der Familie durch eine standesgemäße Heirat mehren. Darin unterscheidet sich der Geldadel Amerikas in keiner Weise von dem Erbadel Europas. Die Einführung in die Society fällt nach Eleanor Roosevelts Erinnerung mittelmäßig aus: »Ich stelle mir vor, dass ich gut gekleidet war, aber es gab absolut nichts an mir, das irgendjemandes Aufmerksamkeit hätte erregen können.« Der tief eingepflanzte Mangel an Selbstvertrauen kommt trotz der Jahre in England wieder zutage. Immerhin beginnt Eleanor Roosevelt – gegen den Widerstand der Familie –, in einer sozialen Einrichtung für junge Menschen aus minderbemittelten Familien der New Yorker East Side Tanzen zu unterrichten. Im Kontakt mit den Schülerinnen öffnen sich der jungen Frau aus höheren Kreisen die Augen: »Mir war nie der Gedanke gekommen, dass die Mädchen, die den ganzen Tag hinter einer Ladentheke stehen, davon müde werden könnten. Ich wusste nicht, dass es in den Kleidungsfabriken sanitäre Einrichtungen geben sollte, eine Entlüftung oder Waschmöglichkeiten.«

1901 wird für den Clan der Roosevelts ein bedeutsames Jahr: Nach einem tödlichen Attentat auf US-Präsident William McKinley rückt der bisherige Vizepräsident Theodore Roosevelt an die Spitze des Staates. Damit wird der Druck auf die junge Eleanor noch größer, einen Mann zu heiraten, der den Vorstellungen und Erwartungen der Familie entspricht. Im Jahre 1903 lernt sie den entfernten Cousin Franklin Delano Roosevelt kennen. Der zwei Jahre Ältere studiert Jura an der Harvard University. Die beiden verlieben sich. Sie führen heimlich eine Korrespondenz. Als die Romanze ans Licht kommt, reagiert die Familie mit Ablehnung. Vor allem Franklins herrschsüchtige Mutter Sara – sie ist verwitwet – will ihren Sohn nicht an Eleanor hergeben. Sie nimmt ihn auf eine Karibikfahrt mit und hofft, dass sich die Affäre in Luft auflöst. Doch weder Franklins noch Eleanors Gefühle erkalten. Schließlich erzwingen sie die Hochzeit. Am 17. März 1905 findet die Trauung statt. Präsident Theodore Roosevelt, der eine besondere Zuneigung für Eleanor hegt, hat für die Zeremonie zunächst das Weiße Haus vorgeschlagen, aber das Paar verzichtet auf dieses großzügige und unangemessene Angebot. Die Hochzeitsreise führt nach Europa. Zurück in New York, bezieht das junge Paar ein von Sara Roosevelt bereitgestelltes Haus in Hyde Park am Hudson River, in bester Lage. Von Anfang an stehen die Eheleute unter der Ägide von Franklins eifersüchtiger Mutter, die das benachbarte Haus bewohnt und durch eine Verbindungstür engen Kontakt zu Sohn und Schwiegertochter sucht. Den Sohn will sie weiterhin in knechtischer Liebe an sich ketten, die Schwiegertochter in herrschsüchtiger Abhängigkeit halten. Franklin und Eleanor leiden unter den Verhältnissen, sind aber finanziell auf Sara und den Clan angewiesen. Eleanor Roosevelt erinnert sich: »Ich wollte nicht in einem Haus leben, das in keinster Weise meines war, ein Haus, für das ich nichts getan hatte und das nicht die Art und Weise repräsentierte, wie zu leben ich mir wünschte.« Doch über die Jahre hin bleibt der Konflikt ungelöst, auch weil Franklin D. Roosevelt eine Auseinandersetzung mit seiner Mutter scheut und es lieber seiner Frau überlässt, die Konsequenzen zu tragen. In rascher Folge kommen von 1906 bis 1916 sechs Kinder – eine Tochter und fünf Söhne – zur Welt (einer der Söhne stirbt allerdings nach acht Monaten). Sara Roosevelt will auch über die Enkel herrschen und trichtert ihnen ein: »Eure Mutter hat euch nur ausgetragen, ich bin mehr eure Mutter, als eure Mutter es ist.«

Eleanors Verhältnis zu ihrer eigenen Familie ist gespalten. Einerseits liebt sie ihren Mann, andererseits liegt ihr an geschlechtlicher Liebe nach eigener Aussage nichts. Sie liebt ihre Kinder und reagiert gekränkt auf die Versuche der Schwiegermutter, ihr diese abspenstig zu machen. Andererseits hat sie selbst wenig für Kindererziehung übrig. »Es lag nicht in meiner Natur«, bekennt sie später, »kleine Kinder zu verstehen oder Freude an ihnen zu empfinden.« In dieser Diskrepanz lebt sie, und sie leidet darunter, weiß sie doch, dass sie den gesellschaftlichen Konventionen nicht entspricht. Dennoch findet sie nicht die Kraft, eigene Wege zu beschreiten. Weiterhin ist sie von Sara Roosevelts Wohlwollen und deren Bankkonto abhängig – und aus Bequemlichkeit und Gewöhnung lehnt sie sich nicht auf. So lässt sie sich von ihrer Schwiegermutter im Jahre 1909 auch ein Cottage auf der kanadischen Insel Campobello vor der Küste von Maine kaufen und einrichten. Dort verbringt sie mit ihren Kindern die Sommermonate – abgeschieden und in heilsamer Distanz zu Sara Roosevelt.

Franklin D. Roosevelts persönliches Vorbild ist über all die Jahre der Onkel Theodore, auch nach dessen Ausscheiden aus dem Amt des US-Präsidenten im Jahre 1909. Anders als der Onkel, der Mitglied der Republikaner ist, tritt Franklin jedoch der Demokratischen Partei bei. 1910 wird er als Abgeordneter des Senats für den Wahlkreis Albany im Staate New York gewählt. Die Familie zieht dorthin. Für Eleanor ist es in jenen Jahren ganz selbstverständlich, der Karriere ihres Mannes zu folgen und dafür eigene Interessen und Neigungen hintanzustellen: »Es kam mir nie der Gedanke, dass ich irgendeinen anderen Part zu spielen hätte. Ich fühlte, ich müsse mich in alles fügen, was auch immer er entschied, und gewillt sein, nach Albany zu gehen.« Immerhin hat der Umzug – die Roosevelts wohnen in einem gemieteten Haus – den Vorteil, dass Eleanor zum ersten Mal ohne die Einmischung ihrer Schwiegermutter leben kann. Doch die Freiheit hält sich in Grenzen: Als Frau eines Deputierten ist sie Teil des öffentlichen Lebens, steht unter Beobachtung, muss an Empfängen teilnehmen und selbst Besuche empfangen – alles, ohne ein eigenes politisches Profil entwickeln zu können. Sie ist die Zierde an der Seite ihres aufstrebenden Mannes. Das kritische Denken, das ihr einst im englischen Internat nahegebracht wurde, verliert sie nach eigenem Bekunden: »Ich hatte einen Gutteil meines kreuzzüglerischen Geistes verloren, was die Armen anbelangt. Denn man hatte mir mitgeteilt, ich hätte kein Recht, in die Slums zu gehen, oder in die Krankenhäuser, weil die Gefahr bestünde, ich könnte ansteckende Krankheiten zu meinen Kindern bringen. Also war ich auf den leichteren Weg verfallen: Ich saß in Ausschüssen und spendete kleine Summen für diese und jene karitative Einrichtung und dachte, damit hätte ich schon meine ganze Pflicht gegenüber meinem Nächsten getan.« Selbst für die Karriere ihres Mannes interessiert sie sich kaum noch: »Ich war zu sehr von meiner Familie in Anspruch genommen, als dass ich daran noch einen Gedanken verschwendete.« Von der Politik fühlt sich Eleanor Roosevelt in jenen Jahren nicht angesprochen: »Ich hätte viel über Politik und Regierung lernen können, weil ich oft Gelegenheit hatte, interessanten Männern und Frauen zu begegnen und mit ihnen zu sprechen. [...] Aber wenn ich zurückblicke, denke ich, mein ganze Leben fokussierte sich auf die Familie.«

Als Franklin D. Roosevelt den Posten eines Unterstaatssekretärs in der Verwaltung der Navy erhält, zieht die Familie nach Washington D.C. Auch jetzt muss Eleanor Roosevelt wieder an Empfängen teilnehmen und selbst welche geben – es ist wie eine Beschäftigungstherapie für die Ehefrauen der hohen Beamten: »Beinahe alle Frauen zu jener Zeit waren die Sklaven des Washingtoner Sozialnetzes. Zehn bis dreißig Anrufe musste ich nach einer Liste jeden Tag abhaken. Montags die Ehefrauen der Richter des Supreme Court; dienstags die Mitglieder des Kongresses; mittwochs das Kabinett [...].« Schließlich engagiert sie stundenweise eine Sekretärin. Überhaupt mangelt es den Roosevelts nicht an Personal – aus Gründen des eigenen Klassenbewusstseins, aber auch, weil Eleanor nie gelernt hat, zu kochen oder sich um Alltäglichkeiten zu kümmern. Als die Vereinigten Staaten im April 1917 in den Krieg gegen Deutschland eintreten, ist in der Öffentlichkeit viel von der »Heimfront« die Rede: Während die Männer sich für den Dienst mit der Waffe melden, sollen die Frauen zu Hause Nützliches tun, etwa in Fabriken arbeiten oder in Heimarbeit für die Armee nähen. Eleanor Roosevelt befindet sich in einem Dilemma, das sie einem Reporter, der sie nach ihren Tipps zum Haltbarmachen von Lebensmitteln fragt, offen eingesteht: »Ich habe zehn Bedienstete, die mir helfen, dass die Lagerung nicht nur möglich, sondern auch profitabel ist.« Vom Krieg bekommt Eleanor Roosevelt nur das mit, was in den Zeitungen steht. Sie ist und bleibt eine verwöhnte Frau der Upperclass, und auch die Kriegssommer verbringt sie in ihrem Cottage auf Campobello Island. Dennoch engagiert sie sich in jenen Kriegsjahren, vor allem in der Organisation des »Navy Red Cross«.

Innere Abnabelung

In jenen Jahren besucht Franklin D. Roosevelt seine Frau in ihrem Sommerdomizil kaum noch. Er schützt Verpflichtungen vor. Immer wenn Eleanor schreibt, sie würde gern den Aufenthalt auf Campobello abbrechen und nach Washington kommen, rät er ihr ab: 1916 grassiert eine Polioepidemie in den Vereinigten Staaten, und Franklin glaubt, auf der Insel, in abgeschiedener Lage, seien seine Frau und die Kinder in Sicherheit. Das ist nur ein Teil der Wahrheit, denn er beginnt zu jener Zeit ein intimes Verhältnis mit seiner Sekretärin Lucy Mercer. Im Herbst 1918 findet Eleanor beim Ausräumen eines Koffers Briefe, die den wahren Charakter der Beziehung offenbaren. Für Eleanor bricht eine Welt zusammen. Sie will sich scheiden lassen. Aber Franklin Roosevelts politischer Berater und auch Sara Roosevelt, die Franklin mit der Enterbung droht, üben Druck auf Eleanor aus, die Scheidung nicht einzureichen. Sie gibt nach,

Franklin wird nicht enterbt und kann seine politische Karriere weiter verfolgen. Eleanor bleibt dafür im goldenen Käfig von Sicherheit und Wohlstand. Doch die Qualität der ehelichen Beziehung ändert sich: Das Paar führt eine Zweckgemeinschaft, doch geht Eleanor nunmehr eigene Wege. Nach und nach knüpft sie an ihre alten Interessen und Neigungen an, beginnt journalistisch zu arbeiten und sich sozialpolitisch zu engagieren.

Dann folgt die tragische Fügung des Schicksals: Drei Jahre nach dem Ende des Kriegs verbringt die Familie den Sommer auf Campobello, als sich Franklin just dort mit dem Poliovirus infiziert. Die Folge ist eine Lähmung der Beine. Bis zu seinem Lebensende wird er auf einen Rollstuhl angewiesen sein. Zunächst glaubt Franklin D. Roosevelt, er müsse seine Politkarriere aufgeben. Ein Politiker im Rollstuhl, das erscheint damals in einem Klüngel, der nur weiße, vitale Männer als Symboltypus des amerikanischen Pioniers kennt, unvorstellbar. Auch Sara Roosevelt denkt so und will ihren Sohn, den sie als »Krüppel« betrachtet, überreden, sich aus der Öffentlichkeit zurückzuziehen. Einzig Eleanor hält zu ihrem Mann, auch nach der Affäre um Lucy Mercer, und überzeugt ihn, seinen Weg weiterzugehen. Später, als Franklin D. Roosevelt US-Präsident ist und sein Land durch die Politik des »New Deal« aus der Wirtschaftskrise heraus- und wenige Jahre später die Vereinigten Staaten in den verhassten, aber notwendig gewordenen Krieg gegen Japan und Deutschland führt, wird gerade der Mann, der von körperlicher Behinderung gezeichnet ist, zur Galionsfigur des geistig und moralisch starken Landes – für viele Amerikaner sogar zu einem Idol, einem Übervater in schwerer Zeit. Es ist in jenen Jahren nicht zuletzt Eleanor Roosevelt zuzuschreiben, dass ihr Mann die Kraft, das Durchhaltevermögen und das Selbstbewusstsein findet, diese immense Bürde zu schultern und seinen Aufgaben gerecht zu werden. Und auch Eleanor selbst geht aus dieser Krise, dieser Herausforderung durch das Schicksal, gestärkt hervor. »Ich lernte«, so schreibt sie über jene Jahre nach dem Ersten Weltkrieg, »ein gewisses Vertrauen in mich selbst zu finden, und in meine Fähigkeit, Ernstfällen zu begegnen und mit ihnen umzugehen.«

Während sie bereits im Krieg soziales Engagement zeigte, weitet sie nun ihre Aktivitäten aus. In den 1920er-Jahren wird Eleanor Roosevelt eine der bekanntesten Sozialaktivistinnen Amerikas und spielt in der Demokratischen Partei zunehmend eine Rolle. Zeitweise stellt sie sogar ihren Mann – der allerdings mehrere Jahre lang durch Kuraufenthalte in seiner Karriere gehindert ist – in den Hintergrund. Erst Hillary Clinton wird zum Ende des 20. Jahrhunderts als Frau wieder eine ähnlich große Rolle in der Politik der Vereinigten Staaten von Amerika spielen wie Eleanor Roosevelt zu ihrer Zeit.

Im Fokus des FBI

Eleanor Roosevelt gehört in den 1920er-Jahren den führenden frauenpolitischen Organisationen des Staates New York an: der »Women's Division of the New York State Democratic Committee«, dem »Women's City Club«, der »League of Women Voters« und der »Women's Trade Union League«. War sie vor 1911 noch eine Gegnerin des Frauenstimmrechts (was aus heutiger Sicht unverständlich scheint, aber lediglich Ausdruck der unkritisch übernommenen patriarchalischen Erwartungshaltung war), so radikalisiert sich ihre politische Haltung nach 1920, dem Jahr der Einführung des Frauenstimmrechts in den USA. Zu ihren engen Freundinnen gehören in jenen Jahren die Frauenrechtlerinnen Marion Dickerman und Nancy Cook (die auch privat ein Paar sind). Mit finanzieller Hilfe Franklin D. Roosevelts baut sich Eleanor Roosevelt auf dem Gelände von Hyde Park (dem Anwesen von Franklin Roosevelts Eltern) ein eigenes Cottage, »Val-Kill Brook« genannt. Während Franklin D. Roosevelt in jenen Jahren weiterhin in Washington wohnt und arbeitet, bezieht Eleanor Roosevelt gemeinsam mit Marion Dickerman und Nancy Cook das neue Haus. Es ist eine Arbeits- und Lebensgemeinschaft: Die Frauen gründen in Val-Kill sogar eine Möbelfabrik, in der sie ihre Vorstellungen von sozialer Betriebsführung demonstrieren. Eleanor Roosevelt erregt zudem als Reporterin und Kolumnistin Aufsehen. Sie veröffentlicht in Frauenzeitschriften und Zeitungen, die der Demokratischen Partei nahestehen. Ihre Artikel zu Fragen der Sozial-, Frauen- und Arbeitsmarktpolitik, zur Verbesserung der Arbeitsbedingungen und des Gesundheitswesens und zum Pazifismus gelten damals als revolutionär. Eleanor Roosevelt hat nicht nur Ansichten des linken Spektrums der Demokratischen Partei aufgegriffen, sondern umgekehrt das damalige Profil der Partei entscheidend mitgeprägt. Sie gerät sogar in den Ruch der Nähe zum Kommunismus (freilich eine stark übertriebene Projektion konservativer Kräfte), sodass das FBI die Aktivistin und Politikerin ins Visier nimmt und zeitweise eine Akte über sie führt. Zudem sorgt sie für Aufsehen, als sie bei einer Demonstration streikender Arbeiterinnen mitläuft und deswegen in polizeilichen Gewahrsam genommen wird.

Die Ehe von Eleanor und Franklin D. Roosevelt wird in jenen Jahren zur engen politischen Partnerschaft, die von gegenseitiger Achtung getragen ist. Einerseits gehen beide eigene Wege (wenngleich in derselben Partei und damit in ideologischer Nähe), andererseits treten sie vor der Öffentlichkeit taktisch klug als sich liebendes Ehepaar auf, das fünf Kinder großzieht, Familienleben und Politalltag verbindet und die Bürden gerecht teilt. Das hat viel mit Imagepflege zu tun und entspricht nicht immer der Realität. In Wahrheit führt Eleanor zu dieser Zeit zum Gutteil ein eigenständiges Leben, und mit Hilfe ihrer journalistischen Arbeiten (sie ist sogar Verlegerin einer Zeitschrift, der *Women's Democratic News*) und der Möbelfabrik von Val-Kill Brook ist sie finanziell unabhängig. Doch der Auftritt vor der Öffentlichkeit zählt – bereits damals – am meisten: Die Roosevelts gelten als Paradebeispiel moderner, erfolgreicher Eheleute. Eleanor Roosevelt bekennt in einem Interview: »Heirat! Wenn nur mehr von uns erkannten, dass das eine Partnerschaft bedeutet, die nicht ohne den anderen gelingen kann und dass der Erfolg beider vom Erfolg eines jeden abhängt!« In einem Interview am Vorabend der Gouverneurswahlen 1930 redet sie mit gehörigem Understatement ihre eigene Karriere im Windschatten des Ehemanns gleichwohl klein: »In diesem besonderen Fall wird die Frau des Kandidaten [Franklin D. Roosevelt] sowieso ihre Wege geradlinig weiter verfolgen. Politik erregt mich nicht. Tat es auch nie. Ich nehme die Dinge, wie sie kommen. Wenn mein Mann wiedergewählt wird, wird es mich freuen. Und wenn nicht – gut, die Welt ist voller interessanter Dinge, die man tun kann.«

»Donnerwetter! Hier kommt Mrs. Roosevelt«

Als ihr Mann schließlich zum Sprung ins Weiße Haus ansetzt, ordnet Eleanor Roosevelt ihre Aktivitäten neu und setzt Präferenzen: 1928/29 unterstützt sie als Vorstand des »Women's Advisory Committee« der Demokratischen Partei deren Präsidentschaftskandidaten Alfred Smith und übt durch ihre Verbands- und Pressearbeit großen Einfluss auf die Öffentlichkeit aus. Smith (und damit auch Franklin D. Roosevelt als Kandidat für das Vizepräsidentschaftsamt) unterliegt allerdings dem Republikaner Herbert Hoover. 1933 werden die Karten neu gemischt: Nun geht Franklin D. Roosevelt als Zugpferd der Demokraten ins Rennen (mit John Garner als Vize). Und erneut läuft Eleanors Presse- und Verbandsmaschinerie an, die sich mit einem möglichen Sieg ihres Mannes anschickt, zur First Lady des mächtigsten Staates der Welt zu werden.

Am 8. November 1932 wird Franklin D. Roosevelt mit 57,4 Prozent der Stimmen zum 32. Präsidenten in der Geschichte der Vereinigten Staaten von Amerika gewählt. Am 4. März des folgenden Jahres tritt er sein Amt an. Die Familie zieht ins Weiße Haus. Eleanor Roosevelt sieht ihre neue Rolle mit gemischten Gefühlen – nur zu deutlich hat sie noch das Bild ihrer Tante Edith vor Augen, der Frau Theodore Roosevelts: »Ich wusste, was traditionell vor mir lag. Ich hatte Mrs. Theodore Roosevelt beobachtet und hatte gesehen, was es bedeutete, die

Frau eines Präsidenten zu sein, und ich kann nicht sagen, dass ich mich auf diese Aussicht freute. Dadurch, dass ich mein eigenes Geld verdient hatte, hatte ich in letzter Zeit eine gewisse finanzielle Unabhängigkeit genossen und war in der Lage gewesen, Dinge zu tun, für die ich mich persönlich interessierte. Der Aufruhr in meinem Herzen und meinem Geist war in jener Nacht ziemlich groß, und die kommenden paar Monate waren nicht dazu angetan, irgendetwas auf dem Weg vor mir klarer zu machen.«

Obwohl Eleanor Roosevelt als First Lady im Weißen Haus bestimmte partei- und gewerkschaftspolitische Aktivitäten unterlässt, die ein zu linksliberales Licht auf das Präsidentenamt werfen würden, bleibt sie doch kritisch-engagiert. Keineswegs tritt sie hinter ihren Mann zurück und lässt sich nicht auf die traditionelle Rolle der nur repräsentierenden Präsidentengattin beschränken. Selbstbewusst verleiht sie der Position ohne Amt ein eigenes, *ihr* eigenes Profil – durchaus mit Billigung ihres Mannes. Der nämlich weiß die Beliebtheit Eleanors in seinem Sinn zu nutzen. Seine Präsidentschaft hat mit großen Problemen und Herausforderungen zu kämpfen, im Inneren wie im Äußeren: Amerika leidet, ausgelöst vom Bankenkrach des 25. Oktober 1929, des »Schwarzen Freitags«, unter einer Wirtschaftskrise (»Great Depression«). Rund fünfzehn Millionen Amerikaner sind ohne Arbeit, viele verlieren ihr Zuhause, tingeln auf der Suche nach Auskommen als Wanderarbeiter durchs Land. »Hoovervilles« nennt man in Anlehnung an Roosevelts Vorgänger die zahlreichen Zeltsiedlungen, die sich im Weichbild der Städte ausbreiten, behaust von Arbeits- und Wohnungslosen. Mit einem staatlichen Investitions- und Subventionspaket, dem »New Deal«, versucht Roosevelt der Verarmung breiter Schichten zu begegnen. Seine Politik zeitigt nach und nach Erfolg und wird durch die große außenpolitische Herausforderung seiner Präsidentschaftsjahre begleitet: Im scheinbar so fernen Deutschland herrschen seit Januar 1933 die Nationalsozialisten unter Reichskanzler Adolf Hitler. Viele Amerikaner hängen damals noch der Monroe-Doktrin aus dem Jahre 1823 an, die »Amerika den Amerikanern« verspricht und dem Rest des Weltgeschehens gleichgültig begegnet. Doch die Welt ist seit den Tagen Präsident James Monroes kleiner geworden. Der Isolationismus bedroht gerade dadurch, dass er eine gewisse Blauäugigkeit fördert, die Freiheit der amerikanischen Nation. Selbst nach Ausbruch des Kriegs in Europa und in Ostasien hängt die offizielle Politik Amerikas noch immer der Doktrin der Nichteinmischung an. Erst der japanische Angriff auf die US-Basis Pearl Harbor am 7. Dezember 1941 wird die schockierte amerikanische Öffentlichkeit zum politischen Umlenken bewegen.

In jenen Jahren nach 1933 freilich betrachtet man die Ereignisse im fernen Europa vielleicht mit Stirnrunzeln, aber keineswegs mit großer Sorge. Die Probleme im eigenen Land nehmen die Öffentlichkeit in Beschlag. Franklin D. Roosevelt wird ganz danach bemessen, ob er der Wirtschaftskrise und ihren Folgen für die Bevölkerung beizukommen vermag. In diesem Kampf nimmt Eleanor Roosevelt eine entscheidende Rolle ein, die der volksnahen Vermittlerin, der Rednerin und PR-Beraterin. Sie engagiert sich wieder verstärkt für die Gestrauchelten der Gesellschaft. So besucht sie – just an ihrem fünfzigsten Geburtstag – eine Bergarbeitersiedlung in West Virginia und hat bei anderer Gelegenheit den Mut, ein Lager demonstrierender Veteranen, die nach Washington gekommen sind, aufzusuchen (während ihr Begleiter lieber in der gesicherten Limousine sitzen bleibt). Sie erinnert sich: »Ich verbrachte dort nur eine Stunde. Dann ging ich zum Auto und fuhr weg. Alle winkten, und ich rief: ›Viel Glück‹, und sie antworteten: ›Auf Wiedersehen und auch Ihnen viel Glück‹.« Ein Journalist berichtet: »Ihr Ausdruck wechselt jeden Augenblick, weshalb auch keines ihrer Fotoporträts ihr gerecht wird. Von ihrer großen Anpassungsfähigkeit sind die Menschen angezogen. Wenn sie zu den Frauen der Bergarbeiter spricht, ist sie eine Hausfrau. Wenn sie zu Botschaftern spricht, dann in deren Sprache. Und wenn sie einen Pressetermin hat, dann vergisst sie nie die ominösen Schatten der ›Deadline‹, und sie hilft uns entsprechend.«

Eleanor Roosevelt und die Presse profitieren voneinander:

Freigiebig gewährt die First Lady den Journalisten Einblick in ihren Alltag, ihre Meinungen, ihre Arbeit; umgekehrt sorgt die Presse für eine positive Publicity der First Lady und des Präsidenten. Zu einer Journalistin, Lorena Hickok, kurz »Hick« genannt, entwickelt sich sogar eine langjährige Freundschaft (manche Biografen sprechen gar von einer intimen Beziehung). Deren Idee, Reporterinnen, die bei Entlassungswellen als erste betroffen sind, besonders zu unterstützen, greift die First Lady gern auf: Die »press girls«, wie ein Mitarbeiter des Weißen Hauses die Journalistinnen etwas abschätzig nennt, haben einmal die Woche einen festen Konferenztermin bei Eleanor Roosevelt, die ihnen bereitwillig und exklusiv Auskunft gibt und sich mit ihnen auch schon mal wie mit guten Freundinnen fotografieren lässt. Das Schicksal arbeitsloser Frauen in der Wirtschaftskrise liegt Eleanor Roosevelt in jenen Jahren besonders am Herzen. Sie unterstützt diverse gemeinnützige und gewerkschaftliche Organisationen, die die Situation der Frauen auf dem Arbeitsmarkt verbessern sollen, und begründet ihre Motivation so: »Unmerklich sind wir zu der Überzeugung gelangt, dass die Regierung Verantwortung dafür trägt, die Schwachen zu verteidigen.« Sichtbares Zeichen dieses Umdenkens ist die Verabschiedung des »Fair Labour Standard«-Gesetzes im Jahre 1938, das die Rechte der Arbeitenden stärkt und die Arbeitsbedingungen verbessert.

Eleanor Roosevelts mediale Präsenz wird durch ihre zahlreichen Publikationen verstärkt: So veröffentlicht sie 1933 das Buch *It's Up to the Women*, worin sie ihre Ansichten bezüglich der Rolle der Frau in einer modernen Gesellschaft umreißt, und 1937 den ersten Teil ihrer Memoiren unter dem Titel *This is My Story*. 1949 folgt der zweite Teil, *This I Remember*, 1958 der dritte, *On My Own*. Wesentlich bekannter wird sie jedoch mit Kolumnen, die unter dem Titel *My Day* von 1936 bis zu ihrem Tod 1962 an sechs Tagen die Woche in mehreren großen Tageszeitungen erscheinen und ihr eine Präsenz in der Bevölkerung bereiten, die größer sein dürfte als die allwöchentliche Videobotschaft von Bundeskanzlerin Angela Merkel in unserer Zeit.

Doch die First Lady kommt nicht nur per Tageszeitung zu ihren Lesern. Sie fährt auch auf »lecture tours« rastlos kreuz und quer durch die Vereinigten Staaten, um aus ihren Büchern zu lesen und in Reden und Diskussionen den persönlichen Kontakt zur Bevölkerung herzustellen. Eine Karikatur jener Zeit, veröffentlicht im *New Yorker*, zeigt zwei Minenarbeiter, die ihre Köpfe aus einem Erdloch strecken. Einer ruft dem anderen aufgeregt zu: »Donnerwetter [My gosh!]! Hier kommt Mrs. Roosevelt.« Die First Lady kann, das ist der Subtext des Witzes, immer und überall unvermutet erscheinen.

Nicht bei allen kommt dieser Aktionismus gut an. Auch kritische Stimmen werden laut, die Eleanor Roosevelt in ihren täglichen Kolumnen jedoch genüsslich zitiert und mit Gegenargumenten zu entkräften sucht. Ihre Aktivitäten und ihre Strategien verteidigt die First Lady selbstbewusst: »Weil ich Reden halte, viel in der Presse Beachtung finde, bin ich nicht würdig? Ich tue etwas, was nicht richtig und gut ist? Nun, jeder muss sein eigenes Leben leben, auf seine eigene Art und Weise und nicht, wie es den Ideen von irgendjemand entspricht.«

Zahllose Bitt- und Dankesbriefe erreichen sie. Eine Bürgerin, die auf Eleanor Roosevelts Rat hin Hilfe bei einem öffentlichen Umschuldungsfonds suchte, schreibt ihr: »Sie haben mein Leben gerettet. Ich hätte mich wohl umgebracht, wenn ich mein Haus verloren hätte.«

Ein Renommierprojekt jener Jahre ist Arthurdale, eine Siedlung für in Not geratene arbeitslose Bergarbeiter und ihre Familien in West Virginia. Eleanor und Franklin Roosevelt haben hierzu die Idee und verteidigen das Projekt über Jahre, obwohl es nicht rentabel arbeitet. In der Siedlung auf öffentlichem Land werden mit staatlichen Mitteln seit 1934 zunächst fünfzig einfache Häuser errichtet (später noch weitere). Die dort angesiedelten Familien leben in einer Art Kommune oder Genossenschaft. Allerdings steht das Projekt nur weißen, christlichen Siedlern offen – sehr zur Enttäuschung Eleanor Roosevelts, die sich mehr Toleranz erhofft hat. Die First Lady spendet über Jahre einen Großteil ihrer Einnahmen aus den Kolumnen und den Lesereisen dem Arthurdale-Projekt. Die Kommune soll sich durch den Verkauf landwirtschaftlicher und handwerklicher Produkte selbst ernähren – aber das Projekt scheitert schließlich an den gesellschaftlichen und ökonomischen Vorbehalten jener Zeit. Man wirft den Roosevelts sogar kommunistische Experimente vor, und selbst aus den Reihen der Demokraten weht dem Ehepaar scharfer Wind entgegen. Arthurdale wird noch während des Zweiten Weltkriegs abgewickelt. Es ist der wohl größte innenpolitische Misserfolg der Roosevelts.

Während Eleanor Roosevelt sich schon früh für die Belange von Frauen einsetzt, wird ihr die Rassentrennungsproblematik in Amerika erst recht spät bewusst. Ihre Hoffnung, auch Farbige in Arthurdale anzusiedeln, scheitert am Rassismus der weißen Bewohner. Als im Jahre 1939 die Organisation »Daughters of the American Revolution« (DAR), deren Mitglied sie ist, den geplanten Auftritt der schwarzen Opernsängerin Marian Anderson in der Constitution Hall verhindert, tritt Eleanor Roosevelt unter Protest aus der Vereinigung aus und organisiert auf eigene Faust ein Open-Air-Konzert mit freiem Eintritt vor dem Lincoln Memorial in Washington. Zu Andersons Konzert strömen über 75 000 Menschen, und es wird ein großartiger Triumph, nicht nur für die Sängerin, sondern ebenso für die Idee Eleanor Roosevelts, ein Zeichen gegen den Rassismus zu setzen. Bis zur völligen rechtlichen Gleichstellung der Farbigen in Amerika ist es noch ein weiter Weg, doch Eleanor Roosevelt gebührt das Verdienst, einen Stein ins Rollen gebracht zu haben.

»Wir müssen mit unseren Köpfen kämpfen«

Rassismus wird unterdessen auch im fernen Deutschland gepredigt. Dort werden Juden entrechtet und verfolgt, gefoltert und ermordet, Synagogen angezündet, jüdische Geschäfte geplündert. Bereits einige Jahre vor Ausbruch des Kriegs mahnt Eleanor Roosevelt – entgegen den weit verbreiteten isolationistischen Bestrebungen in der amerikanischen Gesellschaft – eine größere Verantwortung der Vereinigten Staaten in der Welt an. »Ich hoffe«, so sagt sie 1935, »dass wir unsere internationale Wechselbeziehung und unsere Verantwortung gegenüber dem Rest der Welt besser realisieren.«

Ihre Bereitschaft zur weltweiten Verantwortung können die Vereinigten Staaten bald unter Beweis stellen: Im spanischen Bürgerkrieg kämpfen auch zahlreiche Freiwillige der amerikanischen »Abraham Lincoln Brigade« auf Seiten der Republikaner gegen die von deutschen Nationalsozialisten und der katholischen Kirche gestützten Faschisten unter General Francisco Franco. Eleanor Roosevelt spricht sich in ihren Kolumnen für eine militärische, finanzielle und moralische Unterstützung der Republikaner aus und verlässt damit die noch immer offiziell verfolgte Strategie des Isolationismus. Sie glaubt an das »Recht der Menschen, ihre eigene Regierung zu wählen, ohne dass Hitler und Mussolini sie ihnen aufzwingen«. Jahrzehntelang hat sich Eleanor Roosevelt für Pazifismus und Abrüstung stark gemacht – und sie wird es nach dem Ende des Zweiten Weltkriegs in der Hoffnung auf eine friedliche Weltgemeinschaft wieder tun. Doch damals, unter dem Eindruck der Bedrohung durch den Faschismus, verlässt sie den schmalen Pfad des bedingungslosen Pazifismus: »Eine adäquate Verteidigung ist notwendig, solange wir nicht auf beiden Seiten Abrüstung haben können.« Sie geht sogar noch einen Schritt weiter und warnt ihre Landsleute, ein Krieg könne auch Amerika bedrohen – für viele Amerikaner damals undenkbar, glaubt man doch noch immer, die Weiten des Atlantiks und des Pazifiks gewährleisteten eine unanfechtbare »Insellage«. »Aber wenn der Krieg in euer eigenes Land kommt«, so die First Lady, »müssen, so scheint es mir, sogar die Pazifisten aufstehen und für ihre Überzeugungen kämpfen.«

Als im September 1939 deutsche Truppen Polen überfallen, glauben viele Amerikaner, das sei lediglich eine europäische Angelegenheit. Eleanor Roosevelt versucht ihre Leser wachzurütteln: »Wir müssen mit unseren Köpfen kämpfen, weil das genauso gut ein Krieg um die Kontrolle über Ideen ist wie ein

Krieg um die Kontrolle materieller Ressourcen.« Nach dem Überfall auf Frankreich im Juni 1940 versuchen viele deutsche und österreichische Exilanten, die im »Mauseloch« von Marseille hocken, verzweifelt an Papiere und Visa für die Überfahrt nach Amerika zu gelangen. Juden sind ebenso darunter wie politisch Verfolgte des sozialistischen, bürgerlichen und christlichen Spektrums. Doch nur relativ wenigen gelingt die Flucht. Erst nach und nach formieren sich im fernen Amerika Hilfsorganisationen, die das nötige Geld bereitstellen und sich bei der Regierung für eine Lockerung der Restriktionen einsetzen. Auch hierbei spielt die First Lady eine wichtige Rolle, vor und hinter den Kulissen des Weißen Hauses. Für etliche Exilanten, denen die Flucht nach Amerika gelingt, wird Eleanor Roosevelt so zur Personifikation der Freiheit. Die Jüdin Stella Hershan etwa erinnert sich an die Einfahrt des Überseedampfers in den Hafen von New York, als sich aus dem Nebel langsam die Konturen der Freiheitsstatue schälen, und verbindet diese Erinnerung mit dem Eindruck, den sie hat, als die Flüchtlinge bei einem Empfang von der First Lady Eleanor Roosevelt begrüßt werden: »Sie hatte ein freundliches Lächeln, und ihre Augen waren voller Mitleid. Sie schrieb eine tägliche Kolumne in den Zeitungen, die sogar ich verstehen konnte. Von ihr lernte ich über Amerika. Einmal nahm ich an einer Versammlung von neu angekommenen Flüchtlingen teil. [...] Die Freiheitsstatue wurde durch diese Frau, durch Eleanor Roosevelt, personifiziert.«

Trotz des sich ausweitenden Kriegs in Europa und in Ostasien hoffen viele Amerikaner, verschont zu bleiben. Diese Hoffnung endet abrupt mit dem Überfall japanischer Truppen auf den amerikanischen Flotten- und Luftwaffenstützpunkt Pearl Harbor auf Hawaii am 7. Dezember 1941. Dabei werden neunzehn amerikanische Kriegsschiffe zerstört, rund 2400 Menschen kommen ums Leben. Schlagartig wird der amerikanischen Öffentlichkeit bewusst, dass sie unmittelbar vom Krieg bedroht ist und dass Nationalsozialismus und Faschismus menschenverachtende Gewaltsysteme sind, die den ganzen Erdball nötigen.

Eleanor Roosevelt wird von der Nachricht in Washington überrascht. Sofort besteigt sie, gemeinsam mit dem New Yorker Bürgermeister Fiorello LaGuardia, ein Flugzeug nach Kalifornien.
Die Menschen in dem Westküstenstaat sehen sich durch den
japanischen Angriff auf Hawaii besonders bedroht. Durch ihre
Anwesenheit will die First Lady den Bürgerinnen und Bürgern
das Gefühl vermitteln, nicht allein zu sein: »Ich habe unter anderem eines gelernt: Wenn wir irgendwo Probleme haben, muss
ich dorthin, weil es die Menschen offensichtlich beruhigt.« Bereits tags darauf erklären die Vereinigten Staaten von Amerika
dem Kaiserreich Japan den Krieg. Am 11. Dezember erklären
das Deutsche Reich und Italien einerseits und die USA andererseits sich gegenseitig den Krieg.

So sehr sich Eleanor Roosevelt immer für Abrüstung und
Frieden eingesetzt hat – nun sieht sie sich, wie die meisten Amerikaner, auf der Seite eines gerechten Verteidigungskriegs. Verteidigt werden nicht nur Freiheit und Rechte des amerikanischen Volkes, sondern Freiheit und Menschenrechte auf der
ganzen Welt. Aus dieser Überzeugung heraus engagiert sich
Eleanor Roosevelt für die Sache der amerikanischen Truppen –
weltweit. Da sie schlecht als Botschafterin des Weißen Hauses
agieren kann – davon rät ihr Mann ab, denn politische Gegner
könnten ihr eine Einmischung in präsidiale Aufgabenbereiche
vorwerfen – kauft sie sich auf eigene Rechnung eine Uniform
des Roten Kreuzes, dessen Mitglied sie ist, und besucht als Rot-
Kreuz-Vertreterin amerikanische Truppenverbände in Großbritannien, auf Guadalcanal (Salomon-Inseln) und Neukaledo-
nien, in Neuseeland und Australien. Admiral William F. Halsey
urteilt über diesen Auftritt der First Lady: »Ich wunderte mich
über ihre körperliche und geistige Zähigkeit. Sie ging meilen-
weit, und sie sah Patienten, die schwer und grausig verwundet
waren. Aber am meisten wunderte ich mich über deren Ge-
sichtsausdruck, als Eleanor Roosevelt sich über sie beugte.«

Eleanor Roosevelt ist sich der Gefahr, öffentlich nicht richtig
wahrgenommen zu werden, durchaus bewusst: »Diese Reise
wird als politische Geste angegriffen werden, und ich bin so

unsicher, ob ich das Richtige tue, dass ich schweren Herzens die Reise antreten werde.« Aber sie ist überzeugt: »Wo immer ich unsere Soldaten sehen werde, werde ich versuchen, ihnen das Gefühl zu vermitteln, dass Franklin wirklich wissen will, wie es ihnen geht.« Für Eleanor Roosevelt werden die Trips zu den Soldaten zu einem kräftezehrenden Unternehmen, sie verliert innerhalb weniger Wochen dreißig Pfund Gewicht. Eigentlich will sie auch noch nach Indien, um Mahatma Gandhi kennenzulernen, doch redet Franklin Roosevelt ihr diese Idee aus – ein Besuch bei dem Idol der indischen Unabhängigkeitsbewegung könnte von den verbündeten Briten als Provokation empfunden werden. Überhaupt ist Eleanor Roosevelts politischer Einflussbereich als First Lady beschnitten. Das weiß im Alltag ihr Mann mehr als sie, und so versagt er ihr mit Hinweis auf die Darstellung in der Öffentlichkeit sowohl ihre Begleitung zur Konferenz von Teheran (November 1943) als auch zu der von Jalta (Februar 1945).

Eleanor Roosevelt nimmt das präsidiale Verdikt wohl oder übel hin – sieht sich aber als Frau des öffentlichen Lebens durchaus im Recht und in der Pflicht, sich über eine mögliche Neuordnung der Welt nach dem absehbaren Ende des Kriegs Gedanken zu machen. Anstelle des gescheiterten Völkerbunds soll eine neue Organisation der Vereinten Nationen ins Leben gerufen werden. Die engagierte Bürgerin Eleanor Roosevelt will bei dieser Neugestaltung der Welt eigene Vorstellungen einbringen. Ihre Vision der Nachkriegswelt umreißt sie in einem Interview im australischen Rundfunk: »Überfluss und Beschäftigung für alle Menschen, bei niedrigen Preisen auf Waren, so dass die Menschen im Rest der Welt, die gerade damit beginnen, sich nach oben zu kämpfen, und die unsere Waren benötigen, in der Lage sein werden, sie auch zu kaufen.«

Das sind recht naive Vorstellungen von einem Glück durch Konsumption, eine Ideologie, die heute längst ihre Schattenseiten zeigt. Doch damals, kurz vor Ende des Zweiten Weltkriegs, scheint eine gerechte Neugestaltung der Welt mit wachsendem Wohlstand und sozialem Frieden für viele in greifbare Nähe gerückt, zumal trotz aller politischer Konkurrenz der Alliierten eine Teilung der Machtblöcke in Ost und West und ein daraus resultierender Kalter Krieg mit ungeheurem Wettrüsten kaum vorstellbar scheint.

Die Hoffnungen der meisten Amerikaner und vieler Menschen in Europa fokussieren sich damals auf *eine* Person: die des amerikanischen Präsidenten Franklin D. Roosevelt. Doch Roosevelt, 1944 zum vierten Mal zum Präsidenten gewählt, stirbt unerwartet am 12. April 1945 – nur gut zwei Wochen vor Hitlers Selbstmord und dem Zusammenbruch des Deutschen Reichs. Der Tod ereilt Roosevelt mit erst dreiundsechzig Jahren, während einer Porträtsitzung für ein Ölgemälde in seinem Ruhesitz Little White House im US-Bundesstaat Georgia. Er erliegt einer plötzlich auftretenden Hirnblutung.

Obwohl sich der Gesundheitszustand des Präsidenten seit einem halben Jahr stark verschlechterte, hat doch niemand ernstlich mit seinem baldigen Ableben gerechnet. Am wenigsten seine Frau, die Franklins eigenen Wunsch nach mehr Ruhe immer brüsk zurückgewiesen hat – vielleicht ein Akt der Verdrängung, der Weigerung, sich mit dem Tod und dem Gedanken an ein Leben ohne ihren langjährigen Begleiter auseinanderzusetzen. Als sie vom Tod ihres Mannes erfährt, sendet sie sofort Telegramme an ihre im Krieg dienenden Söhne: »Er machte seinen Job bis zum Ende, so wie er wünschte, dass ihr es tut.« So klammert sie sich an ein Ethos von Pflicht und Aufopferung, um mit dem übergroßen Schmerz zurande zu kommen. Seinem Tod versucht sie durch ein »höheres«, nationales Ziel einen Sinn zu geben: »Vielleicht wird sein Scheiden die Nation einen und seine Grundsätze besser durchsetzen, als wenn er noch lebte.« Erst langsam kommt sie zu sich und dazu, den Tod des Ehemanns zu akzeptieren und der Trauer Raum zu lassen. Ihre Ehe bewertet sie in ihrer Autobiografie mit einem gewissen Abstand: »Er [Franklin] wäre vielleicht mit einer völlig unkritischen Frau glücklicher gewesen. Dazu war ich nie fähig, und so musste er das eben bei anderen Menschen finden. Dennoch denke ich, dass ich manchmal wie ein Ansporn war, obwohl dieses Anspor-

nen nicht immer gewollt oder willkommen war. Ich war einer
von denen, die seinen Zwecken dienten.«

»First Lady of the World«

Unmittelbar nach dem Tod ihres Mannes jedoch hat Eleanor
Roosevelt keine Zeit, zu sich selbst zu kommen: Der bisherige
Vizepräsident Harry S. Truman zieht als 33. US-Präsident ins
Weiße Haus ein. Innerhalb weniger Tage managt Eleanor Roosevelt den Aus- und Umzug nach Val-Kill, in ihr Cottage. Doch
auch danach kommt sie nicht zur Ruhe. Truman ruft sie anfänglich häufig an, um ihren Rat einzuholen. Kurz nach dem Ende
des Kriegs in Europa wird am 26. Juni 1945 die Organisation
der Vereinten Nationen gegründet – der Anstoß dazu wurde
noch von Franklin D. Roosevelt gegeben. Wenige Monate später
ruft Truman Eleanor Roosevelt an und bietet ihr den Posten
einer US-Delegierten der Vereinten Nationen an. Sie nimmt
kurzentschlossen an und steht damit erneut im Fokus des öffentlichen Interesses. Ihre täglichen Kolumnen schreibt sie indes
weiterhin – in ihren Ansichten offener denn je, denn nun muss
sie keine Rücksichten mehr auf die Gepflogenheiten des Weißen Hauses nehmen. »Zum ersten Mal in meinem Leben kann
ich sagen, was ich will«, informiert sie die Presse, als sie mit dem
Schiff nach London zur UN-Versammlung fährt. »Zu Ihrer In-
formation: Es ist wunderbar, sich frei zu fühlen.«

Eleanor Roosevelt wird in das »Commitee III« der UN berufen, das sich mit Fragen der Bildung und Erziehung, der Kultur,
aber auch mit humanitären Themen befasst. Besonders schwer
wiegen in jenen Nachkriegsjahren die Schicksale von Millionen
von Vertriebenen, Flüchtlingen, Exilierten. Seit 1947 steht Eleanor Roosevelt der UN-Menschenrechtskommission vor. Sie hat
entscheidenden Anteil bei der Formulierung und Verabschiedung der »Allgemeinen Erklärung der Menschenrechte«, die
über alle Geschlechter-, Standes-, Kultur- und Blockgrenzen
hinweg weltweit gelten soll. In den beratenden Verhandlungen

weht ihr viel Wind entgegen, vor allem vonseiten der Sowjetunion und ihrer Vasallenstaaten. Harte Auseinandersetzungen
liefert sich Eleanor Roosevelt insbesondere mit dem stellvertretenden sowjetischen Außenminister Andrei Wyschinski, dessen
tiefen Respekt sie schließlich erringt. Am 10. Dezember 1948
kommt es in der UN-Vollversammlung zur Abstimmung über
die »Allgemeine Erklärung der Menschenrechte«. Lediglich acht
Staaten des Ostblocks enthalten sich der Stimme. Damit ist die
Erklärung angenommen. Ein Triumph für Eleanor Roosevelt,
ein posthumer Triumph für ihren Mann Franklin, und ein Fanal
für die Freiheit und die Würde der Menschen weltweit. Unmittelbar nach der Abstimmung erhält Eleanor Roosevelt von den
Delegierten der Vollversammlung tosenden Applaus, wobei sich
alle von ihren Sitzen erheben. Eleanor Roosevelt, die seither von
vielen als »First Lady of the World« betrachtet wird, ist zufrieden, weiß aber um die Grenzen der Erklärung: »Sie hat keinen
gesetzlichen Wert, aber sie sollte moralisches Gewicht tragen.«

Der allgemeinen außen- wie innenpolitischen Verhärtung vor
dem Hintergrund des Blockdenkens und der Wiederaufrüstung
steht sie mit Unverständnis und Schmerz gegenüber. Vor allem
ist sie über die von Senator Joseph McCarthy initiierte hysterische Kommunistenhatz in den Vereinigten Staaten entsetzt.
Selbst Freunde und Wegbegleiter aus der Zeit der Präsidentschaft ihres Mannes kommen unter Verdacht und müssen sich
zum Teil vor dem Ausschuss für antiamerikanische Umtriebe
verantworten. Wohl nur dem Nimbus Franklin D. Roosevelts
und dem internationalen Ansehen Eleanor Roosevelts ist es zuzuschreiben, dass die ehemalige First Lady nicht ebenfalls ver-
hört wird. Sie nimmt in Kolumnen und Briefen kein Blatt vor
den Mund und erklärt ihrerseits die vermeintlichen Kommunis-
tenjäger als zutiefst unamerikanisch. »Ich fange an zu denken«,
schreibt sie, »dass, wenn man ein Liberaler gewesen ist, wenn
man daran glaubt, dass die, die stark sind, manchmal die Schwachen berücksichtigen müssen, und dass mit Stärke und Macht
Verantwortung einhergeht, manche Leute einen automatisch
als einen Kommunisten betrachten.«

Ihren siebzigsten Geburtstag im Oktober 1954 begeht sie entgegen ihrer sonstigen Gewohnheit mit einem großen Fest im Waldorf Astoria Hotel in New York. Sie genießt es, von Freunden und Weggefährten, aber auch von einstigen Gegnern gefeiert zu werden. Über eintausend Gäste sind gekommen. Der Generalsekretär der Vereinten Nationen Dag Hammarskjold und sein Vorgänger Trygve Lie gratulieren ihr. Sogar der ständige Vertreter der Sowjetunion bei der UN Andrei Wyschinski – einst ihr deklarierter Gegner – ist gekommen, um ihr seine Ehrerbietung auszudrücken. Erneut bekräftigt Eleanor Roosevelt ihren Glauben an die Einheit der Nationen: »Dort [bei der UN] war ich Teil eines zweiten großen Experiments, um die Länder zusammenzuführen und sie dazu zu bringen, für eine friedliche Atmosphäre in der Welt zu arbeiten.«

Auch im achten Lebensjahrzehnt bleibt sie agil und neugierig. Dreimal unternimmt sie Reisen nach Israel und nimmt mit Erstaunen den Aufbau einer modernen jüdischen Gesellschaft wahr. Sie besucht aber auch die arabischen Staaten und sieht mit Sorge den Konflikt zwischen Arabern und jüdischen Siedlern. In Indien, das seit 1947 unabhängig ist, wird sie von Premierminister Jawaharlal Nehru empfangen. Als sich über tausend indische Studenten vor dem Amtssitz zusammenrotten und gegen die amerikanische Politik demonstrieren, ist Eleanor Roosevelt so mutig, vor die Studenten zu treten und ihnen frei und ohne Furcht Rede und Antwort zu stehen. Den Amerikanern, damals ganz in der Kommunistenhatz befangen, gibt sie offen zu bedenken: »Die Freiheit, zu essen, ist eine der wichtigsten Freiheiten, und die Kommunisten versprechen den Menschen in Indien diese Freiheit.«

Auch in die damalige »Höhle des Löwen« wagt sich Eleanor Roosevelt: Sie bereist mehrere Republiken der Sowjetunion, trifft sich in der Nähe von Jalta mit dem damaligen Ministerpräsidenten Nikita Chruschtschow und diskutiert mit ihm über weltpolitische Fragen, freilich ohne einen Konsens zu finden. »Kann ich«, fragt Chruschtschow am Ende, »unseren Zeitungen mitteilen, dass wir eine freundliche Unterhaltung hatten?«

Eleanor Roosevelt antwortet: »Sie können sagen, dass wir eine freundliche Unterhaltung hatten, aber dass wir differieren.« Chruschtschow pariert: »Wenigstens haben wir uns nicht gegenseitig erschossen.«

Als sie fünfundsiebzig ist, resümiert sie ihr Leben: »Ich war mit Eifer interessiert, ich nahm jede Herausforderung an und jede Möglichkeit, mehr zu lernen, und ich hatte viel Energie und Selbstdisziplin. Mein Interesse oder meine Sympathie oder Entrüstung werden nicht durch eine abstrakte Ursache entfacht, aber sehr wohl durch die Notlage eines einzelnen Menschen, den ich mit meinen eigenen Augen gesehen habe.« Und weiter: »Ich habe gelernt, die Furcht niederzuhalten, vor langer Zeit schon habe ich den Punkt erreicht, keine lebende Person zu fürchten, und es gibt nur wenige Herausforderungen, denen ich nicht gegenübertreten wollte.« Ihre Lebensleistung wird vielfach mit Würdigungen anerkannt und geehrt: Weltweit werden ihr fünfunddreißig Ehrendoktorwürden verliehen; 1954 erhält sie die vom UNHCR verliehene Nansen-Medaille; und posthum, im Jahre 1968, verleihen ihr die Vereinten Nationen den Menschenrechtspreis.

Eleanor Roosevelt, die »First Lady of the World«, stirbt am 7. November 1962 in New York im Alter von achtundsiebzig Jahren an Herzversagen. Sie wird neben ihrem Mann auf dem Gelände der Roosevelt'schen Besitzungen in Hyde Park, New York, beigesetzt. Bei der Beerdigung sind US-Präsident John F. Kennedy und die Altpräsidenten Harry S. Truman und Dwight D. Eisenhower anwesend, Vertreter der UN ist deren amerikanischer Botschafter Adlai Stevenson. Die New York Times schreibt in ihrem Nachruf vom 8. November: »Ihre Hingabe an die Pflicht war wirklich selbstlos, und solange wie das Andenken der amerikanischen Frau in den Annalen unseres Landes verzeichnet ist, wird der Name Anna Eleanor Roosevelts darin bewahrt sein. Eine wie sie werden wir so bald nicht wieder sehen.«

7 Katharine Graham (1917–2001)
Eine Verlegerin kämpft gegen das Weiße Haus

Washington, Anfang Februar 1963: Katharine Graham, die fünf-
undvierzigjährige Ehefrau des Verlegers der *Washington Post*,
steht vor einem Scherbenhaufen: Ihr Mann Phil Graham erklärt, dass er sich von ihr trennen wolle und seine Zukunft an
der Seite seiner Geliebten Robin sehe. Er zieht aus dem gemeinsamen Haus aus. Doch zu der persönlichen Tragödie gesellt sich
ein ökonomisches Fiasko: Katharine Graham ist die Tochter des
Finanzinvestors Eugene Meyer, der die *Washington Post* im Jahre
1933 – damals ein vor dem Bankrott stehendes Blatt – gekauft
und mit großem Einsatz und fortwährender finanzieller Unterstützung wieder in die schwarzen Zahlen gebracht hat. Nachfolger Meyers nach dessen Ausscheiden aus der Firma wurde
der Schwiegersohn Phil Graham – auch er hat sich als Verleger
bewährt und den Konzern mit Geschick und Sachverstand geführt. Aber er ist ein kranker Mann, leidet unter manisch-de-
pressiven Schüben und ist in ärztlicher Behandlung, mit mäßi-
gem Erfolg. Bis dahin hat sich Katharine Graham, die eigentliche
Erbin Eugene Meyers, vornehmlich um Haushalt und Familie
gekümmert. Sie war mit der Erziehung ihrer vier Kinder beschäftigt und durfte bei öffentlichen Veranstaltungen an der
Seite ihres erfolgreichen Mannes repräsentieren. Dass sie die
Leitung der Firma übernehmen könnte, ja dass sie überhaupt
einen Anspruch auf die Firma hätte, daran hat bislang keiner
gedacht. Es liegt zur damaligen Zeit außerhalb der denkbaren
Vorstellung, dass sich eine Frau in einem von Männern domi-
nierten Medienkonzern bewähren könnte.

In dieser existenziellen Situation erwachen in Katharine Graham Widerspruchsgeist und Kampfesmut. Sie will nicht alles hinnehmen und nicht von vornherein klein beigeben. »Phil wusste«, so erinnert sie sich, »daß er die Kontrolle über die *Post* hatte, weil mein Vater ihm die Mehrheit der Stimmrechtsanteile übergeben hatte. Und er hatte das Gefühl, die Zeitung gehöre ihm, weil er siebzehn Jahre an ihrem Erfolg gearbeitet hatte. So entwarf er den Plan [...], mich auszuzahlen, indem er mit dem Geld der *Post* meine Anteile aufkaufte. Dann hätten Robin und er das alleinige Sagen gehabt. In mancherlei Hinsicht war dies für mich der absolute Tiefpunkt [...]. Denn jetzt hatte ich nicht nur meinen Mann verloren, sondern sollte auch noch die *Post* verlieren. [...] Doch meine Gefühle hinsichtlich der *Post* waren vollkommen klar. Mein Vater hatte Phil in der Tat die Mehrheit der Anteile übergeben, und Phil hatte die Geschäfte der Verlagsgesellschaft bestens geführt, aber nur die finanzielle Unterstützung meines Vaters hatte den Neubau des Verlagsgebäudes und später den Erwerb der *Times-Herald* und damit die Sicherung der Zukunft des Blattes ermöglicht. Erst die vielen Millionen, die mein Vater laufend in die Zeitung investierte, hatten der *Post* in den vielen Verlustjahren überhaupt eine Überlebenschance eröffnet. Erst die komplette Übernahme aller gemeinsamen Lebenshaltungskosten durch mich hatte es Phil ermöglicht, die Stimmrechtsanteile meines Vaters mit seinem Gehalt bei der *Post* zu bezahlen. Deshalb war ich über Phils Pläne außerordentlich verbittert und aufs äußerste entschlossen, mich ihnen zu widersetzen.«

Katharine Graham nimmt sich einen Anwalt – doch es kommt nicht zur gerichtlichen Auseinandersetzung: Nach einigen Monaten zieht Phil Graham wieder zu seiner Frau zurück, sichtlich krank und kaum noch fähig, die Geschicke der Firma zu leiten. Am 3. August 1963 hallt ein Schuss durchs Haus. Entsetzt eilt Katharine Graham in das Zimmer ihres Mannes und findet ihn tot auf. Er hat sich das Leben genommen. Sein Tod bestürzt sie, denn sie hat ihren langjährigen Gefährten und den Vater ihrer Kinder verloren. Aber sein Tod befreit sie auch, denn sie hat seit Jahren vergebens gegen die Krankheit ihres Mannes, gegen seinen Alkoholismus und seine Hasstiraden gekämpft. Und sein Tod stellt sie vor ganz neue Herausforderungen: Sie ist nun Haupterbin und damit auch Inhaberin der Mehrheit der Stimmrechtsanteile am Konzern. Damit hat sie das Sagen bei der *Washington Post*, der *Times-Herald*, der *Newsweek* und mehreren Fernsehsendern. Aber sie ist persönlich und fachlich überhaupt nicht auf diese Aufgabe vorbereitet. Das weiß sie selbst, und dennoch will sie die Firma nicht einfach Gesellschaftern und Managern auf Treu und Glauben überlassen. Sie beschließt, den Kampf aufzunehmen. Noch ahnt sie nicht, dass sie einmal als die mächtigste Frau Amerikas tituliert werden wird (etwa von Gerald Clarke, dem Biografen des mit Katharine Graham befreundeten Schriftstellers Truman Capote), dass man ihr mit Hass und Furcht, aber auch mit Respekt begegnen wird.

Emotionale Distanz

Katharine Meyer entstammt großbürgerlichen Verhältnissen. Ihr Vater Eugene Meyer ist Investor und Unternehmer, ihre Mutter Agnes Meyer eine bekannte Journalistin, Rednerin, Übersetzerin und Mäzenin. Zu deren Protegés gehört in den 1930er- und 1940er-Jahren Thomas Mann, der allerdings ein gestörtes Verhältnis zu seiner selbsternannten Freundin hat und ihr später in einem Brief vorwirft, sie habe »nicht den Humor, auch nicht den Respekt, auch nicht die Diskretion [gehabt], mich zu nehmen, wie ich bin«.

An Selbstbewusstsein und einer gewissen Chuzpe (die Familie hat mütterlicherseits jüdische Wurzeln) mangelt es also nicht. Auch sind die äußeren Verhältnisse mehr als gediegen: Eine große Villa in Washington und ein schlossähnliches Gebäude mit Park in Mount Kisco im Staat New York verleihen der Familie Status. Doch seltsamerweise leidet Katharine Meyer unter diesem Repräsentationsbedürfnis und trägt lange einen Minderwertigkeitskomplex mit sich. Erst als sie – schon auf die fünfzig zugehend – Verantwortung für die Firma übernehmen muss, gewinnt sie an Selbstvertrauen.

Geboren wird Katharine am 16. Juni 1917 als viertes von fünf Kindern der Eheleute Meyer. Bald nach der Geburt Katharines zieht die Familie von New York nach Washington. Die Stadt am Potomac River wird für Katharine zur Heimat, früh lernt sie die Verbindung von bürgerlicher Stadtkultur und großer Politik im Umkreis von Weißem Haus und Capitol kennen und schätzen. Die Eheleute Meyer sind vielbeschäftigt, die Kinder wachsen meist in der Obhut von Gouvernanten auf. »Als viertes von fünf Kindern«, so Katharine Graham in der Rückschau, »war ich auf eigenartige Weise vor den Härten des Zusammenlebens mit Eltern geschützt, die Perfektion verlangten, sowie vor einigen eher exzentrischen Aspekten unserer seltsamen Kindheit. Mehr als meine Geschwister wurde ich von den Eltern aus der Ferne beaufsichtigt und hatte so in mancher Hinsicht das Glück, gewissermaßen allein aufzuwachsen und nicht wie die älteren Kinder dem strengen Regiment elterlicher Erziehung ausgesetzt gewesen zu sein.« Diese emotionale Distanz sieht die erwachsene Katharine Graham eher mit Misstrauen: »Meine Schwierigkeiten hatten eher mit einem Mangel an vorbildlichen Bezugspersonen zu tun, denn emotional mußte ich mich praktisch im Alleingang erziehen, und ich mußte auch allein herausfinden, wie ich mit den Situationen, in die ich mich gestellt sah, am besten zurechtkam. [...] Ich war jedoch mit ungefähr sieben Jahren emotional entwachsen und danach ganz auf mich allein gestellt.«

Mehrmals reist die begüterte Familie nach Europa, wo Agnes Meyer als junge Frau einige Jahre verbracht hat. Es sind Bildungsreisen nach klassischem Muster, unter anderem nach Frankreich und Deutschland, an die sich Katharine Graham später noch gern erinnert. Die Vierzehnjährige beschreibt ihren Besuch bei Albert Einstein in dessen Haus in einem launigen Brief so: »Seine Haare sind wie ein Vogelnest, und er trug eine Art leuchtendblauen Overall. In der Hand hielt er eine Pfeife. [...] Ihr Haus ist sehr schlicht, aber schrecklich schön – nahe an ei-

nem See. Er segelt allein in einem Boot. Das hat einen ganz fla-
chen Boden, damit es nicht umkippen kann, wenn er sich in
Gedanken verliert. Wenn die Leute sehen, daß das Boot immer
im Kreis fährt, wissen sie, daß er gerade wieder eine neue Theo-
rie ausbrütet.«

Katharine besucht in Washington ein Privatgymnasium, später die private High-School von Miss Madeira, die zwar eine
fortschrittliche Pädagogik vertritt, aber auch Sparsamkeit und
Disziplin einfordert. Viel Wert wird auf Mannschaftssportarten
gelegt. Katharine interessiert sich schon früh für Journalismus
und sammelt allererste Erfahrungen in der Mitarbeit an der
Schulzeitschrift. Sie ist beliebt, wird in der Oberstufe sogar zur
Schülersprecherin gewählt. Im Rückblick bleibt sie gegenüber
der schulischen Erziehung skeptisch: »Trotz meiner High-
School-Erfolge verließ ich Madeira, ohne für das Leben, das ich
später führen sollte, wirklich vorbereitet zu sein.« Das Verhältnis zu den Eltern ist in jenen Jahren angespannt, vor allem zur
Mutter: »Sie haßte es geradezu, etwas herzugeben, sogar Lob
oder Ermutigung. [...] Im Lauf der Jahre schien meine Mutter
sich emotional immer schwerer zu tun. Zunehmend vertiefte
sie sich in ihre Freundschaften mit den diversen Männern in
ihrem Leben [...]. Außerdem begann meine Mutter, stärker zu
trinken; manchmal fing sie schon um zehn Uhr morgens an
[...].« Katharine zieht sich in sich selbst zurück. Einen Sommer
lang verbringt sie auf dem Schloss der Familie in Mount Kisco
und stürzt sich in die Lektüre der Klassiker. Am Ende jenes
Sommers, so resümiert sie, habe sie an die hundert Bücher gelesen. Es ist eine Flucht in die Welt der Phantasie. Den hohen
Ansprüchen der Eltern kann Katharine, so fühlt sie, nicht genü-
gen: »Insgesamt setzte uns unsere Mutter unerreichbare Maß-
stäbe. Dadurch waren wir einem enormen Druck ausgesetzt,
der nicht zuletzt unsere Fähigkeit beeinträchtigte, bescheide-
nere selbstgesteckte Ziele zu erreichen.[...] Ihre Neigung, so
zu denken, bedeutete auch, daß sie auf den Durchschnitt, das
Unprätentiöse und Alltägliche herabsah. Diese negative Sicht
auf das Normale und das gesunde Mittelmaß habe ich sehr

stark verinnerlicht, und sie hat nicht wenig zu meiner Verwirrung beigetragen.« Katharine fühlt sich in ihrer Kindheit und Jugend einsam und isoliert, schüchtern und unselbstständig: »Emotional und intellektuell mußten wir [die Kinder] uns selbst erziehen.«

Närrisches Gefallen an der *Washington Post*

In solch einer prekären Seelenlage befindet sich die halbwüchsige Katharine Meyer, als ihr Vater 1933 für nur 825 000 Dollar die schwer angeschlagene *Washington Post* kauft. Die Zeitung, die kaum über Renommee verfügt und sich in wirtschaftlicher Schieflage befindet, wird zum Steckenpferd Eugene Meyers. Der Finanzinvestor findet ein beinahe närrisches Gefallen daran, sich und der Welt zu beweisen, dass er zum Verleger taugt. Jahr um Jahr vergeht, Meyer investiert etliche Millionen Dollar in das Unternehmen, das nach wie vor rote Zahlen schreibt. Doch nach und nach mehrt sich das Anzeigenaufkommen, werden die Artikel und Reportagen pointierter und zugkräftiger, steigt das Ansehen der Zeitung. Eugene Meyer geht ganz in der neuen Funktion auf, wie seine Tochter betont: »Von Beginn an war mein Vater mit Begeisterung bei der Sache. Diese Herausforderung schien ihn geradezu verjüngt zu haben. Und die Moral bei der Zeitung wurde ebenfalls schlagartig besser, nachdem er die vom Konkursverwalter verfügte zehnprozentige Lohnkürzung aufgehoben und den Mitarbeitern verkündet hatte, sie würden alle ihre Arbeitsplätze behalten, wenn sie sich ›bewährten‹.« Ungewöhnlich für die damalige Zeit ist auch, dass Meyer Frauen einstellt, auch in gehobene Positionen. Dass freilich einmal die Leitung des Konzerns in weiblichen Händen liegen würde, ist damals undenkbar.

Auch Katharine Meyer tritt in das Familienunternehmen ein. Sie soll das journalistische Handwerk von der Pike auf lernen: »Seit meinem ersten Besuch im Zeitungshaus im Juni 1933 war die *Washington Post* ohne Unterbrechung ein Teil meines Lebens, denn meine Familie besaß dieses Blatt, identifizierte sich damit und war auch in die alltäglichen Vorgänge und Kleinigkeiten sehr stark eingebunden.« Katharine versieht zunächst Hilfs- und Botendienste in der Frauenredaktion, bald arbeitet sie auch als Reporterin in diversen Lokalredaktionen. Zudem studiert sie am Vassar College, einer Hochschule für Frauen, in Poughkeepsie im Staat New York. Erst allmählich, so Katharine Graham, habe sie am College, in der Entfernung zum Elternhaus, eigene, durchaus konservative Ideen und Überzeugungen entwickelt: »Ich glaubte – und glaube noch immer –, daß der Kapitalismus für eine freiheitsliebende Gesellschaft das am besten funktionierende System ist, daß er mehr Wohlstand für mehr Leute bringt als jedes andere sozioökonomische System, aber daß man sich irgendwie auch um die Menschen kümmern muß.« Im Sommer 1936 wechselt Katharine Meyer an die Universität von Chicago, um Geschichte (mit dem Hauptfach Amerikanische Geschichte) und Wirtschaftswissenschaften zu studieren. Dort fühlt sie sich von Anfang an wohl, sie lernt etliche ausländische Studenten kennen und nimmt regen Anteil an Diskussionen und intellektuellen Auseinandersetzungen. Sie wird eine leidenschaftliche Antifaschistin und interessiert sich für die Arbeiterbewegung – aller konservativen Grundhaltung zum Trotz. Einmal wird sie Augenzeugin der gewaltsamen Niederschlagung eines Streiks von Stahlwerksarbeitern: »Den Streikposten standen bewaffnete Polizeikräfte aus Chicago gegenüber. Ich befand mich, weil ich weiter weg stand, zwar nicht in der Gefahrenzone, doch hatte ich große Angst. […] Als die Stahlarbeiter vorrückten und der Werkschutz oder die Polizei plötzlich in die Menge feuerten, wurden sieben Arbeiter getötet und weitere verwundet.«

Katharine Meyer erhält damals eine Ahnung davon, wie wichtig eine unabhängige, kritische Presse für eine freie Gesellschaft ist, eine Presse, die Missstände aufdeckt und anprangert, da auch in einer Demokratie schädigende, zersetzende Kräfte am Werk sind. Da kommt ihr die Aufforderung des Vaters, nach Washington zurückzukehren und aktiv in die Geschäfte einzusteigen, gerade recht. Freilich warnt der Vater sie davor, sich als Erbin ins gemachte Nest setzen zu wollen: »Du solltest aber daran mitarbeiten, die *Post* an die Spitze zu bringen. Es macht viel mehr Spaß, sich an die Spitze zu kämpfen, als zu versuchen, sich dort zu halten, wenn man oben angekommen ist.«

Katharine Meyer ist sich bewusst: Sie will Journalistin werden, eine gute Journalistin bei einer der besten Zeitungen des Landes. Zwar schließt sie das Studium noch ab, kehrt aber im Sommer 1938 nach Washington zurück. Aber noch ist sie sich nicht im Klaren über den Weg, den sie beschreiten soll. Auf Anregung des Vaters verlässt sie Washington wieder und fährt auf die andere Seite des amerikanischen Kontinents, nach San Francisco. Bei den *San Francisco News* sammelt Katharine Meyer Erfahrungen in der Lokalredaktion. Hier lernt sie das journalistische Handwerk – ganz wie der Vater es von ihr erwartet. Als sie ihm nach ein paar Wochen unter Tränen gesteht, sie fühle sich überfordert, weist Eugene Meyer sie zurecht: Sie solle die Zähne zusammenbeißen und weiterkämpfen! Sie gehorcht – und boxt sich erfolgreich durch. Auch das ist eine Lektion, die ihr im späteren Leben, an der Spitze des Konzerns, noch zugutekommen wird.

In jener Zeit schärft sich die soziale und politische Wahrnehmung Katharine Meyers, auch unter der wachsenden kriegerischen Bedrohung durch das nationalsozialistische Deutschland. Voller Abscheu notiert sie: »Eines Morgens hörte ich im Radio eine Rede von Hitler und schrieb, das klinge ein wenig so, ›als sei man aus Versehen in den Zoo geraten – diese röhrende Stimme, unterbrochen von Geschrei, das so klang, als komme es von einer Herde wild gewordener Tiere‹.« Im April 1939 – in Europa stehen die Zeichen bereits auf Krieg – kehrt Katharine Meyer auf Wunsch des Vaters in die Hauptstadt Washington zurück, nah an den Puls der amerikanischen Politik. Nun tritt die Tochter des Verlegers offiziell in den Konzern ein, allerdings in untergeordneter Stellung, als Bearbeiterin der Leserbriefe. Lakonisch und harsch fällt die Warnung Eugene Meyers aus: »Wenn die Sache nicht funktioniert, werden wir sie wieder entlassen.« Von

Anbeginn ist klar: Es gibt keinen Verwandtschaftsbonus für Katharine, sie hat sich wie alle anderen zu bewähren.

Eine scheinbar moderne Ehe

Katharine Meyer empfindet die Rückkehr in die Heimatstadt als inspirierend: »Unter Roosevelt waren in der Zeit meiner Abwesenheit massenhaft fähige, idealistische junge Männer und Frauen in die Hauptstadt geströmt, die bereit waren, Reformen auf den Weg und die Wirtschaft wieder in Schwung zu bringen, Arbeitslosen eine gewisse finanzielle Unterstützung zu garantieren, den Rentnern Kranken- und Sozialversicherungsleistungen sowie Beschäftigten in den unteren Einkommensgruppen Mindestlöhne zu sichern. Es war eine Zeit, in der die Jungen viel erreichen konnten und in der Ideen nach oben durchsickerten und bei den Mächtigen Gehör fanden.« Auch in der *Washington Post* steht der Weg denen offen, die Leistung und Innovation bringen. Katharine Meyer bewährt sich. Bald wechselt sie von der Leserbriefredaktion ins Ressort für Leitartikel und arbeitet den Redakteuren zu, ist aber auch selbst für kleinere Artikel verantwortlich. Sie knüpft viele Kontakte, auch zu Studenten und Intellektuellen, und lernt bei einer studentischen Party ihren späteren Mann Phil Graham kennen, den sie bei dieser Begegnung jedoch beinahe verletzt: »Ich sah aus dem Fenster und rief den anderen etwas zu, als plötzlich das Insektengitter heraus und direkt auf die Köpfe der später Zurückkehrenden fiel. Zu dieser Gruppe gehörte auch Phil Graham, den ich an jenem Abend zum ersten Mal traf: Er schaute nach oben, während ich wegen meines Mißgeschicks mit offenem Mund nach unten starrte.«

Der Jurist Phil Graham, zwei Jahre älter als Katharine, ist damals Assistent des Bundesrichters Stanley Reed. Bei einer Silvesterparty im Hause der Meyers kommen sich Katharine und Phil näher. Graham, der aus Florida stammt, will nach seiner Assistentenzeit in seine Heimat zurück, um dort eine Kanzlei zu eröffnen und in die Politik zu gehen. Er stammt aus einfachen Verhältnissen und ist vom Reichtum der Meyers fasziniert, zugleich aber zu stolz, als dass er sich persönliche Vorteile davon erhoffte. »Er gestand mir seine Liebe«, erinnert sich Katharine Graham, »und sagte, wir sollten heiraten und nach Florida ziehen, wenn ich mit lediglich zwei Kleidern auskommen könne. Denn über eines müsse ich mir im klaren sein: Von meinem Vater würde er nie etwas annehmen oder mit ihm beruflich in Verbindung treten; wir müßten schon mit dem auskommen, was er selbst verdiene.«

Am 5. Juni 1940 heiraten Katharine und Phil Graham in Mount Kisco, dem Landsitz der Familie. Die Brautleute mieten in Washington ein kleines Haus. Katharine geht weiterhin ihrer Arbeit nach: »Weil Phil darauf bestanden und ich meine Einwilligung gegeben hatte, daß wir mit unseren beiden Gehältern auskommen müßten, und weil meines so lächerlich gering war, neigte ich zunächst dazu, überhaupt nicht mehr arbeiten zu gehen und als Hausfrau daheim zu bleiben und das Kochen und den Haushalt zu erlernen. Für Phil war dieser Gedanke der reinste Horror: Er fände es schrecklich, wenn er Überstunden machen müsse und ich zu Hause mit einem Kuchen auf ihn warte. Außerdem lag ihm viel an meiner Berufstätigkeit. Also entschied er, daß wir von meinem Verdienst eine Haushälterin bezahlen könnten.«

Eine moderne Ehe, so scheint es. »Ich lernte«, so Katharine Graham, »bescheidener zu leben. [...] Der Versuch, mit unserem Verdienst auszukommen, hat uns beiden gutgetan [...].« Phil Graham widersteht zunächst der Verlockung, Karriere im Unternehmen der Schwiegereltern zu machen. Stattdessen arbeitet er bei Gericht, während Katharine weiterhin für die *Washington Post* Storys und Reportagen schreibt. Die Zeitung befindet sich in jenen Jahren noch immer in finanzieller Schieflage: Jahr für Jahr muss Eugene Meyer aus seinem Privatvermögen zuschießen, doch er glaubt an sein »Kind«, dessen Ruf immer besser wird und dessen Auflage kontinuierlich steigt.

Doch der Krieg in Europa überschattet auch das Leben der

Meyers: Im Sommer 1942 tritt Phil Graham in die US Army ein, durchläuft mehrere Ausbildungscamps und Offiziersschulen in South Dakota, Utah und Pennsylvania und ist schließlich auch im Einsatz auf den Philippinen. Katharine Graham erleidet zu dieser Zeit eine Fehlgeburt. Ein zweites Kind verliert sie bei der Geburt. Sie befürchtet, überhaupt keine Kinder bekommen zu können. Zudem zeigen sich in der Ehe erste Risse und Verwerfungen – die Katharine freilich gar nicht richtig erkennt und erst in der Rückschau zu benennen weiß. Als alte Dame bekennt sie offen: »Obwohl Phil von uns beiden deutlich der Stärkere war, lernte er manches auch von mir: zum Beispiel ein breiteres Wissen darüber, wie es in der Welt zugeht, und eine größere Wertschätzung von Kunst, Musik und Schönheit. Vor allem aber lernte er durch mich die Welt meiner Eltern – die *Post* und Washington – kennen und schätzen. Durch mich gewann er auch insgesamt an Stabilität. Trotzdem war immer er es, der entschied, während ich diejenige war, die reagierte. [...] Erst viele Jahre später wurde ich auf die Kehrseite aufmerksam und bemerkte, daß ich auf geradezu perverse Weise anscheinend die Rolle der unterwürfigen Ehefrau liebgewonnen hatte. Aus welchen Gründen auch immer, ich liebte es, beherrscht zu werden und die Wünsche des Partners auszuführen.«

Die Kriegsjahre verlangen allen viel an Einsatz und innerer Überzeugung ab. Die *Washington Post* steht bei aller Unabhängigkeit auf Präsident Roosevelts Seite. Das Prestige der Zeitung steigt. Und auch wirtschaftlich kommt endlich der Durchbruch: Seit 1942 schreibt das Unternehmen schwarze Zahlen. In jenem Jahr nimmt Eugene Meyer, der bereits auf die siebzig zugeht, seinen Schwiegersohn und seine Tochter beiseite. »Mit Sicherheit«, so Katharine Graham, »sah er sein ganzes verlegerisches Bemühen als sinnlos an, wenn es ihm nicht gelänge, für die Zukunft der *Post* eine Lösung innerhalb der Familie zu finden. In jenen Tagen mußte der einzig denkbare Erbe natürlich männlichen Geschlechts sein, und weil mein Bruder Mediziner war und so gut wie kein Interesse am Zeitungsgeschäft gezeigt hatte, hatte mein Vater natürlich in erster Linie Phil im Auge. Daß er dabei an meinen Mann dachte, gefiel mir. Merkwürdigerweise beunruhigte es mich nicht im geringsten – es kam mir sogar nicht einmal in den Sinn –, daß er ja auch an mich als jemanden hätte denken können, der für eine wichtige Position bei der Zeitung geeignet war.« Nach einiger Bedenkzeit willigt Phil Graham ein, »denn er sah – in Übereinstimmung mit der Philosophie meines Vaters –, daß er sich durch die Zeitung genauso gut wie durch politische Aktivitäten für die Belange der Öffentlichkeit engagieren könne«.

Phil Graham steigt in die Geschäftsleitung der Washington Post Company ein – und Katharine Graham bringt entgegen früheren Befürchtungen doch noch vier Kinder zur Welt. Die Rollenverteilung entspricht in jenen Jahren fast dem Klischee – mit ausdrücklicher Billigung Katharine Grahams. Im Nachhinein urteilt die Verlegerin freilich selbstkritisch: »Damals dachte ich noch nicht viel darüber nach, aber dieses war der Anfang eines Verhaltensmusters, das sich mir im Rückblick als recht ungesund darstellt: Ich war für Organisation und Transport zuständig, während Phil die Anweisungen gab und für Spaß in meinem Leben und dem unserer Kinder sorgte. Schritt für Schritt wurde ich zum Packesel und akzeptierte – was eigentlich noch schlimmer war – diese Rollenverteilung, die mich zu einer Art Mensch zweiter Klasse machte. Ich glaube, diese Rollendefinition vertiefte sich im Lauf der Zeit immer mehr, und ich wurde dadurch in meinem Selbstwertgefühl zunehmend verunsichert.«

Bald spielen die Grahams im öffentlichen Leben Washingtons und darüber hinaus eine wichtige Rolle. Man sieht das junge, hübsche Paar gern bei Veranstaltungen und Empfängen, auch umgekehrt laden sie – bald in einem größeren Haus wohnend – des Öfteren zu Partys ein. Phil Graham übernimmt immer größere Verantwortung in der Geschäftsleitung, ihm gelingt der Zukauf der *Times-Herald* und der *Newsweek* sowie mehrerer Fernsehsender, während Eugene Meyer sich nach und nach aus der Firma zurückzieht. Als unter Senator Joseph McCarthy eine geradezu hysterische Überwachung und Verfolgung »antiamerikanischer Umtriebe« (dazu gehören Kommunisten, Anarchisten, aber auch kritische Intellektuelle jeglicher Couleur) einsetzt, profiliert sich die *Washington Post* mit ihrer kritischen, liberalen Berichterstattung – und gerät selbst ins Visier des Geheimdienstes. Phil Graham bleibt gelassen: »McCarthy macht hier eine Menge Lärm, und er richtet auch eine Menge Schaden an, aber ich hoffe, daß er letztlich auf seinem Hintern landen wird.« Auch Katharines Mutter Agnes Meyer, die noch als betagte Frau auf Redetourneen durch die Vereinigten Staaten unterwegs ist, fürchtet den mächtigen Senator nicht und kanzelt ihn in Atlantic City auf einem Kongress vor siebzehntausend Beamten aus der Schulverwaltung als »modernen Großinquisitor«, gefährlichen Demagogen und Psychopathen ab.

Ein Schuss

Erfolg und Glamour haben für das junge Verlegerehepaar ihre Schattenseiten: Phil Graham zeigt sich dem Erfolgsdruck nicht gewachsen. Äußerlich funktioniert er, unter seiner Ägide wächst das Unternehmen und fährt immer größere Gewinne ein. Doch innerlich droht er unter der Last zu zerbrechen. Seine Frau erkennt das früh: »Phil kränkelte und trank immer mehr. Meine Konstitution war wesentlich besser als seine, oft setzten ihn irgendwelche undefinierbaren Grippeanfälle außer Gefecht.« Katharine Graham zieht die Kinder auf (mit Unterstützung durch Personal) und arbeitet weiter bei der *Washington Post*, jetzt in der Vertriebsabteilung, ein Job, wie sie selbst schreibt, »der keine höheren Anforderungen stellte«. Sie kennt in jenen Jahren »nicht einmal den Unterschied zwischen Kapital und Einkommen oder daß es so etwas wie Hypotheken gab – ein typisches Beispiel für meine Unwissenheit in Geldangelegenheiten«. Die Unterordnung unter das Rollenklischee ist absolut, und nicht entfernt denkt sie daran, einmal ihren Mann in der Verlagsleitung abzulösen, ablösen zu müssen.

Der nämlich kränkelt immer mehr. Nicht nur wiederholte

Grippeanfälle und der Griff zur Flasche sind Symptome dafür, dass er immer weniger mit dem Druck, der auf ihm lastet, umgehen kann. Es zeigen sich auch Krankheitssymptome, die seine Umgebung zunächst gar nicht einordnen kann: Phil Graham wird immer öfter ausfällig, beschimpft seine Frau auch in der Öffentlichkeit, sucht Streit, verwendet Wörter aus der Gossensprache. Katharine Graham leidet unsäglich darunter, versucht, solche Situationen zu überspielen, geht dem Streit aus dem Weg, so gut es geht. »Häufig«, so erinnert sie sich, »ließ er kritische oder schneidende Bemerkungen fallen, wenn etwas nicht genau seinen Vorstellungen entsprach – etwa im Haus oder bei meiner Kleidung. Natürlich gab es hier mehr als genug Anlässe für abschätzige Bemerkungen. Seltsamerweise merkte ich damals aber nicht, daß er mich zwar durch mannigfache Hilfestellung ermutigte, zugleich aber auf seine Weise auch so demütigte, daß mein Selbstwertgefühl allmählich schweren Schaden nahm. [...] Und doch fiel mir überhaupt nicht auf, wie aggressiv sein Verhalten mir gegenüber bereits geworden war. Ich hatte von ihm so viel gelernt, daß ich mir ganz wie sein Geschöpf vorkam und das Gefühl hatte, vollkommen von ihm abhängig zu sein.«

Erst nach Jahren untersucht ein Psychiater ihren Mann und kommt zum Schluss, dass er manisch-depressiv ist und die Krankheitsschübe immer stärker werden. »Am 28. Oktober [1957]«, erinnert sich Katharine Graham, »erfolgte mitten in der Nacht der totale Zusammenbruch. Ich kann es nicht anders ausdrücken. Er winselte vor Schmerzen und Verzweiflung und verfiel in eine totale, überwältigende Depression. Er weinte und weinte und konnte überhaupt nicht wieder aufhören.«

Phil Grahams Krankheit ist bereits so fortgeschritten, dass er fast ein Jahr lang kaum noch arbeitsfähig ist. Die Firma verfügt über einen altgedienten, zuverlässigen Mitarbeiterstamm, so dass der Ausfall in der Chefetage überbrückt werden kann. Dennoch stellt sich die Frage, ob der junge Verleger wieder gesunden wird oder ob man nach einem Nachfolger Ausschau halten soll. Eugene Meyer, der noch immer mit seinem verlegerischen Rat und seiner Erfahrung zur Seite stand, stirbt im Sommer 1959. Phil Graham ist unterdessen wieder in einem labilen Gleichgewicht, sodass er die Leitung des Unternehmens erneut übernehmen kann – allerdings setzen seine Ausfälle und Alkoholexzesse bald wieder ein.

1960 gewinnt der Demokrat John F. Kennedy die Präsidentschaftswahlen gegen seinen republikanischen Herausforderer Richard Nixon. Die Grahams freunden sich mit dem aufgeschlossenen Präsidenten an, und auch Kennedy liegt viel an einem guten Verhältnis zu dem Verlegerehepaar, denn die Stimme der *Washington Post* gilt inzwischen viel, nicht nur in der Hauptstadt, sondern im ganzen Land. Als »echte Kennedy-Enthusiastin« bezeichnet sich Katharine Graham noch im Alter, und tatsächlich geht damals von dem jungen Präsidenten viel Hoffnung aus, Hoffnung auf ein Aufbrechen starrer konservativer Ideologien in einem Land, das von Freiheit und Demokratie schwärmt und doch von Strömungen durchsetzt ist, die sich gegen Gewerkschaften, Sozialpolitik, Emanzipation von Farbigen und Frauen wenden. Enthusiastisch äußert sich Katharine Graham, die sonst mit ihren Gefühlen zurückhaltend ist: »Aber es ist überhaupt nicht schwer, sich die Aufbruchsstimmung und Hoffnung ins Gedächtnis zurückzurufen, die einen jungen Präsidenten begleiteten, der energiegeladen und eloquent daranging, alte Probleme auf neue Weise zu lösen. Besonders am Anfang waren wir von den Aussichten dieser Regierungszeit regelrecht elektrisiert.« Gesellschaftlicher Höhepunkt jener Zeit ist eine Einladung zur Dinnerparty im Weißen Haus. »Präsident Kennedy«, so Katharine Graham, »besaß außerordentlichen Charme. Seine Fähigkeit zur intensiven Konzentration und sein sanft spöttischer Humor waren unwiderstehlich, ebenso seine Angewohnheit, das Gehirn seines Gegenübers wie mit einem Staubsauger zu leeren, um zu sehen, was der oder die Betreffende wußte und dachte. Im übrigen waren die männlichen Kennedys schamlose Machos […]. Sie mochten andere intelligente Männer, und sie mochten junge Frauen. Mit Frauen mittleren Alters aber, an denen sie nicht allzu interessiert waren, konnten sie nicht umgehen, was besonders verheirateten Frauen im mittleren Alter das Leben schwermachte.«

Phil Grahams Krankheit verschlimmert sich erneut und wirkt sich nicht nur negativ auf die Firmengeschicke aus, sondern auch auf das Familienleben und auf Katharine Grahams Gesundheit. Die Ärzte diagnostizieren bei ihr Tuberkulose. Noch in der Distanz ist sie fassungslos: »Denn er [Phil] verdrängte die Möglichkeit einer Tbc-Erkrankung total und sagte, das sei doch vollkommen unmöglich, die Diagnose müsse ein Fehler sein, er würde sich um die Sache kümmern, und so weiter, und so weiter. Trotzdem ging ich am nächsten Tag ins Krankenhaus und blieb eine Woche dort. In dieser Zeit bestätigte sich leider der Tuberkulose-Verdacht. Heute mache ich mir Gedanken über die Zusammenhänge zwischen Streß und meiner Erkrankung, denn in jenen Tagen kam Tuberkulose unter Wohlhabenden nur äußerst selten vor. Vielleicht war der mit Phils Erkrankung verbundene Streß für das Entstehen meiner Krankheit doch wesentlich wichtiger, als ich damals dachte.«

Katharine Graham gesundet zwar, aber das Hauptproblem jener Jahre, die Krankheit ihres Mannes, bleibt ungelöst: »Phils Verhalten wurde immer unberechenbarer und schlimmer, zumal sich vieles nun in der Öffentlichkeit abspielte. […] Gleichzeitig begann er jedoch, jeden in seiner Umgebung mit unglaublichen Wutausbrüchen zu attackieren. […] Phil wurde immer intoleranter und verletzender, und er warf mit unflätigen Ausdrücken um sich. Im Sommer 1962 begann er, seine Wutausbrüche auch gegen mich zu richten.« Katharine Graham macht zufällig eine böse Entdeckung: »Am Nachmittag jenes Heiligabends 1962 endete für mich die Welt, die ich gekannt und geliebt hatte: Als das Telefon klingelte, nahm ich den Hörer ab, ohne zu merken, daß Phil sich in sein Ankleidezimmer zurückgezogen hatte und dort hinter verschlossenen Türen ebenfalls abgenommen hatte. Auf diese Weise mußte ich also mit anhören, wie Phil und Robin unzweideutig als Liebespaar miteinander sprachen. Ich wartete noch, bis Phil aufgelegt hatte, ging dann aber sofort in sein Zimmer und stellte ihn zur Rede. Ich fragte ihn, ob meine Schlußfolgerungen zuträfen. Er bejahte. Es ist fast unmöglich, meine totale Erschütterung nach der Aufdeckung dieser Affäre zu beschreiben.«

Phil Grahams Entfremdung von sich, seiner Frau und der Welt nimmt zu. Zeitweise muss er in einer geschlossenen psychiatrischen Klinik behandelt werden. Schließlich verlässt er seine Frau und zieht mit seiner Geliebten zusammen. Doch auch das ist nicht von Dauer. Reumütig kehrt er nach einiger Zeit zu seiner Familie zurück. Bald darauf wird er wieder in eine psychiatrische Klinik eingewiesen. Am 3. August 1963 – Phil Graham ist übers Wochenende zu Hause bei seiner Familie – kommt es zur Tragödie: Er erschießt sich. Seine Frau, vom Schuss aufgeschreckt, findet ihn.

Sprung in den Abgrund

Katharine Graham steht vor einem tiefen Abgrund: Sie trauert um Phil, kann sich aber nicht ihrer Trauerarbeit hingeben, denn Familie und Firma benötigen sie. In dieser Situation beschließt sie zu kämpfen: Ihr Vater hat Phil die Mehrheit der Stimmrechtsanteile übertragen. Die klagt Katharine Graham nun ein: Sie will die Interessen der Familie am Unternehmen verteidigen und zudem selbst in die Leitung der Firma aufsteigen: »Ich war nicht bereit, die Zeitung kampflos herzugeben.« Doch kaum einer traut der schüchtern und unselbstständig wirkenden Frau das zu. Bereits am Tag vor Phil Grahams Beerdigung trifft sich der Aufsichtsrat der Washington Post Company, und obwohl die Witwe nicht Mitglied ist, nimmt sie als Gast daran teil und richtet ein paar Worte an das Gremium, worin sie ihren Führungsanspruch bekräftigt. Sie engagiert zudem einen der besten Anwälte und will die Angelegenheit durchfechten. Das Hauptproblem: Auf dem Höhepunkt seiner Krankheit hat ihr Mann ein zweites Testament verfasst, worin er ein Drittel seines Vermögens seiner Geliebten vermacht hat. Dieses zweite Testament wiederum wurde kurz vor seinem Tod auf seinen Wunsch vor Zeugen vernichtet. Es kommt nun zur gerichtlichen Auseinandersetzung um die Gültigkeit des ersten Testaments. Der Prozess endet mit einem Vergleich: Katharine Graham muss einen Teil von Phils Erbe an ihre Kinder abtreten. Aber das steht ihrem Plan, die Firma für die Familie zu erhalten, nicht entgegen. Dennoch fangen die Schwierigkeiten nun erst richtig an: »Blind und unbedacht stolperte ich in einen neuen, unbekannten Lebensabschnitt.«

Zunächst gönnt sie sich, um mit ihrem Schmerz zurande zu kommen, eine Kreuzfahrt in der Ägäis, aber nach ihrer Rückkehr zeigt sie sofort Präsenz: »Offiziell wurde ich am 20. September [1963] in einer Aufsichtsratssitzung zur Präsidentin der Washington Post Company gewählt. Man hat mich oft gefragt, woher ich den Mut genommen hätte, die Firma zu übernehmen, und ich habe immer wieder geantwortet, daß ich mich nie als jemanden gesehen hätte, der etwas ›übernimmt‹ oder wirklich Firmenchef wird, weil ich überhaupt keine Vorstellung von der Rolle hatte, die ich schließlich ausfüllen sollte. Während mir klar war, wie wichtig der Besitz der Mehrheitsanteile war [...], sah ich mich jetzt eigentlich nur in der Rolle einer stillen Teilhaberin. Ich wollte als Unbeteiligte zuschauen und versuchen, mir auf diese Weise ein Bild davon zu machen, wie die Firma wirklich funktioniere, die ich auf so tragische Weise geerbt hatte. [...] Naiv nahm ich an, die Geschäfte würden einfach wie bisher weiterlaufen, während ich nur zuhörte und lernte. Mir fehlte das Verständnis dafür, daß die Dinge nicht einfach stillstehen [...].«

Die Dinge stehen tatsächlich nicht still: Das Unternehmen muss sich geänderten wirtschaftlichen, politischen und gesellschaftlichen Rahmenbedingungen stellen. Und Katharine Graham – das begreift sie intuitiv – kann nicht nur reagieren, sie muss selbst agieren, will sie die Firmenleitung halten und das Unternehmensschiff sicher durch die Gestade lotsen. Vor allem muss sie aus dem Schatten ihres verstorbenen Mannes treten, der bei der Kollegenschaft und der Konkurrenz trotz seiner gesundheitlichen Probleme beliebt und respektiert war: »Aber ich mußte erst noch dahinterkommen, daß ich diese Aufgabe nur so bewältigen konnte, wie es *meiner* Person und *meinen* Fähigkeiten entsprach. Ich durfte nicht versuchen, jemand anders zu sein, und schon gar nicht Phil. Was ich im wesentlichen tat, war, daß ich langsam einen Fuß vor den anderen setzte, meine Augen schloß und vom Rand in den Abgrund sprang. Zu meiner Überraschung landete ich auf beiden Beinen [...].«

Dennoch: Unsicherheiten und Zweifel bleiben, und Katharine Graham leidet unter den Fehlern, die sie anfänglich macht: »Ich meinte wirklich, daß andere in meiner Position keine Fehler machten. Die Art und Weise, wie ich mit meinen Fehlern umging, unterschied sich bestimmt davon, wie meine männlichen Kollegen mit ihren Fehlern lebten. Sie quälten sich gewiß nicht wie ich; sie lagen nicht nächtelang wach, um in Gedanken alle Fehler des Tages Revue passieren zu lassen, immer wieder auf bestimmte Szenen zurückzukommen und sich zu fragen, wie sie sich darin anders und besser hätten verhalten können.«

»Wir drucken!«

US-Präsident Richard Nixon ist in jener Zeit unter starkem Druck: Seine Politik der Fortführung des amerikanischen Einsatzes im Vietnamkrieg spaltet die Nation. Massenkundgebungen finden statt, die den Rückzug aus Vietnam und die Beendigung des Kriegs verlangen. Geschürt werden die Proteste durch einen Eklat: Am 13. Juni 1971 beginnt die *New York Times* mit der Veröffentlichung eines Teils der sogenannten »Pentagon-Papiere«, rund 7000 Seiten, die sie in Kopie von dem einstigen hochrangigen Mitarbeiter im Verteidigungsministerium Daniel Ellsberg zugespielt bekam. Aus den Papieren wird ersichtlich, dass die Regierung unter Präsident Lyndon B. Johnson 1964 einen Angriff Nordvietnams vortäuschte, um die Kriegsbereitschaft in der amerikanischen Bevölkerung anzuheizen, und dass Kriegsvorbereitungen bereits zu einem Zeitpunkt liefen, als

Johnson noch behauptete, nicht in Vietnam intervenieren zu wollen. In ähnlicher Weise wurden auch unter Präsident Richard Nixon Kriegspläne und -ziele systematisch verheimlicht und der Öffentlichkeit vorenthalten.

Ellsberg und die *New York Times* geraten unter massiven Druck. Zu seinem Außenminister Henry Kissinger sagt Nixon: »Bringt diesen Hurensohn [Daniel Ellsberg] hinter Gitter.« Die US-Regierung geht gerichtlich gegen die weitere Publikation vor, die *New York Times* bricht die Artikelserie nach der dritten Folge ab. Doch jetzt springt die *Washington Post* in die Bresche: Am 16. Juni 1971 publiziert die Zeitung mit der Unterstützung Katharine Grahams den vierten Teil der Artikelserie. Zugleich haben sich die Redakteure rund 4400 Seiten der Pentagon-Papiere über einen Verbindungsmann beschafft. Im Verlag gibt es heftige Diskussionen über das Für und Wider der weiteren Publikation, zumal der Konzern kurz vor dem Gang an die Börse steht und man durch solch eine gefährliche Aktion den Zusammenbruch der Kurse riskiert. Selbst die zugezogenen Anwälte raten von einer weiteren Publikation ab, dadurch könne die ganze Firma aufs Spiel gesetzt werden. In der Redaktionssitzung entbrennt ein heftiger Streit, schließlich ruft man die Verlegerin an. Ein weiterer Artikel ist bereits gesetzt, die Drucker warten auf das Imprimatur, die Maschinen stehen bereit, die Zeitung muss noch am Abend gedruckt werden, um sie in der Nacht ausliefern zu können. Katharine Graham spricht ein Machtwort: »Aufs äußerste angespannt, schluckte ich tief und sagte dann: ›Macht es, macht es, macht es! Los! Wir drucken!‹ Und ich legte auf.«

Tags darauf ruft ein Vertreter des Justizministeriums in der Chefredaktion an und fordert einen Abbruch der Publikation. Die Redaktion weist das Ansinnen zurück. Daraufhin reicht die Regierung auch gegen die *Washington Post* Klage ein. In einer Eilsitzung lehnt anderntags das zuständige Gericht es ab, eine Verfügung zu erlassen, die die Zeitung daran hinderte, mit dem Abdruck fortzufahren. Sofort legt die Regierung Berufung ein, die Revision gibt noch in derselben Nacht dem Kläger recht, allerdings kann der Teil der Zeitungsauflage, der zu dieser Uhrzeit – gegen zwei in der Nacht – bereits gedruckt ist, noch verkauft werden. Selbst dieses Urteil werten Verlag und Redaktion noch als moralischen Sieg gegen einen übermächtigen Gegner. Die *Washington Post* ist im ganzen Land in aller Munde, sie hat den Nimbus eines Blattes, das für Wahrheit und Freiheit steht. Die Macher und Verantwortlichen der Zeitung werden von vielen Amerikanern als Helden gesehen. Nun geht die *Washington Post* in Berufung und erhält wiederum recht, und wiederum wird in der nächsten Instanz die Fortführung der Artikelserie untersagt. Am 26. Juni kommen die Verfahren gegen die *New York Times* und die *Washington Post* gemeinsam zur Anhörung vor dem Supreme Court. Der fällt am 30. Juni sein Urteil, die Regierung sei der »schwerwiegenden Beweislast« nicht gerecht geworden, dass die Publikation der Pentagon-Papiere die nationale Sicherheit gefährde. Deswegen sei ein Verbot der Veröffentlichung weiterer Dokumente nicht gerechtfertigt. Im Zweifelsfall habe das Geheimhaltungsinteresse des Staates hinter dem Interesse der Öffentlichkeit und der Pressefreiheit zurückzustehen. Es ist für die Presse ein Sieg auf ganzer Linie, und Katharine Graham kann sich das Verdienst zuschreiben, im entscheidenden Augenblick nicht den Zweifeln und Ängsten nachgegeben zu haben.

Doch bereits ein Jahr später kommt es erneut zu einem Skandal, der die Absicht der Regierung unter Richard Nixon, die Öffentlichkeit zu hintergehen und die Freiheit von Personen und Institutionen zu beschneiden, offenbart. Die wohl größte Herausforderung jener Jahre wird die sogenannte Watergate-Affäre, in der die *Washington Post* eine entschiedene und entscheidende Rolle einnimmt – nicht zuletzt dank Katharine Grahams Mut, als Verlegerin der Zeitung und als Präsidentin des Konzerns Stellung zu beziehen. Die Affäre wird durch einen Einbruch in die Parteizentrale der Demokratischen Partei, das sogenannte Watergate-Gebäude, ausgelöst. Am 17. Juni 1972 dringen fünf Männer in den Komplex ein. Ein Wachmann bemerkt einen Klebestreifen am Schloss einer Tür, der ihr Zufallen verhindern soll, und benachrichtigt die Polizei. Die Einbrecher werden festgenommen. Bei den Verhören und Untersuchungen stellt sich heraus, dass die Einbrecher Abhörmikrofone, die bereits bei einem ersten Einbruch angebracht worden waren, neu justieren wollten. Einer der Festgenommenen ist pikanterweise James McCord, der mit dem von US-Präsident Richard Nixon im Jahr zuvor gegründeten »Komitee zur Wiederwahl des Präsidenten« (CRP) in Verbindung steht – einer Organisation, die Nixon im Wahlkampf unterstützt und deren Finanzierung sich aus geheimen Kanälen speist. Bald sickert durch, dass die Fäden für den Einbruch im engen Umkreis des Präsidenten gezogen worden sind, vermutlich sogar mit dessen Wissen und Einwilligung. Wieder kommt es zu einem Kräftemessen zwischen Presse und Regierung, und wieder ist es die *Washington Post* mit ihrer mutigen Verlegerin Katharine Graham, die den offenen Kampf wagt – und gewinnt. Katharine Graham meint in der Rückschau kritisch über jene Jahre unter Präsident Nixon: »Wir alle begannen, uns um die Pressefreiheit immer stärkere Sorgen zu machen. Vor allem störte uns die anmaßende Einstellung der Nixon-Administration, allein die Regierung habe die Autorität zu bestimmen, was das amerikanische Volk wissen dürfe. Und wir waren der Ansicht, wie Ben [Bradlee, der Chefredakteur] später sagte, daß, wenn die Presse das Ziel sei, ›die Öffentlichkeit das Opfer‹ darstelle.«

Im Mittelpunkt der Aufdeckung der Watergate-Affäre stehen damals zwei Journalisten der *Washington Post*, die beide von der Verlegerin Katharine Graham Rückhalt und freie Hand bekommen: Carl Bernstein und Bob Woodward. Katharine Graham ist noch Jahrzehnte später voller Anerkennung: »Was wir da sahen, war natürlich nur die legendäre Spitze des Eisbergs. Die wahre Größe dieses Eisbergs hätten wir vielleicht auch niemals herausbekommen, wären da nicht die außerordentlichen detektivischen Fähigkeiten der Reporter Woodward und Bernstein gewesen – heute berühmte Namen, doch damals zwei junge Männer, die noch niemals zusammengearbeitet hatten und von denen einer (Woodward) noch gar nicht lange bei unserer Zeitung war. Die beiden bildeten in gewisser Weise ein natürliches Gespann, weil sich ihre Qualitäten und Fertigkeiten ausnehmend gut ergänzten. Intelligent waren sie beide, aber Woodward war der gewissenhafte, fleißige, besessene Antreiber, während der unordentliche und undisziplinierte Bernstein besser schreiben konnte. Er war der einfallsreichere und kreativere der beiden. Ansonsten waren sie wie Öl und Wasser, aber was dabei herauskam, war gut, trotz – oder gerade wegen – dieser seltsamen Mischung.«

Woodward und Bernstein – damals nennt man das Gespann kurz »Woodstein« – gelingt es, über einen geheim gehaltenen Informanten (der erst 2005 als Mark Felt aufgedeckt wird, ein ehemaliger hoher Beamter des FBI) die Hintergründe des Watergate-Skandals aufzudecken. Präsident Nixon versucht zunächst, den Einbruch in das Watergate-Gebäude als »drittrangig« kleinzureden. Doch James McCord wird bei den Ermittlungen als Agent des Geheimdienstes CIA entlarvt. Nixon versucht unterdessen, die CIA einzuschalten und die Ermittlungen des FBI zu unterbinden. Doch der einmal ins Rollen gebrachte Stein ist nicht mehr aufzuhalten. Es tauchen Tonbandmitschnitte aus dem Weißen Haus auf, die die Recherchen der *Washington Post* stützen: Die Abhöroperation sowie diverse Bestechungsaktionen wurden demnach von US-Präsident Nixon und seinem Justizminister John N. Mitchell persönlich geplant und angeordnet. Schließlich befassen sich nicht nur Presse und Gerichte mit der Affäre, sondern auch ein Untersuchungsausschuss des Senats, der die Stabsmitglieder des Weißen Hauses vorlädt.

Nixon versucht, seinen Kopf aus der Schlinge zu ziehen, indem er einige Mitwisser als Bauernopfer vorschiebt: Er zwingt den Stabschef im Weißen Haus H.R. Haldeman und den Berater für innere Angelegenheiten John Ehrlichman zum Rücktritt und entlässt den Rechtsberater des Weißen Hauses John Dean. Doch Nixon muss der Einsetzung eines Sonderstaatsanwalts zustimmen und wird vor dem Untersuchungsausschuss vernommen. Sieben Berater Nixons werden im März 1974 für schuldig befunden und verurteilt. Ebenfalls im Frühjahr 1974 veröffentlichen Carl Bernstein und Bob Woodward ihr Enthüllungsbuch *All the President's Men* (dt. *Die Watergate-Affäre*), das parallel zu den Artikeln in der *Washington Post* ungeheure Kreise zieht – national wie international. Gegen Präsident Nixon wird im selben Jahr ein Amtsenthebungsverfahren eingeleitet. Im August taucht ein weiteres Tonband aus dem Weißen Haus auf, das vom 23. Juni 1972 stammt und damals als »Smoking Gun« (»rauchendes Gewehr«) bezeichnet wird, als ein unumstößlicher Indizienbeweis: Demnach haben Nixon und sein damaliger Stabschef Haldeman wenige Tage nach dem Watergate-Einbruch einen Plan gefasst, die anstehenden Ermittlungen mit vorgeschobenen Gründen nationaler Sicherheit zu blockieren. Nach dieser Entdeckung verliert Nixon auch die Mehrheit im Repräsentantenhaus, die Republikaner lassen ihn fallen. Richard Nixon kommt seiner Amtsenthebung zuvor und verkündet am 9. August 1974 seinen Rücktritt. Sein Nachfolger im Amt Gerald Ford gewährt Nixon nur wenige Wochen später, am 8. September 1974, eine vollständige Amnestie und verhindert dadurch eine juristische Aufarbeitung der Affäre und eine rechtskräftige Verurteilung Nixons und seiner Komplizen.

Maßgeblich an der Aufdeckung und Aufarbeitung der Affäre sind neben den Ermittlungsbehörden und dem Ausschuss die Journalisten Carl Bernstein und Bob Woodward von der *Washington Post* beteiligt. Auch sie werden während ihrer Arbeit von der Regierung und der CIA behindert, doch schweißt dies Redaktion und Verlagsleitung nur umso mehr zusammen. Auch gegen Katharine Graham wendet sich zeitweise der Zorn der Verschwörer. Der Justizminister John Mitchell etwa verliert im Gespräch mit Bernstein die Fassung und schreit den Journalisten an: »Dieser ganze Scheiß, den wollt ihr in die Zeitung setzen? Das ist doch alles bereits widerlegt. Katie Graham wird ihre Titten durch eine dicke fette Mangel gedreht kriegen, wenn ihr das veröffentlicht.« Natürlich lässt Bernstein sich dadurch nicht einschüchtern, und anderntags steht in der *Washington Post* ein Artikel über die Ausfälligkeiten des Ministers, wobei das Wort »Titten« unterdrückt, wohl aber die Drohung zitiert wird, man wolle die Verlegerin »durch die Mangel drehen«. Aus der Rückschau mag das komisch klingen, doch die Involvierten bei der *Washington Post* empfanden Druck und Drohungen sehr wohl als belastend. Noch im Alter erinnert sich Katharine Graham nicht ohne Bangigkeit: »Ich fühlte mich belagert. Die ständigen gegen uns gerichteten Angriffe des CRP und diverser Regierungsmitglieder zeigten Wirkung und forderten ihren Tribut. In jenen Monaten war der Druck auf die *Post*, die Berichterstattung einzustellen, intensiv und unbequem, um es vorsichtig auszudrücken.« Katharine Graham hebt auch selbst den Fehdehandschuh auf, indem sie eine Reihe von Vorträgen hält, worin sie die Pressefreiheit als Grundrecht verteidigt. Nixon versucht, über einen mit ihm befreundeten rechtskonservativen Millionär die *Washington Post* zu kaufen und damit mundtot zu machen – doch auch dieses Ansinnen misslingt.

Für ihre Verdienste um die Aufklärung der Affäre erhält die *Washington Post* den Pulitzer-Preis zugesprochen. Auch die unerschrockene Verlegerin wird geehrt: Katharine Graham erhält den »John Peter Zenger Award« und den »Elija Parish Lovejoy Award«, zwei der höchsten Auszeichnungen des Pressewesens. Und im Jahre 1976 wird unter der Regie von Alan J. Pakula und Robert Redford ein Kinofilm über die Watergate-Affäre gedreht: *All the President's Men* (dt. *Die Unbestechlichen*). Robert Redford und Dustin Hoffman spielen darin die beiden Journalisten Bob Woodward und Carl Bernstein. Der Film wird ein internationaler Erfolg und erhält 1977 vier Oscars. Im Vorfeld der Dreharbeiten begegnen sich Katharine Graham und Robert Redford. Der Schauspieler und Regisseur erinnert sich: »Es war eine spröde Angelegenheit, so kann ich es vielleicht am besten beschreiben. Sie [Katharine Graham] war reizend, aber angespannt. Die Graham hatte etwas ausgeprägt Verkniffenes, Blaublütiges an sich, das sich auch durch noch so viel Kontakt mit Ben Bradlee oder anderen Straßentypen nicht überdecken ließ. […] ich war verwirrt. Wenn sie sich so bedeckt halten wollte, warum hielt sie dann weiter Reden und nahm öffentlich Preise in Empfang?« Katharine Graham, die zuvor noch gescherzt hat, ihre Rolle werde von Raquel Welch gespielt, »unter der Voraussetzung, daß unsere Maße übereinstimmten«, hegt nun große Bedenken, zur Filmfigur zu werden. Schließlich lenkt Robert Redford ein und streicht die einzige Szene, in der die Verlegerin aufgetreten wäre. »Niemand«, so erläutert er es der Zeitungsmacherin, »verstehe genau, was eine Verlegerin eigentlich so triebe, und das eigens zu erläutern, sei für die Bedeutung der Rolle im Film zu aufwendig.«

Rückblickend wertet Katharine Graham diese wohl spannendsten und aufreibendsten Jahre ihres Lebens recht bescheiden: »Watergate war zweifellos die wichtigste Episode in meinem gesamten Berufsleben, doch meine Beteiligung war nur selten direkter Art; meistens blieb ich eine Randfigur hinter den Kulissen. Ich spielte gewissermaßen die Advokatin des Teufels, indem ich ständig nachfragte, ob unsere Berichterstattung auch fair, faktenorientiert und sorgfältig sei. [...] Meine Rolle beschränkte sich in erster Linie darauf, den Redakteuren und Reportern, an die ich glaubte, den Rücken zu stärken. [...] So umwälzend Watergate für das Land und die Regierung auch war, der Skandal unterstrich die Schlüsselrolle einer freien, fähigen und energisch vorgehenden Presse.«

Rückzug aus einem wohlbestellten Haus

Auch nachdem die *Washington Post* erfolgreich und unbeschadet, ja mit gewachsenem Renommee und gestiegener Auflage die Watergate-Affäre gemeistert hat, müssen sich Zeitung und Konzern erneut Herausforderungen stellen: Die 1970er-Jahre sind von heftigen Auseinandersetzungen zwischen Gewerkschaften und Konzernleitung geprägt, Streikwellen legen bisweilen die gesamte Produktion (Setzerei und Druckerei) lahm. »Ich war außer mir vor Sorgen«, so Katharine Graham. »Nacht für Nacht lautete die Existenzfrage: Wie bringen wir nur die morgige Ausgabe heraus, und wie spät wird es heute werden? Die Kosten stiegen, die Gewinne sanken, und ein großer Teil der

Belegschaft war zutiefst unzufrieden und feindlich gesinnt.« In Sabotageakten werden die Druckmaschinen beschädigt, Teile der Maschinenhallen gehen in Flammen auf. Das Betriebsgelände gleicht in jenen Jahren bisweilen einem Schlachtfeld, oder, wie Katharine Graham es formuliert, dem »Maschinenraum in einem ausgebrannten Schiffsrumpf«. Doch auch jetzt gelingt es Katharine Graham in einem langen, schmerzhaften Lernprozess, auf die Beschäftigten zuzugehen und das Betriebsklima zu retten: 1976 wird ein Vertrag zwischen Konzernleitung und Interessenvertretern der Belegschaft geschlossen, der höhere Löhne, verbesserte Betriebsbedingungen, mehr Mitspracherechte vorsieht, aber auch vom Management mehr Einsatz, genauere Kenntnis der Arbeitsabläufe und bessere Kommunikation mit den Beschäftigten einfordert. »Das Ergebnis«, so die Verlagsleiterin, »war für die Firma insgesamt außerordentlich positiv: größere Effizienz, mehr Flexibilität, mehr Steuerungsmöglichkeiten für das Management. [...] das Arbeitsklima im ganzen Haus verbesserte sich. Als Managerin lernte ich, auch wenn ich erst durch Schaden klug werden mußte, daß immer dann, wenn das Management, aus welchen Gründen auch immer, sein Grundrecht verspielt, die Abläufe zu ordnen und zu gestalten, Probleme unausweichlich sind. Der Streik machte mich noch entschlossener, für ein besseres Betriebsklima und für mehr Kommunikation innerhalb des Hauses zu sorgen. Das Ergebnis war eine bessere, stärkere Zeitung.«

Die Grundlage für eine Modernisierung und Anpassung von Verlag und Konzern an die geänderten technischen und ökonomischen Gegebenheiten ist somit geschaffen: Katharine Graham und ihre Mitarbeiter auf der Führungsebene bauen die Washington Post Company in den 1980er- und 1990er-Jahren zu einem der führenden, innovativen Medienkonzerne der USA um, steigern Produktivität und Wirtschaftlichkeit und führen Redaktion und Produktion ins digitale Zeitalter. »[...] in Branchenkreisen«, so Katharine Graham nicht ohne Stolz, »war mein Stern nun endgültig aufgegangen. Selbst jene Verleger, die sonst lautstark den sogenannten Liberalismus der Nachrichten und

Kommentare der *Post* beklagten, lobten unsere Managementaktionen über alle Maßen.«

In jene Zeit fällt aber auch der schrittweise Rückzug Katharine Grahams von ihren Ämtern: Im Januar 1979 übergibt sie den Posten des Verlegers der *Washington Post* ihrem Sohn Donald (geb. 1945). Den Vorsitz über die Washington Post Company tritt sie im Jahre 1981 – sie ist damals vierundsechzig Jahre alt – an den Manager Dick Simmons ab. Es ist ein bewusster Rückzug von der Macht, altersbedingt, aber auch, um sich mehr ihren privaten Interessen und ihrer Familie, vor allem ihren Enkeln, zu widmen. Sie erwirbt in jenen Jahren ein Haus auf der Urlaubsinsel Martha's Vineyard vor der Küste von Massachusetts. »Meine Aufenthalte dort«, schwärmt sie, »geben mir stets neue Kraft.« Den Rückzug ins Private sieht sie nicht als Beschneidung, sondern als Chance: »Den meisten Menschen, die sich von der Macht verabschieden, fällt es schwer, bestimmte Annehmlichkeiten aufzugeben – den Platz im Zentrum, die privilegierten Gespräche, das letzte Wort und viele andere Vorrechte, die mit einer solchen Position verbunden sind, wie ich sie so lange Zeit bekleidet habe. Zugegeben, viele von uns werden durch solche kleinen und großen Vorteile unseres Berufslebens verdorben, das gilt gewiß auch für mich. Ich glaube aber auch, daß es heilsam sein kann, wenn man in ein normaleres Leben zurückkehren muß.«

Gleichwohl bleibt Katharine Graham bis zu ihrem Tod eine Größe des öffentlichen Lebens. Ihre beruflichen Leistungen und ihr gesellschaftliches Engagement (etwa ein Erziehungsprojekt für benachteiligte Kinder in Washington) werden mehrfach ausgezeichnet, so 1975 mit dem »S. Roger Horchow Award« für größte öffentliche Verdienste. Im Jahre 2000 wird sie vom International Press Institute zu einem der fünfzig »World Press Freedom Heroes« der vergangenen fünfzig Jahre gekürt. Und 2002 verleiht ihr der damalige US-Präsident George W. Bush posthum die »Presidential Medal of Freedom«.

Katharine Graham hat zeitlebens auch journalistisch gearbeitet. Ihre sicherlich größte Leistung auf diesem Gebiet ist ihre

Autobiografie, die 1997 unter dem Titel *Personal History* (dt. *Wir drucken!*) erscheint und 1998 mit dem Pulitzer-Preis ausgezeichnet wird.

Noch bis ins hohe Alter gestaltet Katharine Graham ihr Leben bewusst und aktiv, allen körperlichen Einschränkungen zum Trotz: »Gleichzeitig hat das Alter aber auch seine guten Seiten. Die Sorgen sind zwar nicht vollständig verschwunden, aber sie behelligen einen auch nicht mehr mitten in der Nacht. Und man kann so frei – oder wenigstens freier – sein, nein zu sagen, wenn einen etwas langweilt, und seine Zeit lieber mit Dingen und Menschen verbringen, die einem Freude bereiten. [...] Und ich freue mich auf die Zukunft.«

Katharine Graham stürzt im Juli 2001 während eines Aufenthalts in Sun Valley, Idaho, und zieht sich schwere Kopfverletzungen zu. Sie stirbt drei Tage später, am 17. Juli, im Alter von vierundachtzig Jahren. Die Trauerfeierlichkeiten finden im Beisein der Familie und zahlreicher Menschen des öffentlichen Lebens, aber auch zahlreicher Freunde, Kollegen, Wegbegleiter und Vertreter der Belegschaft in der Washington National Cathedral statt. Beigesetzt wird Katharine Graham auf dem historischen Oak Hill Cemetery in Washington.

8 Margaret Thatcher (1925–2013)
Die »Eiserne Lady«

Am 12. Oktober 1984 tagt die Konservative Partei unter der Vorsitzenden Margaret Thatcher im südenglischen Badeort Brighton. Da detoniert um drei Uhr nachts im Brighton Hotel eine Bombe. Zu dem Anschlag bekennt sich später die nordirische Befreiungsorganisation IRA. Die Wucht des Sprengsatzes ist so gewaltig, dass das Hotel vollständig verwüstet wird. Fünf Personen sterben, etliche werden verletzt, darunter der Handels- und Industrieminister Norman Tebbit. Feuerwehr, Polizei und Rettungswagen rücken an. Alle sind in Sorge um die Parteivorsitzende und Premierministerin Margaret Thatcher. Ist sie verletzt? Wurde sie gar getötet? Manche trauen ihren Augen kaum, als die toughe Achtundfünfzigjährige, der eine sowjetische Militärzeitschrift einige Jahre zuvor den Spitznamen »Eiserne Lady« verpasst hat, aus den rauchenden Trümmern des Hotels heraustritt, als käme sie eben von einem Ball: in elegantem Abendkleid und Pumps, eine Handtasche unterm Arm; Frisur und Makeup sitzen perfekt. Überall sonst herrschen Chaos und Panik. Verletzte taumeln umher, die Rettungskräfte sind fieberhaft im Einsatz – die Premierministerin zeigt Mitempfinden, wirkt aber völlig gefasst, ja kühl. Sie steigt in ein Polizeiauto, lässt sich zur nächsten Dienststelle fahren und informiert sich dort über erste Anhaltspunkte zu Motiven und Urhebern der Tat. Wenige Stunden später, um neun Uhr vormittags, steht sie bereits wieder am Pult und hält mit Verve ihre Parteitagsrede, als wäre nichts geschehen und als hätte sie keine schlaflose Nacht hinter sich.

An Margaret Thatcher schieden und scheiden sich die Geister: Als »Iron Lady« ging sie in die Geschichte ein, ein Spitzname, der von den Gegnern zum Spott, von den Anhängern aus Respekt verwendet wurde. Als Margaret Thatcher im April 2013 in London starb, trugen sich nicht nur zahllose Bürger in das Kondolenzbuch ein, erschienen nicht nur etliche Nachrufe, es gab auch Protest- und Freudenaktionen von Menschen, die in ihr ein Feindbild für alles Mögliche sahen. Der alte Song von 1939 *Ding-Dong! The Witch ist dead* (*Ding-Dong! Die Hexe ist tot*) wurde von Gegnern auf Margaret Thatcher umgemünzt und avancierte binnen weniger Tage zum Hit bei YouTube und beliebten Klingelton fürs Mobiltelefon. Das war nicht eben geschmackvoll, zeigt aber, wie sehr bis heute die Person der Eisernen Lady die Gemüter vieler Menschen erhitzt und die Öffentlichkeit in geradezu unversöhnlicher Art und Weise spaltet. Margaret Thatcher selbst sagte einmal: »Mir macht es nichts aus, Feinde zu haben, aber, bitte, nicht zu viele zur gleichen Zeit.«

Eine begnadete Rednerin

Margaret wird am 13. Oktober 1925 als zweite Tochter des Gemischtwarenhändlers Alfred Roberts und dessen Frau Beatrice in der Stadt Grantham in Lincolnshire geboren. Die Wohnung der Familie befindet sich direkt über dem Laden. Die Lebensverhältnisse sind bescheiden und kleinbürgerlich, bieten aber trotzdem geistigen Freiraum. Alfred Roberts ist ein belesener Mann, der sich besonders für Geschichte und Sozialwissenschaften interessiert und sich als methodistischer Laienprediger, als Stadtrat und Bürgermeister einen Namen macht. Die Mutter, eine gelernte Schneiderin, kümmert sich um Haushalt und Familie und hilft im Laden mit. Auch die Töchter wachsen in dieser scheinbaren Diskrepanz aus geistiger Anregung und äußerer Beschränkung auf. Margaret hilft bereits als Jugendliche im Laden aus, doch liest sie auch gern, geht sonntags in die Kir-

che und lernt viel von der Predigt- und Redekunst der Methodisten. Später, als Politikerin, gilt sie als eine der größten und
begabtesten Rednerinnen Englands und ist in den Ministerien
und Kabinetten, denen sie vorsteht, als überaus gebildete Frau
und Viel- und Schnellleserin berühmt und berüchtigt.

Margaret Roberts erhält ein Stipendium, um die Oberschule
zu besuchen. Ihr Wunsch ist es, in den Kolonialdienst nach Indien zu gehen. Doch der Krieg und die Unabhängigkeit des
Subkontinents von Großbritannien vereiteln solche Pläne. Nach
dem Abitur studiert Margaret mithilfe eines Stipendiums in
Oxford Chemie – obgleich sie auch zur Jurisprudenz einen starken Hang verspürt. Sie schließt mit einer Arbeit über *Röntgen-
kristallographie eines Antibiotikums (Gramicidin)* bei der späteren Nobelpreisträgerin Dorothy Hodgkin mit dem akademischen
Grad des Bachelors ab. Bereits als junge Frau interessiert sie sich
für Politik, wobei sie von Anbeginn eine Anhängerin der Konservativen ist. Obgleich sie aus bescheidenen Verhältnissen
stammt, lehnt sie den Wohlfahrtsstaat der Labour-Partei ab. Für
sie ist jegliche Form von sozialistischer Politik üble Gleichmacherei und Verhinderung des Aufstiegs der Fleißigen und Leis-
tungswilligen, zu denen sie selbst sich zählt. So hat sie den Leis-
tungsgedanken der Methodisten verinnerlicht, für sie besteht
Glück im Erwerb eines höheren Lebensstandards und in der
individuellen Selbstverwirklichung, aus der sich der Staat her-
auszuhalten habe. Über den damals in ganz Europa vielgeprie-
senen englischen Wohlfahrtsstaat äußert sie sich kritisch: »Chur-
chills Vorstellung vom Wohlfahrtsstaat war, daß die Gesellschaft
eine Leiter und ein Sicherheitsnetz braucht – eine Leiter, auf
der die Leute ihre Stellung durch eigene Anstrengung verbessern können, und ein Sicherheitsnetz, durch das keiner fallen
kann. Die Nachkriegs-Labour-Regierungen haben das Sicherheitsnetz gespannt, aber die Leiter umgeworfen.«

Leistungswillen und -fähigkeit beweist Margaret Roberts in
jenen Jahren wiederholt: Auf Kommunalebene hält sie seit 1945
erste Reden, im Jahr darauf wird sie Präsidentin der »University
Conservative Association« in Oxford. Beruflich ist sie als Che-

mikerin bei der »British Xylonite Plastics«, später bei »J. Lyons & Co.« in Hammersmith tätig. Bereits damals folgt sie ihrer Passion: Nicht der chemischen Forschung, sondern der Politik gehört ihr Leben. So verlässt sie ihre mittelenglische Heimat und zieht nach Kent, weil sie erfahren hat, dass die dortige Stadt Dartford für die Parlamentswahlen von 1950 noch keinen konservativen Kandidaten hat. Schon zu Beginn ihrer politischen Karriere überlässt Margaret Roberts nichts dem Zufall, sondern verbindet Fleiß und Zähigkeit mit einem ausgesprochen strategischen Denken. Sie stürzt sich in den Wahlkampf. Doch in der traditionellen Labour-Hochburg Dartford hat sie kaum Chancen: Bei den Wahlen von 1950 scheitert sie, kann aber der Labour-Partei immerhin tausend Stimmen abjagen. Ihr Slogan lautet: »Freiheit gegen Leibeigenschaft«. Damit meint sie die Beschneidung bürgerlicher Freiheiten durch den als beengend empfundenen Wohlfahrtsstaat. Bei den vorgezogenen Parlamentswahlen im Jahr darauf kann Margaret Roberts dem politischen Gegner erneut tausend Stimmen abluchsen – damit ist sie nicht Siegerin, aber sie hat gezeigt, dass sie kämpfen kann.

In jener Zeit lernt Margaret Roberts den zehn Jahre älteren Denis Thatcher, Besitzer einer Farbenfabrik, kennen. Die beiden heiraten 1951. Zwei Jahre darauf kommen die Zwillinge Carol und Mark zur Welt. Margaret Thatcher ist durch die Heirat finanziell unabhängig, sie entschließt sich, nochmals zur Universität zu gehen und Steuerrecht zu studieren. Als Anwältin tritt sie 1954 in eine Kanzlei in London ein. Bald jedoch macht sie sich auf die Suche nach einem neuen Wahlkreis. 1957 erhält Margaret Thatcher den Wahlkreis von Finchley, mitten in London. Die Weltstadt an der Themse wird zur Bühne dieser außergewöhnlichen politischen Begabung. Im nächsten Wahlkampf geht Margaret Thatcher von Tür zu Tür und stellt sich den Bürgerinnen und Bürgern vor, diskutiert mit ihnen, hört ihnen zu. Ihr außergewöhnlicher Einsatz, ihre Rede- und Überzeugungskunst, ihre einfache und direkte Art zu sprechen zahlen sich aus: Bei den Parlamentswahlen von 1959 gewinnt sie mit klarer Mehrheit einen Sitz im Unterhaus.

Bereits mit ihrer Jungfernrede im Parlament erregt die Hinterbänklerin Aufsehen: Sie spricht eine halbe Stunde lang völlig frei, ohne auch nur ein Mal in irgendwelche Notizen zu blicken, und fordert die Zulassung der Presse bei Gemeinderatssitzungen, größere Transparenz bei Ausgaben der öffentlichen Hand und größere Sparanstrengungen, zum Wohl bürgerlicher Freiheiten, des Rechts und der Ordnung. Die Parteifreunde und -gegner im Parlament werden auf sie aufmerksam. Und selbst dem *Daily Telegraph* ist sie eine Notiz wert: »Als halbstündiges, völlig frei gesprochenes Exposé einer umstrittenen und vielschichtigen Vorlage war diese Rede Spitzenklasse.« Vereinzelt werden Stimmen laut, diese junge, blendend aussehende Politikerin habe das Zeug zu einem Ministerposten – im erzkonservativen und traditionalistischen Großbritannien ein geradezu revolutionärer Gedanke.

Feldzug gegen den Wohlfahrtsstaat

Margaret Thatchers politischer Weg führt steil bergan: Bereits 1961 wird sie Parlamentssekretärin im Ministerium für Sozialversicherungen, im Jahr darauf Kultur- und Wissenschaftsministerin in der Regierung von Edward Heath. Freilich kann sie in jenen Jahren wenig bewegen, die Zeiten sind nicht danach. Heath verfolgt eine Sparpolitik, die an der mangelnden Akzeptanz innerhalb der Bevölkerung scheitert.

Tatsächlich leben die Briten über Jahrzehnte über ihre Verhältnisse: Das Land sonnt sich seit Beginn des 19. Jahrhunderts im elitären Bewusstsein, eine Weltmacht zu sein. Doch das Empire, das größte Weltreich der Menschheitsgeschichte, ist spätestens seit Beginn der 1960er-Jahre, als die meisten Kolonien in Afrika und Asien in die Unabhängigkeit entlassen wurden, eine Schimäre. Allzu lange konnte man die Kolonien als Absatzmarkt nutzen und umgekehrt von dort billige Rohstoffe beziehen. England, seit dem 18. Jahrhundert ein starker Industriestandort, hat es nach dem Zweiten Weltkrieg versäumt, in Technik und

Technologie, Infrastruktur und öffentliche Gebäude zu investieren. Deutschland, das 1945 politisch und wirtschaftlich am Boden lag, war zu einem Neustart gezwungen, hat aber gerade deswegen die damals fortschrittlichste und modernste Volkswirtschaft vorzuweisen. In Großbritannien hingegen vertraute man auf althergebrachte Maschinen, gutes, aber zu teures Handwerk, und nicht zuletzt auf eine sehr legere Arbeitsmoral aus der Erfahrung heraus, dass englische Waren in der Welt ohnehin Absatz fanden. Der britische Staat kam diesem Denken dadurch entgegen, dass er in wirtschaftlich und politisch stabilen Zeiten ein Wohlfahrtssystem einführte, das kostenfreie Gesundheitsversorgung, gute Löhne, regelmäßige Lohnerhöhungen bei zurückgehender Arbeitszeit, Mitspracherechte der Gewerkschaften bei betrieblichen Entscheidungen und leistungsunabhängige Bezahlung garantierte. Das führte zu Schluderjan, verkommender Arbeitsmoral und sinkender Produktivität. Es war die absolute Gleichmacherei in einem Land, das sich als Motor auf dem Weltmarkt und der Weltpolitik betrachtete – doch die Menschen merkten nicht, dass der Zug, in dem sie saßen, längst keine Lokomotive mehr besaß. Kein Wunder, dass rigide Sparpläne der Konservativen keine Zustimmung in der bequem gewordenen Bevölkerung fanden und entsprechende Versuche abgebrochen werden mussten.

1964 unterliegen die Konservativen bei den Parlamentswahlen und gehen in die Opposition. Margaret Thatcher verliert ihren Ministerposten. Edward Heath wird 1965 Parteiführer. Er hält große Stücke auf das politische Talent seiner einstigen Ministerin Margaret Thatcher und macht sie zur Zweiten Sprecherin in seinem Schattenkabinett, das nach einem erhofften Wahlsieg die Regierung bilden soll. Margaret Thatcher erhält das Schattenressort für Energie, später das für Verkehr und schließlich das für Erziehung.

1970 gewinnen die Konservativen die Parlamentswahlen erneut, Heath wird Premierminister, Margaret Thatcher Ministerin für Erziehung. Sie fällt durch ihre rigorose Sparpolitik und ihren Feldzug gegen die Einführung der Gesamtschule auf.

Doch im bürokratischen Alltag tut sie sich schwer – das ist nicht ihre Sache. Sie will in die hohe Politik, aber der enge Führungskreis um Edward Heath ist von Männern besetzt. Politik – so ist damals die Devise – ist nichts für Frauen, und wenn man um des schönen Scheins willen schon die eine oder andere Ministerin kürt, so doch für zweitrangige Positionen, wo sie – so die Überzeugung der Männer – nicht so viel Schaden anrichten können. Tatsächlich ist Margaret Thatcher damals psychisch angeschlagen, frustriert und entmutigt. Ihr Mann rät ihr, den ganzen Kram hinzuwerfen, sie hingegen antwortet verbissen: »Ich habe noch eine Menge zu tun« – und nimmt den politischen Kampf wieder auf.

1974 gibt es erneut einen Rückschlag: Bei den Parlamentswahlen unterliegen die Konservativen. Es kommt in der Folge zum offenen Kampf um die Parteiführung. Der beliebte konservative Politiker Sir Keith Joseph wird wegen einer unbedachten Äußerung zur hohen Geburtenrate in den unteren Schichten von der Presse angegriffen und muss seine Kandidatur aufgeben. Kaum hat Joseph in einem Gespräch mit Margaret Thatcher seinen Entschluss bekannt gegeben, greift sie zum Telefon und ruft den mächtigen Mentor Edward Heath an, um ihm kurz und bündig mitzuteilen, sie trete gegen ihn an. Heath nimmt die Herausforderung kaum ernst – zu Unrecht. In der Kampfabstimmung am 5. Februar 1975 unterliegt er seiner politischen Ziehtochter. Die hat im Vorfeld über einen Mittelsmann Geheimgespräche geführt und etliche Anhänger von Heath umstimmen können. Die meisten wollten ihm nur einen Denkzettel verpassen. Dass es freilich zu einer Mehrheit für Margaret Thatcher reichen könnte, war diesen Protestwählern nicht bewusst. In einer weiteren Kampfabstimmung sechs Tage später setzt sich Margaret Thatcher auch gegen andere männliche Herausforderer durch. Sie ist dadurch die erste Parteichefin – ein Schock für viele Konservative.

Margaret Thatcher bildet ein Schattenkabinett – mit Männern, die ihr genehm sind. Dann nimmt sie den Kampf gegen die regierende Labour-Partei auf. Den wortmächtigen Schatzkanzler Denis Healy hat sie bereits vor ihrer Wahl zur Parteichefin als »billig« brüskiert. Nun greift sie die Labours und ihre Wohlfahrtspolitik an, wo sie nur kann – während im Jahre 1975 Streikwellen das Land erschüttern und die ohnehin marode Wirtschaft vollends ruinieren. Margaret Thatcher nimmt kein Blatt vor den Mund. Diplomatie ist ihr ein Fremdwort. Sie bereist im Herbst 1975 die Vereinigten Staaten und führt sich bei den mächtigen Bündnispartnern als toughe Frau ein. Wieder und wieder predigt sie, der Staat solle sich gefälligst aus der Wohlfahrt und der Wirtschaft heraushalten, denn das flöße den Menschen eine falsche Erwartungshaltung ein und ruiniere deren Antrieb: »Wir befinden uns mitten in einem Kampf um die menschliche Würde. Es ist nicht meine Aufgabe, noch die irgendeines anderen Politikers, den Menschen die Erlösung zu bringen. Es ist Teil meiner politischen Überzeugung, daß sich die Menschen selbst helfen müssen. Viele unserer Probleme rühren daher, daß sich das Volk um alles an die Politiker wendet.«

Doch in den späten 1970er-Jahren steuert gerade die Beschwichtigungs- und Wohlfahrtspolitik der Labour-Regierung auf eine gesellschaftliche Katastrophe zu. Streikwellen immer größeren Ausmaßes blockieren das Land und bedrohen Sicherheit und Menschenwürde: Die Müllarbeiter streiken, und der stinkende Abfall türmt sich auf den Straßen; die Totengräber streiken, und die Särge mit den Verstorbenen müssen in Lagerhallen gestapelt werden; Krankenhausmitarbeiter streiken, und die Patienten bleiben unversorgt. Margaret Thatcher macht die Gewerkschaften als ihren Hauptgegner aus: »Eines ist nun überwältigend klar: Es wird keine Lösung unserer Probleme geben, wenn die Macht der Gewerkschaften nicht gebrochen wird.« Ihre Ansichten, die bereits zu jener Zeit als »Thatcherismus« bezeichnet werden, legt sie 1977 in ihrer Streitschrift *The Right Approach to the Economy (Der richtige Weg zur Wirtschaft)* nieder. Auf ihrer Amerikareise verkündet sie: »Wir müssen eine Gesellschaft aufbauen, in der jeder Bürger sein Potential voll verwirklichen kann, sowohl zu seinem eigenen Vorteil als auch zu dem der Gemeinschaft.« Das klingt vor dem Hintergrund der damaligen gesellschaftlichen Um- und Missstände plausibel, doch sollten sich viele Briten noch wundern, wie rigoros die Ansichten der Politikerin Thatcher sein konnten.

Politik der eisernen Faust

Im März 1979 stürzt Labour-Premierminister James Callaghan über die Vertrauensfrage – damit ist der Weg zu Neuwahlen frei. Im Wahlkampf 1979 vermeidet es Margaret Thatcher – anders als ihr Vorgänger Edward Heath –, die Gewerkschaften zu umwerben. Ihr Credo lautet:»Wer auf der Straße in der Mitte geht, wird von beiden Seiten angefahren.« Die sich ausbreitenden chaotischen Zustände im Land stoßen sogar viele traditionelle Labour-Wähler ab und bringen der »Eisernen Lady« Sympathien ein. Margaret Thatcher wirkt in jenen Wochen wie von einer Mission durchglüht. Kein Wunder, dass sie – die Tochter eines Laienpredigers – sogar auf alttestamentarische Bilder zurückgreift. So ruft sie Callaghan einmal zu:»Die Propheten des Alten Testaments sagten nicht: ›Bruder, ich will einen Konsens.‹ Sie sagten: ›Das ist mein Glaube, das ist, was ich leidenschaftlich glaube. Wenn ihr es auch glaubt, dann kommt mit mir!‹«

In jenem entscheidenden Wahlkampf verliert Margaret Thatcher ihren besten Freund und Berater Airey Neave: Sein Wagen wird von einer Bombe zerrissen. Die Täter sind bei der Terrororganisation IRA zu suchen. Margaret Thatcher lässt sich den Schmerz nicht anmerken. Doch innerlich ist sie erschüttert. Und sie schwört sich, ihren harten Kurs weiterzufahren, allen Widerständen zum Trotz, ja, gerade weil es Widerstände und Anfeindungen gibt. Was Gegner wie Freunde respektvoll als eine eiserne Haltung benennen, wird sich im Laufe der Jahre zuspitzen: Aus der toughen Politikerin mit Überzeugungen wird eine verbitterte Frau werden, die nicht nur hart ist, um ein Ziel durchzusetzen, sondern die auch hart erscheint, um innere Verletzungen und Enttäuschungen zu überdecken.

Bei den Wahlen vom 3. Mai 1979 erhalten die Konservativen eine klare Mehrheit von dreiundvierzig Sitzen und übernehmen die Regierung. Margaret Thatcher wird Premierministerin. Doch entgegen ihren harschen Wahlkampfparolen ist sie zunächst gezwungen, ein Kabinett zu ernennen, dessen Mitglieder mehr für politischen Ausgleich denn für Konfrontation stehen. Das ist zwar nicht in Thatchers Sinn, doch sie weiß, dass ihre Macht noch nicht fest genug ist, um sich auch gegen die eigene Partei durchzusetzen. Immerhin macht sie ihre Ankündigung wahr, die Einkommensteuersätze zu senken, um dadurch mehr Anreiz für Arbeitsleistung zu schaffen. Zugleich jedoch erhöht die Regierung Thatcher die Mehrwertsteuer von acht auf fünfzehn Prozent. Die erhoffte Wirkung auf die Wirtschaft bleibt im ersten Jahr jedoch aus, das soziale Elend verschärft sich sogar, die Arbeitslosenzahlen nehmen zu. Margaret Thatcher schiebt das auf eine Verwässerung ihrer Leitlinien und nennt ihren Einstand selbst ein »verlorenes Jahr«.

1980 werden in Großbritannien 2,7 Millionen Arbeitslose gezählt, die Inflationsrate liegt bei galoppierenden zwanzig Prozent. Margaret Thatcher zieht bei den Beratungen zum Haushalt für das Jahr 1981 die Notbremse und weist ihre Minister an, rigoros die öffentlichen Ausgaben zurückzufahren. Im Kabinett schlägt ihr offener Widerstand entgegen – sie kontert mit der Aufforderung, wem das nicht passe, der könne um seine Entlassung bitten. Sie setzt sich durch, fährt die Neuverschuldung stark zurück, erhöht die Steuern für Öl, Benzin, Zigaretten, Alkohol und Kraftfahrzeuge. Sie hofft auf ein Anspringen des Konjunkturmotors und damit auf eine Zunahme der Zahl der Arbeitsplätze – doch das geht angesichts einer Wirtschaft, die seit Jahrzehnten völlig veraltet und nicht mehr wettbewerbsfähig ist, nicht so schnell. Im Sommer 1981 droht Großbritannien erneut in Streiks und öffentlichen Unruhen zu ersticken. In den Großstädten kommt es zu heftigen Krawallen. Margaret Thatcher ist nach gerade einmal zwei Jahren an der Regierung auf dem Tiefpunkt ihrer Popularität. Aber sie regiert weiter mit eiserner Hand und kürzt den öffentlichen Haushalt zusammen – gegen den Rat ihrer Kabinettsmitglieder. Ratschlägen verschließt sie sich immer mehr, und immer mehr neigen selbst Parteifreunde zu der Ansicht, Margaret Thatchers feste Überzeugungen hätten sich versteift. Ihre autoritäre Kabinettsführung, die keine Kritik duldet, trägt nicht eben zur Hochstimmung in der Regierung bei. Sie kanzelt ihre Minister selbst bei Flüchtigkeitsfehlern vor anderen ab, wirft ihnen Unfähigkeit vor, wird persönlich beleidigend. Bereits damals nennt man sie hinter vorgehaltener Hand »dieses Weib«, bisweilen auch »die Hexe«. Einer Revolte kommt sie in jener Zeit nur durch die rasche Umbildung des Kabinetts mit ihr genehmen Adlaten zuvor. Sie denkt nur noch im Freund-Feind-Schema, scheidet die Menschheit in die, die »einer von uns« und »keiner von uns« sind, und schmäht selbst treue Weggefährten, die vorsichtig ihre Politik kritisierten, offen als »Waschlappen«.

Als Margaret Thatcher auch noch den Kampf mit der Bürokratie aufnimmt und den gesamten Beamtenapparat radikal ausdünnen will, macht sie sich einen ganzen Berufsstand zum Feind – ausgerechnet den, auf den sich der Staat per Amtseid besonders verlassen kann. In der *Times* wird damals ein hoher, ungenannter Beamter zitiert: »Von Politikern gesagt zu bekommen, daß man weder Jammerei, noch Analysen, noch Integrität erwarte, sondern wir nur das tun sollten, was sie uns auftrugen, und daß sie Freunde in der Privatwirtschaft hätten, die unsere Arbeit in einem Monat mit einer Hand auf den Rücken gebunden tun könnten – das ist ein bißchen stark. Mir scheint es nicht sehr klug zu sein, die Leute anzugreifen, auf die man angewiesen ist.« Und als die Eiserne Lady die von den Gewerkschaften eingesetzten rollenden Streikkommandos verbietet (Posten, die bei der bestreikten Firma gar nicht beschäftigt sind), hat sie die Gewerkschaften endgültig gegen sich. Es scheint ganz so, als hätte sie vor allem *ein* besonderes Talent: sich Feinde zu machen. Und selbst bei den befreundeten Staaten setzt sie sich in die Nesseln und verbreitet unter ihnen mehr Furcht denn Respekt: So unterstützt Margaret Thatcher trotz großer Kritik der Weltöffentlichkeit das Terrorregime der Roten Khmer bei deren Bestreben, Kambodscha in der Organisation der Vereinten Nationen zu belassen. Und sie setzt sich für einen Fortbestand wirtschaftlicher Beziehungen Großbritanniens zum Apartheid-Regime in Südafrika ein und konterkariert damit die Sanktionen der Europäischen Gemeinschaft. Mit den Europäern legt sie sich 1980 bei Verhandlungen zu britischen Beitragszahlungen an. Sprichwörtlich wird ihre renitent wiederholte Forderung gegenüber dem französischen Staatschef Valéry Giscard d'Estaing und dem deutschen Bundeskanzler Helmut Schmidt: »I want my money back.« 1984 gewähren ihr die anderen führenden europäischen Wirtschaftsnationen eine Reduzierung der Beitragszahlungen, den sogenannten »Britenrabatt« (der bis heute gilt). Selbst Bundeskanzler Helmut Kohl äußert in seinen Memoiren, er fürchte Margaret Thatcher »wie der Teufel das Weihwasser«.

Eine fast vergessene Kolonie

Doch dieser Erfolg ist einer der wenigen in den ersten Jahren der Regierung Thatcher. Sie ist bei der Bevölkerung äußerst unbeliebt, und nichts deutet darauf hin, dass die Konservativen länger als eine Legislaturperiode überstehen werden. Da kommt ihr der Zufall zu Hilfe: In der Menschheitsgeschichte gibt es zahlreiche Beispiele dafür, wie sich schwache Regenten durch einen Krieg zu retten versuchen, da sie hoffen, durch außenpolitische Erfolge von innenpolitischen Miseren abzulenken, und Unzufriedenheit in der Bevölkerung durch die Erweckung patriotischer Gefühle zu sublimieren. Dieser massenpsychologische Mechanismus rettet auch Margaret Thatcher, wobei sie ganz unerwartet »Hilfe« erhält: ausgerechnet von einer Militärjunta im weit entfernten Argentinien.

Das südamerikanische Land steht unter einer Militärdiktatur unter Führung von General Leopoldo Galtieri. Das Regime hat im In- und Ausland viele Gegner, also benötigt es dringend einen Erfolg. Der Blick der Militärs fällt auf die vierhundert Ki-

lometer vor der argentinischen Küste gelegenen, rund zwölftausend Quadratkilometer großen Falklandinseln, die seit 1833
unter britischer Oberhoheit stehen und damals von rund 1800
Menschen – ausschließlich Briten – besiedelt sind. Zum britischen Hoheitsgebiet gehören zudem die eintausend Kilometer
östlich der Falklandinseln gelegenen unbewohnten Südsandwichinseln und die rund 3750 Quadratkilometer große, nur
von ein paar Wissenschaftlern bewohnte Insel Südgeorgien. Die
Falklandinseln wurden Ende des 17. Jahrhunderts von Briten
entdeckt und besiedelt – diese wurden jedoch um 1770 von den
Spaniern, die die Inseln »Malwinen« (»Malvinas«) nannten, vertrieben. Als Argentinien 1816 vom Mutterland Spanien unabhängig wurde, schlug man die Malwinen dem neuen Staat zu.
1833 annektierten die Briten die Inseln und schickten die argentinischen Bewohner aufs Festland, es ließen sich erneut englische Siedler nieder. Seither haben revanchistische Kreise in
Argentinien nie aufgehört, die Inselgruppe als Teil Argentiniens
zu betrachten. Historisch gesehen, mag die Vertreibung der Argentinier Unrecht gewesen sein – wie auch zuvor die der Engländer um 1770. Doch führt solch eine Argumentation in der
blutigen Geschichte der Menschheit ad absurdum. Tatsache ist,
dass zur Zeit der Auseinandersetzungen von 1982, die als »Falklandkrieg« in die Geschichtsbücher eingingen, die Inseln ausschließlich von Briten besiedelt waren. In einer Volksabstim-
mung im März 2013 haben 99,8 Prozent der Wähler auf den
Falklandinseln bekräftigt, dass sie weiterhin dem Vereinigten
Königreich angehören wollen. Damit ist auch aus völkerrecht-
licher Sicht nicht an der britischen Souveränität über die Inseln
zu rütteln.

Im Jahre 1982 freilich sehen das die machthabenden Militärs
in Argentinien anders: Sie benötigen einen Erfolg. Zudem haben
die seit 1968 andauernden Verhandlungen zwischen Großbritannien und Argentinien, die auf einen Verkauf der Falklandinseln und auf eine Rückpachtung zielen, die Position der Briten
geschwächt – durch eine Politik, die von den Labour-Regierun-
gen ausging und die Margaret Thatcher nur als eine Politik der

Schwächlinge und Verräter betrachten kann. Einen Vertreter des Außenamts, der noch im November 1980 auf die Falklandinseln fliegt, um Möglichkeiten einer Rückpacht mit der dortigen Verwaltung zu diskutieren, weist Margaret Thatcher nach seiner Rückkehr im Unterhaus harsch zurecht, ebenso den damaligen Außenminister Lord Peter Carrington – Carrington erfährt eine, wie er selbst es nennt, »thermonukleare« Abfuhr. Trotz dieses klaren Bekenntnisses zur britischen Oberhoheit über die Falklandinseln begeht Margaret Thatcher den strategischen Fehler, das Flottenbauprogramm der Royal Navy zusammenzustreichen. Gleichzeitig liefert die Regierung Thatcher den Argentiniern neueste Waffensysteme, darunter Boden-Luft-Raketen – zum Zwecke der »Normalisierung« der angespannten Beziehungen. Zudem sollte auf Geheiß Margaret Thatchers das einzige in den Gewässern der Falklandinseln stationierte Kriegsschiff, die »HMS Endurance«, nach Britannien zurückbeordert werden. All das sind Zeichen für die argentinischen Militärs, dass die begehrte Inselgruppe schutzlos und die britische Regierung so mit eigenen volkswirtschaftlichen und gesellschaftlichen Problemen eingedeckt ist, dass man kaum mit einem militärischen Eingreifen zugunsten der fernen Kolonie rechnen muss.

Bereits vor Beginn der Falklandoffensive versagt der britische Geheimdienst. Zwar werden im Februar 1982 verstärkte militärische Aktivitäten der Argentinier im Südatlantik gemeldet, doch von einem bevorstehenden Angriff wissen die britischen Agenten nichts. Ganz überraschend landet Mitte März der argentinische Schrotthändler Constantino Davidoff mit rund vierzig Arbeitern in der stillgelegten Walfangstation Leith Harbour auf der Insel Südgeorgien. Davidoff hat die Station von einem Schotten abgekauft und erhofft sich reiche Altmetallbestände. Das alles wäre kaum erwähnenswert, hätte der Schrotthändler nicht die Hilfe der argentinischen Kriegsmarine erhalten. Ein Flottenversorgungsschiff hat die Arbeiter an Land gebracht. Und auch einige argentinische Soldaten befinden sich plötzlich auf der britischen Insel und hissen in Leith Harbour die argentinische Flagge. Das beobachten vier britische Wissenschaftler, die in der Forschungsstation Grytviken leben. Die Argentinier weigern sich, bei den Wissenschaftlern eine offizielle Einreisegenehmigung zu beantragen. Der Vorfall wird an Sir Rex Masterman Hunt, den Gouverneur der Falklandinseln, gemeldet. Der telegrafiert sofort nach London. Und der britische Außenminister Lord Carrington schickt zwei Protestnoten nach Buenos Aires, worin er mit Gewalt droht. Die »HMS Endurance« macht sich auf den Weg nach Südgeorgien und kommt dort am 24. März an. Doch inzwischen patrouilliert ein weiteres argentinisches Schiff mit rund vierzig Soldaten an Bord vor Leith Harbour. London unterbindet eine Militäraktion der »Endurance« und ordert das Schiff zurück zu den Falklandinseln, da sich Hinweise auf eine bevorstehende Invasion verdichten.

»Freut euch! Freut euch!«

Margaret Thatcher befiehlt am 28. März jedoch lediglich drei Atom-U-Boote Richtung Südatlantik, um die Argentinier abzuschrecken. Sie benötigen für die Fahrt rund zwei Wochen. Die Argentinier setzen drei Tage später mehrere Kriegsschiffe mit rund neunhundert Mann in Bewegung, am 2. April nehmen argentinische Truppen die Falklandinseln ein, ohne auf nennenswerten Widerstand zu stoßen. Die nur fünfundvierzig stationierten britischen Marinesoldaten ergeben sich nach einem kurzen Kampf um die Inselhauptstadt Port Stanley. Allein ein Toter – ein Argentinier – ist zu beklagen. Südgeorgien und die Südsandwichinseln werden am 3. April von argentinischen Truppen besetzt. Wenig später werden der britische Gouverneur, die gefangenen britischen Soldaten und die Falkländer, die dies wünschen, über Montevideo/Uruguay nach Großbritannien ausgeflogen. Über den Falklandinseln weht die argentinische Flagge. In Buenos Aires jubeln die Menschenmassen. Die Militärs scheinen ihr doppeltes Ziel erreicht zu haben: die Eroberung der Malwinen und die Bestätigung des Regimes in der argentinischen Bevölkerung.

Die britische Öffentlichkeit ist schockiert und wie gelähmt. Im Unterhaus werden aus allen Parteien hilflose Äußerungen laut, die die »nackte, ungehemmte Invasion« beklagen und den Menschen auf den Falklandinseln lediglich mitfühlende Gedanken zusenden. Doch statt in Resignation zu versinken, wird diese Herausforderung zur Stunde Margaret Thatchers: Sie ist nicht gewillt, die britische Kolonie kampflos den Aggressoren zu überlassen und in die weinerlichen Trauerreden einzustimmen. Den Titel der Eisernen Lady, den ihr die Sowjets schon Jahre zuvor verliehen haben, verdient sie sich erst in diesen Tagen und Wochen.

Zunächst jedoch herrschen in Unterhaus, Kabinett und bei den britischen Militärkommandos das blanke Entsetzen und die pure Ratlosigkeit. Die Inseln liegen rund zwölftausend Kilometer vom Mutterland entfernt. Es gibt keine Einsatzpläne, die Flotte ist durch die Sparmaßnahmen geschwächt, viele britische Soldaten befinden sich im Ausland, unter anderem als Besatzungskräfte in Westdeutschland. Verteidigungsminister Nott muss im Unterhaus kleinlaut zugeben, dass die Regierung vor schier unüberwindlichen logistischen und administrativen Schwierigkeiten einer Rückeroberung der Inseln steht. Die Amerikaner unter ihrem Sondervermittler Dick Walters bemühen sich um eine Lösung, denn Margaret Thatcher verfügt über ausgezeichnete freundschaftliche Beziehungen zu US-Präsident Ronald Reagan. Walters fliegt nach Buenos Aires und warnt Galtieri. Wenn die Briten kämpften, erhielten sie die Unterstützung der USA. Der General winkt gelassen ab: »Warum erzählen Sie mir das alles? Die Briten werden nicht kämpfen.«

In aller Eile wird ein Einsatzplan, den der Erste Seelord Sir Henry Leach hat ausarbeiten lassen, auf seine Realisierbarkeit überprüft. Margaret Thatcher will in jenen Tagen noch immer den diplomatischen Weg versuchen, zumindest behauptet sie das vor dem Unterhaus. Dort jedoch sieht sie sich der Häme ausgesetzt. Der abtrünnige konservative Abgeordnete Enoch Powell spottet: »In den nächsten ein oder zwei Wochen wird sich vor diesem Haus und der Nation erweisen, und die sehr ehrenwerte Dame wird es auch selbst erfahren, aus welchem Metall sie gemacht ist.«

Margaret Thatcher reagiert und agiert – und zeigt, dass sie nicht nur die »Eiserne Lady« ist, sondern dass sie tatsächlich Nerven aus Stahl besitzt –, wenngleich sie Entschlüsse fassen und Befehle erteilen wird, die politisch und moralisch anfechtbar sind. Zunächst benötigt sie ein »Bauernopfer«: Lord Carrington und mehrere Staatssekretäre übernehmen die Verantwortung für das Versagen der Regierung und reichen ihren Abschied ein. Somit ist die Position der Premierministerin wieder gefestigt – und sie geht zum Gegenangriff über. Gemeinsam mit der Führung der Navy bespricht sie in wenigen Tagen die Gegenoffensive. Admiral Sir Terence Lewin erinnert sich: »Margaret Thatcher war großartig, wie sie das Militär unterstützte.« Auf Drängen der Briten verurteilt der UN-Sicherheitsrat die argentinische Invasion – nur die Sowjetunion enthält sich. Damit ist der Regierung Thatcher weltpolitisch der Rücken gestärkt, eine militärische Offensive steht im Rang einer Selbstverteidigung gegen eine völkerrechtswidrige Aggression. Eine ganze Reihe von Staaten spricht wirtschaftliche Sanktionen gegen Argentinien aus.

Noch zögern die Amerikaner, die verbündeten Briten militärisch zu unterstützen, doch Margaret Thatcher macht US-Außenminister Alexander Haig bei einem Gespräch im Amtssitz in der Londoner Downing Street klar, dass sie nicht auf die Falklandinseln verzichten werde, auch wenn es sich in den Augen der Amerikaner nur um die Interessen von ein paar Schafzüchtern handle. Haig gesteht hinterher: »Ihr Standpunkt ist fast messianisch. Sie betrachtet den Konflikt als einen Prüfstein für die Kraft und Entschlossenheit des Westens. Hätten die Vereinigten Staaten mit Blick auf den eigenen Vorteil das Prinzip aufgegeben, daß der Status quo nicht mit Waffengewalt geändert werden darf, und sich, wie subtil auch immer, an der Belohnung einer Aggression beteiligt, hätten sie nur die Korruption des Westens bestätigt.«

Ronald Reagan sagt eine Militärhilfe der USA zu: Den Briten

werden die neuesten Flugabwehrraketen, Flugabwehrsysteme, hitzesuchende Raketen, Luftverteidigungssysteme und Schiffs-raketen bereitgestellt, zudem Hochexplosivmunition, Satelli-teninformationen und Nachrichtengeräte. Zudem dürfen die Briten die US-Flugbasis auf der britischen Atlantikinsel Ascension nutzen. Außerdem sagen die Amerikaner einen Flugzeug-träger zu, falls die Briten ihren Flugzeugträger »HMS Invinci-ble« im Kampf verlören.

In jenen Wochen hält die Welt den Atem an. Die bange Frage steht im Raum: Wird es Krieg um eine kaum bevölkerte Insel-gruppe am Rande der Zivilisation geben? Und welche weltpoli-tischen Folgen kann das haben? In London tagt ein Kriegskabi-nett, das aus vier Männern – Mitgliedern der Regierung und hochrangigen Offizieren (zum Teil mit Weltkriegserfahrung) – besteht, sowie einer einzigen Frau: Margaret Thatcher. Sie hat die fünfte Stimme, kann also bei einem Patt eine Entscheidung herbeizwingen. Während Verhandlungen um eine diplomati-sche Lösung geführt werden – besonders der peruanische Präsi-dent Fernando Belaunde bemüht sich um eine Vermittlung –, drängt Margaret Thatcher auf eine militärische Lösung. Ihren neuen Außenminister Francis Pym, der den Vorschlag unter-breitet, die Bevölkerung der Falklandinseln zu befragen, ob sie einen Krieg wünschen, weist die Eiserne Lady zornentbrannt zurecht: »Aggressoren pflegen jene einzuschüchtern, die sie überfallen haben, und machen ihnen vor, daß noch viel Schlim-meres als der Überfall hätte passieren können.«

Die Premierministerin nutzt in jenen Wochen auch das Fern-sehen, um die Volksmeinung für sich zu gewinnen. Am 26. April gibt sie der BBC ein Fernsehinterview und spricht sich darin indirekt für die Anwendung militärischer Gewalt aus: »Manche Leute sagen ›wendet keine Gewalt an, während Verhandlungen laufen‹. Das ist leicht gesagt, denn das würde sie in die Lage versetzen, die Verhandlungen endlos auszudehnen. In der Zwi-schenzeit wird es für uns immer schwieriger, die militärische Alternative aufzugreifen – über zwölftausend Kilometer Ent-fernung beim Ausbruch des Winters in schrecklichem Wetter mit Orkanen und Frost.« Beobachtern ist zu jenem Zeitpunkt klar, dass die Eiserne Lady bereits eine Entscheidung gefällt hat, die »Krieg« lautet. Am 5. April hat Großbritannien eine Zone im Umkreis von zweihundert Seemeilen um die Falklandinseln zum militärischen Sperrgebiet erklärt. Schiffe und Flugzeuge, die sich innerhalb dieser Zone befänden, würden als feindliche Einheiten betrachtet und behandelt. Am 29. April erklärt die argentinische Regierung ihrerseits die Zone um die Falklandinseln und vor der eigenen Küste zum militärischen Sperrgebiet. Südgeorgien ist zu jenem Zeitpunkt bereits wieder in britischer Hand: Spezialeinheiten, die auf der Atlantikinsel Ascension auf ihren Einsatz warteten, haben am 25. und 26. April die nur von wenigen argentinischen Soldaten bewachte Insel zurückerobert. Tags darauf tritt eine freudestrahlende Premierministerin vor die Kameras und Mikrofone und erklärt die Rückeroberung Südgeorgiens. Doch kritische Fragen von Reportern trüben Margaret Thatchers Triumph. Verärgert ruft sie aus: »Freut euch doch einfach über diese Nachricht und gratuliert unseren Truppen und den Marines. Freut euch!«

Tags darauf erscheint der gekürzte und dadurch verfälschte Ausruf der Premierministerin »Freut euch! Freut euch!« in mehreren regierungskritischen Zeitungen. Der Popularität der Eisernen Lady tut dies in jenen Tagen keinen Abbruch. Zu sehr empfinden die meisten Briten den Verlust der Falklandinseln als nationale Schmach, als eine Scharte, die es auszuwetzen gilt. Doch viele haben vergessen, was der Krieg an Gräuel und Leid mit sich bringt.

Fieberhaft werden Kriegsschiffe und U-Boote in den englischen Häfen einsatzbereit gemacht, Truppen werden aus ganz Großbritannien zusammengezogen, zum Teil auch aus Deutschland nach Großbritannien beordert, sogar fünfundvierzig zivile Fracht- und Passagierschiffe werden requiriert, darunter die berühmte »Queen Elizabeth 2«. Schließlich stehen neuntausend Mann, hunderttausend Tonnen Ladung und fünfundneunzig Flugzeuge und Hubschrauber bereit, um in den Südatlantik aufzubrechen. Die Kriegsflotte sticht noch im April in See.

Am 1. Mai starten die britischen Kräfte, die bereits auf Ascension stationiert sind oder in den Gewässern vor den Falklandinseln kreuzen, die erste Angriffswelle auf die argentinischen Stellungen. Der Flugplatz von Port Stanley auf den Falklandinseln wird bombardiert, ein Großteil der auf den Inseln stationierten Kampfbomber der Argentinier wird zerstört. Faktisch hat Argentinien bereits nach diesen ersten Angriffen der Briten die Lufthoheit über den Falklandinseln verloren.

Doch so schnell, wie es an jenem 1. Mai erscheint, ist der – unerklärte – Krieg nicht zu gewinnen. Die argentinischen Verbände auf den Falklandinseln haben sich gut verschanzt. Zudem bedrohen argentinische Schiffe die Gewässer. Die Briten nehmen nun auch den Kampf auf See auf: Am 2. Mai versenkt das britische Atom-U-Boot »HMS Conqueror« den argentinischen Kreuzer »Belgrano« durch Torpedobeschuss. 323 Argentinier, zumeist Kadetten, kommen dabei ums Leben. Torpediert werden indes auch die Friedensbemühungen des peruanischen Präsidenten Belaunde, der wenige Stunden zuvor in einer Pressekonferenz erklärte, die Verhandlungen kämen voran. Als wenige Stunden später die Nachricht von der Zerstörung der »Belgrano« über die Ticker läuft, bedeutet das das endgültige Aus für die Verhandlungen, die zumindest vonseiten Margaret Thatchers nur noch zum Schein geführt worden waren. Für die Eiserne Lady steht seit Wochen fest, dass es keine Alternative zur Rückeroberung der Kolonie gibt.

Die Zerstörung der »Belgrano« weitet sich in der Presse zur Affäre aus: Das Schiff, so sickert durch, habe sich knapp außerhalb der Sperrzone befunden und habe zudem Kurs auf das argentinische Festland genommen. Bald kursiert das Wort vom heimtückischen Anschlag der Briten, von einer offenen Provokation. Margaret Thatcher weist diese Vorwürfe brüsk zurück. Noch über sieben Monate später, am 21. Dezember 1982, greift der Labour-Abgeordnete Sir Thomas Dalyell Loch die Angelegenheit auf und beschuldigt Margaret Thatcher, sie habe »ebenso kalt wie vorsätzlich den Befehl zur Versenkung der Belgrano gegeben, obwohl sie genau wusste, dass ein ehrenwerter Friede in Aussicht war, in der Erwartung [...], dass die Torpedos des Conqueror's auch die Friedensverhandlungen torpedierten.« In den kommenden Jahren müssen sich Margaret Thatcher und ihr Verteidigungsminister in über zweihundert schriftlichen Anfragen des Unterhauses zu dieser Affäre rechtfertigen.

Doch während der Kriegswochen lässt sich Margaret Thatcher nicht von ihrem Plan abbringen, die Argentinier von den Inseln zu vertreiben. Die Ansichten darüber, welche Opfer hierfür zu erbringen seien, gehen freilich auseinander. Die Premierministerin selbst verfolgt eine ausgesprochen aggressive Angriffstaktik, die so nicht von allen Beratern geteilt wird. »Darf ich«, so verteidigt sie sich vor dem Unterhaus, »ein für allemal klarmachen, daß die große Sorge, mit der ich jede Stunde verbringe, die ist, daß ein Angriff argentinischer Kräfte, aus der Luft oder zur See, Erfolg haben und einige unserer Schiffe versenken könnte. Die argentinische Flotte und die argentinische Regierung hatten eindeutig aggressive Absichten.«

Die aggressiven Absichten der Argentinier werden rasch offenbar: Als Vergeltung für die Versenkung der »Belgrano« greifen die Argentinier am 4. Mai mit einer Exocet-Rakete den britischen Zerstörer »HMS Sheffield« an. Dabei sterben zwanzig Matrosen. Bei dem Angriff gerät der Zerstörer in Brand. Das Schiff wird evakuiert und sinkt nach sechs Tagen. Zum ersten Mal in dem Konflikt wirkt Margaret Thatcher am Kabinettstisch angeschlagen und fahrig. Bislang waren nur Opfer auf der gegnerischen Seite zu beklagen, nun sind englische Matrosen und Soldaten ums Leben gekommen. Noch spät nachts, nach der Krisensitzung im Kriegskabinett, nimmt die Premierministerin die Unterlagen mit nach Hause und schreibt persönlich Beileidsbriefe an die Hinterbliebenen. Erst jetzt, so scheint es, wird ihr die Tragweite ihrer Entscheidung bewusst. Aber sie ist nach wie vor zu keinem Kompromiss bereit. Bereits zehn Tage nach dem Verlust der »Sheffield« gibt sie auf einer Parteiversammlung in Schottland wieder die abgebrühte, kaltblütige Eiserne Lady. »Wenn man«, so meint sie, »sein halbes politisches Leben mit so alltäglichem Kram wie Umweltschutz verbracht hat, ist es einfach aufregend, einmal eine richtige Krise bewältigen zu müssen.«

Doch noch haben die britischen Streitkräfte keineswegs die Oberhand. Da die Argentinier auf den Falklandinseln französische Exocet-Raketen stationiert haben – damals die modernsten Raketen überhaupt –, müssen die britischen Flugzeugträger außerhalb der Reichweite dieser Waffen bleiben. Dennoch gelingt es britischen Einheiten am 14. und 15. Mai, die vorgelagerte Pebble-Insel zu erobern. Die beiden Hauptinseln jedoch sind fest in Händen der argentinischen Truppen. Unterdessen ist das gewaltige Schiff »Queen Elizabeth 2« von England aus auf dem Weg in den Südatlantik, an Bord eine zusammengewürfelte Truppe, darunter die 5. Infanteriebrigade, Gardetruppen, Teile der britischen Rheinarmee und die berüchtigten Gurkha-Elitesöldner.

Am 20. Mai unterbreitet die britische Regierung Argentinien einen Friedensvorschlag – ob ernst gemeint oder um vor der Weltöffentlichkeit zu glänzen, sei dahingestellt: Demnach sollen sich beide Kriegsparteien zurückziehen und UN-Truppen die Verwaltung der Falklandinseln übernehmen. Zudem sollen sofortige Verhandlungen aufgenommen werden. Doch erwartungsgemäß lehnen die argentinischen Militärs ab – was durchaus ins Kalkül Margaret Thatchers passt. Denn sie will die Inseln unter die britische Oberhoheit zurück – und nicht unter die Verwaltung der Vereinten Nationen, was für ihr Gefühl eine ebensolche Schmach darstellte wie eine militärische Niederlage.

Tags darauf, am 21. Mai, starten die britischen Verbände die Rückeroberung der Falklandinseln mit einer großangelegten Aktion zu Wasser und aus der Luft. In Port San Carlos auf der östlichen Insel wird ein Brückenkopf errichtet, selbst unter dem Angriff argentinischer Tiefflieger gelingt es den Briten, dreitausend Mann und eintausend Tonnen Material an Land zu setzen. In den kommenden Tagen muss die Navy schwere Verluste hinnehmen. Die Fregatten »HMS Antelope« und »HMS Ardent«, der Zerstörer »HMS Coventry« und das Nachschubschiff »Atlantic Conveyor« werden vom 23. bis 25. Mai durch die argentinische Luftwaffe versenkt. Auch werden drei Landungsschiffe der Briten beschädigt. Trotz dieser schweren Verluste bauen die Briten ihren Brückenkopf aus und verteidigen ihre Stellung in erbitterten Kämpfen, wobei siebzehn britische Soldaten ihr Leben verlieren.

Am 13. Juni beginnt die große Bodenoffensive der Briten mit der Schlacht gegen die argentinischen Stellungen am Mount Tumbledown. Bereits am Tag darauf haben die Briten die Hauptstadt Port Stanley erreicht, nach ein paar Stunden ergibt sich die argentinische Besatzung. Zuvor versucht der argentinische General Mario Menéndez in einem Telefonat General Galtieri in Buenos Aires noch davon zu überzeugen, die UN-Resolution 502 anzunehmen. Der jedoch fordert seinen General in Port Stanley auf, weiterzukämpfen. Doch Menéndez lenkt ein, um nicht noch mehr Blut zu vergießen. Er unterzeichnet am 14. Juni kurz nach dreizehn Uhr eine Waffenstillstandserklärung. Am 20. Juni besetzen die Briten die Südsandwichinseln. Damit ist der Krieg beendet, die britische Oberhoheit über die Inseln wiederhergestellt. Der Krieg kostete 253 Briten und 655 Argentiniern das Leben. 777 Briten wurden verwundet. Rund zwölftausend argentinische Soldaten gerieten in britische Gefangenschaft, werden aber nach wenigen Tagen in ihre Heimat entlassen. Der einzige britische Kriegsgefangene, Leutnant Glover, wird im Juli freigelassen. Die Kosten für den Krieg betragen auf britischer Seite rund 2,5 Milliarden Pfund, von argentinischer Seite gibt es keine offiziellen Zahlen.

Die Stimmung in Großbritannien ist gespalten: Einerseits ist man froh, ja stolz über den Sieg, andererseits wiegen die Verluste schwer, regen sich bei vielen auch Zweifel über die Notwendigkeit des Kriegs, und darüber, ob tatsächlich alle diplomatischen Mittel ausgereizt worden sind. Unberührt von Zweifeln zeigt sich hingegen Margaret Thatcher, die im Juli 1982 auf einer Parteiversammlung stolz und unter Verwendung etlicher Floskeln verkündet: »Unser Land hat einen großen Sieg errungen, und wir können mit Recht stolz sein. Diese Nation hatte den Mut, das zu tun, was zu tun war – wir haben gekämpft, um zu zeigen, daß ein Überfall sich nicht auszahlt und daß der Räuber sich nicht ungestraft davonmachen kann. Wenn der Ruf des Krieges und die Gefahr für Mitbürger uns zu den Waffen greifen läßt, dann sind wir Briten wieder das, was wir immer gewesen sind: tüchtig, tapfer und entschlossen.«

Glanz und Elend des Thatcherismus

Doch aller patriotische Taumel löst nicht die wirtschaftlichen und gesellschaftlichen Miseren des Landes, an denen die Regierung Thatcher zu scheitern droht. Das weiß die Premierministerin, an der Lösung dieser Probleme wird sie vor der Mit- und Nachwelt gemessen werden. Deshalb versucht sie, Kapital aus dem Sieg im Falklandkrieg zu schlagen: »Wenn zu den Waffen gerufen wird – ah, hier liegt das Problem. Warum ist erst ein Krieg nötig, damit unsere guten Eigenschaften zum Vorschein kommen und unser Stolz wiederhergestellt wird? Warum müssen wir erst überfallen werden, ehe wir unsere egoistischen Ziele aufgeben und so zusammenarbeiten, wie nur wir zusammenarbeiten können, und das erreichen, was nur wir erreichen können? Das ist die Aufgabe, der wir uns heute gegenübersehen: Wir müssen dafür Sorge tragen, daß der Geist des Südatlantiks, der wahre Geist Britanniens, sich nicht nur am Krieg entzündet, sondern sich auch vom Frieden anfeuern läßt.«

Der Feind im Äußeren ist ausgeschaltet. Bei einer offiziellen Siegesfeier in London werden die Kriegsheimkehrer bejubelt – die verletzten und verunstalteten Veteranen sind nicht geladen, um das heile und heitere Bild nicht zu stören. Die Popularität Margaret Thatchers befindet sich trotz manch kritischer Stimmen auf dem Höhepunkt. Bei den vorgezogenen Unterhauswahlen im Jahre 1983 erringen die Konservativen mit 397 Sitzen eine überwältigende Mehrheit (die Labour-Partei erhält nur noch 209 Sitze). Der Bergarbeiterführer Arthur Scargill findet darüber klare Worte: »Die Wahl Margaret Thatchers ist das größte nationale Unglück seit hundert Jahren.« Die Eiserne Lady, die ihre Politik ganz unter dem Eindruck des Kalten Kriegs sieht, betrachtet den Arbeiterführer lediglich als kommunistischen Demagogen: »Er ist ein marxistischer Revolutionär in der Verkleidung eines Gewerkschaftsfunktionärs.«

Margaret Thatcher wird wieder zur Ministerpräsidentin gewählt. Sie baut ihr Kabinett erneut um, mit ihr willfährigen Männern. Ihren verdienten Außenminister aus den Wochen des Falklandkriegs, Francis Pym, schasst sie ohne Vorwarnung mit den Worten: »Francis, ich brauche einen neuen Außenminister.« Pym hat den Fehler begangen, seine Chefin vorsichtig zu kritisieren. In ihren Augen ist er ein Verräter und ein »wet«, ein Waschlappen. Jetzt, das ist ihr klar, muss sie die Gunst der Stunde nutzen und, wie sie es ausdrückt, den »wahren Geist Britanniens« erwecken. Der Feind, gegen den es nun vorzurücken gilt: die Gewerkschaften. Die Premierministerin macht sie als die Hauptschuldigen dafür aus, dass die Wettbewerbsfähigkeit der britischen Wirtschaft in den Jahren seit 1978 erneut gesunken ist, um rund fünfunddreißig Prozent. Sie setzt ein Verbot der »pickets«, der Rollkommandos der Gewerkschaften, durch, die bei Streiks ganze Unternehmen lahmlegen, obwohl sie nicht Angestellte der bestreikten Firmen und Branchen sind. Zudem bringt Margaret Thatcher ein Gesetz auf den Weg, wonach die Gewerkschaften als Körperschaften bei aus Übergriffen herrührenden wirtschaftlichen Schäden auf Ersatz verklagt werden können. Auch werden gewerkschaftlich Nichtorganisierte gesetzlich besser geschützt und der Zwang zur Mitgliedschaft in einer Gewerkschaft, der in bestimmten Branchen galt, aufgehoben. Außerdem setzt die Premierministerin durch, dass die Wahlen zur Besetzung von Gewerkschaftsvorständen in Zukunft geheim ablaufen und damit die Ausübung von Druck auf unliebsame Gewerkschafter abnimmt. Und auch geheime Abstimmungen der Belegschaft vor der Ausrufung eines Streiks werden durchgesetzt. Wilde Streiks werden verboten und mit Schadensersatzpflicht belegt.

All diese Maßnahmen bedeuten eine empfindliche Beschneidung der gewerkschaftlichen Macht. Als Anfang 1984 im Zuge der Schließung unwirtschaftlicher Kohlezechen Tausende Bergarbeiter entlassen werden, reagieren die Gewerkschaften mit einem Streik, der das gesamte Land lahmlegen soll: Der Streik zieht sich über ein ganzes Jahr hin. Bald sind die Streikkassen der Nationalen Gewerkschaft der Minenarbeiter leer, die streikenden Arbeiter stehen vor dem Nichts, halten aber unter dem Gruppenzwang durch. Das Land droht durch einen Energieengpass im Winter 1984/85 ins Chaos zu stürzen. Margaret Thatcher, eben erst einem Bombenanschlag der IRA entronnen, wird in jenen Monaten zur meistgehassten Frau Großbritanniens. Sie gibt im Streit mit den Gewerkschaften keine Handbreit nach. Aus Polen lässt sie billige Kohle importieren, um den Betrieb der Kraftwerke zu sichern. Die Situation wird mehr und mehr zu einem zähen Zweikampf zwischen der Gewerkschaft der Minenarbeiter und der Eisernen Lady. Im März 1985 ist die Gewerkschaft mit den Kräften am Ende, am 3. März stimmen die Delegierten für eine Beendigung des Arbeitskampfes.

Triumphieren kann Margaret Thatcher darüber kaum: Denn die Wirtschaft Großbritanniens liegt am Boden, die Arbeitslosenquote liegt bei rund zwölf Prozent. Aber sie glaubt weiterhin fest daran, dass eine Gesundung der Wirtschaft und damit einhergehend eine Steigerung der Einkommen nur erreicht werden kann, wenn die Unternehmen zu Mitteln der Rationalisierung und des Wettbewerbs greifen können und der Staat zum Abbau der Bürokratie fähig ist. Der Weg dorthin, das verhehlt sie nicht, wird steinig sein. Immerhin denken damals viele Briten so wie sie. Bezeichnend ist, dass die Gewerkschaften in den 1980er-Jahren einen starken Mitgliederschwund hinnehmen müssen. Parallel dazu gewinnt die britische Wirtschaft in der zweiten Hälfte der Achtzigerjahre an Schwung – das neoliberale Kalkül der Premierministerin, das von Wirtschaftswissenschaftlern offiziell als »Thatcherismus« tituliert wird, scheint zu funktionieren: Von 1983 bis 1987 steigt die industrielle Produktion um mehr als zehn Prozent, womit Großbritannien damals in der Europäischen Gemeinschaft weit an der Spitze liegt. Es werden eine Million Arbeitsplätze neu geschaffen (gleichwohl viele auch im Billigsektor oder auf nicht tarifgebundener und nicht arbeitsrechtlich gesicherter Basis). Die Arbeitslosenzahlen sinken von über drei Millionen auf unter zwei Millionen, die Inflationsrate liegt bei relativ niedrigen vier Prozent. Die Löhne und Gehälter steigen in jenen Jahren um einundzwanzig Prozent, zugleich senkt die Regierung den Einkommenssteuer-Höchstsatz von dreiundachtzig auf sechzig Prozent, und den Höchstsatz bei der Kapitalertragssteuer von achtundneunzig auf sechzig Prozent. Große Staatsunternehmen werden privatisiert, so British Telecom, British Petroleum und British Airways, lokale Versorgungsunternehmen ebenso. Im Februar 1988 verkündet Margaret Thatcher im Unterhaus selbstbewusst: »Dadurch, daß die früher im Staatsbesitz befindlichen Gesellschaften vermehrt dem Druck des Wettbewerbs ausgesetzt sind und die Chancen des Marktes wahrnehmen müssen, sind sie gezwungen, ihre Leistungsfähigkeit in einem Maß zu erhöhen, das für die Gesamtleistung unserer Wirtschaft entscheidend sein wird.«

Ebenso werden staatliche Regulierungen im Bankenwesen abgebaut, die Londoner Börse entwickelt sich zu einem der größten Finanzumschlagplätze weltweit – mit entsprechender ökonomischer Zugkraft, aber auch mit hysterischer Überhitzung. Der Staat zieht sich aus Subventionen zurück und vermindert die Abgabenlast von Wirtschaft und Privatleuten. Dadurch werden Anreize zu eigenständiger Leistung und Verantwortung geschaffen. Freilich werden auch riesige Löcher ins soziale Sicherungsnetz gerissen: Das kostenlose Gesundheitssystem wird abgeschafft und durch ein System mit individueller Versicherung ersetzt. Wer gesund und leistungsfähig, innovativ und flexibel ist, kann es in jenen Jahren zu Wohlstand bringen, wer aber alt, krank oder weniger belastbar ist, gerät leichter als bislang ins soziale Aus. Was von den einen als Thatcherismus gepriesen wird, verurteilen die anderen als Casino-Kapitalismus. 1987 gewinnen die Konservativen die Parlamentswahlen noch einmal. Die Gesellschaft in jenen späten Achtzigerjahren, bis dahin von der Idee des sozialen Ausgleichs getragen, spaltet sich in Arm und Reich, in Oben und Unten, manche sprechen bereits von einem neuen Feudalismus, und das in einem Land, in dem der Adel bis heute über die zweite Kammer des Parlaments, das Oberhaus (House of Lords), vergleichsweise große, erbliche Mitspracherechte besitzt.

Margaret Thatcher selbst wird in diesen elitären Club aufgenommen (allerdings erst nach dem Ende ihrer Karriere als Politikerin): 1992 wird sie von der Queen zur »Baroness in her own right« (»Baronin mit persönlichem Adel«) nobilitiert und erhält als »Baroness Thatcher of Kesteven« einen Sitz im Oberhaus. Sie selbst, so vermittelte sie zeitlebens ihren Freunden und Feinden, war ein Abbild jenes Thatcherismus, den sie vertrat: durch persönliche Leistung ist sie von unten nach ganz oben gestiegen, von der Krämerstochter zur Premierministerin und Baronin.

Feudale Züge trägt die Politik Margaret Thatchers durchaus: 1989 wird in Großbritannien eine einkommensunabhängige Kopfsteuer (»poll tax«) eingeführt, bereits ein Jahr zuvor ist diese Steuer in Schottland versuchsweise durchgesetzt worden. Viele national gesinnte Schotten sind dadurch zutiefst verletzt und werten das als erneute Gängelung durch die Engländer. Damit leistet Margaret Thatcher, die noch Jahre zuvor vor einem Zerbrechen des Vereinigten Königreichs gewarnt hat, genau diesen Sezessionstendenzen Vorwand und Vorschub. Doch auch in England regen sich Protest und Widerstand. Es kommt zu gewaltsamen Demonstrationen. Obgleich der Motor der britischen Wirtschaft Ende der 1980er-Jahre wieder auf Hochtouren läuft und die Leistungsträger mehr denn je verdienen und weniger denn je Steuern zahlen, nimmt die Zahl derer, die in die sozial nicht abgefederte Armut stürzen, ebenfalls zu. Sogar die traditionell den Konservativen nahestehende anglikanische Staatskirche sieht sich nach dem Winter von 1987/88 genötigt, gegen die unsoziale Politik Margaret Thatchers zu protestieren – so waren wegen der Streichung der Heizzulage über eintausendfünfhundert Menschen tot in ihren kalten Wohnungen aufgefunden und allein in London über fünfzigtausend obdachlose Jugendliche gezählt worden, denen jegliche staatliche Unterstützung gestrichen worden war. Der anglikanische Bischof von Durham, David Jenkins, nennt die Premierministerin von der Kanzel herab gar »a wicked woman«, »eine gottlose Frau«. Und auch aus der methodistischen Kirche, der Margaret Thatcher selbst angehört, hagelt es harsche Kritik. Auf einer Synode der protestantischen Kirche Schottlands, zu der die Premierministerin eingeladen ist, verteidigt Margaret Thatcher ihre Politik nicht nur mit ökonomischen Zwängen, sondern gibt ihrem Handeln zudem einen christlich-moralischen Anstrich. Die Zuhörer sind entrüstet, die Kirchenältesten fordern die Premierministerin auf, von weiteren Besuchen ihrer Kirche Abstand zu nehmen. Sogar der anglikanische Erzbischof von York, John Habgood, liest der Premierministerin die Leviten und unterstellt ihrer Sozialpolitik einen Mangel an Nächstenliebe. Auch der katholische Erzbischof von Liverpool, Derek Warlock, belehrt die Premierministerin, der Wohlfahrtsstaat habe nichts mit Faulheit und Ausnützung zu tun, er sei vielmehr Ausdruck gegenseitiger Fürsorge und gemeindlicher Verantwortlichkeit. Und der anglikanische Bischof von Birmingham urteilt scharf: »Es ist ganz klar, daß diese Regierung den Gott des Alten und des Neuen Testaments nicht anerkennt.« Auf all diese Vorwürfe antwortet Margaret Thatcher in ihren letzten Regierungsjahren nicht. Unbeirrt, aber eben auch ohne Feingefühl und diplomatisches Geschick, geht sie den Weg weiter, von dem sie glaubt, dass er der einzig richtige sei, und erhebt ihr persönliches Credo zu einem Staatsdogma, der »Thatcherismus« verkommt in jenen Jahren zur kalten Ideologie.

Selbst im Unterhaus wird der Ton vonseiten der Labour-Opposition schärfer und persönlich. Margaret Thatcher wird vorgeworfen, sie habe keinerlei Mitgefühl für ihre Mitmenschen und habe noch nie etwas für die Armen getan. Die Premierministerin antwortet vor dem versammelten Parlament gelassen: »Da Sie mich persönlich fragen, wollen Sie vielleicht einmal die Gehaltssumme ansehen, auf die ich freiwillig während der vergangenen Jahre verzichtet habe?« Tatsache ist, dass die sparsame Eiserne Lady sich die vollen Bezüge einer Premierministerin versagt und sich mit den weit niedrigeren Bezügen eines Ministers begnügt.

Von den Zeitläuften überholt

Der Sturz Margaret Thatchers kommt schnell und unerwartet und hat auch mit dem Aufbrechen verkrusteter Freund-Feind-Denkweisen nach dem Fall der Mauer 1989 und dem Ende des Kalten Kriegs zu tun. Der deutschen Wiedervereinigung steht die Eiserne Lady ablehnend gegenüber. Sie ist und bleibt ganz im Denken des Kalten Kriegs und der Aufrüstung gefangen (in Margaret Thatchers Regierungszeit wurde das Atomwaffenarsenal Großbritanniens verdreifacht). Ihr Deutschlandbild nährt sich aus ihrer Jugend im Zweiten Weltkrieg. Dabei nimmt sie es selbst im Umgang mit diktatorischen Regimen nicht so genau, wenn diese nur in ihr Schema des Antibolschewismus passen. Ihre freundschaftlichen Beziehungen zum Apartheid-Regime in Südafrika und zum chilenischen Diktator Augusto Pinochet sind legendär. Als Pinochet 1998 während eines Aufenthalts in England aufgrund eines spanischen Haftbefehls festgenommen wird, und eine Diskussion darüber entbrennt, ob man den ehemaligen Diktator an die spanischen Justizbehörden ausliefern solle, nutzt die längst nicht mehr im Amt befindliche Eiserne Lady ihre Beziehungen, um auf eine Freilassung Pinochets hinzuwirken und den Diktator als widerrechtlich festgehaltenen politischen Gefangenen darzustellen.

Im Jahr 1990, sie ist noch Premierministerin, wehrt sie sich zunächst gegen die deutsche Wiedervereinigung und gibt erst auf Druck Amerikas in ihrem Widerwillen nach, macht aber die vertragliche Anerkennung der Oder-Neiße-Grenze zur Bedingung. Sie fürchtet eine erneute deutsche Großmachtstellung mitten in Europa und kommt insgeheim mit den veränderten und labilen Gewichtungen in Europa und außerhalb Europas nicht zurande.

Ihr Nimbus in der eigenen Partei verblasst, zu lange und zu selbstherrlich hat die Eiserne Lady ihre Parteikollegen am Gängelband geführt. Außenminister Geoffrey Howe kritisiert Thatchers Kurs und fordert die Konservativen auf, ihr die Gefolgschaft zu versagen. Howe muss diese Anstachelung zur Revolte bitter bezahlen: Margaret Thatcher nötigt ihn zum Rücktritt. Daraufhin wird Margaret Thatcher von Michael Heseltine herausgefordert. Als sich die Premierministerin am 19. November 1990 auf dem KSZE-Gipfel in Paris aufhält, wird auf einem Parteitag in London über die Führung der Konservativen abgestimmt: Margaret Thatcher verfehlt das nötige Quorum gegen Heseltine, nämlich mindestens fünfzehn Prozent Vorsprung. Verstört über diese Parteirevolte reist Margaret Thatcher sofort nach London zurück. In internen Gesprächen mit Parteifreunden sondiert sie die Lage. Man rät ihr, mit einem Rücktritt einer sicheren Abwahl zuvorzukommen. Sie erkennt mit Bitterkeit, dass ihre Zeit als Premierministerin zu Ende ist, die landes- und weltpolitische Entwicklung ist an ihr und ihrem Führungsstil vorbeigegangen. Am 22. November 1990 erklärt Margaret Thatcher ihren Rücktritt vom Amt der Premierministerin. Damit geht eine Ära zu Ende, die bis heute von Historikern uneinheitlich bewertet wird. Und bis heute sind die Auswirkungen der Wirtschafts-, Außen- und Sozialpolitik der Regierung Thatcher in Großbritannien greifbar.

Nachfolger Margaret Thatchers im Amt wird der Konservative John Major. Die Eiserne Lady zieht sich ins Privatleben zurück, meldet sich aber in den kommenden Jahren immer wieder in gesellschaftlichen Diskussionen zu Wort. 1992 wird sie in den Adelsstand erhoben und zieht ins Oberhaus ein. 1995 erhält sie den Hosenbandorden, die höchste Ehrung Englands. Auch die Amerikaner bedanken sich bei ihrer treuen Verbündeten aus der Zeit des Kalten Kriegs: Aus den Händen von US-Präsident Georg Bush erhält die Eiserne Lady im Jahre 1991 die Freiheitsmedaille.

Seit der Jahrtausendwende mehren sich Nachrichten über den körperlichen und geistigen Niedergang Margaret Thatchers:

Sie erleidet 2000 und 2001 mehrere Schlaganfälle, leidet unter Gedächtnisstörungen, schließlich unter fortgeschrittener Demenz. 2003 stirbt ihr Mann Denis Thatcher. Bei der Beerdigung des ehemaligen US-Präsidenten Ronald Reagan im Juni 2004 nimmt Margaret Thatcher zwar noch teil, kann jedoch nicht mehr selbst sprechen. Stattdessen wird eine Videobotschaft, die man zuvor aufgezeichnet hat, eingeblendet.

Dann wird es still um sie – bis im Jahre 2011 der Film *The Iron Lady (Die Eiserne Lady)* mit Meryl Streep in der Hauptrolle in die Kinos kommt. Der Film erzählt nicht nur Aufstieg, Glanz und Fall der Politikerin, sondern zeigt auch in sehr anrührender Weise ihre Einsamkeit und Hilflosigkeit in Krankheit und Alter.

Margaret Thatcher, die Eiserne Lady, stirbt am 8. April 2013. Am 17. April bewegt sich ein öffentlicher Trauerzug durch London. Über siebenhundert ehemalige Soldaten des Falklandkriegs nehmen daran teil, Zehntausende von Menschen säumen die Straßen. In der St. Paul's Cathedral findet ein Abschiedsgottesdienst mit zweitausend geladenen Gästen statt. Während der Trauerfeier schweigt das Geläut von Big Ben, eine Ehre, die zuletzt Winston Churchill zuteil wurde. Und wie zuletzt bei der Beisetzung von Premierminister Churchill im Januar 1965 ist Queen Elizabeth II. anwesend – auch damit zollt die Monarchin der großen, widersprüchlichen Eisernen Lady ihren hoheitlichen Respekt.

9 Liz Mohn (*1941)
Medien, Macht und Mäzenatentum

Im Jahre 1971 kommt es zwischen dem Bertelsmann-Verlags-
konzern und dem Verlag Gruner + Jahr zu einem Gerangel um
das Nachrichtenmagazin *Stern*. Reinhard Mohn, der mächtige
Chef des riesigen Bertelsmann-Konzerns, steigt als Mitgesell-
schafter bei Gruner + Jahr ein. Die Mitarbeiter des *Stern* sind
stolz auf ihre redaktionelle Unabhängigkeit, die der Verleger
von Gruner + Jahr Gerd Bucerius trotz mancher offen ausgetra-
gener Meinungsverschiedenheiten immer wie selbstverständlich akzeptiert und nie in Frage gestellt hat. Als *Stern*-Redakteur
Manfred Bissinger deshalb zu einer Unterredung mit Reinhard
Mohn nach Gütersloh fährt, stößt er in dessen Vorzimmer auf
eine »Frau Scholz«, die ihn recht resolut behandelt. Bissinger
hat den Eindruck, dass an dieser Vorzimmerdame keiner ohne
Weiteres vorbeikommt, dass sie etliche Fäden in der Hand hält
und sie dies die Antichambrierenden spüren lässt. Nach dem
Gespräch mit Mohn erkundigt sich der *Stern*-Redakteur diskret
über die Dame und erfährt von Bertelsmann-Mitarbeitern, dass
im Unternehmen über sie getuschelt werde. Sie sei die Geliebte
Reinhard Mohns und habe von ihm auch Kinder.

1982 heiraten Elisabeth Scholz und Reinhard Mohn, nachdem beide sich von ihren Ehepartnern haben scheiden lassen.
Damit beginnt der erstaunliche Aufstieg einer Frau aus einfachen Verhältnissen an die Spitze eines global agierenden Medienkonzerns. Elisabeth »Liz« Mohn weiß ihre Machtposition innerhalb des Konzerns mit strategischem Kalkül auszubauen. Und
sie strickt an ihrem Image einer sozial und kulturell engagierten

Patriarchin, auch und gerade nach dem Tod Reinhard Mohns im Jahre 2009. Liz Mohn wurde und wird von Gegnern vorgeworfen, sie regiere den Konzern »mit Liz und Tücke«. Sie hat Freunde und Feinde, Bewunderer und Gegner. Ihre Beziehungen erstrecken sich nicht nur auf die Geschäftswelt, sondern auch tief hinein in die Politik. Doch was auch immer man im Einzelnen von ihr halten mag: Ihr Lebenslauf reicht von ganz unten bis ganz oben, er ist wie ein Märchen aus dem »Wonderland« der Bundesrepublik.

»Ich sprang«

Elisabeth Mohn, geborene Beckmann, ist ein Kriegskind. Und nichts in ihrer Herkunft, ihrem gesellschaftlichen Hintergrund deutet auf die Erfolgsgeschichte ihres Lebens hin. Geboren wird sie am 21. Juni 1941 in Wiedenbrück bei Gütersloh. Am Tag darauf beginnt Hitler den Überfall auf die Sowjetunion. Zu den Umständen ihrer Geburt weiß Liz Mohn: »Meine Mutter erzählte später, ich sei bei Fliegeralarm zur Welt gekommen.« Auch wenn das Kind den Krieg verstandesmäßig nicht einordnen kann, legt sich doch von Anfang an Angst auf ihre Seele: »Deutschland lag wie unter einer Glocke der Angst. Angst war das beherrschende Gefühl meiner Mutter bei meiner Geburt – Angst um ihr Leben, um den Lebensstart ihres Kindes, Sorge vor einer ungewissen Zukunft. Und diese Angst übertrug sich offensichtlich auf mich. Ich habe später viel darüber gehört und gelesen, wie Kinder bereits während der Schwangerschaft Emotionen, Stimmungen und Ängste der Mutter wahrnehmen. Bei uns muss es exakt so gewesen sein: Ich war ein sehr ängstliches Baby, das nachts viel schrie und schlecht träumte. Jede Nacht musste meine Mutter mich auf den Arm nehmen, trösten, wickeln oder umziehen. Vielleicht lag hier der tiefere Grund für die besondere Bindung, die wir immer zueinander hatten.«

Dass sich diese Angst nicht zu einem fortwährenden Trauma in der Kinderseele auswächst, mag zwei Gründe haben: Zum einen die große Liebe, die von der Mutter ausgeht. Zum anderen der eiserne Wille Elisabeths, die bereits in frühen Jahren unter Beweis stellt, dass sie sich nicht unterkriegen lassen will. Beispielsweise bringt sich die Vierjährige – will man den Erinnerungen Liz Mohns glauben – in der Ems selbst das Schwimmen bei: »Ich sehe ein kleines blondes Mädchen, das hier immer wieder Anlauf nimmt und sich, an den Weidenästen festhaltend, ans andere Ufer schwingt. Es hat riesigen Spaß dabei. Wieder und wieder schwingt es hin und her. Manchmal hat es Glück und erreicht das andere Ufer, oft hat es Pech und fällt ins Wasser. Doch dann prustet und schüttelt sich das Mädchen nur und startet einen neuen Versuch.« Ein ähnliches Erlebnis hat sie in der Grundschule. Als Einzige wagt sie den Sprung vom Fünf-Meter-Brett: »Als ich oben stand und die erwartungsvollen Gesichter des Lehrers und meiner Klassenkameraden sah, gab es kein Zurück. Ich sprang. Hinterher war ich sehr stolz auf mich. Solche Momente hatte ich öfter im Leben. Immer wenn ich das Gefühl hatte, jemand glaubt an mich, konnte ich meine Ängste überwinden.« Sie lernt – so betont sie später wiederholt –, aus diesen Erfolgserlebnissen eine Lebensphilosophie abzuleiten: nicht klein beizugeben und der eigenen Kraft zu vertrauen.

Kraftmitte jener Kindheit der Kriegs- und Nachkriegszeit ist die Mutter: Die gelernte Hutmacherin zieht fünf Kinder groß. Ihr Mann, der aus einer Bauernfamilie stammt und selbstständiger Handwerker ist, wird während des Kriegs von einem Blitz getroffen. Zwei Wochen ringt er in der Klinik um sein Leben, kommt durch, bleibt aber arbeitsunfähig und stirbt früh, mit sechzig Jahren. Elisabeths Mutter zieht im Garten selbst Gemüse, um die Familie durchzubringen. Sie leben in äußerster Bescheidenheit. Liz Mohn erinnert sich an die Jahre im Krieg, als die Familie die Nächte häufig im Luftschutzkeller verbringen muss: »Eines Morgens kamen wir aus dem Bunker, und mein ganzes Bett war voller Reif. Alles war gefroren, die Eisblumen blühten am Fenster, denn es gab keine Heizung in unserem Haus. Meine Mutter erwärmte dann Steine im Backofen, die in die Kinderbetten gelegt wurden.« Schmalhans ist Küchenmeister im Hause Beckmann: »Unsere Mutter sorgte von früh bis spät für uns. Sie hatte einen kleinen Garten gepachtet, in dem sie Gemüse und Kartoffeln anpflanzte, damit wir genug zu essen bekamen. Ich erinnere mich heute noch an den säuerlichen Geschmack der Brotsuppe, die sehr häufig zum Mittagessen auf dem Tisch stand – sie war in den Nachkriegsjahren eine unserer Hauptnahrungsquellen. Ich glaube, da ging es mir wie vielen anderen Kindern in dieser Zeit – bald wollte ich Brotsuppe weder riechen noch essen. Doch der Hunger trieb sie in den Magen.« Man muss sich diese Ärmlichkeit vor Augen halten, um zu verstehen, wie sehr Liz Mohn als junge Frau vom Willen zum gesellschaftlichen Aufstieg durchdrungen ist und weshalb sie auch vom Glanz und Reichtum der Familie Mohn so fasziniert ist.

Sie wächst in einem kleinbürgerlichen, katholischen Milieu auf: »Man kannte einander damals in der kleinen Stadt [Wiedenbrück]. Uns Kindern gab das ein Gefühl von Schutz und Sicherheit, überall war man gern gesehen, keiner konnte verloren gehen.« In der Familie werden christliche Rituale hochgehalten, mit der Zustellung der katholischen Zeitung *Dom* verdient sich das Mädchen sein Taschengeld: »Das habe ich gern gemacht. Alle Leute kannten mich, und immer ergab sich eine kurze Unterhaltung an der Haustür. Ich hatte keine Scheu und keine Ängste, sondern war sehr kommunikativ. Da ich so ein fröhliches Strahlekind war, bekam ich auch immer ein kleines Trinkgeld.«

Sie findet nicht nur früh Gefallen daran, ihr eigenes Geld zu verdienen, sondern auch daran, mit diesem Geld die »weite Welt« zu erkunden. Als Pfadfinderin verbringt sie die Ferien in Camps mit abendlichem Lagerfeuer, leitet selbst eine Mädchengruppe. Karl May, Jules Verne und Mark Twain gehören zu ihren frühen, prägenden Leseerlebnissen, das spiegelt nicht zuletzt ihre Sehnsucht nach Abenteuer, Romantik und fernen Ländern wider. Mit vierzehn Jahren bricht sie zum ersten Mal aus der kleinbürgerlichen Welt aus, auf eigene Faust, gegen den Willen der Eltern, die im Nachhinein freilich ein Auge zudrücken. Mit ihrer Cousine unternimmt sie eine Radtour, die als Fahrt von Würzburg zurück nach Wiedenbrück gedacht ist, dann aber spontan zu einer dreiwöchigen Tour durch Deutschland – mit Abstechern nach München, auf dem Lastwagen bis Hamburg und per Schiff nach Helgoland – gerät.

Noch als Sechzigjährige erinnert sich Liz Mohn voller Begeisterung an dieses Abenteuer: »Diese Reise hatte in mir den Wunsch entstehen lassen, eines Tages die enge Welt von Wiedenbrück hinter mir zu lassen. Ich wollte mehr sehen, mehr erleben.« Die weite Welt besteht nicht nur aus fernen Regionen und Ländern. Elisabeth Beckmann wächst in eine Zeit hinein, in der sich für junge Frauen – auch durch die Berufswahl – immer mehr Freiräume eröffnen. Doch die Vorstellungen hiervon sind noch verschwommen: »Ich hatte die feste Absicht, aus meinem Leben etwas zu machen. Wie und was, das wusste ich nicht genau. Von einer Karriere träumte ich nicht, eher von einem guten Arbeitsplatz, einem netten Mann und vielen Kindern.« Elisabeths Mutter verschafft ihr über Beziehungen eine Lehrstelle als Zahnarzthelferin – damals ein »klassischer« Frauenberuf. Doch Elisabeth gefällt diese Arbeit nicht, sie bricht die Ausbildung nach wenigen Wochen ab.

Eine Freundin arbeitet beim großen Verlagshaus Bertelsmann im nahen Gütersloh. Das Medienunternehmen, damals noch ganz klassisch auf Produktion und Vertrieb von Büchern konzentriert, erscheint der jungen Frau als Arbeitgeber wesentlich interessanter und erstrebenswerter zu sein: »Also bewarb ich mich – ohne meine Mutter einzuweihen – bei Bertelsmann. Zum Vorstellungsgespräch in der Vertriebsstelle des Buchclubs zog ich meine beste weiße Bluse an.«

Von der Erweckungsbewegung zum Weltkonzern

Der C. Bertelsmann Verlag ist damals Millionen von Lesern vor allem durch den 1950 gegründeten »Lesering« bekannt, der als Abonnement-Gemeinschaft, unterstützt durch Vertreter, Kunden mit Büchern beliefert. Diese Art des Buchvertriebs am klassischen Buchhandel vorbei erschließt neue, bis dahin bildungsferne Leserschichten und eröffnet somit ein ungeheures Absatzpotenzial.

Gegründet wird der Verlag im Jahre 1835 durch den Drucker und Buchhändler Carl Bertelsmann in Gütersloh. Sein Sohn Heinrich übernimmt 1850 das Geschäft. Im Laufe der folgenden Jahrzehnte werden diverse Verlage und Druckereien hinzugekauft. Die von der pietistischen Erweckungsbewegung geprägte Familie verlegt zunächst fast ausschließlich religiöse Erbauungsliteratur, unter Heinrich Bertelsmann wird das Programm dann um (moralisch »einwandfreie«) Belletristik erweitert. Nach Heinrich Bertelsmanns Tod im Jahre 1887 übernimmt sein Schwiegersohn Johannes Mohn die Leitung der Firma, im Jahre 1921 dessen Sohn Carl Heinrich Mohn. Dieser erweitert das Spektrum um sogenannte »Volksausgaben« von Romanen, günstige Sonderausgaben in hoher Auflage. Das Verlagsprogramm verschiebt sich in den 1930er- und 1940er-Jahren: Zunehmend erscheinen Kriegs- und Soldatenromane, auch von nationalsozialistischen Autoren wie Will Vesper oder Hans Grimm. 1944 wird der Verlag auf Anordnung der nationalsozialistischen Machthaber wegen Korruptionsverdachts geschlossen. Setzerei, Druckerei und Buchbinderei arbeiten jedoch weiter – bis zur fast vollständigen Zerstörung der Verlags- und Produktionsgebäude wenige Wochen vor Kriegsende. Nach 1945 wird die Schließung des Verlags von der Unternehmensleitung »uminterpretiert«: Um von der britischen Militärverwaltung eine Verlagslizenz zu erhalten, wird das Unternehmen mit seiner christlichen Tradition als Gegner und Opfer des NS-Regimes dargestellt. Dieser Mythos wird bis in die 1990er-Jahre tradiert, als eine unabhängige Historikerkommission unbeschränkten Zugang zum Firmenarchiv erhält und die Verlagsgeschichte objektiv und ungeschönt aufarbeiten und 2002 in einer Dokumentation umfassend darstellen kann.

Carl Heinrich Mohn stirbt 1955, bereits 1947 übernahm dessen drittältester Sohn Reinhard Mohn das Familienunternehmen. Unter seiner Leitung wächst das Unternehmen zu einem global agierenden, börsennotierten Medienkonzern heran, der zuletzt (2013) ein Umsatzziel von rund siebzehn Milliarden Euro nennt und im Jahre 2012 einen Gewinn von 619 Millionen Euro erwirtschaftet hat. Die Konzernaktivitäten haben sich in den letzten Jahren grundlegend erweitert und verschoben: vom reinen Verlagshaus mit angeschlossenen Produktionsstätten hin zum Medienkonzern, der auch auf dem Zeitschriften- und Zeitungsmarkt, vor allem aber im TV-Sektor arbeitet. So gehören heute die Verlagsgruppe Random House und der Verlag Gruner + Jahr zu Bertelsmann, vor allem aber die sehr profitable RTL Group.

»Liebe öffnet Herzen«

Von all dem ist der C. Bertelsmann Verlag Ende der 1950er-Jahre noch weit entfernt, als sich die junge Elisabeth Beckmann in der Vertriebsgeschäftsstelle in Rheda bei Wiedenbrück vorstellt: »Als ich mit Frau Ehrmann sprach – sie war damals für das Personal zuständig –, war ich sehr nervös. Sie war eine Frau mit großem Einfühlungsvermögen, und ich glaube, ich gefiel ihr auf Anhieb. So gab sie mir einen Ausbildungsplatz.« Elisabeth Beckmann ist überglücklich: »Nach diesem Gespräch hätte ich die ganze Welt umarmen können, so stolz war ich. Irgendwie hatte ich eine Ahnung, dass das Leben noch Überraschungen für mich bereithielt.«

Bereits sechs Wochen später greift das Schicksal entscheidend in das Leben der Auszubildenden ein: Beim alljährlichen Betriebsfest lernt sie Reinhard Mohn, den siebenunddreißigjährigen Chef des Unternehmens, kennen, der seit 1948 mit Magdalene Mohn, geborene Raßfeld, verheiratet ist und mit ihr drei Kinder (Johannes, Susanne und Christiane) hat. Liz Mohn erinnert sich: »Ich saß in einer Schar von jungen Mädchen, die alle Auszubildende waren. Ich fand mich hübsch in dem neuen weißen Wollkleid, das meine Mutter mir genäht hatte. Ich sah Reinhard Mohn inmitten einer Gruppe von Menschen hereinkommen, die ich nicht kannte. Ich war neugierig auf ihn. Wie die anderen Mädchen reckte ich den Hals nach ihm. Ich fand, dass er eine starke Ausstrahlung hatte. Seine Haltung war sehr aufrecht, ein kleines Lächeln umspielte seinen Mund. Ich fand ihn sehr charismatisch.«

Reinhard Mohn steht damals im Ruf, ein Frauenheld zu sein. Auch an jenem Abend weiß er mit seinem Charme (und seiner Position) zu punkten: »Als er dann ausgerechnet mich aus dieser Mädchenschar zum Tanzen aufforderte, war ich völlig überrascht. Wir tanzten einen Walzer. An unser Gespräch erinnere ich mich nicht mehr genau, ich schätze, es war der übliche Small Talk. Aber ich weiß, dass ich sehr überrascht war, wie offen und charmant er war. Bei dem Spiel ›Eine Reise nach Jerusalem‹ blieben wir beide übrig und kämpften um den letzten Stuhl. Er gewann das Spiel. Ich merkte, dass wir uns gut verstanden. Wir feierten bis in den Morgen. Um fünf Uhr in der Früh brachte er mich nach Hause. [...] Meine Mutter erwartete mich an der Haustür. Sie hatte die ganze Nacht nicht geschlafen, weil ich nicht um zweiundzwanzig Uhr zu Hause war.«

Die Eltern sind zunächst wenig erfreut über das Interesse des reichen, verheirateten Unternehmers an ihrer noch nicht volljährigen Tochter. Doch sie müssen sich mit den Gegebenheiten abfinden. Elisabeth Beckmann und Reinhard Mohn beginnen ein Verhältnis, das vor Verwandten und den Beschäftigten geheim gehalten wird. Dennoch macht das Gerücht bald die Runde.

Um den Schein zu wahren, geht Elisabeth Beckmann im Jahre 1963 eine Ehe mit dem Bertelsmann-Kinderbuchlektor Joachim Scholz ein. Es kommen die Kinder Brigitte (geb. 1964), Christoph (geb. 1965) und Andreas (geb. 1968) zur Welt, deren leiblicher Vater Reinhard Mohn ist. Die bürgerliche Fassade wird mühsam aufrechterhalten: Scholz gibt sich lange Jahre als der Vater der drei Kinder aus. Ende der 1970er-Jahre wird die Ehe von Joachim und Elisabeth Scholz geschieden. Erst danach erfahren die Kinder offiziell, dass Reinhard Mohn ihr leiblicher

Vater ist. 1981 wird auch die längst zerrüttete Ehe von Reinhard und Magdalene Mohn geschieden, nachdem der Verleger seiner Frau in einem Brief lapidar mitgeteilt hat, ihre Ehe sei ein Irrtum gewesen. Damit ist der Weg frei: 1982 heiraten Elisabeth und Reinhard Mohn. Der Verleger adoptiert seine Kinder und macht sie offiziell zu Mohns. Alle sechs Kinder Reinhard Mohns sind heute mit einem einstelligen Prozentsatz am Unternehmen beteiligt. Somit hat der Verleger – wenngleich spät – seine familiären Verhältnisse nach allen Richtungen hin geordnet.

Liz Mohn hat über die schwierigen Jahre als Geliebte eines verheirateten, im Licht der Öffentlichkeit stehenden Mannes nur andeutungsweise geschrieben. Man kann nur erahnen, wie belastend die Lage für alle Betroffenen gewesen sein muss, vor allem für Magdalene Mohn und Elisabeth Scholz. »Ich musste schnell erwachsen werden«, so Liz Mohn in ihren Erinnerungen. Viel mehr verliert sie über diese Jahre nicht. Was sie über ihre Liebe zu den Kindern, ihre Jahre als junge Mutter äußert, bleibt an der Oberfläche und wird verallgemeinernd sogar zur moralisierenden Philosophie erhoben: »Heute – mit meiner jetzigen Lebenserfahrung – weiß ich, wie stark unsere Kinder unser Leben bereichern und formen. Jedes Paar hat heute die freie Entscheidung, ob es mit oder ohne Kinder leben will. Ich finde es schade, wenn Frauen keine Kinder haben wollen oder keine bekommen können. Es entgehen ihnen viele Facetten eines Frauenlebens.« Über ihre damaligen Jahre meint sie nur verschwommen: »Ich hatte ein sehr erfülltes Leben als junge Mutter. Nie hätte ich damals im Traum daran gedacht, eine eigene Karriere zu verfolgen.«

Solche Äußerungen finden sich – mit Hilfe der Ghostwriterin Madlen Hillebrecht zu Papier gebracht – in dem 2001 unter dem blumigen Titel *Liebe öffnet Herzen* veröffentlichten Buch. Hier schreibt eine Frau, die ihren Weg gemacht hat, die an der Spitze eines riesigen Medienkonzerns steht und sich der Öffentlichkeit als gemäßigt modern denkende, verantwortungsvoll handelnde, engagiert auftretende Familienmutter, Unternehmerin, Wohltäterin und Mäzenin darstellen will. Es ist zu vermuten, dass Liz Scholz selbst erstaunt war, als ihr Geliebter Reinhard Mohn seinem Leben nochmals eine Wende gab, er sich scheiden ließ und sie, die ehemalige Auszubildende und spätere Telefonistin und Sekretärin, als Ehefrau »legalisierte«. Damals gab es Lästerzungen, die davon sprachen, Liz Mohn habe einen Konzern geheiratet. Das war boshaft und von Missgunst durchsetzt. Dennoch liefen die Fakten darauf hinaus: Reinhard Mohn hat seiner Frau nach und nach eine führende Rolle im Unternehmen zugeeignet. Aber es ist ihr nicht alles in den Schoß gefallen. Ähnlich Friede Springer verstand und versteht es auch Liz Mohn, ihre Macht auszubauen und ihre Position zu festigen.

Unternehmerin, Stifterin, Mäzenin

Heute ist Liz Mohn stellvertretende Vorsitzende des Vorstands und des Kuratoriums der Bertelsmann Stiftung, Vorsitzende der Gesellschafterversammlung und Geschäftsführerin der Bertelsmann Verwaltungsgesellschaft. Sie verfügt zudem über bestimmte Vetorechte, die ihr Reinhard Mohn übertragen hat. Darüber hinaus soll sie nach dem Willen Reinhard Mohns bis zu ihrem fünfundsiebzigsten Lebensjahr Sprecherin der Familie sein. Die Familie Mohn hält rund neunzehn Prozent der Bertelsmann-Aktien, was für einen Weltkonzern dieser Größe außergewöhnlich ist.

Liz Mohn engagiert sich in der 1993 von ihr gegründeten »Stiftung Deutsche Schlaganfall-Hilfe«. Ein Schicksalsschlag in der eigenen Familie war der Anlass: »Einer meiner Söhne [Andreas] hatte im Alter von vierzehn Jahren des Öfteren ein taubes Gefühl zuerst im linken Fuß, dann im gesamten linken Bein. Wir gingen von Arzt zu Arzt, doch keiner wusste eine Antwort auf die Frage nach der Ursache. Während unseres anschließenden Urlaubs in Spanien fiel er ohne erkennbare Ursache öfter hin. Ich betrachtete dies mit großer Sorge, ließ mir aber nichts anmerken. Nach der Rückkehr aus den Ferien suchte ich sofort mehrere Ärzte mit ihm auf, doch eine neurologische Ursache konnte nicht festgestellt werden. […] vier Tage nach dem letzten Arztbesuch rief mein Sohn mich eines Nachmittags in der Firma an und sagte: ›Mami, ich kann nicht mehr laufen.‹« Der Sohn ist phasenweise halbseitig gelähmt. »Die Lähmung«, so Liz Mohn, »war zum Glück nur vorübergehend – nach sechs Wochen konnte mein Sohn wieder laufen. Die Neurologen in Hannover standen vor einem Rätsel – sie hatten keine Ursache für die Lähmung gefunden. Ein Schlaganfall war es nicht. Später mutmaßten die Ärzte, dass wahrscheinlich ein Zeckenbiss die Ursache gewesen sein könnte. […] Genaueres haben wir bis heute nicht erfahren.« Dieses Schlüsselerlebnis wird, so Liz Mohn, »weichenstellend für die Gründung der Deutschen Schlaganfall-Hilfe, mit der vielen Menschen geholfen werden konnte«. Die Stiftung, deren Präsidentin Liz Mohn und deren Vorstandsvorsitzende ihre Tochter Brigitte ist, verfügt über ein Kapital von derzeit rund fünfzig Millionen Euro und widmet sich der Prävention und Früherkennung, der Behandlung und Rehabilitation, der Aufklärung und Verbesserung von Diagnose und Therapien. Liz Mohn resümiert: »Als ich 1993 mit der Stiftung begann, ahnte ich nicht, welches Arbeitsvolumen mich erwartete. Dennoch sage ich heute, ich würde es jeden Tag wieder tun. Es hat sich gelohnt! […] Ich möchte in dieser Hinsicht Vorbild für andere Menschen sein. […] es ist mein größter Wunsch, dass die Stiftung eines Tages auch ohne mich weiterexistieren, ihre Arbeit und ihre Hilfe leisten kann.«

Ein weiteres ehrenamtliches Betätigungsfeld Liz Mohns ist ihr Engagement als Vorstandsvorsitzende der Liz Mohn Kultur- und Musikstiftung und als Vorsitzende des Kuratoriums des Verbands deutscher Musikschulen. Sie unterstützt die musikalische Erziehung von Kindern und Jugendlichen, unter anderem in ihrem Wohn- und Wirkungsort Gütersloh, ist aber auch federführend bei internationalen musikalischen Contests, etwa dem Gesangswettbewerb »Neue Stimmen«: »Längst ist aus unserem Wettbewerb eine bei Publikum und Fachleuten begehrte Festveranstaltung geworden, an der etwa neunhundert geladene Gäste aus Politik, Wirtschaft, Kultur und Medien teilnehmen.

[...] Kein Zweifel, die ›Neuen Stimmen‹ sind eine Erfolgsgeschichte. Von den Anfängen bis heute verfolgen wir damit das Ziel, höchsten künstlerischen Ansprüchen gerecht zu werden. [...] Unser Wettbewerb versteht sich als Instrument der Völkerverständigung und wahrt absolute Toleranz gegenüber der kulturellen Vielfalt und dem Individuum.«

Liz Mohn sieht ihr soziales und kulturelles Engagement, aber auch ihre Machtposition im Bertelsmann-Konzern als Politikum: Sie will der Gesellschaft Anstöße geben. Nach eigenem Bekunden liegen ihr die Stärkung der Demokratie, die Förderung der Vereinbarkeit von Familie und Beruf und von Frauen in Führungspositionen, die Integration von Einwanderern, eine soziale Unternehmenskultur und die Stärkung religiöser Werte in einer globalisierten Welt besonders am Herzen. Durchaus kritisch meint sie in ihrem 2011 erschienenen Buch *Schlüsselmomente*: »Mein Leben ist nicht immer gradlinig verlaufen. In mehr als vierzig Jahren Berufserfahrung habe ich Höhen und Tiefen erlebt. Musste Krisen bewältigen und aus Fehlern lernen. Immer wieder stand ich vor Herausforderungen, musste neue Wege erproben.«

Sie umgibt sich gern mit Personen des öffentlichen Lebens, auch mit Männern und Frauen der ökonomischen und politischen Macht. Nach eigenem Bekunden ist sie mit Bundeskanzlerin Angela Merkel befreundet. In ihren Büchern präsentiert sich Liz Mohn auf Fotos gern an der Seite von Politikern und Diplomaten, gekrönten und ungekrönten Häuptern: Johannes Rau, Christian Wulff, Michail Gorbatschow, Henry Kissinger, Kofi Annan, Wolfgang Schüssel, Roman Herzog, Wolfgang Schäuble, Richard von Weizsäcker, Gerhard Schröder, Bill Clinton, Königin Sofia von Spanien und Königin Silvia von Schweden, um nur einige zu nennen. Sie genießt öffentliche Auftritte im Jetset der Stars aus Sport, Film und Unterhaltung. Auch mit öffentlichen Ehrungen wurde sie reichlich bedacht: So wurde sie als erste deutsche Frau Mitglied des Club of Rome (1999), erhielt den Verdienstorden der Länder Berlin (2003) und Nordrhein-Westfalen (2006), das Bundesverdienstkreuz Erster Klasse (1996) und das Große Bundesverdienstkreuz (2010), die Ehrenmitgliedschaft des spanischen Circulo de Confianza (2006), die Goldmedaille der Balearen (2010), den Medienpreis »Bambi« (1996), den UNESCO »Children in Need« Award 2008 und den Weltwirtschaftspreis 2010 des Kieler Instituts für Weltwirtschaft. Ihre Erinnerungen und vornehmlich ihre Gedanken zur gegenwärtigen und zukünftigen Gestaltung einer freieren und gerechteren Welt (unter Einbezug eines verantwortungsvollen Kapitalismus) verbreitet sie, garniert mit reichlich Selbstlob, in ihren Büchern *Liebe öffnet Herzen* und *Schlüsselmomente*, die auch an einen Großteil der Bertelsmann-Beschäftigten verteilt wurden, um die Belegschaft auf die starke Frau an der Spitze des Mohn-Clans einzuschwören.

Die »Bertelsmannrepublik«

Der Journalist Thomas Schuler behauptet in seinem Buch *Die Mohns* (2004/2005), die Methoden Liz Mohns innerhalb des Unternehmens seien bei Weitem nicht so philanthropisch: Sie wisse sich kleine und große Gegner vom Leib zu halten und verschaffe sich unter anderem mit einem schwer durchschaubaren Gunst-Konzept und mit bisweilen überraschenden Kündigungen mehr furchtsamen Respekt denn Hochachtung. Ihre Kinder Christoph und Brigitte Mohn haben inzwischen als Vorsitzende des Aufsichtsrats und der Stiftung führende Rollen inne und repräsentieren damit die sechste Generation der Eigentümerfamilie Bertelsmann-Mohn. Mit der familiären Tradition identifiziert sich Liz Mohn völlig – trotzdem oder gerade weil sie viele Jahre »nur« die heimliche Geliebte Reinhard Mohns darstellte. Bis zu Reinhard Mohns Tod am 3. Oktober 2009 betonte sie stets die große geistige Nähe zu ihrem Mann. Gerade die hat Thomas Schuler in seinem Buch *Die Mohns* angezweifelt und erklärt, Liz und Reinhard Mohn hätten die letzten Jahre in getrennten Häusern in Gütersloh und Steinhagen verbracht, was Liz Mohn umgehend dementierte. Auch dass Liz

Mohns jüngster Sohn Andreas aus Krankheitsgründen von einer wichtigen Position im Unternehmen Abstand nehmen musste (er litt phasenweise an Schizophrenie), passt nicht zum Image des Clans und wird gern verschwiegen.

Nicht allen gefällt diese offensichtliche Klüngelei von Medien und Politik und die Verflechtung der Machtpositionen Liz Mohns in der Bertelsmann Stiftung und der Bertelsmann Verwaltungsgesellschaft. Kritiker, vor allem aus dem linken Spektrum, sehen eine zu große Einflussnahme Bertelsmanns auf die Politik. Der Publizist Thomas Schuler hat mit seinem Buch *Die Mohns* nicht nur eine kritische Familien- und Firmengeschichte vorgelegt, sondern stellt in *Bertelsmannrepublik Deutschland* auch die Gemeinnützigkeit der Bertelsmann Stiftung in Frage.

Liz Mohn geht in ihren Büchern, die durchaus den Charakter persönlicher Hagiografien haben, auf solche Kritikpunkte nicht ein. Sie sieht ihr Tun und Wirken, aber auch ihre Macht als Mittel zu dem Zweck, den sie für sich als gut erkannt hat. Dabei scheut sie nicht davor zurück, auch moralische Wertevorstellungen und konservative Ideale zu verkünden. Ihre Äußerungen zu einer menschlichen Unternehmenskultur, ihr Bekenntnis zur sozialen Marktwirtschaft und ihre Hoffnung auf eine gerechtere globale Welt klingen plausibel und können als solche kaum Widerspruch finden:

»Über Jahrzehnte hinweg hat sich die soziale Marktwirtschaft in unserem Land als wirtschaftlich stabilisierende Kraft und Voraussetzung für den sozialen Zusammenhalt erwiesen. Es ist an uns, diese Erfahrung weiterzugeben und so im Dialog mit anderen Ländern und Kulturen für eine menschliche Globalisierung einzustehen. An Konflikten wird es dabei nicht mangeln, doch jede Krise ist auch eine Chance, bestehende Systeme und Institutionen weiterzuentwickeln. In meinem Leben habe ich oft erfahren dürfen, dass Veränderungen neue Fenster öffnen – Fenster, die es uns ermöglichen, über unser Verhalten kritisch nachzudenken. Plötzlich erkennen wir Möglichkeiten, die wir vorher nie wahrgenommen haben. Diese Chance sollten wir nutzen.«

Der Publizist, ehemalige Politiker (SPD) und Betreiber der Website »NachDenkSeiten« Wolfgang Lieb sieht das freilich nicht so rosig. In einem Vortrag unter dem Titel *Die Bertelsmann Stiftung und ihre Verflechtungen* vom 27. Februar 2007 kommt er zum Schluss: »Die Timokratie – eine Herrschaft der Besitzenden – löst die Demokratie ab.«

Das System Liz Mohn jedenfalls scheint zu funktionieren – mit wirtschaftlichem Erfolg und gesellschaftlicher Reverenz.

10 Friede Springer (*1942)
Vom Kindermädchen zur Medienmogulin

10. März 1994, ein Tag im Vorfrühling: Die Bäume sind noch kahl, die gefrorene Erde auf den Äckern taut, hier und da ist das erste Zwitschern der Vögel zu hören. Doch von all dem bemerkt die zierliche Frau mittleren Alters, die an jenem Tag auf der Autobahn von Berlin Richtung Hamburg unterwegs ist, kaum etwas. Zu sehr ist sie in ihre Gedanken eingesponnen, zu sehr auf das fokussiert, was sie in wenigen Stunden erwarten wird. Friede Springer, Verlagsleiterin des Springer-Konzerns, Witwe und Haupterbin Axel Springers, des mächtigsten Zeitungsverlegers Deutschlands, sitzt an jenem Tag selbst am Steuer. Die Fahrt soll ohne Aufsehen erfolgen. Sie verlässt die Autobahn, weiter geht es auf der Landstraße nach Quickborn. Dort ist das Haus von Ariane Springer, der Enkelin des Zeitungsverlegers. Wenige Tage zuvor hat Friede Springer – die selbst keine Kinder hat – ihre Stiefkinder und -enkel persönlich angeschrieben, mit der Bitte um ein Treffen. Es gehe um die Zukunft des Unternehmens und darum, im Konsens ein Ende der jahrelangen Querelen um das Erbe zu finden. Sie sei bereit, über alles offen zu sprechen. Schweren Herzens hat Friede Springer diesen Schritt getan, aber sie weiß sich keinen anderen Rat mehr, soll die Firma nicht über den Streitigkeiten und vor allem über der unsicheren juristischen Lage zugrunde gehen.

Sie parkt ihren Wagen vor dem Haus Ariane Springers. Im Wohnzimmer haben sich die Springer-Kinder Barbara und Nicolaus und die Enkel Ariane und Axel Sven bereits versammelt. Ohne Umschweife kommt Friede Springer auf das Hauptproblem zu sprechen: Die sogenannte Testamentsvollstreckung, die nach dem Willen Axel Springers dreißig Jahre lang über sie, die Witwe Friede, und seine engen Mitarbeiter Ernst Cramer und Bernhard Servatius läuft, und die das Unternehmen lähmt und Streit in die Familie bringt. Die Versammelten sind sich darüber im Klaren, dass sie an einem Strick ziehen müssen. Dennoch herrscht Angst, übervorteilt zu werden. Und vor allem: Es herrscht Misstrauen gegenüber der Witwe Friede Springer, die von der Familie nie voll anerkannt worden ist, die man als Eindringling betrachtet und auf die man gern ein wenig hinabblickt. Friede Springer, geborene Riewerts, ist die Tochter einfacher Leute von der Insel Föhr. Nicht einmal Deutsch soll sie als Kind gesprochen haben, sondern nur ihre Muttersprache Friesisch. Sie kam als Kindermädchen in Axel Springers Haus. Für ihn sei sie eine leichte Beute gewesen – so wird damals hinter vorgehaltener Hand geschwätzt –, nur habe sie es mit weiblicher Raffinesse verstanden, sich an den mächtigen und reichen Mann wie eine Klette zu hängen. Sie, die fünfte Ehefrau, habe nur das Glück ihrer Jugend und Schönheit besessen. Nun sitze sie wie die Made im Speck, obwohl sie doch nichts zum Aufstieg des Unternehmens beigetragen habe, und geriere sich als Verlagschefin, ohne von den geschäftlichen Angelegenheiten Ahnung zu haben.

So gehen damals die Vorurteile über Friede Springer, und die Nachfahren Axel Springers sind nicht die Einzigen, die so denken. Friede Springer weiß das. Sie ist in den Jahren nach dem Tod ihres Mannes illusionslos geworden, aber auch gewiefter, zäher und selbstbewusster. Und dass sie sich an jenem Märztag des Jahres 1994 in die Höhle des Löwen begibt, hat nicht nur mit ihrem Friedenswillen zu tun, sondern auch mit der erklärten Absicht, das Unternehmen aus einer Zwickmühle herauszuführen. Sie will nicht klein beigeben und sich für besiegt erklären, sondern sich nur so weit zurückziehen, dass sie einen besseren strategischen Stand hat.

Die Stimmung bei jener Zusammenkunft in Quickborn ist kühl, aber konstruktiv. Rasch sind sich die Beteiligten einig: Die

Villa am Jungfernstieg in Hamburg soll verkauft werden, ebenso Schloss und Gut Schierensee in Holstein. Zu groß sind die Unterhaltskosten. Die herrschaftliche Villa auf Schwanenwerder in Berlin will Friede Springer den anderen Erben abkaufen. Somit ist man übereingekommen, was mit dem gemeinschaftlichen Immobilienbesitz geschehen soll. Schwieriger jedoch ist es, sich bezüglich des Verlags einig zu werden: Friede Springer ist Haupt-, aber nicht Mehrheitsaktionärin. Sie benötigt, um das Unternehmen vor feindlichen Übernahmen schützen zu können, die wesentlich kleineren Anteile der Miterben. Nach einigem Hin und Her scheint auch da ein Konsens gefunden. Eine Goodwill-Erklärung wird von allen Anwesenden unterschrieben. Mit diesem juristisch eher fragwürdigen Dokument verlässt Friede Springer das Haus und fährt ins nahe Hamburg. Sie schwankt zwischen Erleichterung, Zuversicht und Zweifel. In der Hansestadt will sie sich mit den anderen Testamentsvollstreckern Ernst Cramer und Bernhard Servatius und dem Prokuristen Manfred May treffen und ihnen die Ergebnisse des Familiengipfels vorstellen.

Friede Springer ist in jenen Jahren oft einsam. Um sie herum sind Anwälte, Mitglieder des Aufsichtsrats, Freunde und enge Mitarbeiter ihres verstorbenen Mannes Axel Springer. Die Familie des Zeitungsunternehmers hat sie nie recht aufgenommen. Dabei ist Friede Springer eigentlich ein Großfamilienmensch. Aber ihre eigenen Verwandten, ihre Eltern, Geschwister, Cousins und Cousinen, hat sie über Jahre und Jahrzehnte vernachlässigt, den Kontakt auf das Nötigste gestutzt. Nicht weil ihr Reichtum und Macht zu Kopf gestiegen wären, sondern weil ihr Mann sie ganz für sich haben wollte. Er war besitzergreifend, maßlos, eifersüchtig. Und er wollte die junge Friede, das Mädchen von der Nordseeinsel, nach seinem Bilde formen. Friede Springer hat sich in all den Jahren zurückgenommen, hat eigene Wünsche, Sehnsüchte, Pläne unterdrückt. Sie sollte nur für Axel Springer da sein. Sie erhielt eine eigene Wohnung, die Springer bezahlte, mit antiken Möbeln, die Springer bezahlte, mit Kleidern und Schuhen, die Springer bezahlte. Sie wurde ausgeführt, in teure Restaurants, ins Theater, in die Oper. Springer bezahlte. Aber sie war zunächst nur ein schmückendes Accessoire, das lieb zu sein hatte, aber keineswegs einen eigenen Weg gehen sollte. Zunächst war sie das Kindermädchen bei Springers, bald seine Geliebte. Er war der Herr, sie das schöne, liebe Mädchen, das jederzeit wieder fallen gelassen werden konnte. Zu Beginn ihres Verhältnisses hat Springer sie noch im Verborgenen gehalten, dann allmählich durfte sie bei privaten und halb öffentlichen Anlässen dabei sein. Aber sie hatte sich still zu verhalten, durfte sich dazusetzen, durfte lächeln und die Anwesenden mit ihrer Schönheit bezirzen. Erst nach und nach bekannte er sich zu ihr, bis sie endlich, nach über zehn Jahren der Beziehung, auch seine Ehefrau – und zwar die fünfte – wurde.

All das mag Friede Springer an jenem denkwürdigen Tag durch den Kopf gehen, als sie von Quickborn kommend nach Hamburg fährt, zum Treffen mit den beiden anderen Testamentsvollstreckern. Wenn sie an Hamburg vorbeiführe, käme sie zur friesischen Küste. Dort könnte sie mit einer Fähre nach Föhr übersetzen, ihrer Heimatinsel, wo noch ihre Mutter lebt. Erinnerungen an eine glückliche Kindheit in einer scheinbar heilen, abgezirkelten Welt werden in ihr wach …

Ein Friesenmädchen will in die weite Welt

Eine Kindheit im Abgeschiedenen: Friede Riewerts wird am 15. August 1942 im Dörfchen Oldsum auf der nordfriesischen Insel Föhr geboren. Sie wächst in einer Großfamilie auf, mit Eltern, Großeltern, Tanten und vier Geschwistern. Das Friesische wird in der Familie und im Dorf gesprochen, die friesische Kultur wird auch im Brauchtum, in der mündlichen Überlieferung und in der Lebensweise gepflegt. In der Volksschule muss Friede, wie die meisten Kinder, das Deutsche erst richtig erlernen. Der Vater Erich Riewerts übernimmt nach dem Zweiten Weltkrieg in Süderende auf Föhr von seinem Vater einen Gärtnereibetrieb, der vor allem für seine Rosenzucht bekannt ist. Die Familie bezieht in Süderende ein neues Wohnhaus. Die Mutter Elise kümmert sich um Haushalt und Kinder und hilft – wie auch die älteren der Kinder – in der Gärtnerei. Bald ist der Betrieb so groß, dass Saisonarbeiter eingestellt werden müssen.

Die Geborgenheit der Insel wirkt auf das heranwachsende Mädchen Friede irgendwann beengend. 1958 verlässt sie nach neun Jahren die Volksschule in Oldsum. Sie galt in der Schule als zuverlässig, brav, ein wenig schüchtern, ohne indes tiefere Interessen oder Begabungen gezeigt zu haben. Sie beginnt eine Lehre in einem Hotel in Wyk auf Föhr, wird dort für die anstrengendsten Arbeiten eingesetzt und ist todunglücklich. Nach ein paar Monaten bricht sie mit dem Einverständnis ihrer Eltern die Lehre ab und arbeitet wieder in der elterlichen Gärtnerei. In ihrer Freizeit ist Friede Riewerts in der Föhrer Trachtengruppe engagiert. In Volkstracht tritt sie bei Festen und Veranstaltungen auf. Fotos aus jener Zeit zeigen eine ausgesprochen hübsche junge Frau, die sicherlich manchem jungen Mann gefallen hat. Sie fühlt sich in der Gärtnerei nicht ausgelastet und besucht in Wyk Kurse in Stenografie und Englisch, ein halbes Jahr lang auch in der Heimvolkshochschule in Ratzeburg in Holstein. Dort blüht sie auf, verliert viel von ihrer Schüchternheit, gewinnt an Selbstvertrauen. Zurück auf Föhr, macht die junge Frau den Führerschein. Eine Zeit lang hat sie ein Verhältnis mit einem Lehrer, der vom Festland stammt und auf der Insel unterrichtet.

Doch es drängt Friede in die Welt hinaus. Eine Möglichkeit eröffnet sich ihr, als sie den Oberbürgermeister von Kiel Hans Müthling kennenlernt, der übers Wochenende gerne auf Föhr ist und in der Gärtnerei Riewerts Pflanzen kauft. Müthling bietet Friede an, ein Jahr lang in seinem Haus als Kindermädchen zu arbeiten. Sie willigt ein und zieht nach Kiel. Die Arbeit bereitet ihr Spaß, der Umgang mit Kindern liegt ihr. Sie gewinnt an Selbstständigkeit. Nach einem Jahr entdeckt sie eine Zeitungsannonce, in der ein Unternehmer aus Wermelskirchen bei Wuppertal ein Kindermädchen sucht. 1961 wechselt sie dorthin. Erneut bewährt sie sich und wird von der Familie geschätzt und geliebt. Drei Jahre lang bleibt Friede Riewerts in dem Haushalt. Als die Söhne des Unternehmerpaars größer sind und man kein Kindermädchen mehr benötigt, sieht sie sich nach einer anderen Stelle um. Da entdeckt sie im Sommer 1965 in der WELT am SONNTAG eine Anzeige: Ein Villenhaushalt in Hamburg sucht ein Kindermädchen. Friede Riewerts antwortet auf die Annonce, ohne zu wissen, dass es sich um das Haus des Zeitungsverlegers Axel Springer handelt, und erhält kurz darauf eine Einladung zum Vorstellungsgespräch. Springer wohnt damals mit seiner vierten Frau Helga und den Kindern Isabel, Stefan und Raimund Nicolaus in einer großen Villa im vornehmen Hamburger Ortsteil Blankenese. Mehrere Bedienstete – Gärtner, Chauffeur, Butler, Köchin, Putzfrauen, Zimmermädchen – kümmern sich um das Anwesen und die Familie. Friede Riewerts macht auf die Hausherrin einen guten Eindruck. Rasch ist man sich einig: Sie wird für die nächsten Jahre das Kindermädchen für den kleinen Nicolaus. Der trauert anfangs seiner vorhergehenden Erzieherin nach, doch freundet er sich bald mit dem neuen Kindermädchen an.

Die Stimmung im Hause Springer ist angespannt: In der Ehe von Axel und Helga Springer kriselt es. 1966 verlässt Helga Springer das Haus. Der gemeinsame Sohn Nicolaus bleibt zunächst beim Vater und wird weiterhin von Friede Riewerts umsorgt. Einige Wochen später folgt sie gemeinsam mit Nicolaus der Verlegersfrau in die Schweiz: Ein halbes Jahr lang wohnt sie dort und fasst eine tiefe Liebe zu Land und Leuten.

Bei einem Skiunfall verletzt sich Friede das Knie und ist für längere Zeit arbeitsunfähig. Im Frühjahr 1967 kündigt sie und kehrt zu ihren Eltern zurück. Damit ist ihre berufliche Beziehung zur Familie Springer beendet – nicht jedoch die private: Axel Springer hat ein Auge auf die schöne blonde Frau geworfen. Nicht klein ist die Überraschung, als der reiche Verleger an einem Frühjahrstag im Jahre 1967 von Sylt aus, wo er Urlaub macht, mit dem Hubschrauber nach Föhr herüberkommt und sich mit Friede, die ihn zum Glockenturm von Wyk bestellt hat, trifft. Friede erzählt ihm, sie wolle als Au-pair-Mädchen für ein paar Monate nach London gehen, um die englische Sprache besser zu erlernen. Springer bietet ihr das Du an. Die junge Frau ist verwirrt. Noch ahnt sie nicht, dass er ernstere Absichten hegt, vielleicht auch, weil der dreißig Jahre Ältere ihr Vater sein könnte. Nach ein paar Stunden entschwebt er wieder in die Luft. Es kommt ihr in jenen Minuten wohl wie ein Traum vor.

Eine Art Doppelleben

Kurze Zeit später treffen sich die beiden in Hamburg wieder. Springer überreicht Friede ein Kuvert mit 2500 britischen Pfund. Ihr ist es zunächst unangenehm, doch nach und nach lernt sie, sich beschenken zu lassen und alle falsche Scham abzulegen. Und sie beginnt, den kleinen Luxus, den Springer ihr bietet, zu genießen. Anfang Mai 1967 reist sie nach London, um eine Au-pair-Stelle anzutreten. Doch mit den Gastgebern kommt sie nicht zurecht, auch plagt sie das Heimweh. Sie bricht den Aufenthalt ab und fliegt mit Springers Geld nach Madrid, wo eine Schulfreundin lebt. Die schlägt ihr vor, sich als Stewardess zu bewerben. Doch Friede gibt Springers Drängen, nach Hamburg zurückzukehren, nach. Im September langt sie in der Hansestadt an. Sie hat keinen Job und kein Geld. Axel Springer kommt für sie auf. Einer Vertrauten gibt er den Auftrag, für Friede ein Apartment einzurichten und aus dem Fräulein eine kleine Prinzessin zu machen. Sie gewöhnt sich schnell an diese neue Rolle. Die Annehmlichkeiten überwiegen das schlechte Gewissen. Den Eltern und Geschwistern freilich verheimlicht sie manches. Denn nichts wiegt schwerer als kleinbürgerlicher Stolz.

Die junge Frau beginnt eine Art Doppelleben, nicht nur vor Eltern, Geschwistern und alten Freunden, sondern auch vor sich selbst: Sie hat ein Liebesverhältnis mit Axel Springer, doch der will sich öffentlich nicht zu ihr bekennen. Er führt Friede Riewerts zwar aus, ins Konzert und in die Oper (eine Welt, die ihr bislang verschlossen war), doch oft genug verlässt er bereits in der Pause die Vorstellung – sie hat ihm zu folgen. Er ist wie unter steter Spannung, manchmal wie auf der Flucht. Sie sehnt sich nach einem Mann zum Anlehnen, er duldet das nur hinter verschlossenen Türen, wenn er zwischen den Geschäftsterminen ein paar Stunden Zeit erübrigen kann.

Nach und nach steigt sie in ihrer Bedeutung auf, das merkt sie an Äußerlichkeiten: An Weihnachten 1967 bezieht sie eine größere Wohnung in der Hamburger Milchstraße. Wieder hat eine Vertraute Springers alles arrangiert, die Räume sogar mit echten Antiquitäten ausgestattet. Springer lässt sich seine Geliebte einiges kosten. Er ist spendabel, aber noch immer wertet er sie dadurch ab, dass er sich nicht offen zu ihr bekennt. Springer ist immer seltener in Hamburg, immer mehr orientiert er sich geschäftlich nach Berlin. In der Kochstraße, unmittelbar vor der Mauer, lässt er ein großes Bürohaus errichten, das im Oktober 1969 eingeweiht wird. Es ist als Symbol gedacht: Ein Zeichen der freien Presse, unmittelbar neben dem Schandfleck deutscher Geschichte, der Mauer.

Friede bekommt das nur aus der Ferne mit. Politik bedeutet ihr in jenen Jahren wenig. Sie hat von Springer einen kleinen Etat zum Leben erhalten. Sie ist bescheiden und legt einiges auf ein Sparbuch, für schlechte Zeiten, so ist sie es gewohnt. Der Kontakt zu ihrer Familie wird spärlicher. Ihr älterer Bruder Christfried besucht sie einmal in der Wohnung in der Milchstraße und fertigt in Springers Auftrag Porträtaufnahmen von ihr an: Sie zeigen die junge Frau in berückender Schönheit. Dem Bruder missfällt Friedes Lebensweise. Sie entzweien sich. Christfried Riewerts geht bald darauf als Fotograf zum *Spiegel*, der Konkurrenz des Springer-Verlags.

Friede Riewerts sitzt in jenen Jahren zwischen allen Stühlen. Sie gehört nicht mehr in die kleine Föhrer Welt und noch nicht in die mondäne Welt Springers. Sie hat keinen Beruf, kein eigenes Auskommen. So vergehen ihre jungen Jahre. Sie ist ein Spielzeug, wird geliebt, aber auch weggelegt. Erst später wird sie eine der mächtigsten Frauen des Landes werden.

In Axel Springers Verlag erscheinen damals nicht nur die *Hörzu*, das *Hamburger Abendblatt* und die Tageszeitung *Die Welt*, sondern auch und vor allem die *Bild*. Die Boulevardzeitung erreicht in ihren besten Jahren eine Auflage von fünf Millionen Exemplaren (und noch wesentlich mehr Leser) und stellt damit – damals wie heute – eine nicht zu unterschätzende Kraft im Lande dar. Doch das Renommee des Verlags und auch des Verlegers nimmt im Jahr 1967 Schaden: Beim Besuch des persischen Schahs Reza Pahlewi und seiner Frau Farah Diba Anfang Juni in Berlin kommt es zu studentischen Protesten und Krawallen, über die die *Bild*-Zeitung mit tendenziösen Verurteilungen berichtet. Am Abend des 2. Juni 1967 wird der Student Benno Ohnesorg von einer Polizeikugel tödlich getroffen. Das heizt die Stimmung gegen den Schah-Besuch und die Regenbogenpresse erst recht an. Axel Springer wird von linken Kräften persönlich angegangen, ihm wird eine Mitverantwortung an Ohnesorgs Tod unterstellt. Mit Barrikaden vor dem Springer-Hochhaus in der Kochstraße wird die Auslieferung der *Bild*-Zeitung behindert. Auch für das Attentat auf den Studentenführer Rudi Dutschke am 11. April 1968 wird dem Springer-Verlag eine ideologische Mitverantwortung unterschoben.

Die Kritik am journalistischen Stil der *Bild* reißt nicht ab, der Springer-Konzern wird in den 1970er- und 1980er-Jahren zu einem Lieblingsfeind der linken Szene. Auch zahlreiche Schriftsteller – Günter Grass, Heinrich Böll, Günter Wallraff und andere – agitieren gegen das Blatt und den Verleger. Literarisch findet das am eindrücklichsten in Bölls Erzählung *Die verlorene Ehre der Katharina Blum* (1974) seinen Niederschlag. Die Angriffe gehen nicht spurlos an Axel Springer vorüber. Er ist einerseits ein Machtmensch, der keine Skrupel hat, Geld auch mit Boulevardjournalismus zu machen. Andererseits ist er ein hochherziger Verfechter westlicher, demokratischer Werte, der sich zum deutsch-amerikanischen Bündnis bekennt und die Teilung Deutschlands als Unrecht verurteilt. Springers *Bild* arbeitet nicht immer redlich und objektiv, aber im Sinne des Verlegers will das Blatt Meinung machen: gegen den Kommunismus und für konservative, westliche Werte. Er selbst schreibt das den Redakteuren in mehreren Leitsätzen, die sie zusätzlich zu ihren Arbeitsverträgen zu unterzeichnen haben, vor. Darin bekennen sie sich zur deutschen Einheit, zur sozialen Marktwirtschaft und zur Aussöhnung von Deutschen und Juden. Freilich heiligt nicht jeder Zweck die Mittel. Das mahnen damals nicht nur Blätter und Autoren des linken Spektrums an, sondern auch solche der bürgerlichen Mitte, etwa *DIE ZEIT:* »Wenn ein Verleger so groß wird, wie Springer es geworden ist, und wenn es wahr ist, daß er seinen Einfluß auf die Chefredakteure seiner Blätter unablässig geltend macht, ist da ein Problem berührt, das allgemeiner Sorgen wert ist: das der Macht.«

Doch der Löwe der Zeitungsbranche altert und wird müde, auch innerlich. In den 1970er-Jahren zieht sich Springer immer mehr aus seinem Unternehmen zurück. Sein Hang zur Spiritualität nimmt zu. Er liest viel über die christliche Glaubenslehre und baut sich auf der griechischen Insel Patmos ein Haus, nicht nur als Rückzugsort vom geschäftlichen Trubel, sondern auch, weil er sich hier – ähnlich Johannes, dem frühchristlichen Autor der Apokalypse – als Eremit sieht, der dem Irdischen bereits abgeschworen hat. Friede Riewerts wird zur engen Vertrauten, auch zur Zeugin seiner Müdigkeit, seiner Krankheiten. Anders als viele Zeitgenossen ihrer Generation steht sie auf Springers Seite. Den Kritikern der *Bild* steht sie verständnislos gegenüber, ebenso der APO und den linksintellektuellen Autoren.

Auch aus Berlin zieht sich Springer immer mehr zurück. Das wird auch architektonisch manifest: Er baut nicht nur ein Anwesen auf Patmos, sondern lässt sich zudem auf der Insel Schwanenwerder in der Havel ein neues, prächtiges Domizil errichten. Noch dazu kauft er in Holstein das herrschaftliche Gut Schierensee mit umfangreichen Ländereien von über fünfhundert Hektar Größe und lässt es denkmalgerecht sanieren, wobei die Sanierungskosten den Kaufpreis um das Zehnfache übersteigen. Friede Riewerts ist ihm bei allen Projekten eine Stütze, sie kümmert sich vor Ort um die Ausgestaltung und wird mehr und mehr zu einer selbstbewussten, toughen Frau mit Geschmack und Verhandlungsgeschick.

Kinder will Springer von Friede nicht. Der Verleger will seine Vertraute und Geliebte ganz für sich allein. Friede Riewerts muss das akzeptieren – es wird ihr, die Kinder so liebt, wahrscheinlich nicht leichtgefallen sein. Vielleicht ein wenig aus Sentimentalität, vielleicht, weil er Alter und Krankheit zunehmend spürt, macht Axel Springer seine Freundin nach über zehnjährigem Beisammensein zu seiner Ehefrau: Am 20. Januar 1978 heiraten Axel Springer und Friede Riewerts auf dem Standesamt Berlin-Charlottenburg, nur im Beisein der beiden Trauzeugen, der Chefredakteure Ernst Cramer und Claus Dieter Nagel. Wieder bleibt die Familie Riewerts außen vor. Sie wird erst am Nachmittag telefonisch von Friede über das freudige Ereignis informiert. Angeblich soll der Vater am Telefon geweint haben, ob aus Rührung oder aus Schmerz, sei dahingestellt. Am 17. Dezember 1978 folgt die kirchliche Trauung durch Bischof Jobst Schöne in der altlutheranischen Marienkirche in der Berliner Riemeisterstraße. Auch hierzu sind nur Freunde und Familienangehörige Axel Springers geladen.

Plötzlich gilt Friede Springer als eine der reichsten Frauen Deutschlands und als eine ernstzunehmende Bedrohung für die Erben – so jedenfalls wird sie von Springers Kindern und Enkeln gesehen. In Wahrheit hat sie vertraglich auf den Pflichtteil ihres Erbes verzichtet und begnügt sich im Falle von Axel Springers Tod mit gerade einmal zwanzig Millionen Mark – eine »Kleinigkeit«, wenn man bedenkt, dass Springer allein in das Gut Schierensee fast hundert Millionen investiert hat. Freilich bleibt offen, wie Axel Springers letzte testamentarische Verfügung aussehen wird.

Zunächst scheint die Rangfolge im Falle von Axel Springers Tod klar zu sein: Sohn Axel junior, seit 1976 Chefredakteur der *WELT am SONNTAG*, soll die Geschicke des Unternehmens in die Hand nehmen. Doch der Sohn, der auch eine erfolgreiche Fotoagentur aufgebaut hat, äußert sich skeptisch über die

Größe des Unternehmens, über die Verselbstständigung des Reichtums, über das großbürgerliche Gehabe. Er neigt zu schwermütigen Verstimmungen. In der Nacht zum 3. Januar 1980 erschießt sich Axel Springer junior in Hamburg.

Für den Patriarchen bricht eine Welt zusammen. Die letzte Dekade hat ihn alt und müde werden lassen, auch unter dem Eindruck steter Anfeindungen. Die Nachfolge im Unternehmen ist zu jener Zeit offen. Keinem seiner Kinder traut er eine Führungsrolle zu. Der jüngste Sohn Nicolaus (zu dessen Betreuung Friede einst als Kindermädchen eingestellt wurde) führt in jenen Jahren ein unstetes Dandyleben in London. Bereits einmal, 1970, hat Axel Springer unter dem Eindruck der Anfeindungen und der Überlastung Teile seines Imperiums verkauft, damals an den Bertelsmann Verlag – um die Anteile kurz darauf reuig zurückzukaufen. Zu Beginn der Achtzigerjahre veräußert er – trotz der Bedenken seiner Frau Friede – fünfundzwanzig Prozent des Verlags an den Burda-Konzern und will die Hälfte des Unternehmens über Aktien an die Börse bringen. Eine fatale Fehlentscheidung – Friede Springer wird nach seinem Tod jahrzehntelang mit den Folgen dieses Ausverkaufs zu kämpfen haben.

Der Tod Axel Springers kommt nicht unerwartet, aber doch schneller als gedacht: Anfang 1985 reist Springer in Begleitung Friedes wie so oft in jenen Jahren unstet umher, sie sind in Klosters in der Schweiz (wo er Friede ein Haus geschenkt hat) und in Jerusalem (dort besitzen sie eine Wohnung). Schließlich geht es nach Zürich und Vevey am Genfer See, wo sich Axel Springer einer Frischzellenkur unterzieht. Dann fahren sie zurück nach Berlin. Die medizinische Behandlung hat Axel Springer gut getan, aber sie verzögert den zunehmenden körperlichen Verfall nur. Sein Immunsystem ist geschädigt, er leidet an einer Schilddrüsenkrankheit. In jenen Monaten bespricht er mit seiner Frau Friede seine Absicht, sie zur Alleinerbin zu machen. Sie fühlt sich überfordert und weist das Ansinnen zunächst zurück. Er versucht, sie zu überzeugen. Am 17. Juni kommt es auf Patmos zu einem Treffen von Axel Springer, dem Aufsichtsratsvorsitzenden Ernst Cramer und dem Vertreter der Deutschen Bank Friedrich Wilhelm Christians. Es geht um das Angebot des Filmunternehmers Leo Kirch, zehn Prozent des Stammkapitals des Springer-Konzerns zu übernehmen. Springer lehnt zunächst vehement ab, doch nach und nach lässt er sich von dem Banker überzeugen. Solch ein vergleichsweise geringer Anteil berge keine Gefahr für die unternehmerische Handlungsfreiheit. Schließlich willigt Axel Springer ein – auch das eine Fehlentscheidung, an der seine Frau noch lange zu tragen haben wird.

Ein Testament und die Folgen

Am 4. September 1985 nimmt Axel Springer, schon vom Tod gezeichnet, zum letzten Mal an einer Aufsichtsratssitzung im Verlagshaus in der Berliner Kochstraße teil. Er stirbt am 22. September in Berlin. Am 31. Oktober wird das Testament eröffnet, das 1983 verfasst worden ist: Danach erhält Friede Springer fünfzig Prozent des verbliebenen Verlagsanteils und die Hälfte des Privatvermögens. Die Tochter Barbara Choremi und der Enkel Axel Sven (der Sohn von Axel junior) erhalten je fünfundzwanzig Prozent des Erbes, der Sohn Nicolaus wird nicht bedacht. Die Testamentsvollstreckung wird nach Axel Springers Willen Ernst Cramer, Bernhard Servatius und Friede Springer übertragen, mit der Auflage, dass die Vollstreckung dreißig Jahre lang währen und alles seinem Wunsch gemäß erhalten bleiben solle.

Das Testament ist nicht der Letzte Wille des Verlegers: Der hat nämlich Anfang September 1985 im Beisein von Friede Springer und Bernhard Servatius in Zürich ein anderes Testament formuliert, aber nicht mehr in rechtskräftige Form gebracht: Demnach sollte Friede siebzig Prozent erhalten, die Kinder Barbara und Nicolaus je zehn Prozent, die Enkel Axel Sven und Ariane je fünf Prozent. Kurz nach der Testamentseröffnung einigen sich die fünf Erben darauf, nicht das Testament von 1983, sondern den Letzten Willen des Verlegers umzuset-

zen, und unterzeichnen eine notariell beglaubigte Erbenvereinbarung. Damit scheint allen potenziellen Streitigkeiten vorge-
beugt zu sein.

Doch es kommt anders. Der Springer-Konzern scheint für die
Miteigner ein führungsloses Schiff zu sein, das zu kapern sich
lohnt. Friede Springer ist bereits kurz nach dem Tod ihres Mannes – obgleich sie sich noch ganz in der Trauerphase befindet –
bemüht, sich um die geschäftlichen Belange des Verlagshauses
zu kümmern. Jeden Morgen Punkt neun Uhr betritt sie Springers Büro, das nun ihr eigenes ist, und geht die Post durch. Nach
und nach arbeitet sie sich in die Zusammenhänge des Unternehmens ein. Das dauert Jahre, und sie erhält dabei viel Unterstützung von den Aufsichtsräten und Chefredakteuren. Auch
Friede Springer selbst ist seit Sommer 1985 Mitglied des Aufsichtsrats. Sie hatte bis vor Kurzem keinerlei betriebliche Erfahrung. Die Winkelzüge und nicht immer sauberen Strategien im
Wirtschaftsleben sind ihr fremd und auch zuwider. Nach und
nach lernt sie zwischen Freund und Feind zu unterscheiden. Sie
beobachtet die Bücklinge ebenso wie die gewieften Taktierer.
Sie arbeitet sich in die Mechanismen des Unternehmens und
des Wirtschaftslebens ein. Nicht immer gelingt es ihr, jeder Falle
aus dem Weg zu gehen. Aber sie ist klug, vorsichtig und lernbe-
gierig – das macht vieles, was ihr an ökonomischer Erfahrung
fehlt, wett.

Die Testamentsvollstreckung auf dreißig Jahre bereitet etliche
Schwierigkeiten. Deswegen einigt sich Friede Springer 1994 mit
den anderen Erben auf eine weitgehende Abwicklung der zur
Last gewordenen Immobilien. Doch damit sind nicht alle Probleme aus der Welt geschafft: Die drei Burda-Brüder Franz, Frie-
der und Hubert, die über knapp sechsundzwanzig Prozent der
Springer-Aktien verfügen, drohen 1988, sich mit Leo Kirch zu
verbünden. Der hat auf dem Aktienmarkt kräftig gekauft und
verfügt ebenfalls über sechsundzwanzig Prozent. Sollten sich
die beiden Großaktionäre zusammentun, verfügten sie über die
absolute Mehrheit – das Aus für ein selbstständiges Agieren der
Springer-Erben. Doch es gelingt Friede Springer und ihren engs-

ten Mitarbeitern im Verlag, die drei Brüder Burda im April 1988 zu einem Treffen in Baden-Baden zu bewegen. Friede Springers Vorgaben an die Geschäftsleitung: die Aktien der Burdas unbedingt zurückzukaufen, notfalls zum überteuerten Preis, denn die Freiheit des Konzerns und damit sein Fortbestand im Sinne Axel Springers wären andernfalls bedroht. Nach zähen Verhandlungen gelingt das Kunststück: Die Springer-Erben kaufen für rund 530 Millionen Mark – das Doppelte dessen, was die Aktien fünf Jahre zuvor gekostet haben – die Anteile der Burda-Brüder zurück. Es ist ein erster großer Sieg der Witwe, der freilich teuer erkauft ist und den nicht alle im Konzern gutheißen. Die Erben, die nicht über diese Summe verfügen, müssen sich bei der Hamburgischen Landesbank verschulden. Dennoch: Friede Springer hat die erste Feuerprobe bestanden und denen, die glaubten, sie könnten mit ihr respektlos umgehen, eine Lehre erteilt. Sie hat in einem entscheidenden Moment, in dem es um die Zukunft des Unternehmens ging, gezeigt, dass sie entschlusskräftig ist und die Zügel in der Hand zu halten weiß.

Doch Leo Kirch, der mächtige Unternehmer aus der Filmbranche, gibt nicht auf. Fünfzehn Jahre lang versucht er, mit Übernahmeangeboten, zähen Verhandlungen und juristischen Tricks seine Anteile am Springer-Konzern zu mehren und die bestehenden Vereinbarungen zu seinen Gunsten zu interpretieren, unter Einsatz der teuersten Anwälte. Aggressiv kauft er Springer-Aktien auf, bis er schließlich rund vierzig Prozent hält. Frühzeitig hatte selbst der bayerische Ministerpräsident Franz Josef Strauß den Verleger Axel Springer vor Leo Kirch gewarnt: der sei ein Hai; reiche man ihm einen Finger, beiße er die ganze Hand ab. Daran erinnert sich Friede Springer nun, und sie beherzigt es: Leo Kirchs Feldzug muss unter Einsatz aller Mittel beendet werden. Doch Kirch ist nicht so einfach in die Schranken zu weisen: Über Strohmänner gelingt es ihm, die von den Springer-Vorstandsmitgliedern Peter Tamm und Günter Prinz gehaltenen zwei Prozent zu erwerben. Friede Springer wertet das insgeheim als Verrat. Aber sie hat auch gelernt, sich ihre Empörung nicht anmerken zu lassen. Dennoch vergisst sie nicht, wenn jemand ihr Vertrauen missbraucht hat. 1993 ergattert Kirch ein Mandat im Springer-Aufsichtsrat. An ihm, so scheint es, kommt keiner im Konzern mehr vorbei. Nur noch eine hauchdünne Schicht trennt ihn von der absoluten Mehrheit des Springer-Aktienanteils. Auch beim lukrativen Privatfernsehen kommen sich die Konzerne Springer und Kirch in die Quere: Bei Sat.1 hält Springer Ende der Achtzigerjahre direkt und indirekt siebenundzwanzig Prozent, Kirch und seine Zwischengesellschaften rund vierzig. Weitere fünfzehn Prozent hält die mit Kirch befreundete Holtzbrinck-Gruppe. Im Aufsichtsrat von Sat.1 besteht ein Patt: je vier Mandate halten Kirch und Holtzbrinck, vier Springer.

Die Front zieht sich auch mitten durchs Unternehmen: Friede Springer sitzt in jenen Jahren zwischen allen Stühlen, das macht sie so angreifbar. Sie ist einerseits Erbin, andererseits gemeinsam mit Cramer und Servatius Testamentsvollstreckerin; und schließlich auch noch Geschäftsführerin. Springers Kinder und Enkel werden misstrauisch gegenüber Friede Springers unternehmerischen Zielen. Der Waffenstillstand nach dem Krisengespräch in Quickborn im Jahre 1994 ist nur von kurzer Dauer.

Vor allem Nicolaus und Axel Sven Springer finden sich immer weniger mit ihren Nebenrollen ab und fordern über Anwälte größere Anteile am Unternehmen. In den 1990ern bricht zudem der Gewinn des Konzerns ein, die Aktien verlieren stark an Wert. Der Aufsichtsrat empfiehlt bei der Aktionärsversammlung einen Ausfall der Dividende. Durch einen rigiden Sparkurs und Massenentlassungen versucht der von Friede Springer gestützte neue Vorstandsvorsitzende Günter Wille, das Ruder des angeschlagenen Konzernschiffs herumzureißen. Auch die Umbrüche auf dem Zeitungsmarkt und die wachsende Bedeutung des Internets tragen zu den Schwierigkeiten des Konzerns bei. Doch Wille erliegt im November 1993 einem Krebsleiden. Sein Nachfolger wird Günter Prinz, dem Friede Springer skeptisch gegenübersteht. Prinz wird bereits nach einem guten halben Jahr wieder abgewählt. In jenem Sommer 1994 krängt das

Springer-Schiff führungslos. Nicolaus Springer behauptet damals im Konkurrenzmagazin *Der Spiegel*, der Verlag sei »ein Schatten seiner selbst«. Gleichwohl überziehen er und Axel Sven Springer das Unternehmen mit Klagen und Prozessen. Am 4. März 1994 geben die Erben Nicolaus, Axel Sven und Ariane Springer in der Wochenzeitung *DIE ZEIT* die folgende Erklärung ab: »Wir, die Kinder und Enkel von Axel Springer, sehen mit wachsendem Entsetzen, wohin das Lebenswerk unseres Vaters und Großvaters treibt, wie seine Ahnungen, Sorgen und Visionen gröblich missachtet werden und wie entgegen seinem Willen Allianzen geschmiedet und Abhängigkeiten geschaffen werden, die dem Hause Springer eine neue Identität aufzwingen, welche mit seinen Vorstellungen nichts mehr zu tun hat. Wir mussten zusehen, wie die Testamentsvollstreckung sich selbst zu Aufsichtsräten wählt und sich selbst entlastet, wie ein übermächtiger Testamentsvollstrecker an der Spitze des Unternehmens dilettiert und das Haus Springer in Führungs- und Richtungslosigkeit treibt [...]. Wir wurden immer nur von fertigen Entscheidungen und auch dann nur lückenhaft unterrichtet; wir haben daher keine gebilligt. [...] Unsere Hände sind gebunden, unsere rechtlichen Möglichkeiten unvollkommen. Wir können nur hoffen, dass sie zu greifen beginnen, ehe das Werk unseres Vaters und Großvaters zerstört ist.«

Das ist ein öffentlich hingeworfener Fehdehandschuh. Friede Springer steht mit dem Rücken zur Wand. In jenem heißen Sommer 1994 gelingt es ihr und Servatius, mit Jürgen Richter, vormals Geschäftsführer der Medien Union, einen neuen stellvertretenden Vorstandsvorsitzenden zu finden, und mit dem Vorstandsmitglied Horst Keiser den neuen Vorstandsvorsitzenden. Das ständige Personalkarussell kostet den in rote Zahlen geratenen Konzern in jenen Jahren rund siebzig Millionen Mark an Abfindungen. Friede Springer und die anderen Erben haben sich hoch verschulden müssen. Und Leo Kirch lauert weiterhin auf seine Chance, in die Bresche springen zu können. Es brennt an allen Ecken und Enden. Friede Springer hat bis dahin stets versucht, einträchtige Kompromisse zu finden. Nun aber nimmt sie sich einen Anwalt und lässt alle Möglichkeiten prüfen, die Testamentsvollstreckung vorzeitig zu beenden – gegen Axel Springers letztwillentliche Verfügung. Weitere Juristen werden hinzugezogen. Nach einigem Hin und Her einigt man sich: Es wird ein neuer Gesellschaftervertrag für die »Axel Springer Gesellschaft für Publizistik« ausgehandelt. Friede Springer wird deren Geschäftsführerin. Die Erben werden Gesellschafter mit Minderheitenrechten und haben bei der Benennung von Aufsichtsräten ein Mitsprache- und Mitentscheidungsrecht. Zudem müssen bestimmte Entscheidungen von allen Gesellschaftern einstimmig gefällt werden. Die Tochter Barbara wird nicht Gesellschafterin, ihren Anteil kauft Friede Springer bereits Anfang 1995. Damit hält sie zu jenem Zeitpunkt achtzig Prozent der Holding und vierzig Prozent des Verlagshauses. Im Dezember 1995 wird der neue Gesellschaftervertrag unterzeichnet. Die Testamentsvollstreckung, die das Unternehmen blockiert hat, endet mit dem 31. Dezember 1995. Friede Springer wird zum 1. Januar 1996 alleinige Geschäftsführerin der Holding, die fünfzig Prozent und eine Aktie am Axel Springer Verlag innehat.

Sieg an allen Fronten

Der Konzern schreibt inzwischen, nach einer Rosskur und starken Einsparungen, wieder schwarze Zahlen. Friede Springer kann ein Jahr später auch Nicolaus Springer zum Verkauf seiner Anteile bewegen. Die Ankäufe der Anteile von Barbara und Nicolaus kosten Friede Springer hundertfünfzig Millionen Mark – diese stolze Summe ist es ihr wert, trotz der Schulden, die auf ihr lasten. Sie weiß, dass der Konzern nur dann gut arbeiten und Rendite abwerfen kann, wenn die Mehrheitsanteile gesichert sind.

Friede Springers Macht scheint vordergründig gefestigter denn je. Aber sie hat sich erneut verschulden müssen, und Schwierigkeiten bereiten die Enkel Ariane und Axel Sven. Letzterer ficht sogar die Vereinbarung, die sie kurz nach Axel Springers Tod geschlossen haben, an und legt damit Hand an das Fundament des Konzerns. Der Kampf geht also weiter.

2002 gelingt es Friede Springer mit dem neuen Vorstandsvorsitzenden und promovierten Musikwissenschaftler Mathias Döpfner an ihrer Seite, den sie gegen Widerstände in der Geschäftsleitung durchgesetzt hat, Kirchs Anteile zurückzuholen. Das gleicht einem Thriller: Der Filmmedienunternehmer hat im April 2002 Insolvenzantrag stellen müssen. Zuvor hat die HypoVereinsbank Kirch über 1,1 Milliarden Euro für dessen vierzigprozentigen Anteil an der Axel Springer AG angeboten. Friede Springer und Mathias Döpfner müssen bangen. Friede Springer versucht sogar, Leo Kirch in einem persönlichen Gespräch dazu zu bewegen, ihr einen Teil der Aktien zu verkaufen. Der jedoch bleibt stur und meint, er gebe nur das ganze Paket von vierzig Prozent ab, wenn nötig, sogar an den Sohn des libyschen Diktators Gaddafi. Sie, Friede Springer, könne ja bei der HypoVereinsbank anrufen und sich das Geld leihen. Friede Springers Verhandlungen mit der Bank schlagen fehl. Sie hat nach Ansicht der Banker nicht genügend Sicherheiten zu bieten, um das ganze Aktienpaket zu erwerben. Indessen interessiert sich auch die WAZ-Gruppe für das Aktienpaket. Damit wäre wieder ein fremdes Unternehmen im Springer-Boot. Dagegen stellen sich nun sogar die Springer-Chefredakteure, der Vorstand und sogar der Betriebsrat. Friede Springer weiß das ganze Unternehmen hinter sich. Döpfner und sie verhandeln zeitweilig mit einem freundlich gesinnten Schweizer Verlagsunternehmen, das Interesse an dem Paket zeigt. Aber auch dieser Ausfallschritt schlägt fehl. Schließlich fällt das Landgericht München ein Urteil, das Kirch untersagt, die vertraglich vinkulierten Springer-Aktien ohne Zustimmung der Springer-Seite an Dritte zu verkaufen. Das ist im September 2002 das Aus für Kirch: er findet keinen Käufer. Am 1. Oktober verkündet die Deutsche Bank, sie werde die Springer-Aktien, die ihr als Pfand für einen Kredit über 720 Millionen Euro von Kirch überlassen wurden, am 8. Oktober im Frankfurter Hilton Hotel ersteigern. Friede Springer und Mathias Döpfner treten mit der Deutschen Bank in Verhandlung und werden sich rasch einig: An jenem Tag heben bei der Versteigerung von über dreizehn Millionen Aktien des Verlags zwei Vertreter der Deutschen Bank beim Mindestgebot von 667 Millionen Euro als Einzige die Hand. Die Springer-Aktien gehen damit in den Besitz der Bank. Noch am selben Tag kauft Friede Springer der Deutschen Bank zehn Prozent der Aktien ab. Damit verfügt sie über eine satte Mehrheit, nämlich 55,4 Prozent der Anteile am Konzern. Weder Kirch noch die WAZ-Gruppe und erst recht nicht die Enkel Axel Springers können ihr nun noch etwas anhaben. Hoch verschuldet ist Friede Springer zu jener Zeit, aber sie ist Mehrheitsaktionärin. Damit hat sie die Scharte, die Axel Springer in den letzten Jahren seinem eigenen Unternehmen schlug, ausgewetzt. Wenige Tage später legt der bankrotte Leo Kirch sein Aufsichtsratsmandat bei Springer nieder.

Auch der Streit mit den Springer-Enkeln Ariane und Axel Sven findet ein für Friede Springer günstiges Ende: 2008 bestätigt das Hamburger Oberlandesgericht die vorhergehenden Urteile, wonach Friede Springer in allen Punkten der Erbenvereinbarung recht behält. 2009 weist der Bundesgerichtshof in Karlsruhe eine Beschwerde Axel Sven Springers gegen die Entscheidung des Hamburger Gerichts ab. Axel Sven Springer legt im Jahre 2012 eine persönlich gefärbte Abrechnung als Buch vor: *Das neue Testament. Mein Großvater Axel Springer, Friede, ich und der Strippenzieher.* Die Publikation mag die inzwischen allgewaltige Friede Springer vielleicht etwas pikieren, aber in keiner Weise anfechten.

Unter Döpfners Führung wird der Springer-Konzern modernisiert, den neuen Marktgegebenheiten angepasst, gegenüber den neuen Medien geöffnet, sodass das Unternehmen bald Rekordgewinne einfahren kann. Seit 2007 fließen die Dividenden auch auf Friede Springers Konten. Somit hat sich auch für sie, die sich beim Rückkauf der Springer-Aktien und der Erbanteile hoch verschulden musste, der Feldzug finanziell gelohnt. Der Umbau des Konzerns geht indes weiter: Im Sommer 2013 überrascht Springer mit der Meldung, mehrere Zeitschriften und Zeitungen, darunter *Hörzu* und *Hamburger Abendblatt*, an den Funke Medienkonzern zu verkaufen. Wenige Monate später wird gemeldet, Springer übernehme den Nachrichtensender N24. Damit will man sich im Non-Print-Sektor stärker positionieren. Es sind dies grundlegende Richtungsentscheidungen Mathias Döpfners und Friede Springers.

Freunde wie Gegner zollen Friede Springer in den Jahren des Kampfes und der endlich errungenen Siege zunehmend Respekt. Sie erhält etliche öffentliche Ehrungen, so 1996 das Große Bundesverdienstkreuz, 2000 den Leo-Baeck-Preis des Zentralrats der Juden in Deutschland, 2002 die Ehrendoktorwürde der Ben-Gurion-Universität in Beerscheba/Israel, im selben Jahr die Ritterwürde der Französischen Ehrenlegion, 2004 den Bayerischen Verdienstorden, 2005 den Innovationspreis der deutschen Wirtschaft, 2008 das Große Verdienstkreuz mit Stern der Bundesrepublik Deutschland, 2012 die Leibniz-Medaille der Berlin-Brandenburgischen Akademie der Wissenschaften, im selben Jahr die Moses Mendelssohn-Medaille des Moses Mendelssohn-Zentrums für europäisch-jüdische Studien – um nur die wichtigsten zu nennen.

Friede Springer ist eine wichtige Figur des öffentlichen Lebens in Deutschland und Europa und laut *Forbes Magazine* aus dem Jahr 2010 mit einem geschätzten Privatvermögen von umgerechnet 2,5 Milliarden US-Dollar auf Platz 8 der reichsten Menschen der Welt. Ihren Reichtum will sie sinnvoll weitergeben: Sie ist Vorstandsvorsitzende der Axel Springer-Stiftung, zudem Stifterin und Alleinvorstand der Friede Springer-Stiftung. Heute sagt Friede Springer voller Elan und Selbstbewusstsein: »Ich werde so lange im Konzern und in meinen Stiftungen mitarbeiten, wie ich kann.« Und ein anderes Mal: »Ich habe nie zurückgeschaut. Und das war richtig. Ich orientiere mich an der Zukunft.«

11 Hillary Clinton (*1947)
Feldherrin im Weißen Haus

Am 4. April 1968 wird der Pfarrer, Friedensnobelpreisträger und schwarze Bürgerrechtler Martin Luther King in Memphis ermordet. Als die Studentin Hillary Rodham im Wellesley College in Massachusetts davon erfährt, stürmt die sonst so besonnene, selbstbeherrschte junge Frau in ihr Zimmer im Wohnheim, schleudert ihre Tasche an die Wand und schreit: »Ich ertrage das nicht länger! Ich kann das nicht aushalten!« Für sie war der schwarze Bürgerrechtler ein Idol, eine Hoffnung für ganz Amerika, denn vieles in ihrem Land liegt im Argen: In etlichen Bereichen des öffentlichen Lebens werden Farbige benachteiligt; auch Frauen werden in ihren Rechten und Möglichkeiten beschnitten; der Krieg in Vietnam wird von zahlreichen Amerikanern als Unrecht angesehen; die universitären Zustände sind verknöchert und undemokratisch. Martin Luther King setzte sich nicht nur für seine schwarzen Mitbürger ein, sondern stand allgemein für eine Öffnung, Liberalisierung und Demokratisierung des bürgerlichen Lebens. Dieser gewaltlose Prozess scheint nun ins Stocken geraten zu sein. Überall im Land regt sich Protest, auf der Straße und an den Universitäten. Es kommt zu gewaltsamen Auseinandersetzungen der Demonstranten und Streikenden mit der Polizei. Selbst das bis dahin als brav und verschlafen geltende Frauencollege von Wellesley wird von den Unruhen ergriffen. Eine wichtige Rolle bei der Formierung des studentischen Protests wird Hillary Rodham spielen, die man wenige Jahrzehnte später als First Lady, Senatorin, Präsidentschaftskandidatin und Außenministerin in Amerika und der ganzen Welt kennen wird: unter dem Namen ihres Mannes »Clinton«. Doch zu jenem Zeitpunkt im April 1968 wagt die Studentin Hillary an solch eine Karriere noch nicht zu denken. Das Entsetzen über die Ermordung Martin Luther Kings, den sie bereits mehrmals hat sprechen hören und dem sie einmal nach einer Veranstaltung persönlich begegnen durfte, wird in ihr zur Initialzündung, sich in die öffentlichen Belange des amerikanischen Lebens einzumischen. Sie will nicht länger alles hinnehmen, sondern publik machen, was ihrer Ansicht nach im Lande ungerecht und verbesserungswürdig ist.

Widerstreit gegen den Vater und Abfuhr bei der NASA

Hillary Rodham wird am 26. Oktober 1947 in Chicago als drittes Kind (vor ihr kamen die Knaben Hugh jr. und Tony zur Welt) von Hugh und Dorothy Rodham geboren. Der Vater betreibt ein kleines Geschäft für Raumausstattung. Die Familie bezieht wenige Jahre nach Hillarys Geburt ein Haus in dem kleinbürgerlich geprägten, fast nur von Weißen bewohnten Vorort Park Ridge. Hugh Rodham, ein Anhänger der Republikanischen Partei, ist ein verbitterter, geiziger, zu Gewalt neigender Patriarch, der seine Familie wie ein Feldwebel seine Truppe zu beherrschen trachtet und Widerspruch nicht duldet. Die Mutter geht ganz in Haushalt und Familie auf und versucht begütigend und vermittelnd die Spannungen auszugleichen. Im Alter jedoch unternimmt Dorothy Rodham eine erstaunliche emanzipatorische Wende, als sie mit siebzig noch ein Psychologiestudium absolviert.

Hillary lernt in dieser Familie, dass sie sich, will sie sich nicht wie die Mutter verleugnen, durchsetzen muss – mit besseren Argumenten, mit größerem Wissen und mit Leistung und Erfolg. In der Schule gehört sie zu den Besten, und zu Hause am Mittagstisch wagt sie auch schon mal, dem Vater zu widersprechen, weil sie sich im Recht glaubt und ihm mit Argumenten und Fakten Paroli zu bieten weiß. Das Verhältnis zum Vater bleibt indes zwiespältig: Es ist durch Furcht und Scheu, später, in der Pubertät, auch durch offene Auflehnung einerseits, andererseits eine tiefe Liebe zu dem Mann bestimmt, der wegen persönlicher Enttäuschungen verbittert und verhärtet ist. In ihrer Autobiografie *Gelebte Geschichte* bekennt Hillary Clinton: »Als kleines Mädchen betete ich meinen Vater an. Ich stand abends oft am Fenster, um nach ihm Ausschau zu halten, und lief ihm entgegen, wenn er nach der Arbeit nach Hause kam. Er ermunterte mich, Baseball, Football und Basketball zu spielen, und trainierte oft mit mir. Um seine Anerkennung zu gewinnen, bemühte ich mich, gute Noten nach Hause zu bringen.« Der Vater ist insgeheim stolz auf seine begabte Tochter, zeigt dies aber nicht offen, sondern versucht sie zu noch größerer Leistung anspornen. Als Hillary einmal ein Schulzeugnis mit lauter Einsen und einer Zwei nach Haus bringt, meint der Vater nur, der Unterricht sei wohl zu leicht, und weshalb sie denn nicht in *allen* Fächern eine Eins habe? Eine Jugendfreundin Hillarys erinnert sich: »Die Liebe, die Hillary bekam, war anders. Sie musste sie sich verdienen.«

Während andere Familien der Mittelschicht den Sommer über in Cape Cod oder einem der anderen Ferienorte am Atlantik sind, verbringen die Rodhams ihren alljährlichen Urlaub in einer Holzhütte, ohne Heizung, Bad oder Dusche am Lake Winola in Pennsylvania. Zum Ferienprogramm gehört auf Wunsch Hugh Rodhams die Besichtigung einer Kohlengrube – die Kinder sollen an die raue Arbeitswirklichkeit herangeführt werden. Für Hillary, das Bürgermädchen, ein denkwürdiges Erlebnis. Später wird sie als Politikerin für mehr soziale Gerechtigkeit und bessere Arbeitsbedingungen kämpfen.

So rau die Verhältnisse im Hause Rodham erscheinen mögen, sie haben Hillary Rodham nachhaltig geprägt: Bereits in jungen Jahren lernt sie, dass Wohlstand und Wohlergehen nicht selbstverständlich sind, dass sie – will sie Erfolg haben – beste Leistungen erbringen muss, und dass es in der Gesellschaft auch viele sozial Benachteiligte gibt, die trotz des legendären Versprechens vom »amerikanischen Traum« bei aller ehrlicher Anstrengung glücklos bleiben, und dass an diesem Punkt die Politik anzusetzen hat. Und noch eine weitere Lehre zieht Hillary – unbewusst – aus ihrer Kindheit und Jugend, das hat später ihre Mutter Dorothy erkannt: »Vielleicht ist das [der Kampf mit dem Vater] der Grund dafür, weshalb sie [Hillary] so viel aushält. Sie musste es mit *ihm* aufnehmen.«

Sich durchzusetzen ist in der Familie Rodham psychologisch gesehen überlebenswichtig. Das wird Hillary früh von der Mutter beigebracht: Als die Vierjährige beim Spielen von einem älteren Mädchen aus der Nachbarschaft gestoßen wird, fordert Dorothy Rodham ihre Tochter auf, sich zur Wehr zu setzen. Bei nächster Gelegenheit schlägt Hillary dem anderen Mädchen vor den Augen mehrerer Jungen ins Gesicht, läuft nach Hause und sagt stolz zu ihrer Mutter: »Jetzt kann ich mit den Jungen spielen!« Von da an haben die Nachbarskinder vor Hillary Respekt.

Die Heranwachsende muss freilich schon früh akzeptieren, dass die Grenzen der Emanzipation noch immer eng gezogen sind. Als Vierzehnjährige bewirbt sie sich mit dem Ernst eines jungen Menschen bei der NASA: Sie wolle Astronautin werden. Zur Antwort erhält sie, Frauen könnten am Weltraumprogramm prinzipiell nicht teilnehmen. Auch das ist eine Lehre, die der jungen Frau vor Augen führt, wie vieles die Politik in Fragen der Chancengleichheit noch anstoßen muss.

Martin Luther King, Bürgerrechtsbewegung und eine folgenreiche Rede

Prägenden Einfluss auf die junge Hillary Rodham hat der junge, charismatische Methodistenpfarrer Don Jones, dessen Rat Hillary Clinton noch als First Lady gern einholen wird. Jones vermittelt nicht nur »typisch« methodistisches Gedankengut und Arbeitsethos, er hat vielmehr progressive sozialkritische Ansichten und bringt Hillary sogar mit dem Bürgerrechtler Martin Luther King zusammen, der in der jungen Frau das soziale Gewissen schärft und sie politisch wachrüttelt. Der methodistische Glaube, so eine ehemalige enge Mitarbeiterin Hillary Clintons im Weißen Haus, sei für die Politikerin lebensprägend geworden: »Hillarys Glaube ist das wichtigste Glied in der Kette. […] Er erklärt den missionarischen Eifer, mit dem sie all ihre Aufgaben in Angriff nimmt, und auch, warum sie das seit dreißig Jahren tut. Und er erklärt ihre wirklich außergewöhnliche Selbstdisziplin und Zielstrebigkeit und ihre Fähigkeit, gestützt auf ihre Spiritualität, all das durchzustehen. […] Sie ist eine Frau mit einem sehr starken Glauben, obwohl sie kein großes Aufhebens darum macht. Sie gehört nicht zu den Leuten, die die ganze Zeit ihre Gläubigkeit zur Schau stellen. Aber nur so übersteht sie das alles: Manche Menschen gehen zu einem Seelenklempner, sie hat ihren Glauben.«

Im Herbst 1965 nimmt die damals siebzehnjährige Hillary Rodham ein Studium der Politikwissenschaft und Psychologie am Wellesley College in Massachusetts auf. Wellesley ist eine Universität für Frauen und gilt damals als bieder und konservativ, aber auch als Eliteschmiede. Hillary, bis dahin in der Schule eine der Besten, muss in Wellesley erst einmal akzeptieren, dass sie mit ihren Leistungen keineswegs zur Spitze gehört. Anfänglich ist sie einsam, leidet unter Heimweh, neigt zu depressiven Verstimmungen. Doch rasch orientiert sie sich, findet Anschluss, vor allem im universitären Klub der jungen Republikanerinnen, dessen Präsidentin sie nach zwei Jahren wird. Anders als die offizielle Parteilinie der Republikaner lehnt Hillary Rodham indes früh den amerikanischen Krieg in Vietnam und die konservative Bürgerrechtshaltung ab – und gerät damit unversehens in den Dunstkreis der Demokraten, ohne jedoch die Konsequenz daraus zu ziehen. Auch versteht sie es, ein Netzwerk mit Studentinnen, Lehrenden und Verwaltungsangestellten zu knüpfen. Auch später, in der Politik, wird sie diese Taktik blendend beherrschen und darauf ihre Macht und ihren Einfluss bauen. Außer in universitären Angelegenheiten engagiert sich Hillary Rodham zu jener Zeit auch für benachteiligte Kinder: So wird in Wellesley in den Sommermonaten ein Förderprogramm für Jungen und Mädchen aus benachteiligten Schichten eingeführt.

Sie macht in jenen Jahren erste sexuelle Erfahrungen, hat wechselnde Beziehungen zu jungen Männern. Und trotz ihres damals nicht unbedingt einnehmenden Äußeren (die stark Kurzsichtige trägt eine dicke Brille, zudem ist ihre Kleidung ziemlich altbacken) scheint sie wegen ihrer Intelligenz und ihres Charismas bei bestimmten Männern gut anzukommen. Keineswegs ist sie eine Stuben- und Bibliothekshockerin: Sie geht gern tanzen (zu jener Zeit mag sie Elvis, die Beatles und die Supremes) und betätigt sich sportlich beim Football, im Rudersport und Schwimmen.

Ihre eigentliche Politisierung findet 1968 statt: Auslöser hierzu sind die Ermordung Martin Luther Kings und die danach aufflammenden Bürger- und Studentenproteste. Der Widerstand gegen den ungeliebten militärischen Einsatz in Vietnam wächst. Amerika steht im Sommer und Herbst 1968 unter Hochspannung. Universitäten werden von den Studenten besetzt, öffentliche Einrichtungen gestürmt, Polizeistationen angezündet. Teils eskaliert der Protest blind, als etwa in Wellesley eine Bibliothek in Flammen aufgeht. Hillary Rodham und andere Aktivistinnen versuchen vergeblich, das Feuer zu löschen. In Erinnerung an ihr Idol Martin Luther King wird ihr in jenen Monaten deutlich, dass es nur *einen* legitimen, überzeugenden Weg des Protests geben kann, den gewaltlosen, und dass anstelle einer zerstörerischen Revolution, die zudem oft die Falschen trifft, eine konstruktive, kritische Reform stehen muss. Heimlich unterstützt Hillary damals den progressiven Demokraten Eugene McCarthy, der 1968 bei den Vorwahlen für das Präsidentenamt antritt, aber einem Konkurrenten aus der eigenen Partei unterliegt. Wenig später setzt sich Hillary Rodham für den Kandidaten der Republikaner Nelson Rockefeller ein, der dem linken Flügel der Partei angehört, aber bei den Präsidentschaftswahlen gegen Richard Nixon verliert.

Als Hillary 1969 in Wellesley ihr Diplom macht, wird sie von der Studentenschaft ausersehen, bei der Abschlussfeier eine Rede zu halten. Sie gilt als gute Rhetorikerin, die frei und ohne Manuskript sprechen kann und ihre Gedankengänge klar und in

verständlicher Sprache formuliert. Als Ehrengast der Abschlussfeier ist der republikanische Senator des Staates Massachusetts,
der Schwarze Edward Brooke, angekündigt. Die Veranstaltung
gerät zu einem kleinen Eklat: Brooke liefert, anstatt aus seiner
Position als Schwarzer heraus für mehr Bürgerrechte zu plädie-
ren, eine brave, profillose Rede ab. Daraufhin besteigt Hillary
Rodham das Podium. Sie lässt das vorbereitete Skript beiseite
und spricht völlig frei, wobei sie Brookes Rede kritisch kommentiert. »Aber wir haben die unverzichtbare Aufgabe«, so die
junge Rednerin, »Kritik zu üben, und sind zum konstruktiven
Protest verpflichtet. [...] Daher muss ich kurz auf einige der
Aussagen von Senator Brooke antworten. Verständnis zu haben
für bestimmte Anliegen ist schön und gut, aber ein Teil des
Problems besteht darin, dass es nichts bewirkt. Wir haben viel
Verständnis gefunden, uns ist jede Menge Sympathie entgegen-
gebracht worden, aber wir haben das Gefühl, dass sich unsere
politischen Führer seit allzu langer Zeit auf die Kunst des Möglichen beschränken. Doch die Herausforderung besteht heute
darin, Politik als die Kunst zu praktizieren, das scheinbar Unmögliche möglich zu machen.« Mit deutlichen Worten verurteilt Hillary Rodham die Vietnampolitik und fordert, die USA
müssten diesen Krieg beenden. Zudem weist sie eine Politik
zurück, die sich nur als Handlangerin des Kapitalismus versteht.
Die Veranstaltung endet zwar ohne Tumult, gleichwohl sind
Collegeleitung und Senator Brooke betreten. Bei den Studentinnen hingegen gilt Hillary Rodham als Heldin. Und: Das bekannte Magazin *Life* wird auf die Angelegenheit aufmerksam
und druckt wenig später Hillarys Rede samt einem Foto ab, das
die junge Frau mit dicker Brille, in Schlaghosen und mit zer-
zaustem Haar zeigt. Hillary Rodham ist über Nacht eine Be-
rühmtheit geworden. In den nächsten Jahren und Jahrzehnten
wird sie ehrgeizig daran arbeiten, diesen Ruhm noch auszubauen.

Nach dem Abschluss in Wellesley mit dem Bachelor of Arts beginnt Hillary Rodham ein Studium der Rechtswissenschaft an der renommierten Yale Law School in New Haven, Connecticut. Dort ist man durch den Artikel im *Life*-Magazin auf die junge Frau aufmerksam geworden. Sie erhält einen Redaktionsposten bei der *Yale Review of Law and Social Action*. Auslöser für ihren Entschluss, Jura zu studieren, dürften die politischen Umwälzungen der von Bürgerrechtsbewegung, Friedensdemonstrationen und Studentenunruhen geprägten Jahre gewesen sein. Hillary Rodham ist von der Idee gepackt, als Juristin für Gerechtigkeit zu kämpfen. In akademischen Kreisen wird das abschätzig als »Juristinnenvirus« abgetan, doch steckt hinter dieser Haltung nicht zuletzt eine chauvinistische Angst vor Frauen, die in eine hermetische Männerdomäne einbrechen.

Yale zeichnet sich damals im Gegensatz zum konservativbraven Wellesley durch seine offene, progressive Atmosphäre des Anti-Establishments aus. Hillary Rodham erhält ein Stipendium und wird Aktivistin der von Marian Wright Edelman gegründeten Organisation für Kinderrechte und Kinderschutz »Washington Research Project«. Sie gehört im Team des Politikers Walter Mondale einem Unterausschuss für Arbeitsmigration an und analysiert einen Sommer lang die Wohn-, Lebens- und Arbeitsbedingungen sowie die Bildungschancen von Wanderarbeitern.

Sie findet Freunde und Mitstreiter. Die folgenreichste Begegnung ist die mit dem ein Jahr älteren Studenten Bill Clinton. Bald sind die beiden ein Paar, privat und in ihren politischen Aktivitäten. Nicht zuletzt der Abscheu gegen die Politik von US-Präsident Richard Nixon eint sie. »Manchmal«, so Hillary über jene Zeit, »hatte man den Eindruck, als führte unsere Regierung Krieg gegen die eigene Bevölkerung.« Ohne ihr eigenes Engagement aufzugeben, orientiert sich Hillary Rodham am Karriereplan ihres Freundes und zukünftigen Mannes. Der spätere enge Mitarbeiter im Weißen Haus David Gergen hat die Beziehung der beiden so analysiert: »Der Bill Clinton, den ich kannte, brauchte die emotionale Unterstützung seiner Frau jeden Tag. Er war von ihr abhängig, er sprach von ihr, sie war sein Fels von Gibraltar. [...] Wenn ihre Partnerschaft funktionierte, ergänzten sie einander wunderbar. Die Partnerschaft verlieh seiner Führung Energie. Sie war der Anker, er das Segel. Sie war die Realistin, er der Träumer. Sie war die Strategin, er der Taktiker.«

Hillary Rodham begleitet Bill Clinton im Frühjahr 1971 für ein paar Monate nach Oakland in Kalifornien, wo er die Wahlkampagne des demokratischen Senators George McGovern leitet, während Hillary in einer Anwaltskanzlei arbeitet. Im Sommer kehrt das Paar nach New Haven, Connecticut, zurück. Sie ziehen zusammen. Hillary Rodham schließt in jenem Jahr ihr Jurastudium mit der Doktorarbeit ab. Einen Heiratsantrag Bill Clintons lehnt sie ab, vielleicht, weil sie sich erst über ihre eigene Zukunft klar werden will. Sie entscheidet sich für ein postgraduales Studium am Yale Child Study Center, wo sie sich mit der juristischen Position von Kindern, insbesondere aus geschiedenen Ehen, befasst und die Urteilslage des Obersten Gerichtshofs kommentiert. »Ich möchte«, so bekennt sie, »den amerikanischen Kindern eine Stimme geben.«

Indes folgt sie dem Weg von Bill Clinton, der in seinem Heimatstaat Arkansas in die Politik einsteigt. Das Paar zieht nach Fayetteville. Hillary Rodham erhält eine Professur an der Law School der Universität und arbeitet zudem als Rechtsanwältin und Rechtsberaterin für den Justizausschuss des amerikanischen Repräsentantenhauses in Washington. Sie trägt unter anderem juristisches Material zusammen, auf dessen Grundlage ein Amtsenthebungsverfahren gegen den wegen der Watergate-Affäre unter Druck stehenden US-Präsidenten Richard Nixon eingeleitet wird.

Am 11. Oktober 1975 heiraten Bill und Hillary Clinton. Drei Jahre später wird Bill Clinton für die Demokraten zum Gouverneur von Arkansas gewählt. Hillary Clinton wird damit »First Lady« in dem Bundesstaat. Sie legt ihre Professur nieder und widmet sich ganz dem Familienleben. 1980 kommt die Tochter Chelsea Victoria zur Welt. Dieser »Rücktritt« ist ungewöhnlich für eine Frau, die so bewusst und überlegt ihre Laufbahn gestartet hat und anfänglich im öffentlichen Bewusstsein tiefer verankert war als ihr Mann. Freunde und Weggefährten haben diesen Schritt akzeptiert, aber nicht unbedingt gutgeheißen. Hillary Clinton unterstützt ihren Mann im Kampf um eine Wiederwahl ins Gouverneursamt und zeigt dabei besonderes strategisches Talent.

Taskforce und permanenter Wahlkampf

Erstaunlich ist, dass Hillary Clinton den Weg zurück in die Politik gefunden hat – wenngleich spät, und eigentümlicherweise erst in einer Position ohne Amt und ohne verfassungsrechtlich eingeräumte Macht: als First Lady an der Seite von Bill Clinton, des 42. Präsidenten der Vereinigten Staaten von Amerika (1993–2001). Zehn Tage nach der Amtseinführung des Präsidenten am 20. Januar 1993 macht Hillary Clinton ihren Führungsanspruch bei einer Klausurtagung des Kabinetts und des Präsidialteams auf dem Landsitz Camp David klar. Bereits im Wahlkampf hat sie ihren Mann – mit dem Erfahrungsschatz der Zeit als First Lady des Gouverneurs von Arkansas – strategisch unterstützt. Den damals geprägten Begriff des »permanenten Wahlkampfs« bringt sie auf der Tagung Anfang Februar 1993 erneut ins Gespräch: Nachdem die Umfragewerte bereits wenige Tage nach der Amtseinführung Bill Clintons absacken – vor allem, weil Clinton sich angesichts des zerrütteten, von den Republikanern übernommenen Haushalts nicht in der Lage sieht, seine teuren sozialpolitischen Versprechen einzulösen –, soll ein »permanenter Wahlkampf« ausgerufen werden, eine Wahlkampagne, die sich auf die gesamte Amtsperiode erstreckt und fortwährend für die Politik des Präsidenten wirbt und diese erklärt. Hillary Clinton nimmt dabei das Bild vom »Kampf« wortwörtlich. Wie schon in Arkansas soll in Washington ein »War Room« eingerichtet werden, ein ständiger Konferenzraum, von dem aus der »Kriegsrat« die Kampagnen leitet. Zur obersten Feldherrin erklärt sich Hillary Clinton auf der Tagung in Camp David selbst – ohne Widerspruch zu dulden. Sie macht den anwesenden Ministern und Beratern des Präsidenten unmissverständlich klar, dass sie wegen ihrer privaten Nähe zu Bill Clinton nicht nur die geeignete Person für solch eine Aufgabe ist, sondern dass sie jeden Widerspruch als Verrat werte. Hillary Clintons selbst angemaßte Machtposition wird von allen anerkannt, ist doch ihr politischer Einfluss auf ihren Mann unleugbar. Der damalige enge Vertraute des Präsidenten Dick Morris erinnert sich: »Wir [Hillary Clinton und Dick Morris] waren die Enzyme, die ihm [Bill Clinton] halfen, sein Denken zu verdauen […], so etwas wie sein Insulin.«

Das Bild vom Insulin mag spontan gewählt sein, doch führt es genau auf das politische Feld, von dem damals etliche Beobachter das Schicksal des neuen Präsidenten abhängig machen: Erfolg oder Misserfolg der im Wahlkampf versprochenen Gesundheitsreform, zu der eine für alle Amerikaner zugängliche Krankenversicherung gehört. Hillary Clinton selbst macht dies in Camp David deutlich, äußert sogar die Überzeugung, dass Bill Clintons Wiederwahl im Jahre 1996 von dieser Frage abhänge. Und sie betont, dass diese Präsidentschaft ein Gemeinschaftsunternehmen zweier gleichberechtigter Partner namens Bill und Hillary sei. Hillary Clinton verlässt Camp David als unbestrittene Ministerin ohne Amt, als Feldherrin ohne Armee – doch beides würde sie sich bald verschaffen.

Sie kürt die ihrer Meinung nach wichtigste Herausforderung der Präsidentschaft, die Gesundheitsreform, zu ihrem »ministeriellen« Bereich, den sie recht martialisch »Task Force« nennt, und erhält ein »Bataillon« von rund fünfhundert Sachverständigen aus Bundesbehörden, Unternehmen, Universitäten und der Ärzteschaft zugewiesen, die in einer ständigen Konferenz zu den verschiedenen Sachgebieten tagen. Der größte Feind des anspruchsvollen Projekts bleibt jedoch die katastrophale Haushaltslage.

Dick Morris, der sich später von den Clintons abwendet, erinnert sich an diese erste Zeit des Präsidentenpaars im Weißen

Haus zwar kritisch und mit geradezu psychologischer Analysierwut, aber nicht ohne Sympathie: »Ich glaube, diese Beziehung beruht darauf, dass sie gegenseitig ihre Fähigkeiten zur Geltung bringen. Weil ihr gefällt, was geschieht, wenn sie ihn rettet. [...] ich glaube, er liebt sie insoweit, wie er zu lieben vermag. Aber seine Fähigkeit zu lieben ist sehr begrenzt. Ich glaube, er empfindet manchmal Groll ihr gegenüber, und das Übergewicht, das sie ihm gegenüber hat, erschüttert ihn. Manchmal freut er sich über ihre Gegenwart und braucht sie, denn er ist darauf angewiesen, dass sie ihn rettet.«

Auch im Weißen Haus, dem altehrwürdigen, traditionsverhafteten Wohn- und Arbeitsumfeld des Präsidenten, sucht Hillary Clinton den Verhältnissen ihren eigenen Stempel aufzudrücken. Nicht nur verbannt sie das Pressebüro in den Keller und lässt einige Wohnräume umgestalten, sie schenkt auch dem altgedienten Küchenchef, der bereits unter mehreren Präsidenten gearbeitet hat und sich auf feine französische Cuisine versteht, einen Stapel Kochbücher zur amerikanischen Küche. Der Cuisinier quittiert erbost den Dienst – ganz im Sinne Hillary Clintons. Von nun an wird – auch ausländischen Staatsgästen – amerikanische Küche geboten. Die Atmosphäre im Weißen Haus lockert sich auf – sehr zum Ärger des Protokollchefs, der die Umgangsformen des Präsidentenehepaars als Einbruch einer Hinterwäldlerrotte aus Arkansas missbilligt. Das böse Wortspiel von den »Hillbillys« (Hinterwäldlern) macht damals im Weißen Haus die Runde, eine Anspielung auf Bill (»Billy«) und Hillary. Chelsea Clinton, beim Amtsantritt ihres Vaters dreizehn Jahre alt, bringt zudem ein wenig jugendliches Leben in die Residenz. Und Bill Clinton ist beim diensthabenden Personal dafür berüchtigt, bis nachts um drei Uhr im Oval Office zu sitzen, gleichzeitig mit Beratern zu debattieren, Kreuzworträtsel zu lösen, Anrufe zu tätigen, Karten zu spielen, sich über einen Bringdienst Pizza zu bestellen und an einem Zigarrenstummel zu kauen (denn das Rauchen ist durch eine Weisung Hillary Clintons im ganzen Haus verboten, was auch für den Präsidenten gilt).

Hillary Clintons Arbeit für die Gesundheitsreform, die von ihr selbst so deklarierte Hauptaufgabe der Präsidentschaft ihres Mannes, scheitert letztlich. Mit diesem Scheitern wird bis heute das historische Bild von Clintons Amtszeit verknüpft. Für den Misserfolg sind mehrere Faktoren verantwortlich: zum einen die unabweisliche Knappheit in den öffentlichen Kassen (auch wenn dafür zuallererst die Vorgängerregierung die Schuld trägt), zum anderen aber auch Hillary Clintons Unfähigkeit und ihr Unwille, Kompromisse zu schließen. In all den Jahren ihrer Arbeit für die Gesundheitsreform hat sie – das haben Mitstreiter übereinstimmend bezeugt – ein Ideal im Kopf. Von dieser Vision der Reform geht sie nicht ab, auch jeden realitätsgebundenen Kompromiss lehnt sie starrköpfig ab und wertet Mitarbeiter, die sie in eine solche Richtung bewegen wollen, als Verräter und Weichlinge. Dass es finanzielle Engpässe und politische Notwendigkeiten gibt, scheint Hillary Clinton zu dieser Zeit auszublenden. Ihr Mann Bill, der wegen der zerrütteten Haushaltslage selbst einige seiner politischen Lieblings- und Renommierprojekte zurückstellt, einen drastischen Sparhaushalt verordnet, staatliche Subventionen zusammenstreicht und Steuern erhöht, folgt damit der Vernunft und der Notwendigkeit – auch wenn das seinen ursprünglichen Überzeugungen zuwiderläuft. Doch Hillary entfernt sich immer mehr von ihrem Mann – innerlich wie äußerlich, politisch wie privat –, nicht zuletzt, weil sie auch ihm mangelndes Durchhaltevermögen und einen zu schwachen Glauben an ihre gemeinsam formulierten Ideale vorwirft. Widriger Wind weht indes Hillary Clintons Gesundheitsreform nicht nur aus dem Oval Office entgegen, sondern auch von beiden großen Parteien: von den in der Opposition stehenden Republikanern, die in dem Vorhaben eine Gängelung der amerikanischen Freiheit und eine Gefahr für die Wirtschaft sehen, und von den Demokraten, weil sie den ohnehin strapazierten Staatshaushalt nicht vollends korrumpieren wollen. Überdies gibt es Gegenwind vonseiten einiger »Parteifreunde« der Clintons, die glauben, der machthungrigen First Lady den Todesstoß versetzen zu können.

Damals werden im engsten Mitarbeiterstab Bill Clintons einige Stimmen laut, die der mächtigen First Lady mangelndes politisches Talent vorwerfen. Doch wird solche Kritik meist nur hinter vorgehaltener Hand geäußert, denn ein offenes Widerwort wird von Hillary Clinton gern zum Anlass genommen, die betreffende Person beim Präsidenten in Ungnade zu bringen. Dazu äußert sich ein anonymer ehemaliger Mitarbeiter des Präsidenten gegenüber dem Journalisten Carl Bernstein: »Offenkundig hatte sie das Gefühl, von Feinden umringt zu sein.« Und Bob Boorstin, ehemals Pressebeauftragter in Hillary Clintons Taskforce für das Gesundheitswesen, zieht den Vergleich: »Er [Bill Clinton] braust auf, doch sein Ärger ist rasch verflogen. Sie [Hillary Clinton] wird wütend und trägt dir die Sache für alle Zeit nach.«

Ein differenziertes Urteil darüber, inwiefern Hillary Clintons Ansprüche an die Macht im Weißen Haus als taktisch unklug gesehen werden können, stammt von Sally Quinn, einer bekannten Zeitungsjournalistin und Fernsehmoderatorin: »Hillary sollte nicht zulassen, dass man sie zum Sündenbock macht. [...] Wenn die First Lady Macht ausübt, wenn sie an den Stabs- und Kabinettssitzungen teilnimmt, wenn sie Politik macht – und wenn die Leute das wissen –, dann werden sich automatisch zwei Machtzentren entwickeln: seines und ihres. Die internen Kämpfe, die Gerüchte und die Attacken hinter dem Rücken der anderen Seite werden unkontrollierbar werden. All das würde den Präsidenten ablenken und seinem Ansehen schaden. [...] Sie sollte nicht zulassen, dass Bill Clinton wie ein Schwächling wirkt. Washington will, dass der Präsident der Präsident ist. Wenn der Eindruck entsteht, dass ihm seine Frau sagt, was er tun soll, wird er schwach wirken. Wenn er schwach wirkt, wird er nicht annähernd so viel erreichen, wie möglich wäre. In Washington dreht sich alles um die Macht. Wenn es den Anschein hat, als wäre der Präsident machtlos, werden die Leute in dieser Stadt aus einer Meile Entfernung Blut wittern. Symbole, Äußerlichkeiten und Eindrücke sind oft wichtiger als die Realität.«

Die Entmachtung Hillary Clintons – von ihrem Mann um der politischen Räson willen gebilligt – folgt denn auch bald nach dem endgültigen Scheitern der Gesetzesvorlage über eine Gesundheitsreform im Kongress im November 1994. Dick Morris, der damals engste Berater des Präsidenten, ein Mann von bisweilen mephistophelischem Einfluss, fordert vom Präsidenten Hillarys Kopf – und erhält ihn. Morris erinnert sich: »An der Wahrnehmung seiner [Bill Clintons] moralischen Mängel konnten wir nichts ändern. Aber als ich untersuchte, welche Begründungen für den Eindruck von Schwäche genannt wurden, tauchte immer wieder ein Punkt auf: Hillary. ›Sie hat die Macht‹, klagten die Befragten. ›Sie hat die Hosen an‹, ›Sie glaubt, sie sei die Präsidentin‹, ›Ich habe ihn gewählt, aber sie hat das Sagen‹. Ich las Clinton diese Äußerungen eine nach der anderen vor, damit er ihre geballte Wirkung spürte.«

Tatsächlich legt Morris der First Lady in einem vertraulichen Gespräch Anfang 1995 nahe, auf ihre Machtambitionen während der Präsidentschaft ihres Mannes zu verzichten – sie gibt sofort nach; mit welchen Gefühlen, bleibt im Dunkeln. Bereits an den folgenden Strategiesitzungen im Weißen Haus (denn der »permanente Wahlkampf« muss wegen Bill Clintons schlechter Umfragewerte unvermindert weitergeführt werden) nimmt Hillary Clinton nicht mehr teil. Stattdessen begnügt sie sich mit klassischen Formen der Repräsentation und des karitativen Engagements einer First Lady und scheint sich so mit dem Rollenschema abzufinden.

Doch bereits im September 1995 macht sie ihre Niederlage wett und erregt weltweit Aufsehen als Ehrenvorsitzende der amerikanischen Delegation bei der in Peking stattfindenden 4. Weltfrauenkonferenz. In ihrer Rede nimmt Hillary Clinton kein Blatt vor den Mund und keinerlei Rücksicht auf die Empfindlichkeiten der chinesischen Gastgeber:

»Es ist eine Verletzung der Menschenrechte, Babys die Nahrung vorzuenthalten oder sie zu ertränken oder zu ersticken oder ihnen die Wirbelsäule zu brechen, nur weil sie weiblichen Geschlechts sind. Es ist eine Verletzung der Menschenrechte, Frauen und Mädchen als Sexsklavinnen zu verkaufen. Es ist eine Verletzung der Menschenrechte, eine Frau mit Benzin zu übergießen und zu verbrennen, weil man ihre Aussteuer für unzureichend hält. Es ist eine Verletzung der Menschenrechte, wenn eine Frau in ihrer eigenen Gemeinschaft vergewaltigt wird und wenn Tausende Frauen vergewaltigt werden, weil das zur Strategie der Kriegsführung gehört oder weil sie zur Beute der Sieger werden. Es ist eine Verletzung der Menschenrechte, wenn Gewalt gegen Frauen in ihrem eigenen Haus weltweit eine der häufigsten Todesursachen unter Frauen zwischen dem vierzehnten und dem fünfundvierzigsten Lebensjahr ist. Es ist eine Verletzung der Menschenrechte, junge Mädchen der brutalen und herabwürdigenden Genitalverstümmelung zu unterziehen. Es ist eine Verletzung der Menschenrechte, Frauen das Recht auf Familienplanung vorzuenthalten, und dazu gehören auch erzwungene Abtreibungen oder gegen ihren Willen durchgeführte Sterilisierungen.«

Die Rede wird im In- und Ausland gleichermaßen wohlwollend und respektvoll aufgenommen. Selbst die *New York Times*, die zuvor noch gegen die Möchtegern-Präsidentin gewettert hat, ist voll des Lobes, wenn sie schreibt, diese Rede Hillary Clintons sei »möglicherweise ihr bester Moment im öffentlichen Leben« gewesen.

Erfolg ist ihr auch wenige Monate später beschieden, als sie ihr Buch *It Takes a Village* (dt. *Eine Welt für Kinder*, 1996) veröffentlicht, das auf die Situation armer, sozial benachteiligter Kinder in Amerika und der ganzen Welt aufmerksam macht und unteilbare, allgemeine Kinderrechte einfordert. Hillary Clinton reist sogar – gleichsam auf den Spuren ihrer großen Vorgängerin Eleanor Roosevelt – auf einer Lecture Tour durch die Vereinigten Staaten. Den Erlös aus dem Verkauf des Buches, immerhin rund eine Million Dollar, spendet die Autorin Kinderkrankenhäusern – was sehr zum Vorteil für ihr angeschlagenes Image gerät.

Doch auch damit kann sie ihre einstige starke Position im Weißen Haus nicht zurückerobern. Als sich der glücklose Präsident im Jahre 1996 gegen alle politische Vernunft für die Kandidatur zu einer zweiten Amtszeit entschließt, bezeichnet Dick Morris die First Lady gar als »verdorbene Ware«, die man den Wählern unmöglich verkaufen könne. »Es wurde ganz bewusst einkalkuliert, dass sie bis nach der Wahl ›verdorbene Ware‹ bleiben würde«, so ein ungenannter Präsidentenberater. Hillary Clinton ist das Opfer, das gebracht wird, um Bill Clintons Kopf noch aus der Schlinge zu ziehen.

Dennoch ist Hillary Clinton auch in diesem Wahlkampf wieder gut genug, um für ihren Mann die Kampagne vom »War Room« des Weißen Hauses aus zu koordinieren. Die Rechnung geht auf: Bill Clinton gewinnt die Wahlen im November 1996 mit neunundvierzig Prozent der Stimmen. Sein Konkurrent von den Republikanern Bob Dole erhält einundvierzig Prozent. Erleichtert meint ein Mitarbeiter Clintons: »Es ist an der Zeit, dass sie uns unser Leben weiterführen lassen.« Doch die Clintons und ihre Mitstreiter haben sich zu früh gefreut. Die Atmosphäre im Weißen Haus bleibt angespannt und wird sich in den folgenden Jahren sogar zur Katastrophe auswachsen.

Wahrscheinlich wäre Hillary Clinton irgendwann im Schlagschatten ihres charismatischen, aber glücklosen Präsidentengatten wie ein Mauerblümchen eingegangen, hätte sie sich nicht aus den Zwängen des Weißen Hauses und der Partnerschaft gelöst. Ausgerechnet eine Ehekrise, an deren medialen und juristischen Begleitumständen manch andere zerbrochen wäre, nutzt Hillary Clinton für einen Neubeginn, einen Akt der Befreiung.

Bill Clinton hat in seiner Ehe mit Hillary immer wieder Seitensprünge unternommen. Das war ein offenes Geheimnis. Hillary hat das – zumindest nach außen – klaglos hingenommen und darüber geschwiegen. Für sie stand nach Einschätzung von engen Mitarbeitern und Freunden in all den Jahren fest, dass dies der Preis für den sozialen und politischen Aufstieg war. Sie baute die Karriere ihres Mannes, und vor allem sein Image, selbst mit auf, seine Virilität hingegen war ein anarchisches Element, das sich ihrem methodistischen Biedersinn entzog. Sie schien sich hineingefunden zu haben, und vielleicht glaubte sie selbst an diese Lüge.

Der Auslöser der Präsidentschaftskrise um Bill und Hillary Clinton ist in den späten 1970er-Jahren zu suchen. Damals investierte das Ehepaar gemeinsam mit anderen Geldgebern in eine Grundstücksentwicklungsgesellschaft namens »Whitewater Development Corporation« in Arkansas. Die Gesellschaft ging bald bankrott, die Clintons verloren einiges an Geld. In den 1990er-Jahren tauchen Hinweise auf, dass das damalige Unternehmen dazu diente, Finanzspekulationen zu decken und Steuern in größerem Umfang zu hinterziehen. In Anlehnung an die Watergate-Affäre, an der Präsident Richard Nixon scheiterte, wird die Spekulationsgeschichte der Clintons als Whitewater-Affäre tituliert. Bill und Hillary Clinton wehren sich verzweifelt gegen die Versuche der Presse, sie zu demontieren. Die Justiz nimmt sich der Sache an, die Staatsanwälte Robert Fiske und später Kenneth Starr (der in jenen Jahren geradezu blinden, kreuzzüglerischen Eifer an den Tag legt) werden zu Sonderermittlern ernannt. Die sich über sechs Jahre hinziehenden Untersuchungen und Ermittlungen werden schließlich im Jahr 2000 mangels Beweise ohne Anklageerhebung eingestellt. Den Steuerzahler kostet der juristische Aufwand über fünfzig Millionen Dollar.

Gleichwohl muss sich der Präsident einem Amtsenthebungsverfahren unterziehen, ausgelöst durch eine zweite, wesentlich schlichtere Affäre, die jedoch von der Presse wegen ihres pikanten Charakters dankbar aufgegriffen und ausgewalzt wird: Bill Clinton unterhält im Jahre 1995 eine sexuelle Beziehung zu einer Praktikantin im Weißen Haus, der zweiundzwanzigjährigen Monica Lewinsky. Durch Indiskretion einer Bekannten Lewinskys gerät die Sache an die Öffentlichkeit. Der Präsident leugnet dieses Vorkommnis gegenüber dem Sonderermittler unter Eid, wohl, um seine Ehe nicht zu schädigen. Doch wenig später muss Bill Clinton, in die Enge getrieben, ein Verhältnis mit der ehemaligen Praktikantin öffentlich einräumen. 1998 wird gegen den US-Präsidenten ein Amtsenthebungsverfahren eingeleitet. Die Anklagepunkte sind Meineid und Strafvereitelung. Nach dreiwöchiger Verhandlung im Senat, dessen Mitglieder nach der Verfassung als Geschworene fungieren, wird das Verfahren in der Abstimmung Anfang Februar 1999 zurückgewiesen. Damit ist Bill Clintons Präsidentschaft nach außen gerettet. Er wird jedoch im Juli 1999 von einem Gericht wegen Falschaussage zu einer Geldstrafe von knapp 90 000 Dollar verurteilt. Clintons Weste ist in den Augen vieler amerikanischer Bürger befleckt. Er wird auch in der Geschichtsschreibung der Präsident bleiben, dessen Kräfte zu großen Teilen in einer unseligen Affäre aufgerieben wurden und dessen Glaubwürdigkeit fragwürdig geworden ist. Bill Clinton steht zwar seine zweite Amtszeit noch durch, zieht sich aber im Januar 2001 aus der Politik zurück.

Anders Hillary Clinton: Sie begreift das Ausscheiden ihres Mannes als zweite Chance für ihre Karriere und ihr persönliches Leben. Der Schein wird nach außen gewahrt, die Ehe bleibt bestehen. Doch die Partner gehen bereits damals weitgehend eigene Wege. Hillary Clinton nimmt nun jedenfalls keine Rücksicht mehr auf die Befindlichkeiten ihres Mannes. Endlich fühlt sie sich frei und ihrem Mann und seiner Position gegenüber nicht mehr verpflichtet.

Autorin, Rednerin, Senatorin

Im November 2000 – sie ist noch First Lady im Weißen Haus – kandidiert sie für das Amt der Senatorin des Bundesstaats New York. Ihr politischer Gegner ist der beliebte New Yorker Bürgermeister Rudolph Giuliani, der jedoch wegen einer Krebserkrankung einen Rückzieher macht. Dessen Nachfolgekandidat ist der Republikaner Rick Lazio. Hillary Clinton setzt sich bei der Wahl klar mit fünfundfünfzig Prozent der Stimmen gegen Lazio mit dreiundvierzig Prozent durch (bei den Senatswahlen sechs Jahre später erhält sie sogar siebenundsechzig Prozent).

Am 3. Januar 2001 legt Hillary Clinton vor Vizepräsident Al Gore den Amtseid als Senatorin des Staates New York ab. Zweieinhalb Wochen später verlassen sie und ihr Mann das Weiße Haus, in das der neue, republikanische Präsident George W. Bush einzieht. Die Clintons beziehen in Washington ein an die britische Botschaft angrenzendes herrschaftliches Haus. Das Geld für den Kauf – drei Millionen Dollar – stammt von Hillary: Sie hat wenige Wochen zuvor mit dem Verlagshaus Simon & Schuster einen Vertrag über ihre Memoiren abgeschlossen. Ihr steht ein Garantiehonorar von acht Millionen Dollar zu (es ist dies das zweithöchste Honorar für eine Autobiografie, das je einem Autor gezahlt wurde; der höchstdotierte Memoirenschreiber war Papst Johannes Paul II.). Das Buch erscheint 2003 unter dem Titel *Living History* (dt. *Gelebte Geschichte*).

Hillary Clinton hat die teils demütigenden Jahre als First Lady im Weißen Haus hinter sich gelassen. Jetzt sitzt sie fest im politischen Sattel und hat endlich ein offizielles Mandat inne. Als ehemalige First Lady verfügt sie nach wie vor über eine große mediale Publicity. Das nutzt sie und pflegt mit Kalkül ihr Image – neben all ihrer politischen Arbeit. Rasch knüpft sie ein Netzwerk zu Politikern beider Parteien und bemüht sich besonders um konfessionell gebundene Politiker, indem sie regelmäßig am »Gebetsfrühstück« des Senats teilnimmt. Im Senat gehört sie im Laufe ihrer Amtszeit sechs Ausschüssen an: für Haushalt, Streitkräfte, Umwelt und öffentliche Aufgaben, Gesundheit, Erziehung, Arbeit und Pensionen, für die Seniorenpolitik und schließlich für Sicherheit und Zusammenarbeit in Europa.

Nach den Terroranschlägen vom 11. September 2001 auf das World Trade Center und das Pentagon vollzieht Hillary Clinton einen politischen Rechtsruck, wobei sie der Politik des neuen US-Präsidenten George W. Bush erstaunlich nahe kommt: Sie unterzeichnet im Oktober 2001 den »USA Patriot Act«, der dem Staat aus Gründen der inneren und äußeren Sicherheit weitreichende Eingriffe in die bürgerlichen Rechte erlaubt. Als Senatorin von New York macht sie zwanzig Milliarden Dollar aus Aufbaumitteln locker, um die in die Stadt geschlagenen Breschen wieder schließen zu können. Zudem unterstützt Hillary Clinton den US-amerikanischen Einmarsch in Afghanistan und votiert für einen Einsatz gegen den Irak. Am 10. Oktober 2002 sagt sie in einer Rede im Senat: »[...] ich bin nach gründlicher Überlegung zu dem Schluss gelangt, dass die Zustimmung zu diesem Beschluss der Sicherheit unserer Nation am besten dient. [...] Ich möchte, dass dieser und jeder zukünftige Präsident in der stärksten denkbaren Position ist, um unser Land in den Vereinten Nationen oder im Krieg zu führen. Zweitens möchte ich sicher sein, dass sich Saddam Hussein keine Illusionen bezüglich der Einheit unserer Nation und unserer Unterstützung für die Bemühungen des Präsidenten macht, Amerikas Krieg gegen den Terrorismus und die Massenvernichtungswaffen auch tatsächlich zu führen.«

Hillary Clinton besucht beide Länder, um sich ein Bild von der Situation der Menschen zu machen, insbesondere von der Lage der Frauen. Zudem widersetzt sie sich Forderungen aus ihrer eigenen Partei zum sofortigen Rückzug aus dem Irak nach dem Sieg über das Regime Saddam Husseins. Erst 2007 votiert sie für einen Rückzug und begründet dies damit, sie sei fünf Jahre zuvor über die wahren Absichten George W. Bushs getäuscht worden. Damals sei sie davon ausgegangen, dass vor einem Waffengang erst sämtliche diplomatischen Wege beschritten würden: »Hätte ich damals gewusst, was wir heute wissen, so hätte ich nie dafür gestimmt, dem Präsidenten die Befugnis zu erteilen.«

Bei den Demokraten sorgt ihr Lavieren für Unverständnis und Missbilligung. Hillary Clinton sitzt in jenen Jahren, so scheint es, zwischen allen Stühlen. Sie gilt als unberechenbar und starrköpfig. In der Innenpolitik macht sie sich für den Schutz von Kindern und die Prohibition von Sex- und Gewaltvideos stark, zudem befürwortet sie die gesetzliche Möglichkeit der Eintragung gleichgeschlechtlicher Partnerschaften.

Im Januar 2007 überrascht Hillary Clinton mit der Ankündigung, sie wolle für die Demokraten bei den Vorwahlen zur US-Präsidentschaft antreten. Ihr Image ist zu jener Zeit so gefestigt, dass viele Beobachter im In- und Ausland sich sicher sind, dass sie sich innerhalb ihrer Partei durchsetzen werde. Ein Einzug ins Weiße Haus ist zu jenem Zeitpunkt in greifbare Nähe gerückt, denn die Politik George W. Bushs und seiner republikanischen Regierung stößt bei großen Teilen der Bevölkerung auf Ablehnung. Mit Verve und großer Erfahrung geht Hillary Clinton 2008 in das Rennen um die Kandidatur. Neben ihr bewerben sich aus den Reihen der Demokraten die Senatoren Barack Obama (Illinois) und John Edwards (North Carolina). Im Laufe der Monate mutiert die Kampagne zu einem Kopf-an-Kopf-Rennen zwischen Hillary Clinton und Barack Obama. Der indes scheint von den Wahlkampagnen seiner Konkurrentin, die stets wie Feldzüge geführt wurden, gelernt zu haben: Mit bislang nie dagewesenem medialen Aufwand, reichlich Sponsorengeldern und einem eingängigen Slogan (»Yes, we can«) führt Obama seinen Wahlkampf. Im Juni 2008 gewinnt Barack Obama die Vorwahlen und im Dezember 2008 auch die Präsidentschaftswahlen. Für die Demokraten ist es mehr als ein gewöhnlicher Sieg: Mit Hillary Clinton wäre die erste Frau in das Weiße Haus gezogen, nun aber stellen sie mit Obama den ersten farbigen US-Präsidenten.

Hillary Clinton und Barack Obama wurden bis dahin als unversöhnliche Kontrahenten gesehen. Mit Kalkül versucht der neue Präsident nun seine politische Gegnerin zu versöhnen und bietet ihr das Außenressort an. Hillary Clinton willigt ein. Von Januar 2009 bis Februar 2013 ist sie Außenministerin der Vereinigten Staaten und wirbt für Obamas Politik der Annäherung und Aussöhnung der verfeindeten Blöcke und Nationen weltweit. Doch die großen Erwartungen an Barack Obama, der von der Weltöffentlichkeit im Dezember 2009 mit Vorschusslorbeeren, nämlich dem Friedensnobelpreis, bedacht worden ist, klingen rasch ab. Auch seine Außenministerin muss erkennen, dass Visionen allein noch keine Politik machen und eine friedliebende Versöhnungshaltung von manchen Staaten und Regimen nur ausgenützt wird. Ihre Reaktion fällt – zum Erstaunen mancher Parteifreunde und Beobachter – entsprechend hart aus: So droht sie 2010 dem Iran offen mit der »Auslöschung«, sollte das dortige Regime einen Atomwaffenangriff gegen Israel wagen. Im »arabischen Frühling« des Jahres 2011 setzt sie auf eine pragmatische Politik, unterstützt die Rebellen in Ägypten und Libyen, steht dagegen zu anderen arabischen Regimen, die als Bündnispartner der Amerikaner gelten. Anfang Mai 2011 geht ein Foto durch die Weltpresse: Es zeigt Hillary Clinton, Barack Obama und enge Mitarbeiter im »War Room« des Weißen Hauses, als sie in Echtzeit die Erstürmung von Osama bin Ladens pakistanischem Versteck und die Liquidierung des Terroristenführers durch US-Spezialeinheiten beobachten. Die Gesichter der Politiker spiegeln höchste Anspannung, Sorge, aber auch Jagdfieber wider. Die Feldherrin des Weißen Hauses hat für wenige Minuten ihren »gerechten Krieg«.

Im syrischen Bürgerkrieg schließlich befürwortet Hillary Clinton eine Bewaffnung der Rebellen durch die Amerikaner. Und sie fordert ein weltweit freies Internet und vergleicht die chinesischen Restriktionen gegen das Netz mit dem Eisernen Vorhang des Kalten Kriegs. Ihre Positionen versucht sie auf zahlreichen Auslandsreisen zu vermitteln. Insgesamt 112 Staaten besucht sie in ihrer Zeit als Außenministerin, mehr als jeder ihrer Vorgänger im Amt.

Ihre Zusammenarbeit mit Barack Obama funktioniert meist reibungslos. Anders als von manchen Beobachtern zunächst befürchtet, ordnet die willensstarke und eigensinnige Frau sich durchaus in das Team des Weißen Hauses ein und begreift sich als eigenständige, aber verantwortliche enge Mitarbeiterin des Präsidenten. War sie einst First Lady im Weißen Haus, mit teils angemaßten Aufgabenbereichen und einem schwer einschätzbaren Einfluss auf ihren Mann, den Präsidenten, so ist sie nun, als Außenministerin, Inhaberin einer tatsächlichen hohen Position mit eigenem Ressort. Wöchentlich geht sie im Weißen Haus, das sie so gut wie kaum ein Zweiter kennt, ein und aus, und ist nun doch nicht mehr auf Gedeih und Verderb den eigenen Gesetzmäßigkeiten der Residenz ausgeliefert, die Bill Clinton einmal mehr im Ernst denn im Scherz als »Haftanstalt« bezeichnet hat.

Alles bleibt offen

Nach dem Angriff libyscher Rebellen auf das schlecht gesicherte US-Konsulat in Bengasi am 11. September 2012, bei dem der Botschafter und drei andere Amerikaner getötet werden, übernimmt Hillary Clinton die politische Verantwortung. Sie gilt als politisch angeschlagen. Gesundheitliche Probleme treten hinzu. Dennoch wirkt es auf viele überraschend, als sie Ende Januar 2013 von ihrem Amt als Außenministerin zurücktritt. Von ihren Mitarbeitern verabschiedet sie sich mit den Worten: »Ich gehe, an die siebzigtausend Menschen denkend, die ich führen und denen ich dienen durfte, als Teil einer riesigen, ausgedehnten Familie. Und ich hoffe, dass ihr weiter dafür sorgen werdet, dass ihr, ich und das ganze Land auf euch stolz sein können.«

Mutmaßungen über eine Kandidatur Hillary Clintons bei der US-Präsidentschaftswahl 2016 reißen nicht ab. Sie selbst weist solche Gerüchte zunächst zurück. Sie wolle sich stattdessen mehr als bisher sozialpolitisch in Verbänden und Organisationen engagieren, vor allem für Kinder und Frauen. Gemeinsam mit ihrem Mann und ihrer Tochter betreibt sie die Stiftung »Clinton Foundation«. 2014 soll in Amerika ein weiterer Band ihrer Memoiren erscheinen. Und sie ist inzwischen in Amerika eine gut bezahlte Rednerin, wobei sie die Honorare weitgehend für soziale Zwecke stiftet. Da ihre Beliebtheitskurve bei Meinungsumfragen so hoch wie nie steht (im Internet kursieren allerdings auch zahlreiche misogyne Beleidigungen, von denen das Schimpfwort »Hexe« noch eines der freundlicheren ist), wird sie immer wieder auf eine mögliche Kandidatur im Rennen auf das Weiße Haus angesprochen. Die scheint inzwischen nicht mehr völlig ausgeschlossen. Im Herbst 2013 äußert sich Hillary Clinton immerhin vorsichtig, sie ziehe eine Kandidatur in Betracht, doch habe eine Entscheidung hierfür noch Zeit. Vielleicht wird Hillary Clinton doch noch die erste Präsidentin der Vereinigten Staaten von Amerika und damit die mächtigste Frau der Welt.

12 Angela Merkel (*1954)
Kanzlerin der »Berliner Republik«

Am 21. Dezember 1999 klingelt das Telefon in der Berliner Redaktion der *FAZ*. Redakteur Karl Feldmeyer nimmt ab: Es meldet sich die Generalsekretärin der CDU Angela Merkel. Die Partei steckt damals in der tiefsten Krise ihrer Geschichte. Im Jahr zuvor musste sie nach sechzehn Jahren die Regierungsverantwortung an eine Koalition aus SPD und Grünen abgeben. Zudem wird die CDU von der sogenannten Spendenaffäre gebeutelt. Fünf Tage zuvor ist Altbundeskanzler Helmut Kohl mit dem Vorwurf konfrontiert worden, er habe zwischen 1993 und 1998 bis zu zwei Millionen D-Mark an Spenden erhalten, die er nicht nach dem Parteiengesetz deklarierte. Doch Kohl schweigt zu den Vorwürfen mit dem Hinweis, er habe den Spendern sein Ehrenwort der Diskretion gegeben. Die Partei ist innerlich zerrissen: Einerseits suchen ihre Mitglieder nach einem Neuanfang, andererseits zieht der Ehrenvorsitzende Kohl hinter den Kulissen noch immer etliche Fäden und weiß seine Getreuen um sich zu scharen. Angela Merkel erklärt am Telefon, sie habe der *FAZ* einen Artikel zum Spendenskandal anzubieten, wahlweise sei sie auch zu einem Interview bereit. Feldmeyer willigt ein, einen Artikel der Generalsekretärin abzudrucken. Doch kurz vor Weihnachten erwartet er sich nicht allzu viel an Neuigkeiten aus der Feder einer Parteifunktionärin. Wahrscheinlich die üblichen Verbeugungen vor dem Ehrenvorsitzenden, die üblichen Allgemeinplätze über Helmut Kohls reine Weste.

Feldmeyer hat noch keine fünf Minuten den Hörer aufgelegt, da rattert das Faxgerät: Es ist Angela Merkels Artikel, den sie bereits fertig auf dem Schreibtisch hatte. Rasch ist der Text redigiert und in den Satz gegeben. Bereits am Tag darauf erscheint er in der *FAZ* und schlägt in der Öffentlichkeit, aber mehr noch in den Büros der Partei-Granden ein wie eine Bombe. Denn Angela Merkel, die bis dahin oft abschätzig als das »Kohl-Mädchen« apostrophiert worden ist, erweist sich darin als eine machtbewusste, gewiefte Taktikerin, die gnadenlos mit ihrem Ziehvater Kohl abrechnet – um der Partei, zuallererst aber sich selbst einen Weg freizuschlagen. »Die Partei«, so schreibt Angela Merkel, »muss also laufen lernen, muss sich zutrauen, in Zukunft auch ohne ihr altes Schlachtross, wie Helmut Kohl sich oft selbst gerne genannt hat, den Kampf mit dem politischen Gegner aufzunehmen. Sie muss sich wie jemand in der Pubertät von zu Hause lösen, eigene Wege gehen.« Das sind klare Worte, und noch deutlicher wird Angela Merkel bezüglich des »Ehrenworts« Helmut Kohls: »Ein Wort zu halten und dies über Recht und Gesetz zu stellen, mag vielleicht bei einem rechtmäßigen Vorgang noch verstanden werden, nicht aber bei einem rechtswidrigen Vorgang.«

Der Artikel verfehlt seine Wirkung nicht. Eine Wirkung, die von Angela Merkel offensichtlich kühl kalkuliert worden ist. In den darauffolgenden Wochen und Monaten kommt es zu einer Schlammschlacht innerhalb der Partei. Aber nicht zwischen ihr und dem Ehrenvorsitzenden, sondern zwischen Helmut Kohl und Wolfgang Schäuble. Der hatte noch am 2. Dezember 1999 vor dem Bundestag versichert, er habe keine Spende in Höhe von hunderttausend Mark von dem Waffenlobbyisten Karlheinz Schreiber angenommen. Das stellte sich später als Lüge heraus. Die Machtkämpfe innerhalb der Partei demontieren einige der alten Granden, die sich auch gegenseitig mit Vorwürfen konfrontieren. Am Ende ist Kohls Reputation weitgehend zerstört, er muss sogar den Ehrenvorsitz abgeben. Und Schäuble verkündet am 16. Februar 2000 seinen Rücktritt als Partei- und Fraktionsvorsitzender. Auch er scheint damals politisch am Ende zu sein. Man sucht nach einem Neubeginn, nach einer Person mit weißer Weste.

Ausgerechnet die Frau, die diese parteiinterne Selbstzerfleischung ausgelöst hat, scheint dafür bestens geeignet: Angela Merkel. Sie wird am 10. April 2000 auf dem Parteitag der CDU in Essen zur neuen Vorsitzenden gewählt. Damit ist sie nicht nur die mächtigste Frau in der größten Volkspartei Deutschlands, sondern sie hat sich auch von ihrem »Übervater« Helmut Kohl gelöst und darüber hinaus ihrem mächtigen Konkurrenten Wolfgang Schäuble den politischen Todesstoß versetzt und andere Anwärter auf den Vorsitz aus dem Rennen geworfen. Das unscheinbare »Mädchen« aus der ostdeutschen Politik, als das Angela Merkel von vielen Parteifreunden belächelt worden ist, hat gezeigt, dass es weniger mit harten Bandagen kämpft, als vielmehr mit Schläue, ja Gerissenheit, und mit geradezu mathematischem Kalkül im richtigen Augenblick Chancen berechnet und entsprechend handelt – auch gegen alle vermeintliche Parteidisziplin oder gar gegen die »Moral«. In dem von der Fotografin Herlinde Koelbl herausgegebenen Band *Spuren der Macht* bekennt Angela Merkel: »Denn eigentlich gewinnt immer der, der sich nicht an die Spielregeln hält. Das wollte ich lange nicht glauben, aber es ist so.« Sie hat Geschmack an der Macht gefunden. Es war ein langer, ein aufreibender Weg, den sie beschritten hat. Aus der Pastorentochter der ostdeutschen Provinz wurde die mächtigste Frau des wiedervereinigten Deutschlands, sogar die mächtigste Frau der Welt. Es ist eine Lebensgeschichte, die vordergründig beinahe märchenhaft erscheint, aber von der Protagonistin selbst mit einer Portion Glück, mit Disziplin, Klugheit, Schläue, Kalkül und einem ungeheuren Willen gestaltet wurde.

Zwischen Pfarrhaus und FDJ

Das Leben Angela Merkels wird durch einen schicksalsträchtigen Schritt ihres Vaters über Jahrzehnte bestimmt: Geboren wird sie am 17. Juli 1954 als Tochter des evangelischen Theologiestudenten Horst Kasner und der Lehrerin Herlind Kasner in

Hamburg. Horst Kasner stammt aus Berlin-Pankow. Als er sein Studium in Hamburg beendet hat, erhält er 1954 von der evangelischen Landeskirche Berlin-Brandenburg eine Stelle in Quitzow in der Prignitz angeboten. Die Kasners entscheiden sich, in die DDR zurückzukehren. Familiäre Bindungen tragen zu diesem Entschluss bei, auch ein innerkirchliches Pflichtbewusstsein, und nicht zuletzt die nach dem Tod Stalins wachsende Hoffnung auf ein menschlicheres Gesicht des Sozialismus als einer Gegenwelt zum Kapitalismus – mithin auch eine Gegenwelt für viele Pastoren, die damals hoffen, eine Kirche im Sozialismus sei möglich.

Die Rückkehr in eine Gesellschaft, in der sich der wirtschaftliche Aufstieg weit weniger schnell als in Westdeutschland vollzieht, erweist sich als hart. »Mein Vater«, so erinnert sich Angela Merkel, »musste Ziegen melken lernen und meiner Mutter wurde von einer alten Frau beigebracht, wie man Brennnesselspinat macht. Die Beförderungsmittel waren ein seltsames Moped und ein Fahrrad.« 1957 zieht die Familie in die Nähe von Templin in der Uckermark. Im »Waldhof« erhält Horst Kasner eine Anstellung in einem Pastoralkolleg. Hier verbringt Angela Kasner ihre Kindheit und Jugend. Sie besucht die Volksschule und anschließend die erweiterte Oberschule »Hermann Matern« in Templin. In all jenen Jahren ist sie eine der besten Schülerinnen, nur im Sportunterricht tut sie sich schwer. Den Drang zum Perfektionismus behält sie im Studium und später im Berufsleben bei. Auch als Bundeskanzlerin ist sie dafür bekannt, dass sie sich auf Besprechungen und Konferenzen umfassend vorbereitet und sich in Fragestellungen und neue Sachgebiete rasch und gründlich einarbeitet.

Es ist viel darüber spekuliert worden, welche psychischen Komponenten und sozialen Umstände zu diesem Drang nach Perfektion beigetragen haben. Sicherlich war die Sozialisation in einem Pfarrhaus ein prägendes Moment. Zum einen galt und gilt Vater Kasner als ein Mann von großen geistigen Fähigkeiten, der entsprechende Erwartungen nicht nur an den pastoralen Nachwuchs, sondern auch an die eigenen Kinder gestellt hat.

Zum anderen wurden in der DDR Bürger, die sich zu einer Konfession bekannten, oftmals benachteiligt, zumindest aber misstrauisch beobachtet. Die, die nicht wegen ihres Glaubens offen in die Opposition gehen wollten oder konnten, passten sich unter Umständen umso mehr an, um nicht aufzufallen. Vielleicht hat auch das zu Angela Kasners Bereitschaft beigetragen, in ihren schulischen und beruflichen Leistungen stets die Beste sein zu wollen, ohne jedoch das System als solches in Frage zu stellen. Sie selbst hat nach 1990 stets betont, dass für sie die Freiheit das höchste Gut darstelle. Dennoch ist unbestritten, dass in Ostdeutschland kaum einer nach dem Mauerbau von 1961 und der Zuspitzung des Kalten Kriegs an eine zeitnahe deutsche Wiedervereinigung und die Erlangung demokratischer, bürgerlicher Freiheiten und Rechte geglaubt hat.

Auch in der Familie Kasner wird das nicht anders gewesen sein. Die Verbindungen zum Westen sind in jenen Jahrzehnten gekappt. Verwandte in Westdeutschland können nicht mehr besucht werden. Erst in den 1980er-Jahren kann Horst Kasner auf Einladung der evangelischen Kirche mehrmals nach Westdeutschland und sogar nach Amerika reisen. Auch Angela Merkel besucht 1986 Familienangehörige in der Bundesrepublik. An ein Bleiben im Westen denken die Kasners nicht. Zu sehr sind sie in der DDR verankert – familiär, gesellschaftlich, beruflich.

Was die frühen Jahre Angela Kasners anbelangt, so kursieren immer wieder Gerüchte und Kolportagen. Zuletzt beschäftigten sich mit diesem Lebensabschnitt die Autoren Ralf Georg Reuth und Günther Lachmann in ihrem Buch *Das erste Leben der Angela M.* (2013). Darin haben sie bislang unbekannte Quellen eruiert und Weggefährten Angela Merkels interviewt. Sie kommen zu dem Schluss, dass Angela Merkel sich nicht nur mit den Gegebenheiten der DDR-Gesellschaft abfand und arrangierte, sondern eher aktiv denn opportunistisch in das sozialistische System eingebunden war und sich mehr denn unbedingt nötig engagierte. Erst nach der friedlichen Revolution von 1989/1990 habe sie in einer beispiellos raschen und gründlichen

Kehrtwende zu den Zielen der westdeutschen Demokratie gefunden.

Die Wahrheit dürfte in der Mitte liegen und ist durchaus auch eine Frage der Interpretation. Tatsächlich wird Angela Kasner im Jahre 1968 Mitglied der »Freien Deutschen Jugend« (FDJ) – im Westen brodeln zur selben Zeit die Studentenunruhen, die Außerparlamentarische Opposition formiert sich, die eine kritische Aufarbeitung der westdeutschen NS-Vergangenheit und eine an sozialistischen Idealen orientierte Gesellschaft fordert. Im real existierenden Sozialismus freilich ist man von solch freier Meinungsäußerung auf der Straße und in den Hörsälen, bei Demonstrationen und in den Medien weit entfernt. Es besteht die Wahl zwischen einem Rückzug ins Private oder einem Engagement für den staatlich verordneten Weg, in der Hoffnung, dass der Sozialismus weiterentwickelt und reformiert werden könne. Den dritten Weg, Beantragung der Ausreise in die Bundesrepublik mit allen Folgen der Bespitzelung, Schikane und Ächtung, beschreiten nur relativ wenige – und etliche zerbrechen daran.

Angela Kasner entscheidet sich für den Sozialismus und die DDR. Sie ist eine junge Frau von außerordentlicher Begabung, hat gemäßigt moderne Ansichten zur Emanzipation, will ihren beruflichen Weg gehen, vielleicht sogar Karriere machen. Was Wunder, wenn sie sich damals mit den gesellschaftlichen Gegebenheiten in der DDR arrangiert, in der Hoffnung, diese in ihrem kleinen Bereich mitformen zu können. Daraus Opportunismus oder gar Systemhörigkeit abzuleiten, ist gewagt. Sie war nie Mitglied der staatstragenden Einheitspartei SED. Einen Versuch der Staatssicherheit, sie als Informantin anzuwerben, blockte sie in jungen Jahren ab, wie der Historiker Gerd Langguth in seiner aufwendig recherchierten Biografie nachweisen konnte. Von einer unreflektierten oder gar willfährigen Systemanhänglichkeit kann undifferenziert nicht gesprochen werden.

Bereits in jungen Jahren ist sie darauf aus, ihren geistigen Horizont auch durch eigenes Erleben zu weiten. Bereits mit sechzehn Jahren reist sie mit dem Zug, bepackt mit Rucksack und

Zelt, in andere Länder und Städte des Ostblocks, etwa nach Prag, Budapest, Sofia und Bukarest. Später, als sie studiert, wagt sie als Tramperin sogar eine Reise in den Kaukasus.

Angela Kasner, die in der Schule unter anderem sehr gute Kenntnisse in der englischen und russischen Sprache erworben hat, entscheidet sich – für ein Mädchen eher ungewöhnlich – nach ihrem Abitur im Jahre 1973 für ein Studium der Physik. Kurz zuvor musste sie noch um die Zulassung zum Abitur fürchten, denn gemeinsam mit anderen Schülern in Templin führt sie im April 1973 in einer szenischen Darbietung das eigentlich unverfängliche Gedicht von Christian Morgenstern »Mopsenleben« auf: Doch die Verse »O Mensch, lieg vor dir selber auf der Lauer, sonst bist du auch ein Mops nur auf der Mauer« werden – ob von den Schülern beabsichtigt oder nicht, bleibt unklar – sehr wohl politisch gedeutet, zumindest von der Schulbehörde. Es geht jedoch glimpflich aus. Die beteiligten Schüler erhalten vom Pädagogischen Rat der erweiterten Oberschule eine schriftliche Abmahnung, sie hätten dem »Ansehen des Schülerkollektivs in der Öffentlichkeit Schaden zugefügt und gegen die Normen von Disziplin und Ordnung in der Schule verstoßen«. Ansonsten werden keine weiteren Maßnahmen eingeleitet. Für Angela Kasner mag dieses Erlebnis eine Lehre gewesen sein. Heute jedoch zieht sie eine positive Bilanz ihrer Kindheit und Jugend in der DDR: »Ja, ich hatte eine schöne Kindheit. Das wird ja im Westen oft übersehen, dass das Leben in der DDR nicht nur aus Politik bestand.«

Beginn einer akademischen Laufbahn

Angela Kasner erhält einen der begehrten Studienplätze an der renommierten Universität Leipzig, die damals nach Karl Marx benannt ist. In Maßen genießt sie die Freiheiten des studentischen Lebens, lernt neue Freunde kennen, nimmt auch an studentischen Feiern teil. Ihr Taschengeld bessert sie nach eigenem Bekunden bei studentischen Partys auf, auf denen sie als Barkeeperin fungiert und selbst organisierten Kirschmost und Wodka mixt. Bezeugt sind auch Kontakte zur Evangelischen Studentengemeinde, was wiederum ihre angebliche damalige Nähe zum sozialistischen System relativiert. In Leipzig lernt sie den Kommilitonen Ulrich Merkel kennen, den sie 1977 heiratet. Die Ehe bleibt kinderlos. Schon nach wenigen Jahren entfremden sie sich. 1982 wird die Ehe geschieden.

1978 macht Angela Merkel ihren Abschluss als Diplomphysikerin bei Professor Reinhold Haberlandt. Der Titel ihrer Diplomarbeit lautet *Der Einfluss der räumlichen Korrelation auf die Reaktionsgeschwindigkeit bei bimolekularen Elementarreaktionen in dichten Medien*. Pflichtgemäß muss sie auch eine schriftliche Arbeit über Marxismus-Leninismus abliefern, die jedoch heute unauffindbar ist. Sie erhält eine Anstellung als Mitarbeitern im Zentralinstitut für Physikalische Chemie an der Akademie der Wissenschaften in Berlin-Ost. Das Institut befindet sich damals in Berlin-Adlershof, im Südosten der Stadt. Angela Merkel lebt zu jener Zeit in diversen Wohnungen in Berlin-Mitte und Berlin-Prenzlauer Berg, einmal sogar in einer bis dahin ungenutzten Wohnung, die sie mit Hilfe von Freunden »besetzt« und bei den zuständigen Behörden trickreich als gemeldet legalisiert. Das hat weniger mit anarchistischem Potenzial zu tun, als vielmehr mit der Überlebenskunst vieler Menschen in dem von Mangelwirtschaft geprägten Alltag in der DDR. Zu jener Zeit wird Angela Merkel ehrenamtliche Kulturfunktionärin der FDJ und organisiert für den Verband nach eigenen Aussagen Tickets für kulturelle Veranstaltungen. Der SED tritt sie jedoch weiterhin nicht bei. Keineswegs denkt sie an irgendeine Form einer Karriere als Politikerin oder Funktionärin. Vielmehr sucht sie ihren Stand am Institut zu festigen. 1986 promoviert sie an der Akademie der Wissenschaften in Berlin mit der *Untersuchung des Mechanismus von Zerfallsreaktionen mit einfachem Bindungsbruch und Berechnung ihrer Geschwindigkeitskonstanten auf der Grundlage quantenchemischer und statistischer Methoden*. Viel später, im Juli 2008, erhält sie von der Fakultät der Physik und Geowissenschaft der Universität Leipzig die Ehrendoktorwürde verliehen. Da ist sie bereits Bundeskanzlerin des vereinten Deutschlands, was sicherlich der eigentliche Grund der Ehrung durch ihre einstige Alma Mater gewesen sein dürfte.

Demokratischer Aufbruch

Die »Wende« vom Spätherbst 1989, der Mauerfall und die im Oktober 1990 vollzogene deutsche Wiedervereinigung werden auch zur Wende in Angela Merkels Biografie. Sie empfindet die rasanten Umbrüche nicht als Bedrohung oder zumindest schicksalhafte Infragestellung des Bisherigen, sondern als einzigartige Chance, die es am Schopf zu packen gilt. Sie gehört nicht zu den frühen und ersten Demonstranten gegen das bestehende System, die sich im Oktober und November 1989 auf der Straße zeigen und sich in diversen Bürgervereinigungen zusammenschließen. Den Abend des 9. November 1989, als Günter Schabowski im DDR-Fernsehen die sofortige Öffnung der Mauer verkündet, verbringt Angela Merkel nach eigenen Angaben zunächst in der Sauna. Erst am späteren Abend will sie sich über die Bornholmer Straße in den West-Berliner Bezirk Wedding aufgemacht und dort mit ihr völlig fremden Menschen gefeiert haben. Wenige Tage später tritt sie eine Dienstreise nach Polen an, wo sie über die Meinung vieler Polen erstaunt ist, die glauben, nun komme bald die deutsche Einheit.

Doch wenige Tage vor Weihnachten, rund sechs Wochen nach dem Mauerfall, bezieht die Physikerin Angela Merkel eine politische Position und stößt zur Partei »Demokratischer Aufbruch« (DA), die auch bei der Wahl zur Volkskammer im März 1990 antritt. Es sind spannende Wochen und Monate, in denen viel improvisiert werden muss und sich neue Verbände und Parteien oft recht abenteuerlich zusammensetzen. Bereits im Februar 1990 lässt sich Angela Merkel bei der Akademie der Wissenschaften freistellen und wird Pressesprecherin der neuen Partei DA, die in ihrem Wahlprogramm zunächst nur einen Staatenbund der DDR und BRD fordert und für Blockfreiheit

und Entmilitarisierung eintritt. Angela Merkel bewährt sich –
so Mitstreiter jener Zeit – durch ihren kühlen Verstand, ihr Or-
ganisationstalent (auch unter recht chaotischen Umständen)
und ihre stete Freundlichkeit. Sie selbst hat sich 2004 im Gespräch mit Hugo Müller-Vogg an jene Monate erinnert: »Dort
[bei der DA] waren relativ viele Intellektuelle dabei, und es gab
auch etwas zu tun: so habe ich Computer aus dem Westen erst
mal ausgepackt und angeschlossen. Ich bin auch an die richtigen
Leute geraten, habe interessante Menschen kennengelernt, Se-
minare besucht. Auch die Vorstandssitzungen, die ja damals
alle öffentlich waren, habe ich besucht.« Doch die politischen
Erwartungen werden enttäuscht: Bis zu zwanzig Prozent Wäh-
lerstimmen erhofft sich die DA – bis wenige Tage vor der Volks-
kammerwahl der Parteivorsitzende Wolfgang Schnur als Inoffi-
zieller Mitarbeiter der Staatssicherheit enttarnt wird. Auf einer
Pressekonferenz der Parteispitze, an der auch Merkel teilnimmt,
gibt man sich zerknirscht bis aufgelöst. Die Wähler strafen die
DA am 18. März 1990 ab: Gerade einmal 0,92 Prozent der
Stimmen gehen auf ihr Konto. Da es damals keine Fünf-Pro-
zent-Klausel gibt, zieht die Partei dennoch mit vier Abgeordneten, darunter Rainer Eppelmann, in die Volkskammer ein. Aber
das ist nur ein kleiner Trost für die in ihren hochfliegenden Plänen enttäuschten Parteimitglieder.

Für Angela Merkel wird rasch klar, dass sie auf ein anderes
Pferd setzen muss. Eine Rückkehr in den Wissenschaftsbetrieb
mit seiner unsicheren Förderungslage kommt für sie nicht mehr
in Betracht. Bereits am Abend des 18. März – die CDU feiert in
der Gaststätte im »Ahornblatt« in der Ost-Berliner Gertrauden-
straße ihren fulminanten Sieg mit 40,8 Prozent der Stimmen –
will sie eigenen Angaben zufolge zur gegnerischen Wahlparty
gegangen sein. Dort habe sie mit Lothar und Thomas de Maizière gesprochen und angemahnt, die CDU möge nicht die Verdienste der DA vergessen. Ob dem so war, ist schwer verifizier-
bar. Jedenfalls kann man aus dieser Behauptung Rückschlüsse
auf ihr früh kalkuliertes Interesse an der CDU ziehen.

Immerhin wird die kleine DA in einer Großen Koalition mit

CDU, DSU, Liberalen und SPD an der ersten und letzten frei gewählten Regierung der DDR beteiligt. Angela Merkel wird Pressesprecherin der Regierung unter dem neuen Ministerpräsidenten Lothar de Maizière – ob durch die Vermittlung Eppelmanns, ist unklar. Jedenfalls macht sie nach übereinstimmenden Berichten ihre Aufgabe in den nächsten Monaten bis zur deutschen Wiedervereinigung sehr gut, der damalige DDR-Korrespondent der *Welt* Detlev Ahlers lobt rückblickend ihre Präzision und ihren »Blick fürs Wesentliche«. Angela Merkel begleitet de Maizière auf mehreren offiziellen Auslandsreisen, so nach Frankreich, Großbritannien und Russland, wo beim Abschluss der Zwei-plus-vier-Gespräche die letzten offenen Fragen zur deutschen Wiedervereinigung verhandelt werden. Auch hier macht Angela Merkel eine »gute Figur« – weniger jedoch durch ihr Äußeres, wie Weggenossen sich erinnern. Ihre wallenden Röcke und »Jesus-Sandalen« sind manchen noch in Erinnerung.

Die Gespräche in Moskau begleitet Angela Merkel bereits als Mitglied der Ost-CDU. Denn die DA beschließt auf einem Sonderparteitag am 4. August 1990 die Fusion mit der großen Volkspartei. Ost-CDU und West-CDU wiederum vereinigen sich am 1. Oktober – zwei Tage vor der deutschen Wiedervereinigung. Mit der deutschen Einheit verliert Angela Merkel zwar ihren Posten als DDR-Regierungssprecherin, allerdings erhält sie zum Ausgleich eine Planstelle im Rang einer Ministerialrätin im Bundespresseamt. Die kühle Taktikerin und Karrierekonstrukteurin heftet sich mit Erfolg an die Fersen des ehemaligen DDR-Staatssekretärs und neuen Bundesverkehrsministers Günther Krause. Der verschafft ihr über Beziehungen einen eigenen Wahlkreis: Stralsund-Rügen-Grimmen (den – wenngleich mit etwas anderer Grenzziehung – Angela Merkel bis heute, 2014, innehat). Freilich hat sie sich gegen zwei Konkurrenten aus Westdeutschland durchzusetzen, was ihr bei einer Kampfabstimmung am 27. September 1990 in Prora auf Rügen gelingt. »Das hat mir nicht gepasst«, so Angela Merkel noch in der Rückschau, »dass Alt-Bundesdeutsche für die neuen Bundesländer in den Bundestag einziehen.«

Bei den Wahlen zum ersten gesamtdeutschen Bundestag am 2. Dezember 1990 erringt Angela Merkel über ihren Wahlkreis ein Direktmandat. Am 20. Dezember konstituiert sich der neue Bundestag im Berliner Reichstagsgebäude. Lediglich ein Jahr nach ihrem Eintritt in eine Partei (der Splitterpartei DA) sitzt sie also in den Reihen der mächtigen Volkspartei CDU, die gemeinsam mit der FDP die Regierung stellt, im gesamtdeutschen Parlament. Selten zuvor in der deutschen Geschichte dürfte ein Politiker solch einen rasanten Karrierestart hingelegt haben.

Zug um Zug, wie in einem Schachspiel, nähert sie sich dem König. Der heißt damals Helmut Kohl. Bereits am Vorabend des Parteitags vom 1. Oktober in Hamburg gelingt es ihr durch Vermittlung des DA-Kollegen und späteren sächsischen Sozialministers Hans Geisler, sich mit Bundeskanzler Helmut Kohl zu einem längeren Gespräch in den Hamburger Rathauskeller zurückzuziehen. Der scheint an ihr Gefallen gefunden zu haben, denn bereits kurz nach der Bundestagswahl vom 2. Dezember lädt er die frischgebackene CDU-Bundestagsabgeordnete ins Kanzleramt nach Bonn ein und plaudert ein wenig mit ihr. Freilich verläuft das Gespräch nicht ohne Hintergedanken. Kohl hat bereits Merkels Stasi-Unterlagen zur Einsicht bestellt. Nachdem er sich überzeugt hat, dass sie eine reine Weste hat, kann er sie in seinen Machtkreis aufnehmen: Am 18. Januar 1991 ernennt er Angela Merkel zur Bundesministerin für Frauen und Jugend. Es ist ein vergleichsweise kleines und randständiges Ressort, geeignet, um einer Newcomerin eine Chance zu geben. Kohl hat, um den Anteil der Frauen in seiner Regierung zu erhöhen (das macht sich bei den Wählerinnen gut), das große Ministerium für Jugend, Familie, Frauen und Gesundheit aufgelöst und dessen Aufgabenbereiche auf drei kleine Ministerien aufgeteilt. Angela Merkel ergreift ihre Chance, obwohl sie vom Ressort wenig bis keine Ahnung hat. Im Nachhinein meint sie: »Es war einfach keine Zeit, über solche Fragen zu meditieren. Die Ereignisse überrollten einen doch. Mir war klar, dass die

Konstellation durchaus günstig war: Frau, aus dem Osten und auch noch jung, das alles war kein Schaden. [...] Mit dem Ressort selbst hatte ich mich zuvor nicht besonders beschäftigt – das Thema Frauen und Jugend hatte in der Wendezeit nicht im Zentrum meines Interesses gelegen.«

Die erst sechsunddreißigjährige Bundesministerin arbeitet sich erstaunlich schnell ein. Es ist ihre Lehrzeit, und es geht nicht immer ohne Fehler und Rüffel ab. Anfänglich habe, so wird kolportiert, Kohl hin und wieder bei ihr angerufen und sie in einzelnen Punkten zurechtgewiesen. Auch sei Angela Merkel bei einer Kabinettssitzung in Tränen ausgebrochen. Doch solche »Schwächen« im Politbetrieb erlaubt sie sich nur zu Beginn. Rasch lernt sie, nicht nur fachlich gut zu sein, sondern auch ihre Emotionen unter Kontrolle zu halten.

Lehrjahre sind keine Herrenjahre, weiß der Volksmund. Das spürt auch Angela Merkel. Sie ist Bundesministerin, wird aber oft als »Kohls Mädchen« oder als »graue Maus« verunglimpft. Nicht immer ist sie unschuldig an dieser Einschätzung. Gerade bei öffentlichen Auftritten, auf Staatsreisen und dergleichen tritt sie in jenen Jahren nicht selbstbewusst genug auf. Während einer Israelreise im April 1991 wird sie von der Presse, die sich auf den mitreisenden Bundesforschungsminister Heinz Riesenhuber stürzt, kaum beachtet, desgleichen vom damaligen deutschen Botschafter in Israel Otto von der Gablentz. Auch damals fließen Tränen der Wut – ein Anfängerfehler. Und bei Helmut Kohls USA-Reise im September desselben Jahres, auf der er seine Familienministerin mitnimmt, drückt sich Angela Merkel bisweilen so verschüchtert am Rand herum, dass Hannelore Kohl sie geradezu mütterlich an der Hand nimmt und sie ins Zentrum zieht.

Bonner Profilierungen

Die Ministerin Merkel eignet sich fachspezifisches Wissen an und lernt die ungeschriebenen Regeln des Politspiels. Sie kämpft gegen Klischees und Vorurteile, gegen die Unart etlicher Menschen ihrer Umgebung, sie in eine scheinbar passende Schublade zu stecken. Nicht immer leicht tut sich die pflichtversessene Pastorentochter mit der jovial-rheinländischen Bonner Mentalität. Erst nach und nach wird sie ihren eigenen Politikstil finden, ohne dass sie etwas kopiert, das ihrem Wesen zuwiderläuft. Ihr wichtigstes Mittel – damals wie heute –, sich in ihrem Ressort Respekt zu verschaffen: altgediente Staatssekretäre, Abteilungsleiter und Referenten teils gegen jüngere Kräfte auszutauschen, die sie damit in Dankbarkeit an sich kettet. Diese Personalpolitik ähnelt bisweilen dem Bauernopfer im Schachspiel und ist nicht immer fair – dafür aber effektiv. Bereits in ihrer Zeit als Bundesfamilienministerin setzt sie dieses Machtmittel gern ein, sie tut es auch nach der Bundestagswahl vom Oktober 1994, in deren Folge sie das Bundesministerium für Umwelt, Naturschutz und Reaktorsicherheit übernimmt.

So rasant diese Karriere erscheinen mag – nicht alles gelingt der Senkrechtstarterin und Quereinsteigerin aus dem Osten. So unterliegt sie am 23. November 1991 bei der Kampfabstimmung um den Vorsitz des Landesverbandes der CDU Brandenburg, da die Parteimitglieder sie als vom »Westler« Kohl vorgeschrieben betrachten. Es ist die einzige Niederlage dieser Art, die Angela Merkel in ihrer bisherigen politischen Laufbahn zu verkraften hat. Sie macht diese jedoch im Monat darauf wieder wett, als sie auf dem CDU-Bundesparteitag in Dresden als Nachfolgerin Lothar de Maizières zur stellvertretenden Parteivorsitzenden gewählt wird. Ihr Verhältnis zu Maizière kühlt daraufhin merklich ab, denn ihr einstiger Förderer verliert so seine für sie wichtige Funktion.

Sie weiß, dass sie eines Tages Gefahr läuft, vom mächtigen Übervater Helmut Kohl gegen eine andere ausgetauscht zu werden, wenn es ihr nicht gelingt, sich Freunde in der CDU zu machen. Das »System Kohl« basiert über Jahrzehnte auf der Lagerbildung, auf dem Zusammenscharen einer Hausmacht. Dabei muss Merkel nicht von allen »Parteifreunden« geliebt werden, es reicht, dass man sie fürchtet. Um mehr Einfluss zu gewinnen, übernimmt sie in den Jahren 1992 und 1993 den Vorsitz des mächtigen evangelischen Arbeitskreises der CDU/CSU. Und es gelingt ihr im Juni 1993, doch noch einen Landesvorsitz zu ergattern: den der CDU in Mecklenburg-Vorpommern, wo auch ihr Wahlkreis liegt. Indirekt hat sie das ihrem einstigen Förderer Günther Krause zu verdanken, der wegen mehrerer Affären nicht nur sein Amt als Bundesverkehrsminister niederlegt, sondern auch den Landesvorsitz von Mecklenburg-Vorpommern. Die Beziehung Angela Merkels zu ihm kühlt in der Folgezeit ebenfalls ab. Sie benötigt den einstigen Freund schlicht nicht mehr.

Es gelingt ihr in den Jahren von 1991 bis 1998 als Bundesministerin eigene Akzente zu setzen und sich ein politisches Profil zu erschaffen. Auffallend ist, wie rasch sie die Profile wechselt, wie austauschbar ihr die Themen erscheinen, für die sie sich einsetzt – bis hinein in die jüngste Zeit als Bundeskanzlerin, in der sie mit erstaunlicher Behändigkeit die klassischen Themen von SPD und Grünen für sich vereinnahmt und die linken Parteien gleichsam auf der rechten Spur überholt.

Als Bundesministerin für Frauen und Jugend vertritt Angela Merkel – hierin eher geprägt durch ihre ostdeutsche Sozialisation denn durch das pastorale Elternhaus – relativ liberale und progressive Positionen: Der Paragraf 218, der den Abbruch von Schwangerschaften regelt, bedarf nach der Wiedervereinigung einer Überarbeitung. Unter Angela Merkels Ägide wird die richtungsweisende Fristenlösung mit Beratungspflicht im gesamten Bundesgebiet eingeführt. Ein besonderes Anliegen ist ihr die Beschäftigungssituation von Frauen. Besonders in den neuen Bundesländern steigt die Zahl arbeitsloser Menschen nach der Abwicklung der meisten ehemals staatlichen Betriebe dramatisch an. Ganz besonders davon betroffen sind Frauen. Obwohl ihr Einfluss im Gegensatz zu dem des Arbeits- und Wirtschaftsministeriums klein ist, gelingt es Angela Merkel, das sogenannte Gleichberechtigungsgesetz durch den Bundestag zu bringen, das – allerdings mit zahlreichen Ausnahmen, vor allem für kleine und mittelständische Betriebe – Frauen die Möglichkeit eröffnet, dagegen zu klagen, wenn sie den Verdacht hegen, wegen ihres Geschlechts bei der Stellenbewerbung benachteiligt worden zu sein. Auch das Kinder- und Jugendhilfegesetz wird in Angela Merkels Amtszeit reformiert und eröffnet einen rechtlichen Anspruch auf einen Kindergartenplatz für Kinder ab dem dritten Lebensjahr. Zudem startet sie angesichts steigender Jugendgewalt ein bundesweites Aktionsprogramm mit Anti-Aggressionsprojekten. Und es gelingt ihr, Bundesarbeitsminister Norbert Blüm dazu zu bewegen, einem Passus im Arbeitsförderungsgesetz zuzustimmen, der arbeitsmarktpolitische Maßnahmen für Frauen unterstützt. Einer Quotierung der Frauenerwerbstätigkeit jedoch steht Angela Merkel ablehnend gegenüber – bis heute. Für die Ostdeutsche wäre das ein Rückfall in staatliche Reglementierungspolitik und eine Abkehr von liberalen Werten.

Auch als Bundesumweltministerin setzt sie eigene Akzente: Sie initiiert das Kreislaufwirtschaftsgesetz zur Vermeidung und Verwertung von Abfällen. Eine Initiative zur Eindämmung des Sommersmogs scheitert zwar innerhalb des Kabinetts, zudem muss sich Angela Merkel von der Opposition vorwerfen lassen, sie trage eine Mitverantwortung dafür, dass bei den Atommülltransporten nach Frankreich (den sogenannten Castor-Transporten) stark überhöhte Grenzwerte gemessen worden sind. Doch wiegt das vergleichsweise wenig gegenüber dem großen Triumph, den sie 1995 auf nationaler und internationaler Ebene feiern kann: Im April jenes Jahres ist Angela Merkel Gastgeberin der ersten UN-Klimakonferenz in Berlin. Rund tausend Teilnehmer aus hundertdreißig Staaten der Welt sind zusammengekommen. Sie haben unterschiedlichste Vorstellungen und politische und wirtschaftliche Möglichkeiten, den hohen Erwartungen der Gastgeberin entgegenzukommen. Angela Merkel ist eine Befürworterin einer starken Reduzierung der Kohlendioxid-Werte. Doch bei den langwierigen Verhandlungen stößt sie auf erbitterten Widerstand etlicher Vertreter anderer Nationen. Noch wenige Stunden vor dem Abschluss der Konferenz stehen alle Zeichen auf ein Scheitern. Augenzeugen zufolge bricht Angela Merkel sogar in Tränen aus, doch eine ihrer engsten Mitarbeiterinnen raunt ihr zu: »Nun reißen Sie sich mal zusammen!« So zurechtgewiesen, nimmt die Verhandlungsführerin einen neuen, letzten Anlauf in einer nicht enden wollenden nächtlichen Sitzung. Die Anekdote spricht für sich: Angela Merkel beweist in ihrer Politkarriere immer wieder hartes Stehvermögen, Zähigkeit, Ausdauer. Die Situationen, in denen sie für wenige Augenblicke die Fassung verliert, können wohl an einer Hand abgezählt werden. Am anderen Morgen tritt sie erschöpft, aber mit dem Lächeln der Siegerin vor die Kameras und Mikrofone und verkündet – zur Überraschung der Beobachter – das Ergebnis der Konferenz, das sogenannte »Berliner Mandat«, das für alle Beteiligten einen tragbaren Kompromiss darstellt und im Resümee eine deutliche Reduzierung schädlicher Treibhausgase vorsieht.

Der König wird gestürzt

Im September 1998 verlieren die Regierungsparteien CDU/CSU und FDP bei den Wahlen zum Bundestag die Mehrheit. Die Regierung unter Helmut Kohl wird durch eine Koalition von SPD und Grünen unter dem neuen Bundeskanzler Gerhard Schröder abgelöst. Damit verliert auch Angela Merkel ihren Posten als Bundesministerin. Doch sie nutzt die »Pause« der Regierungsverantwortung für die weitere Stabilisierung ihrer Macht in der eigenen Partei. Dies gelingt ihr bereits am 7. November, als sie auf dem Bundesparteitag der CDU als Nachfolgerin Peter Hintzes zur Generalsekretärin der Partei gewählt wird. Neuer Parteivorsitzender für den aus diesem Amt scheidenden Helmut Kohl wird Wolfgang Schäuble. Damit scheint für die Partei ein personeller Neubeginn nach der verheerenden Wahlniederlage eingeleitet.

Auch privat eröffnet sich für Angela Merkel in jenem Winter ein Neubeginn: Sie heiratet im Dezember den Chemieprofessor Joachim Sauer, den sie bereits seit ihrer Zeit an der Akademie der Wissenschaften kennt. Bis heute weiß das Ehepaar sein Privatleben vor der Presse zu schützen. Joachim Sauer tritt nur selten an der Seite seiner berühmten Frau öffentlich in Erscheinung, so etwa beim jährlichen Besuch der Richard-Wagner-Festspiele in Bayreuth. Er lässt sich nicht als Begleiter, als »First Sir« der Bundeskanzlerin öffentlich zur Schau stellen, meidet die sogenannten Begleitprogramme und definiert sich als eigenständiger, international angesehener Wissenschaftler und Lehrstuhlinhaber an der Humboldt-Universität Berlin. Beide Ehepartner haben ihren Familiennamen beibehalten. Überliefert ist eine Polit-Anekdote, der zufolge Guido Westerwelle einmal Joachim Sauer mit »Herr Merkel« angesprochen haben soll, was dieser recht pikiert zur Kenntnis genommen habe.

Die Talsohle der CDU scheint bereits 1999 durchschritten: Die Partei gewinnt die Landtagswahlen in Hessen und im Saarland und erhält bei den Europawahlen vom Juni 1999 sogar 48,7 Prozent. Die neue Generalsekretärin, die endgültig aus dem Schatten ihres Ziehvaters Kohl heraustritt, kann bei solch frohen Botschaften leicht eine gute Figur machen. Doch sie ahnt, dass sie den übergroßen Schatten endgültig verscheuchen muss, der noch immer ihr Licht bedroht. Die Gelegenheit dazu ergibt sich kurz vor Weihnachten 1999: Durch die Spendenaffäre und das »Ehrenwort« Kohls, das es ihm angeblich verbietet, vor dem Untersuchungsausschuss des Deutschen Bundestages die Spender zu nennen, gerät die CDU in die schwerste Krise ihrer Geschichte. Alle Erfolge des vergangenen Jahres scheinen zunichte, die CDU sackt bei Meinungsumfragen in den Keller. Da lanciert Angela Merkel am 22. Dezember einen Artikel in der *FAZ*, der eine offene Loslösung von Helmut Kohl fordert. Der Artikel löst eine Lawine aus – ob das von Angela Merkel so kalkuliert ist, bleibt offen. Jedenfalls kommt es in den folgenden Wochen, nachdem bekannt geworden ist, dass auch Wolfgang Schäuble eine Spende angenommen und dies vor dem Deutschen Bundestag geleugnet hat, zu wüsten Auseinandersetzungen, an denen die Partei zu zerbrechen droht. Bereits kurz nach der Veröffentlichung von Angela Merkels Artikel ruft

Schäuble sie an und äußert sein Befremden und seine Enttäuschung über dieses eigenmächtige Vorgehen hinter seinem Rücken. Kohl hingegen wittert einen gemeinsamen Komplott von Schäuble und Merkel. Schäuble indes gerät immer mehr in Bedrängnis und ist als Parteivorsitzender nicht mehr zu halten. Er erklärt am 16. Februar 2000 seinen Rücktritt. So nominiert der Bundesvorstand der CDU im März 2000 Angela Merkel, die Frau mit weißer Weste, einstimmig als Kandidatin für den Parteivorsitz. Am 10. April wird sie auf dem Parteitag in Essen zur Vorsitzenden der CDU gewählt. Damit ist sie die mächtigste Frau der großen Volkspartei. Mit einem taktisch raffinierten Zug hat sie nicht nur die Macht an sich gerissen, sondern ihren übergroßen Ziehvater Kohl und den mächtigen ehemaligen Parteivorsitzenden Wolfgang Schäuble sich gegenseitig zerfleischen lassen. Aus einer Krise, an der die Partei zu zerbrechen drohte, geht Angela Merkel als die strahlende Siegerin hervor.

Schachzüge

Das Jahr 2002 ist innerparteilich von der drängenden »K-Frage« überschattet. Die Bundestagswahlen stehen im September an, und die mitunter glücklose Regierung unter Bundeskanzler Gerhard Schröder steht auf wackligen Beinen. Doch nur wenn alle Kräfte gebündelt werden können, so wissen die Führungskräfte der Opposition, kann ein Sieg errungen werden. Das hängt auch und vor allem von einer starken Führungspersönlichkeit ab, die man als Kanzlerkandidaten ins Rennen schicken kann. Über Monate gibt es darüber Gerangel. Zuletzt steht für die CDU Angela Merkel zur Disposition und Edmund Stoiber für die Schwesterpartei CSU. Angela Merkel weht starker Wind entgegen, vor allem vom Fraktionsvorsitzenden Friedrich Merz, dessen Verhältnis zu Merkel zerrüttet ist, aber auch von den CDU-Ministerpräsidenten Koch, Teufel und Wulff, und nicht zuletzt von dem brandenburgischen stellvertretenden Ministerpräsidenten Schönbohm. Zwar hat Angela Merkel noch am

6. Januar 2002 in der *WELT am SONNTAG* zuversichtlich geäußert: »Ich bin bereit zu einer Kanzlerkandidatur« (damit
wollte sie – wieder einmal – mit Hilfe der Presse politische Fakten schaffen), doch sträuben sich diesmal ihre Gegner gegen
solch ein einzelgängerisches Husarenstück und wollen die
K-Frage gemeinsam lösen, und zwar in einer Sitzung von CDU-
Präsidium und CDU-Bundesvorstand, die für den 11. Januar
2002 in Magdeburg anberaumt ist. Alle Zeichen deuten in jenen
Tagen darauf hin, dass Angela Merkel bei der Wahl für die Kanzlerkandidatur nicht nur den Kürzeren ziehen wird, sondern dass
dies auch mit einem Putsch gegen die nach wie vor bei vielen
eher ungeliebte Parteivorsitzende enden wird. Angela Merkel
ist so schlau, dies zu erkennen. Sie opfert eine vermeintlich
starke Position auf dem Schachbrett der Macht, um sich selbst,
die Dame, nicht zu gefährden, und lässt dem Konkurrenten Stoiber den Vortritt – in einer Partie, die noch keineswegs gewonnen ist, wie sich herausstellen wird. Überraschend klingelt wenige Tage vor der entscheidenden Magdeburger Sitzung im
Privathaus Edmund Stoibers in Wolfratshausen bei München
das Telefon: Angela Merkel ist am Apparat. Sie kündigt sich bei
Stoiber für den 10. Januar zu einem Frühstück in dessen Haus
an. Am Vorabend fliegt Angela Merkel von Düsseldorf nach
München, am anderen Morgen ist sie in Wolfratshausen und
verkündet ihrem Konkurrenten, sie wolle gerne zu dessen Gunsten auf eine Kanzlerkandidatur verzichten. Der lenkt konster-
niert ein und ist wohl mehr überrascht als erfreut, hat er sich
doch selbst immer noch ein Hintertürchen offenhalten wollen,
da es nicht sicher ist, dass er die Bundestagswahlen gewinnen
kann, und er damit seinen sicheren Posten als Ministerpräsident
Bayerns nicht nur aufgeben müsste, sondern ihn nolens volens
verlöre. All das hat Merkel einkalkuliert, aber ihr vermeintlich
großherziges Angebot kann Stoiber – will er nicht das Gesicht
verlieren – nicht ablehnen.

Anderntags findet die CDU-Sitzung in Magdeburg statt.
Merkels Gegner in der eigenen Partei wetzen bereits die Messer,
um der Parteivorsitzenden den Todesstoß zu versetzen. Da platzt

wie eine Bombe die Nachricht herein, Angela Merkel habe sich mit Stoiber auf ihren Verzicht geeinigt. Alle müssen gute Miene zum bösen Spiel machen und beglückwünschen die Parteivorsitzende zu diesem mutigen, großzügigen Verzicht auf die Kanzlerkandidatur. Sie selbst hat damit nicht nur ihren Hals aus der Schlinge gezogen, sie hat sich auf dem Spielbrett sogar eine günstigere Position verschafft.

Das merken Gegner wie Freunde spätestens am 22. September 2002, als die bürgerlichen Oppositionsparteien mit ihrem Kanzlerkandidaten Edmund Stoiber das Ziel der absoluten Mehrheit verfehlen und damit Gerhard Schröder mit seiner Regierung aus SPD und Grünen an der Macht bleibt. Stoibers Ruf ist damit angeschlagen, auch in Bayern. Und Angela Merkel kann innerparteilich wieder triumphieren, da sie sich weiterhin als die ungeschlagene Kronprinzessin empfehlen kann. Doch sie hat noch einen mächtigen Konkurrenten aus dem Weg zu räumen: Friedrich Merz, den Fraktionsvorsitzenden. Der stellt damals ihre Führungsfähigkeiten mehr oder weniger offen in Frage. Er hat zahlreiche Anhänger hinter sich. Doch Angela Merkel, die bei den Beratungen im Konrad-Adenauer-Haus nach Erinnerung einiger Anwesender eine geradezu frostige Kälte an den Tag legt, kann wiederum die Positionen auf dem Schachbrett zu ihren Gunsten versetzen: Es gelingt ihr, Edmund Stoiber, den Verlierer der Bundestagswahl, den Angela Merkel durch ihren Verzicht »großmütig« ins Rennen geschickt hat, auf ihre Seite zu ziehen. Damit ist der Damm gebrochen. Die Spitzen von CDU und CSU verständigen sich auf Angela Merkel als neue Fraktionsvorsitzende. Die Wahl ist nun eher Formsache. Am 24. September 2002, zwei Tage nach der verlorenen Bundestagswahl, wird Angela Merkel als Nachfolgerin von Friedrich Merz zur Vorsitzenden der CDU/CSU-Bundestagsfraktion gewählt. Damit ist sie Oppositionsführerin – und sie hat innerhalb der Fraktion keinen nennenswerten Konkurrenten mehr.

Die nächsten Jahre – wiederum in der Opposition – nutzt Angela Merkel, um ihre Position und die ihrer Partei auf Bundesebene, aber auch hinsichtlich des internationalen Ansehens zu stärken und so die nächste Bundestagswahl von langer Hand zu beeinflussen. Als im Frühjahr 2003 die USA unter ihrem Präsidenten George W. Bush alles daran setzen, den Irak wegen angeblicher Verstrickungen in islamistische Terroraktivitäten und des Besitzes von Massenvernichtungswaffen anzugreifen, kommt es bei den Verbündeten der NATO zu einer tiefen Spaltung. Dem Lager der »Willigen« stehen die Bedenkenträger entgegen, die Krieg nicht als das geeignete Mittel betrachten. Zu diesen Staaten gehört auch Deutschland. Bundeskanzler Schröder verweigert die Entsendung von Soldaten und Kriegsgerät, eine Haltung, die der Mehrheit der deutschen Bevölkerung entspricht, jedoch beim Bündnispartner USA beinahe als Verrat gewertet wird. In diesen Wochen angespannter Ruhe vor dem Sturm stellt sich Angela Merkel demonstrativ an die Seite George W. Bushs. Auf einer USA-Reise im Februar 2003 wird die deutsche Oppositionsführerin von Vizepräsident Dick Cheney und dem Verteidigungsminister Donald Rumsfeld empfangen. Bis heute hält sie an der Richtigkeit des Krieges gegen Saddam Hussein fest. In einem Artikel mit dem Titel *Außen- und Sicherheitspolitik im* 21. *Jahrhundert* für *Civis* aus dem Jahr 2003 argumentiert sie: »Ein Blick zurück in unsere eigene Geschichte mahnt dazu, den Frieden als wertvolles Gut zu erhalten und alles zu tun, um kriegerische Auseinandersetzungen zu vermeiden. [...] Ein Blick in die gleiche Geschichte mahnt aber auch, dass ein falsch verstandener radikaler Pazifismus ins Verhängnis führen und der Einsatz von Gewalt – trotz des damit einhergehenden Leides – in letzter Konsequenz unausweichlich sein kann, um noch größeres Übel zu verhindern. Auch die jüngere europäische Geschichte zeigt, dass Krieg im Umgang mit Diktatoren zur ›ultima ratio‹ werden kann. Erst durch den Kosovo-Krieg konnte das unheilvolle Treiben des serbischen Despoten Slobodan Milosevič beendet werden. Beim Kosovo-Krieg hat eine ›coalition oft the willing‹ durch den Einsatz von Gewalt noch größeres Leid, nämlich den Genozid an den muslimischen Kosovaren, verhindert.«

Auch wenn viele Politiker, Historiker und Menschenrechtsorganisationen heute dem dritten Golfkrieg von 2003 skeptisch gegenüberstehen, was dessen Mittel und Konsequenzen anbelangt, so war für Angela Merkel im Frühjahr 2003 klar, dass sie nicht nur ein Bekenntnis zu einem aus ihrer Sicht moralisch einwandfreien Waffeneinsatz abgab und sich der amerikanischen Regierung als (künftige) Partnerin empfahl, sondern dass sie auch als Oppositionsführerin der deutschen Außenpolitik bereits ihren eigenen – zukünftigen – Stempel als mögliche Regierungschefin aufdrückte.

Angela Merkel baut in jenen Jahren der Opposition ihre Hausmacht aus. Das gelingt ihr auch in einem weiteren Schritt, als sie im Frühjahr 2004 »ihren« Favoriten, den Direktor des Internationalen Währungsfonds Horst Köhler, als Kandidaten für die Wahl des Bundespräsidenten durchsetzt. In der Bundesversammlung haben damals die Oppositionsparteien die Mehrheit, und so wird Köhler am 23. Mai 2004 im ersten Wahlgang gegen seine Herausforderin von der SPD Gesine Schwan zum Bundespräsidenten gekürt. Fast noch wichtiger ist es für Angela Merkel, im Vorfeld den Mitbewerber für das Amt Wolfgang Schäuble erneut auszuschalten und ihm einen Kandidaten nach ihrem Gusto vorzuziehen.

Das alles sind Schachzüge Angela Merkels, um sich selbst als unangefochtene Kandidatin ins Spiel zu bringen. An ihr führt kein Weg mehr vorbei, und so wird sie am 30. Mai 2005 zur Kanzlerkandidatin der CDU/CSU nominiert. Alles scheint auf einen haushohen Sieg bei der Bundestagswahl am 18. September 2005 hinzudeuten. Nachdem Bundeskanzler Schröder durch ein Misstrauensvotum und die Auflösung des Bundestags den Weg zu vorgezogenen Wahlen frei gemacht hat, glauben die Oppositionsparteien den Sieg bereits sicher in der Tasche zu haben. Alle Umfragen deuten darauf hin. Die glücklose und sich selbst immer wieder behindernde SPD scheint abgeschlagen. Doch auch Gerhard Schröder betreibt ein kalkuliertes Spiel: Er weiß um sein Charisma, um sein hohes Ansehen in breiten Bevölkerungsschichten, und die vorgezogenen Wahlen sollen ein Befreiungsschlag von Gegnern innerhalb der eigenen Partei und solchen des schwierigen Koalitionspartners der Grünen sein. In den letzten Wochen und Tagen vor der Wahl zum Deutschen Bundestag holt die SPD mit ihrem Zugpferd Gerhard Schröder rasant auf. Das Wahlergebnis vom Abend des 18. September erstaunt nicht nur die Kommentatoren, sondern vor allem die führenden Politiker: Die als Favorit geltende Union aus CDU und CSU erhält zwar die meisten Zweitstimmen, liegt aber mit 35,2 Prozent nur einen Prozentpunkt vor der SPD. Die kleineren Parteien Die Grünen, PDS und FDP bewegen sich alle im Bereich von acht bis zehn Prozent. Es ist ein Pyrrhussieg. Denn die Union unter ihrer Kanzlerkandidatin hat das zweitschlechteste Ergebnis seit 1949 eingefahren. Gleich nach der Bekanntgabe der vorläufigen Wahlergebnisse fängt man in den Redaktionen und Parteizentralen zu rechnen an: Es gibt keine einfachen Mehrheitsverhältnisse. Nur eine Große Koalition oder eine »bunte« Koalition aus mindestens drei Parteien würde eine regierungsfähige Mehrheit im Bundestag sichern. So manchem Beobachter und parteiinternen Gegner Angela Merkels scheint an jenem Wahlabend klar, dass dies das politische Ende der Kanzlerkandidatin bedeutet.

Gerhard Schröder gibt sich an jenem Abend siegessicher und vor laufenden Kameras gegenüber seiner Herausforderin hemdsärmelig und großmäulig. »Glauben Sie im Ernst«, so tönt er, »dass meine Partei auf ein Gesprächsangebot von Frau Merkel bei dieser Sachlage eingnge, in dem sie sagt, sie möchte Bundeskanzlerin werden? Die Deutschen haben doch in der Kandidatenfrage eindeutig votiert, das kann man doch nicht ernsthaft bestreiten.«

Die so »abgewatschte« Angela Merkel indes mag innerlich kochen, nach außen gibt sie jedoch die Kühle, Gelassene. Sie zieht sich zu Verhandlungen mit Parteifreunden und bald mit möglichen Koalitionspartnern zurück. Der FDP-Chef Guido Westerwelle indes macht Noch-Kanzler Schröder einen Strich durch die Rechnung und verkündet, Schröder habe von den Wählern keinen Regierungsauftrag erhalten, die FDP werde daher nicht für eine Koalition mit der SPD zur Verfügung stehen.

Das Image des Kanzlers bröckelt mehr und mehr, in den meisten Medien wird er wegen seiner »Basta-Art« heftig kritisiert, und Merkel steht plötzlich als die gute Verliererin da. Nach und nach müssen die SPD-Granden einsehen, dass sie nur in einer Großen Koalition mit der Union weiterregieren können, und dass Gerhard Schröder – auch wegen seiner vorschnellen, großspurigen Äußerungen – politisch nicht mehr tragfähig ist. Man trifft sich hinter verschlossenen Türen zu Verhandlungen mit der Union und einigt sich schon bald auf einen Kompromiss: Neue Bundeskanzlerin in einer Großen Koalition wird Angela Merkel, Vizekanzler Franz Müntefering (SPD), die CDU/CSU stellt sieben Minister, die SPD acht. Gerhard Schröder tritt von der politischen Bühne ab und übernimmt eine hohe Position beim russischen Energiekonzern Gazprom. Noch vor der Vereidigung des neuen Kabinetts wirft der designierte Wirtschaftsminister Edmund Stoiber das Handtuch, weil er doch lieber Ministerpräsident in Bayern bleiben will und nicht als Minister unter Merkel dienen möchte.

»Mächtigste Frau der Welt«

Am 22. November 2005 wird Angela Merkel mit 397 Stimmen (bei 202 Gegenstimmen und zwölf Enthaltungen) zur Bundeskanzlerin gewählt. Sie ist die erste Frau in diesem Amt und mit damals einundfünfzig Jahren die jüngste Amtsinhaberin. In ihrer Regierungserklärung vom 30. November hebt sie hervor, wodurch sie als Mensch und Politikerin besonders geprägt worden sei: »Die größte Überraschung meines Lebens ist die Freiheit. Mit vielem habe ich früher gerechnet, aber nicht mit dem Geschenk der Freiheit vor meinem Rentenalter.«

Bald schon wird ihr besonderer Führungsstil deutlich, der von etlichen Persönlichkeiten aus dem inneren Politkreis zunächst als wohltuend empfunden wird: Herrschte unter Bundeskanzler Schröder am Kabinettstisch bisweilen ein rauer Macho-Ton, so gilt Angela Merkel als ruhig, überlegt, kühl, manchmal auch unterkühlt. Sie ist dafür bekannt, dass sie gut vorbereitet zu Sitzungen kommt. Freilich wächst im Laufe der Jahre auch die Zahl der Kritiker, die ihr mangelnde Konfliktbereitschaft, das Aussitzen von Problemen und eine zögerliche Haltung vorwerfen. Das böse Wort von der »Zauderkünstlerin« macht die Runde. Gleichwohl müssen auch die Kritiker ihr in ihren bislang zwei Amtsperioden – sie wurde bei der Bundestagswahl 2009 trotz des schlechtesten Ergebnisses für die Union seit 1949 bestätigt und führte seither eine Bundesregierung aus einer Koalition von CDU/CSU und FDP an – eine ruhige, überlegte Hand und ein gewieftes, strategisches Denken zugestehen.

Mehr als frühere Bundeskanzler versucht Angela Merkel mit einigem Erfolg, ihr Image vor der Öffentlichkeit selbst zu formen: Sie vertraut nicht mehr nur auf die Berichterstattung, regiert nicht mehr nur mit Hilfe der – mal kritischen, mal wohlgesinnten – Medien, sondern setzt bewusst eigene Akzente: So wendet sie sich mit Portalen im Internet an die Öffentlichkeit, insbesondere (seit Juni 2006) mit einem wöchentlichen Internet-Podcast, und erreicht auch hier dank ihrer unprätentiösen, nüchternen Art viele Bürgerinnen und Bürger. Auch weiß sie bei nationalen Großveranstaltungen eine gute, überzeugende Figur zu machen und damit auf populäre Art an ihrem Image zu feilen: Etwa bei der Fußballweltmeisterschaft 2006 in Deutschland, die wegen der guten, fairen Stimmung in den Stadien, aber auch wegen der ausgelassenen Feierlaune in Berlin und anderen Großstädten als »Sommermärchen« in die kollektive Erinnerung – nicht nur der Fans – eingeht. Angela Merkel nutzt dieses Event, ist bei einigen Spielen persönlich im Stadion zugegen und freut sich nicht nur mit der deutschen Mannschaft, sondern mit der Nation, die sich als weltoffene, freundliche Gastgeberin beweist.

Ihre Beliebtheit bei großen Teilen der Bevölkerung geht weit über die Zustimmung zur Regierungspolitik hinaus. Gerade Angela Merkels ruhige, sichere Ausstrahlung kommt vielen Bürgern entgegen, die sich von der Politik weniger leeren Aktionismus und wüstes Parteiengezänk und mehr Sachlichkeit und Ernsthaftigkeit wünschen. Auch im Ausland begegnet man der Kanzlerin zunehmend mit Respekt – wenngleich nicht immer mit Anhänglichkeit. Immerhin wählt das *Forbes Magazine* Angela Merkel drei Mal in Folge (2006, 2007 und 2008) zur »mächtigsten Frau der Welt«. Doch wenngleich ihre Person populär, ja legendär wird – ihre Entscheidungen sind es nicht immer.

Wandlungen

In ihrer Zeit als deutsche Regierungschefin fällt vor allem ein wiederholter Wechsel der politischen Zielsetzung auf. Anhänger nennen das Pragmatismus und Realitätssinn, Gegner hingegen einen Mangel an Ideen und Idealen und eine Politik des kleinsten Widerstands. Überraschend ist, wie Angela Merkel in den Jahren 2011 bis 2013 ehemals unumstößliche Richtlinien der Union einfach umwirft und ins Gegenteil verkehrt: So wird nach dem Atomreaktorunfall im japanischen Fukushima im Frühjahr 2011 die sogenannte Energiewende mit der Abkehr von der Atomenergie und dem schrittweisen Ausbau der erneuerbaren Energiequellen vollzogen. Zudem wird seit 2011 die Wehrpflicht ausgesetzt und damit der Weg zur reinen Berufsarmee eingeschlagen. Hat Angela Merkel einst als Oppositionspolitikerin die »Koalition der Willigen« im Irakkrieg zumindest verbal unterstützt, so lehnt sie im Frühjahr 2011 in der Libyen-Krise den militärischen Einsatz europäischer Nationen gegen das Regime Gaddafis ab und mahnt, man müsse »sehr aufpassen, dass wir nichts beginnen, was wir nicht zu Ende bringen können«. Einem flächendeckenden gesetzlichen Mindestlohn steht sie noch 2013, kurz vor der erneuten Wahl zum Deutschen Bundestag, ablehnend gegenüber, ist aber offen für die Ziehung von Lohnuntergrenzen. Die sogenannte Praxisgebühr für Patienten wird zum Ende des Jahres 2012 abgeschafft. Auch in der (steuer)politischen Gleichstellung homosexueller Lebenspartnerschaften geht die Regierung neue, liberale Wege.

Damit überholt sie zum Teil sogar die Ziele und Forderungen der linksgerichteten Opposition und nimmt ihr einen Gutteil des Windes aus den Segeln, wobei sich die Geister scheiden, ob Merkels Sinneswandel eher einem realpolitischen Pragmatismus oder einer gewieften Taktik folgt. In der Bankenkrise von 2008 und ebenso in der seit 2009 andauernden Euro- und Schuldenkrise einiger EU-Mitgliedsstaaten hat die deutsche Bundesregierung unter der Kanzlerin es bislang verstanden, mit Garantieerklärungen für deutsche Spareinlagen und dem Schnüren von Hilfspaketen einen Banken- und Wirtschaftscrash zu verhindern – freilich mit enormen nationalen Bürgschaften, was im Falle eines Scheiterns dieser Marktberuhigungspolitik kaum absehbare Folgen zeitigte. Trotz dieser von der Regierung unter Angela Merkel mitgetragenen Hilfsfonds hat sich das Bild von der deutschen Kanzlerin vor allem in den betroffenen Ländern wie etwa Griechenland oder Zypern verschlechtert: Dort unterstellt man Angela Merkel Machtgier und das Bestreben, andere Nationen in eine Art Schuldhaft zwingen zu wollen. Sogar der leidige Vergleich mit der einstigen Aggressionspolitik unter den Nationalsozialisten wird mitunter gezogen. So dumm diese Vorwürfe sind: Das Image Angela Merkels in der Welt ist nicht überall gut. Vor allem aber werden ihr Einfluss und ihre Macht bisweilen ins Mythische überdehnt. Sie wird damit gleichsam zur Projektionsfläche für alles, was man unter »dem Deutschen« verstehen mag, sei es in seinen hellen oder dunklen Facetten. Dass Angela Merkel bisweilen sogar mit der ehemaligen britischen Premierministerin Margaret Thatcher, der »Eisernen Lady«, verglichen wird, missfällt der deutschen Kanzlerin sehr: Zum einen hinkt der Vergleich, zum anderen will sie ihr Tun auf keinen Fall außerhalb christlich-humanistischer Maximen und außerhalb einer sozialen Marktwirtschaft gesetzt sehen. Die Britin, so Merkel am 17. Juli 2004 in der *Berliner Zeitung*, sei für sie kein Vorbild: »Nein, ich habe im engen Sinne keine politischen Vorbilder. Ich gehe meinen eigenen Weg. Ich bin ich.«

Bei den Bundestagswahlen am 22. September 2013 gelingt CDU und CSU unter ihren Parteiführern Angela Merkel und

Horst Seehofer ein fulminanter Sieg: An jenem Wahlabend deutet zunächst alles auf eine absolute Mehrheit der Union bei der Sitzverteilung im Bundestag hin (41,5 Prozent der Zweitstimmen), während die FDP mit nur 4,8 Prozent an der Sperrklausel scheitert. Die SPD erhält 25,7 Prozent, die Linke 8,6 Prozent, die Grünen erreichen 8,4 Prozent. Erst anderntags zeichnet sich ab, dass die CDU/CSU im neuen Bundestag 311 von 631 Sitzen erhält und damit die absolute Mehrheit knapp verfehlt. Angela Merkel führt bereits wenige Tage später erste Sondierungsgespräche mit Grünen und SPD über eine Regierungskoalition. Bald wird deutlich, dass es auf eine große Koalition aus CDU, CSU und SPD hinauslaufen wird. Ende November 2013 stellen die Verhandlungspartner einen Koalitionsvertrag vor, worin manches – etwa in der Einführung eines flächendeckenden Mindestlohns – eine sozialdemokratische Handschrift trägt. Wieder einmal hat Angela Merkel unter dem Gebot der Staatsräson ihre politische Wandlungsfähigkeit bezeugt. Nachdem die SPD diese Koalition in einer Mitgliederbefragung von der Basis hat bestätigen lassen, unterzeichnen die Regierungsparteien am 16. Dezember 2013 den Koalitionsvertrag, tags darauf, am 17. Dezember, wird Angela Merkel vom Deutschen Bundestag zum dritten Mal zur Bundeskanzlerin gewählt: 462 Abgeordnete votieren für sie, 150 gegen sie, neun enthalten sich. Die Kanzlerin legt vor dem Parlament den Amtseid ab, kurz darauf erhalten die Mitglieder des neuen Kabinetts in Schloss Bellevue von Bundespräsident Joachim Gauck die Ernennungsurkunden. Zurück im Deutschen Bundestag, leisten sie ihren Amtseid. Am selben Nachmittag tritt das Kabinett zu seiner ersten Sitzung unter ihrer Regierungschefin Angela Merkel zusammen. Viel Arbeit wartet auf sie, um wichtige Weichen für die Zukunft Deutschlands in Europa und der globalisierten Welt zu stellen.

Bei der Überreichung der Ernennungsurkunden ermahnte Bundespräsident Gauck das neue Kabinett mit den Worten: »Die große Koalition, die Ihre Regierung trägt, verfügt über vier Fünftel der Sitze im Deutschen Bundestag. Das verschafft Ihnen einen erheblichen politischen Gestaltungsspielraum. Ich wünsche Ihnen den Mut, auch schwierige Probleme anzugehen. Ich bin mir sicher, dass Sie mit Ihrer besonders großen Mehrheit besonders verantwortungsvoll umgehen.«

Auswahlbibliografie

Adelheid (931–999)

Bautz, Friedrich Wilhelm: Adelheid von Burgund (931–999). In: Biographisch-Bibliographisches Kirchenlexikon (BBKL). Band 1, Bautz, Hamm 1975, Sp. 35–35.

Die Chronik des Thietmar von Merseburg, übersetzt von M. Laurent. Geschichtsschreiber der deutschen Vorzeit. Bd. 39. Leipzig 1892.

Feld, Helmut: Frauen des Mittelalters. Zwanzig geistige Profile. Köln, Weimar, Wien 2000.

Fößel, Amalie: Adelheid. In: Fößel, Amalie (Hg.): Die Kaiserinnen des Mittelalters. Regensburg 2011, S. 35–59.

Keiser, Bruno: Adelheid. Königin, Kaiserin, Heilige. München 2009.

Schnitz, Karl Rudolf (Hg.): Mittelalterliche Herrscher in Lebensbildern. Graz 1990.

Staab, Franz; Unger, Thorsten (Hg.): Kaiserin Adelheid und ihre Klostergründung in Selz. Referate der wissenschaftlichen Tagung in Landau und Selz vom 15. bis 17. Oktober 1999 (Veröffentlichungen der Pfälzischen Gesellschaft zur Förderung der Wissenschaften 99). Speyer 2005.

Weinfurter, Stefan: Kaiserin Adelheid und das ottonische Kaisertum. In: Frühmittelalterliche Studien, Bd. 33 (1999), S. 1–19.

Adele von Blois (um 1065–1138)

Feld, Helmut: Frauen des Mittelalters. Zwanzig geistige Profile. Köln, Weimar, Wien 2000.

Hagenmeyer, Heinrich (Hg.): Epistulae et chartae ad historiam primi belli sacri spectantes. Die Kreuzzugsbriefe aus den Jahren 1088–1100. Eine Quellensammlung zur Geschichte des ersten Kreuzzuges. Innsbruck 1901 (Nachdruck Hildesheim und New York 1973).

LoPrete, Kimberly A.: Adela of Blois. Countess and lord. Dublin 2007.

Pörtner, Rudolf: Operation heiliges Grab. Legende und Wirklichkeit der Kreuzzüge (1095–1187). Düsseldorf und Wien 1977.

Waas, Adolf: Geschichte der Kreuzzüge. Freiburg i. B. 1956.

Lucrezia Borgia (1480–1519)
Gregorovius, Ferdinand: Lucrezia Borgia. Nach Urkunden und Korrespondenzen ihrer eigenen Zeit. Bearbeitet von E. Josten. Stuttgart o.J. [Erstausgabe 1874].
Uhl, Alois: Lucrezia Borgia. Biographie. Düsseldorf 2008.
Uhl, Alois: Papstkinder. Lebensbilder aus der Zeit der Renaissance. Düsseldorf 2003.

Jeanne Antoinette de Pompadour (1721–1764)
Dade, Eva Kathrin: Madame de Pompadour: Die Mätresse und die Diplomatie. Köln 2010.
Goncourt, Edmond und Jules de: Madame Pompadour. Ein Lebensbild. Düsseldorf und Zürich 1998.
Hoffmann, Gabriele: Frauen machen Weltgeschichte. Von Kaiserin Theophanu bis Rosa Luxemburg. Bergisch Gladbach 1991.
Hohenzollern, Johann G. Prinz von; Salmon, Xavier: Madame de Pompadour und die Künste. München 2002.
Lever, Evelyne: Madame de Pompadour. Eine Biographie. München 2006.
Mitford, Nancy: Madame de Pompadour. Geliebte des Königs. München 1992.
Pleschinski, Hans (Hg.): Madame de Pompadour: Briefe. München 2005.
Pleschinski, Hans (Hg.): Nie war es herrlicher zu leben. Das geheime Tagebuch des Herzogs von Croÿ, 1718–1784. München 2011.
Pleschinski, Hans (Hg.): Voltaire und Friedrich der Große: Briefwechsel. Zürich 1992.
Schultz, Uwe: Madame de Pompadour oder Die Liebe an der Macht. München 2004.
Simanyi, Tibor: Madame de Pompadour. Eine Biographie. Hamburg 1979.

Clara Zetkin (1857–1933)
Aragon, Louis: Die Glocken von Basel. Berlin 1946.
Badia, Gilbert: Clara Zetkin. Eine neue Biographie. Berlin 1994.
Dornemann, Luise: Clara Zetkin. Leben und Wirken. Berlin 1974.
Stoljarowa, Ruth; Schmalfuss, Peter (Hgg.): Briefe Deutscher an Lenin 1917–1923. Vertreter der deutschen Arbeiterbewegung im Briefwechsel mit Lenin. Berlin 1990.
Zetkin, Clara: Ausgewählte Reden und Schriften. 3 Bde. Berlin 1957–1986.
Zetkin, Clara: Erinnerungen an Lenin. Berlin 1957.

Zetkin, Clara: Zur Geschichte der proletarischen Frauenbewegung Deutschlands. Berlin 1958.

Eleanor Roosevelt (1884–1962)
Faber, Doris: The Life of Lorena Hickok. Eleanor Roosevelt's Friend. New York 1980.
Hareven, Tamara K.: Eleanor Roosevelt. An American Conscience. Chicago 1968.
Lash, Joseph P.: Eleanor and Franklin. The Story of the Relationship Based on Eleanor Roosevelt's Private Papers. New York 1971.
Lash, Joseph P.: Eleanor Roosevelt. The Years Alone. New York 1972.
Roosevelt, Eleanor: It's Up to the Women. New York 1933.
Roosevelt, Eleanor: On My Own. New York 1958.
Roosevelt, Eleanor: This I Remember. New York 1949.
Roosevelt, Eleanor: This is My Story. New York 1937.
Scharf, Lois: Eleanor Roosevelt. First Lady of American Liberalism. Boston 1987.
Steinberg, Alfred: Mrs. R. The Life of Eleanor Roosevelt. New York 1958.
Youngs, J. William T.: Eleanor Roosevelt. A Personal and Public Life. Boston 1985.

Katharine Graham (1917–2001)
Bradlee, Ben: A Good Life. Newspapering and Other Adventures. New York 1995.
Gerber, Robin: Katharine Graham. The Leadership Journey of an American Icon. New York 2005.
Graham, Katharine: Wir drucken! Die Chefin der Washington Post erzählt die Geschichte ihres Lebens. Deutsch von Henning Thies. Berlin 1999.

Margaret Thatcher (1925–2013)
Campbell, John: The Iron Lady. Margaret Thatcher, from Grocer's Daughter to Prime Minister. Abridgement by David Freeman. New York 2009.
Kieser, Egbert: Margaret Thatcher. Eine Frau verändert ihre Nation. Eine Biographie. Esslingen und München 1989.

Liz Mohn (geb. 1941)
Mohn, Liz: Liebe öffnet Herzen. Aufgezeichnet von Madlen Hillebrecht. München 2001.
Mohn, Liz: Schlüsselmomente. Erfahrungen eines engagierten Lebens. München 2011.

Schuler, Thomas: Bertelsmannrepublik Deutschland: Eine Stiftung macht Politik. Frankfurt/M. 2010.
Schuler, Thomas: Die Mohns. Vom Provinzbuchhändler zum Weltkonzern: Die Familie hinter Bertelsmann. Frankfurt/M. 2004 [erweiterte, aktualisierte Neuausgabe Bergisch Gladbach 2005].
www.nachdenkseiten.de

Friede Springer (geb. 1942)
Clark, Thomas: Der Filmpate. Der Fall des Leo Kirch. Hamburg 2002.
Jürgs, Michael: Der Fall Axel Springer. Eine deutsche Biographie. München 1995.
Kloepfer, Inge: Friede Springer. Die Biographie. Aktualisierte und erweiterte Neuausgabe. Hamburg 2012.
Lohmeyer, Henno: Springer. Ein deutsches Imperium. Berlin 1992.
Springer, Axel Sven: Das neue Testament. Mein Großvater Axel Springer, Friede, ich und der Strippenzieher. Die wahre Geschichte einer Erbschaft. Berlin 2012.
Springer, Friede (Hg.): Axel Springer – Die Freunde dem Freund. Berlin und Frankfurt/M. 1986.

Hillary Clinton (geb. 1947)
Bernstein, Carl: Hillary Clinton. Die Macht einer Frau. München 2007.
Clinton, Hillary: Eine Welt für Kinder. Hamburg 1996.
Clinton, Hillary: Gelebte Geschichte. München 2003.
Morris, Roger: Die Clintons. Eine amerikanische Karriere. Hamburg 1996.
Oppermann, Christiane: Hillary Clinton. »I am in to win«. Der Kampf ums Weiße Haus. Freiburg i. B. 2008.

Angela Merkel (geb. 1954)
Blome, Nikolaus: Angela Merkel – Die Zauderkünstlerin. München 2013.
Bollmann, Ralph: Die Deutsche. Angela Merkel und wir. Stuttgart 2013.
Dempsey, Judy: Das Phänomen Merkel. Deutschlands Macht und Möglichkeiten. Hamburg 2013.
Koelbl, Herlinde: Spuren der Macht. Die Verwandlung des Menschen durch das Amt. Eine Langzeitstudie. München 1999.
Kornelius, Stefan: Angela Merkel. Die Kanzlerin und ihre Welt. Hamburg 2013.
Langguth, Gerd: Angela Merkel. Biografie. Aktualisierte Neuauflage. München 2010.

Merkel, Angela: Mein Weg. Angela Merkel im Gespräch mit Hugo Müller-Vogg. Hamburg 2004.

Reuth, Ralf Georg; Lachmann, Günther: Das erste Leben der Angela M. München 2013.

Ist das Essen oder kann das weg?

Sigrid Neudecker

Madame ist willig, doch das Fleisch bleibt zäh

Wie ich in Paris kochen lernte, ohne dabei jemanden umzubringen

Piper Taschenbuch, 304 Seiten
€ 9,99 [D], € 10,30 [A], sFr 14,90*
ISBN 978-3-492-30395-8

»Ich kann nicht kochen«, war für Sigrid Neudecker lange ein Bekenntnis, für das man sich nicht schämen muss. Bis sie nach Paris zieht. Dort kann zwar auch nicht jeder kochen, aber es fühlt sich wenigstens so an. Nach einem peinlichen Erlebnis mit einer Biskuitbombe beschließt sie, dass es so nicht weitergehen kann. Was folgt, ist ein kalorienreiches Malheur nach dem anderen, bis die Kochchaotin schließlich den Dreh raus hat mit Coq au vin, Boeuf und Béchamel – und für ihre Umgebung keine Gefahr mehr ist.

PIPER

Starke Frauen erobern die Welt

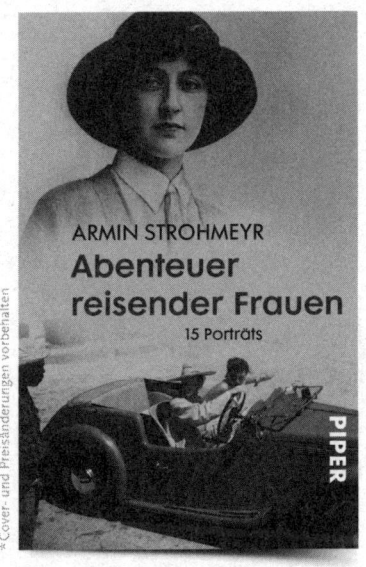

Armin Strohmeyr

Abenteuer reisender Frauen

15 Porträts

Piper Taschenbuch, 304 Seiten
€ 9,99 [D], € 10,30 [A], sFr 14,90*
ISBN 978-3-492-27431-9

Sie kämpften gegen Vorurteile und bereisten die Kontinente, getrieben von Mut und Freiheitsdrang: Abenteurerinnen aus fünf Jahrhunderten. Kompromisslos durchkreuzten sie die Pläne ihrer Männer und Familien und zogen in die Welt. So wurden aus braven Gattinnen, Müttern oder Nonnen Hochstaplerinnen, Weltreisende und Soldatinnen – mit Lebensgeschichten von Lou Andreas-Salomé, Mary Read, Agatha Christie, Annemarie Schwarzenbach und vielen anderen.

PIPER

Leseproben, E-Books und mehr unter **www.piper.de**